www.kimnbook.co.kr

꿈을 향한 도전,
김앤북이 함께 합니다!

「김앤북」은 **편입** 교재 외에 **컴퓨터/IT** 관련 교재,
전기/소방, 미용사/사회복지사 등 전문 **자격** 수험서까지
다양한 분야의 도서를 출간하는 **종합 출판사**로 성장하고 있습니다.

편입수험도서
출판전문

✕

취업실용도서
출판전문

합격을 완성할 단 하나의 선택!
편입수험서 No.1 김앤북

김영편입 영어 시리즈

어휘시리즈   이론 (문법, 구문독해)   1단계 기출 (문법, 독해, 논리)   1단계 워크북 (문법, 독해, 논리)

2단계 기출 (문법, 독해, 논리)   2단계 워크북 (문법, 독해, 논리)   3단계 기출문제 해설집

김영편입 수학 시리즈

미분법   적분법   선형대수   다변수미적분   공학수학

워크북 (미분법, 적분법, 선형대수, 다변수미적분, 공학수학)   기출문제 해설집

축적된 **방대한 자료**와 **노하우**를 바탕으로 **전문 연구진들**의 교재 개발,
실제 시험과 **유사한** 형태의 **문항**들을 개발하고 있습니다.
수험생들의 **합격**을 위한 **맞춤형 콘텐츠**를 제공하고자 합니다.

내일은 시리즈 (자격증/실용 도서)

자격증

정보처리기사 필기, 실기

컴퓨터활용능력 1급, 2급 실기

빅데이터분석기사 필기, 실기

데이터분석 준전문가(ADsP)

GTQ 포토샵 1급

GTQi 일러스트 1급

리눅스마스터 2급

SQL개발자

실용

코딩테스트

파이썬

C언어

플러터

자바

코틀린

SQL

유니티

스프링부트(출간예정)

머신러닝(출간예정)

전기/소방 자격증

2024 전기기사 필기
필수기출 1200제

2025 소방설비기사 필기
공통과목 필수기출 400제

2025 소방설비기사 필기
전기분야 필수기출 400제

2025 소방설비기사 필기
기계분야 필수기출 500제

김앤북의 가치

도전 신뢰
끊임없이 개선하며 **창의적인 사고와 혁신적인 마인드**를 중요시합니다.
정직함과 **도덕성**을 갖춘 사고를 바탕으로 회사와 고객, 동료에게 **믿음**을 줍니다.

함께 성장
자신과 회사의 **발전**을 위해 **꾸준히 학습**하며, 배움을 나누기 위해 노력합니다.
학생, 선생님 **모두 만족시킬** 수 있는 **최고의 교육 콘텐츠**와 **최선의 서비스**를 위해 노력합니다.

독자 중심
한 명의 독자라도 **즐거움**과 **만족**을 느낄 수 있는 책, 많은 독자들이 함께 **교감**하는 책을 만들기 위해 노력합니다. **분야를 막론**하고 **독자들의 마음속**에 오래도록 깊이 남는 **좋은 콘텐츠**를 만들어가겠습니다.

김앤북은 메가스터디 아이비김영의
다양한 교육 전문 브랜드와 함께 합니다.

김영편입　　　김영평생교육원　　　미대편입 Changjo

UNISTUDY　　　더조은아카데미　　　메가스터디아카데미

아이비원격평생교육원　　　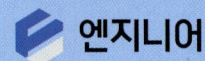 엔지니어랩

합격을 완성할 단 하나의 선택

김영편입 수학

다변수미적분

합격을 완성할 단 하나의 선택
**김영편입 수학
다변수미적분**

PREFACE

다변수미적분, 이렇게 출제된다!

- 다변수미적분은 편미분, 중적분, 무한급수의 내용을 주로 다룹니다. 다변수미적분에서는 일변수미적분의 개념을 2개 이상의 변수로 확장한 응용문제들이 주로 출제됩니다. 따라서 각 단원들의 핵심 개념을 이해하고 빈출문제를 반복하여 풀어보는 것이 실전대비에 중요합니다.

4단계 추천 학습법

- **1단계** | 기본공식 암기
  다변수미적분을 효과적으로 학습하기 위해서는 일변수미적분의 기본 개념과 공식들을 먼저 숙지하는 것이 중요합니다. 특히, 편미분과 중적분 문제는 일변수미적분의 원리를 다변수로 확장하여 출제되기 때문에, 기본 공식을 정확히 이해하고 암기해야 합니다.

- **2단계** | 문제 적용력 향상
  개념과 공식이 문제에 적용되는 방법을 '개념적용' 문제를 풀며 파악합니다.

- **3단계** | 대표출제유형 파악
  학습한 개념과 공식을 대표 빈출문제를 통해 다시 한번 명확하게 정리합니다.

- **4단계** | 유형 익히기
  각 주제별로 출제되는 다양한 유형을 '실전 기출문제'로 접하고 반복하여 풀이 시간을 절약합니다.

김영편입 다변수미적분을 추천하는 이유!

- 최신 출제경향을 완벽 반영한 이론서
  "김영편입 수학 기출문제 해설집"에서 제공하고 있는 대학별 출제 비중 및 출제경향을 분석해 출제빈도가 높은 유형을 이론별 난이도에 맞게 수록하였습니다.

- 이해하기 쉬운 해설
  초보자도 이해하기 쉽게 생략된 풀이과정이 없도록 상세히 풀어 썼습니다.

HOW TO STUDY

STEP 01 → 핵심을 강조한 이론과 공식을 토대로 한 개념학습

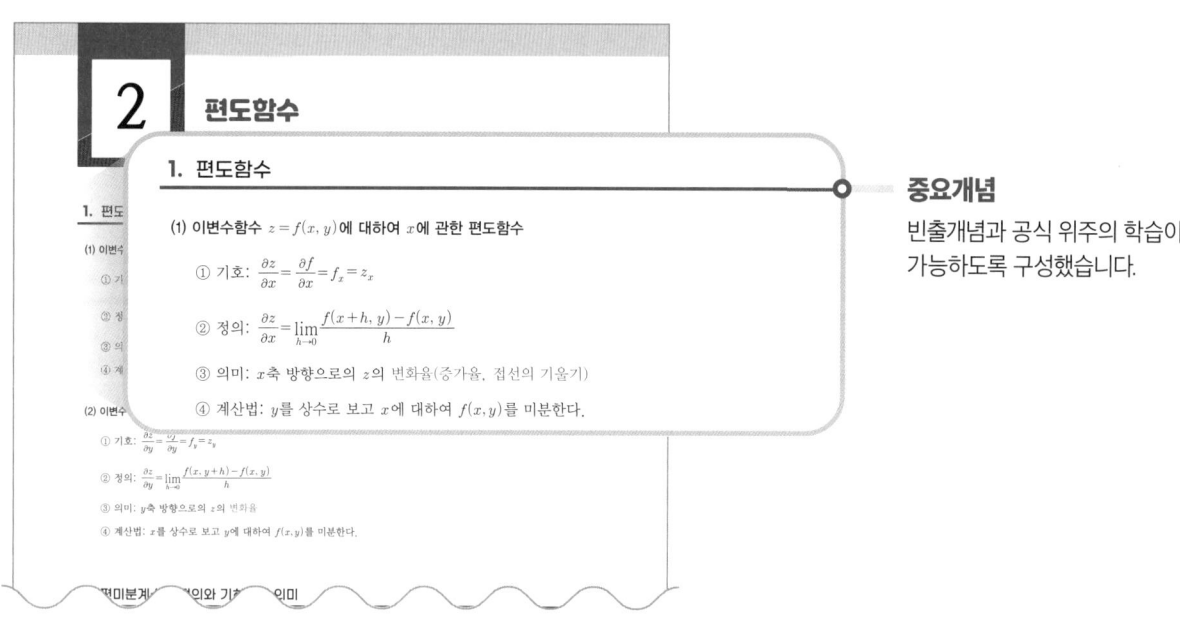

중요개념
빈출개념과 공식 위주의 학습이 가능하도록 구성했습니다.

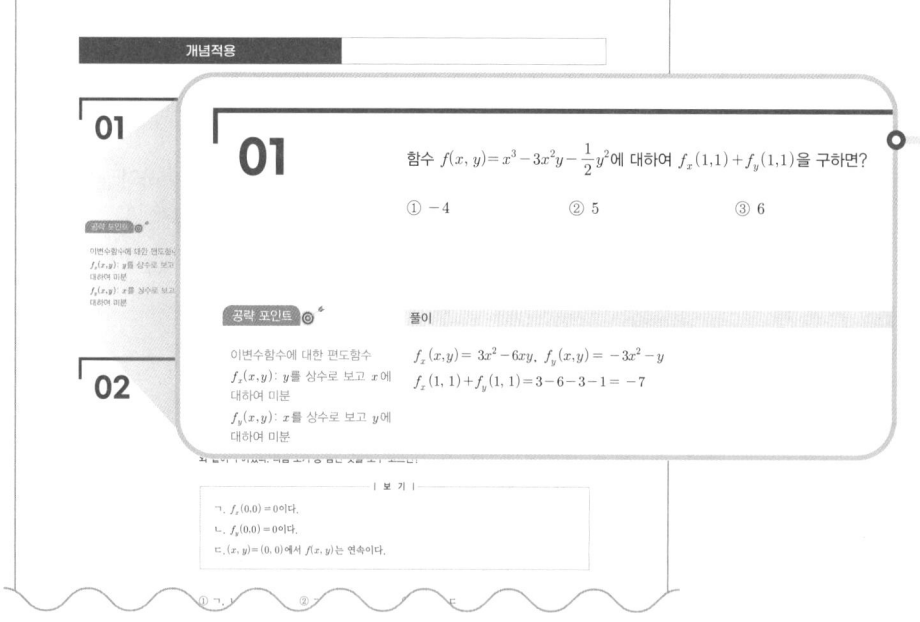

개념적용문제
앞서 배운 개념을 적용할 수 있는 문제로 학습 이해도를 높였습니다.

또한, 관련 개념은 공략포인트로 제공하여 풀이와 함께 문제 적응력을 높일 수 있습니다.

편입수학 문제풀이에 꼭 필요한
개념 이해 & 공식 정리!

STEP 02 → 최신 출제경향을 반영한 대표출제유형 학습

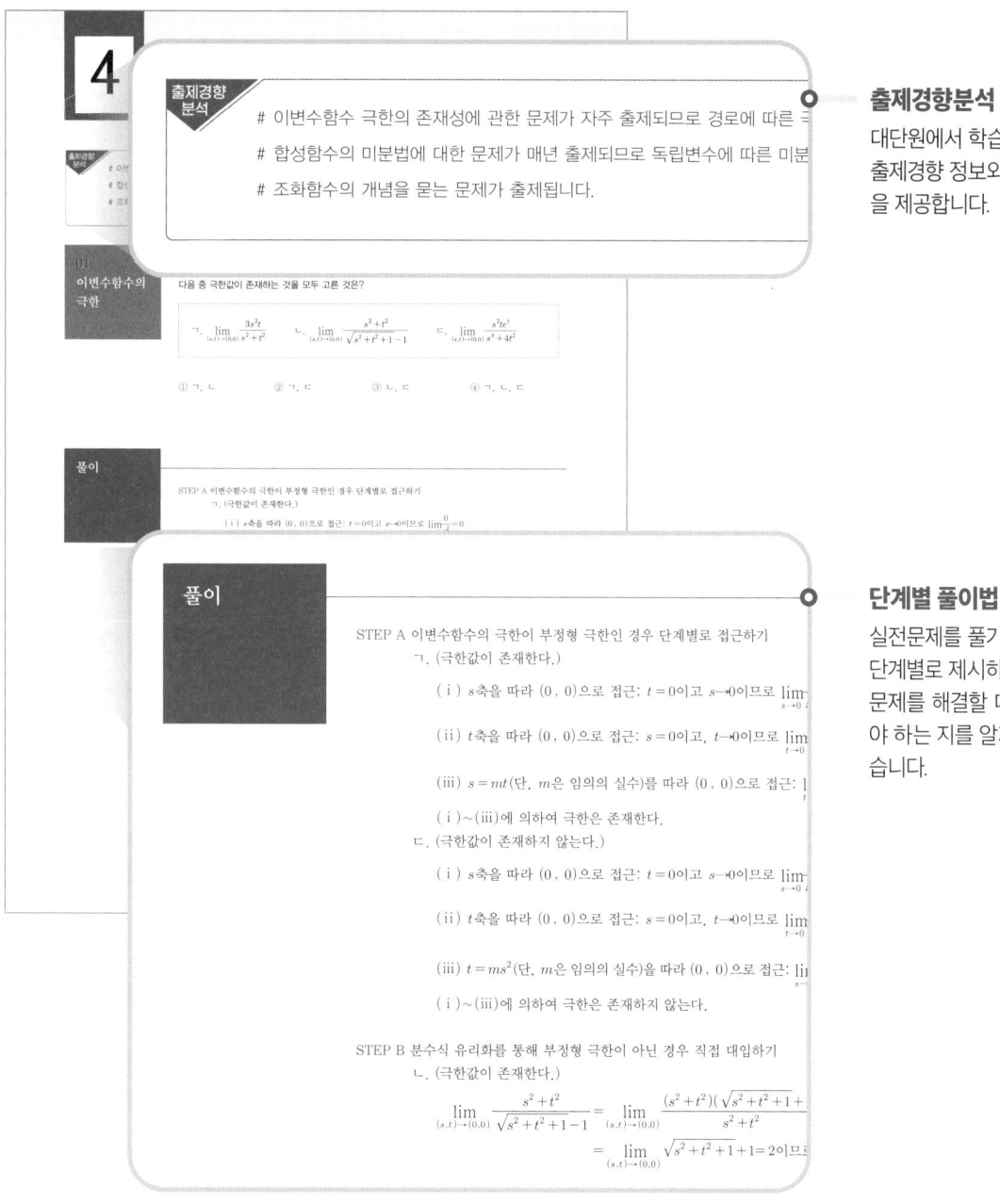

출제경향분석
대단원에서 학습한 개념의 최신 출제경향 정보와 추천 학습법 등을 제공합니다.

단계별 풀이법
실전문제를 풀기 전, 풀이 방법을 단계별로 제시하여 학습자가 문제를 해결할 때 어떻게 접근해야 하는 지를 알기 쉽게 설명하였습니다.

최신 출제경향을 분석한 대표출제유형 문제로
단계별 풀이법 제시!

HOW TO STUDY

STEP 03 → 실제 시험장에서 만나볼 실전문제

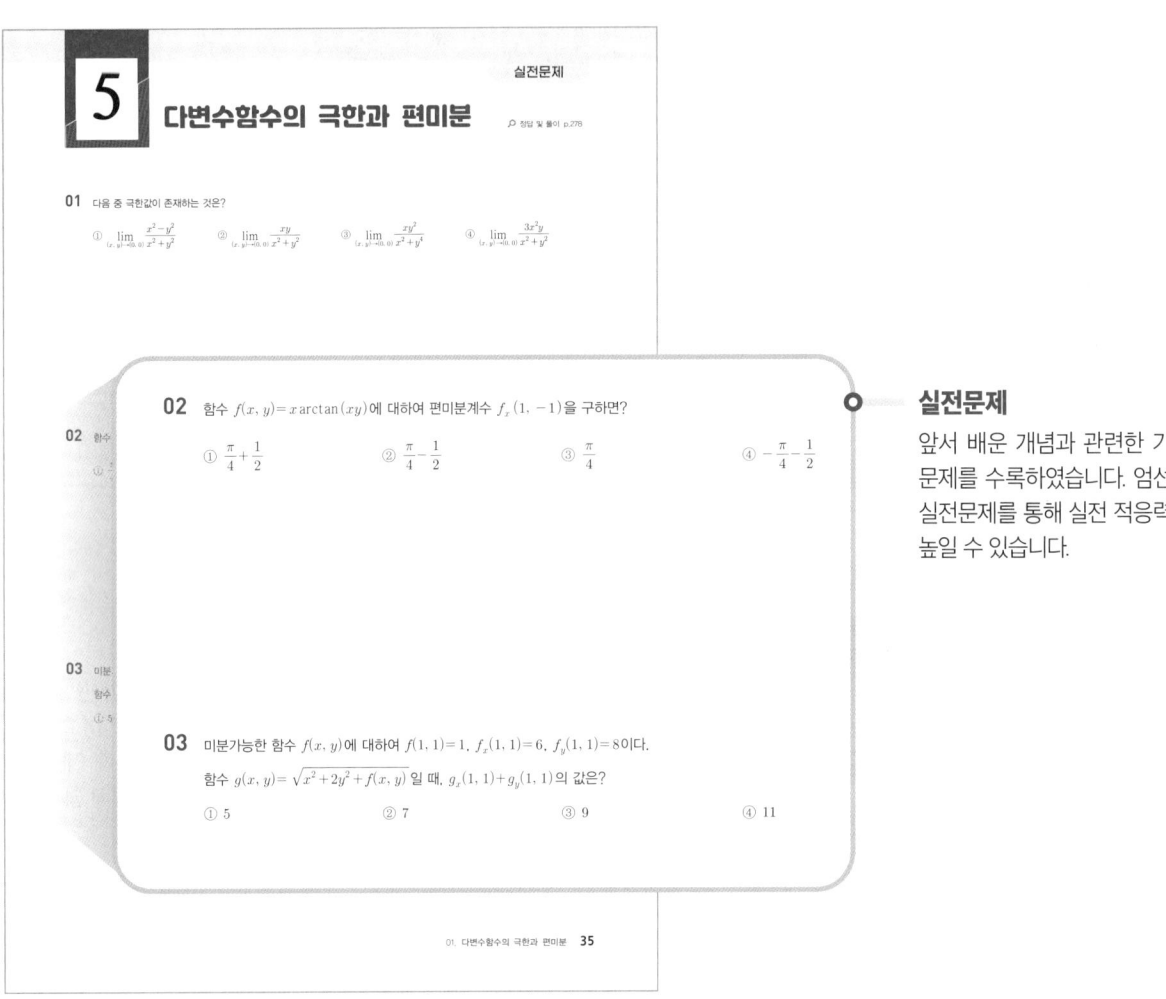

실전문제

앞서 배운 개념과 관련한 기출문제를 수록하였습니다. 엄선한 실전문제를 통해 실전 적응력을 높일 수 있습니다.

**이론 단계에 맞춘 난이도 구성에 더해
최신 출제경향을 완벽 반영한 실전문제!**

STEP 04 → 수학 초보자도 이해할 수 있는 친절한 해설

01. 다변수함수의 극한과 편미분

| 01 ④ | 02 ④ | 03 ① | 04 ③ | 05 ② | 06 ④ | 07 ② | 08 ② | 09 ② | 10 ③ |
| 11 ④ | 12 ④ | 13 ② | 14 ③ | 15 ④ | 16 ④ |

01 ④

① (i) x축을 따라 접근: $\lim_{x \to 0} \dfrac{x^2}{x^2} = 1$

(ii) y축을 따라 접근: $\lim_{y \to 0} \dfrac{-y^2}{y^2} = -1$

(i) ≠ (ii)이므로 극한값 $\lim_{(x,\, y) \to (0,\, 0)} \dfrac{x^2 - y^2}{x^2 + y^2}$ 은 존재하지 않는다.

② (i) x축을 따라 접근: $\lim_{x \to 0} \dfrac{0}{x^2} = 0$

(ii) y축을 따라 접근: $\lim_{y \to 0} \dfrac{0}{y^2} = 0$

(iii) $y = x$를 따라 접근: $\lim_{x \to 0} \dfrac{x^2}{x^2 + x^2} = \dfrac{1}{2}$

(i) = (ii) ≠ (iii)이므로 극한값

$\lim_{(x,\, y) \to (0,\, 0)} \dfrac{xy}{x^2 + y^2}$ 는 존재하지 않는다.

③ (i) x축을 따라 접근: $\lim_{x \to 0} \dfrac{0}{x^2} = 0$

(ii) y축을 따라 접근: $\lim_{y \to 0} \dfrac{0}{y^2} = 0$

(iii) $x = y^2$을 따라 접근: $\lim_{x \to 0} \dfrac{y^4}{y^4 + y^4} = \dfrac{1}{2}$

(i) = (ii) ≠ (iii)이므로 극한값

$\lim_{(x,\, y) \to (0,\, 0)} \dfrac{xy^2}{x^2 + y^4}$ 은 존재하지 않는다.

④ (i) x축을 따라 접근: $\lim_{x \to 0} \dfrac{0}{x^2} = 0$

(ii) y축을 따라 접근: $\lim_{y \to 0} \dfrac{0}{y^2} = 0$

(iii) $y = mx$를 따라 접근: $\lim_{x \to 0} \dfrac{3x^3}{x^2 + m^2 x^2} = 0$

(i) = (ii) = (iii)이므로 극한값

$\lim_{(x,\, y) \to (0,\, 0)} \dfrac{3x^2 y}{x^2 + y^2} = 0$으로 수렴한다.

상세한 해설

초보자도 쉽게 이해할 수 있도록 해설을 풀어 설명했습니다.

또한, TIP을 더해 해당 문제에 필요한 공식을 간결하게 확인할 수 있도록 구성했습니다.

**풀이 과정의 중간 생략을 줄이고 실제 학습자가
이해하기 쉬운 풀이해설과 관련팁 제공!**

CONTENTS

01 다변수함수의 극한과 편미분

1. 다변수함수의 극한과 편미분 ······ 12
2. 편도함수 ······ 17
3. 합성함수의 편도함수와 전미분 ······ 23

대표출제유형 ······ 29
실전문제 ······ 35

02 음함수와 방향도함수

1. 음함수 미분법 ······ 42
2. 방향도함수 ······ 46

대표출제유형 ······ 54
실전문제 ······ 59

03 3차원곡선과 곡면

1. 벡터함수 ······ 66
2. 공간곡선의 접선과 법평면 ······ 74
3. T, N, B 벡터, 곡률, 역률 ······ 80

대표출제유형 ······ 86
실전문제 ······ 90

04 다변수함수의 극대, 극소

1. 이변수함수의 극값 ······ 98
2. 유계 폐영역에서의 최대, 최소 ······ 105
3. 테일러 급수 ······ 109

대표출제유형 ······ 111
실전문제 ······ 115

05 이중적분

1. 이중적분(반복적분) ··· 124
2. 일반영역에서의 이중적분 ··· 128
3. 극좌표상의 이중적분 ··· 137
4. 공간상에서의 부피와 곡면의 넓이 ··· 143
5. 적분 변수변환 ··· 152
6. 결합밀도함수 ··· 156

대표출제유형 ··· 158
실전문제 ··· 164

06 삼중적분

1. 삼중적분 ··· 174
2. 원주좌표계에서의 삼중적분 ··· 180
3. 구면좌표계에서의 삼중적분 ··· 185
4. 질량과 질량중심 ··· 191

대표출제유형 ··· 194
실전문제 ··· 198

07 무한급수

1. 무한급수와 부분합 ··· 206
2. 무한급수의 수렴, 발산 판정법 ··· 210
3. 비교판정법과 극한을 이용한 판정법 ··· 215
4. 절대수렴과 조건부수렴 ··· 222

대표출제유형 ··· 226
실전문제 ··· 231

08 멱급수

1. 멱급수 ··· 242
2. 매클로린 급수를 이용한 무한급수의 합 ··· 246

대표출제유형 ··· 250
실전문제 ··· 254

CONTENTS

09 벡터함수의 연산

1. 스칼라함수와 벡터함수 ······················ 264
2. 벡터장의 발산과 회전 ························ 267

대표출제유형 ·· 272
실전문제 ·· 275

정답 및 풀이

01 다변수함수의 극한과 편미분 ············ 278
02 음함수와 방향도함수 ························ 281
03 3차원곡선과 곡면 ····························· 284
04 다변수함수의 극대, 극소 ·················· 287
05 이중적분 ·· 292
06 삼중적분 ·· 296
07 무한급수 ·· 299
08 멱급수 ·· 306
09 벡터함수의 연산 ································ 311

01 다변수함수의 극한과 편미분

출제 비중 & 빈출 키워드 리포트

단원	출제 비중	합계 7%	빈출 키워드
1. 다변수함수의 극한과 편미분		2%	· 이변수함수의 극한과 연속성
2. 편도함수		4%	· 이변수함수의 편미분계수
3. 합성함수의 편도함수와 전미분		1%	· 2계 편미분계수
			· 라플라스 방정식

1 다변수함수의 극한과 편미분

1. 다변수함수의 정의

(1) 이변수함수(function of two variables)

정의역 D가 실수의 순서쌍 (x, y)들의 한 집합일 때의 함수 f를 이변수함수라 한다. 이변수함수 $z = f(x, y)$의 그래프는 $G = \{(x, y, z) \mid (x, y) \in D,\ z = f(x, y)\}$이며, 곡면을 나타낸다.

(2) 삼변수함수(function of three variables)

정의역 E가 실수의 순서쌍 (x, y, z)들의 한 집합일 때의 함수 f를 삼변수함수라 한다.

(3) 다변수함수

두 개 이상의 변수를 갖는 함수를 다변수함수라 한다.

2. 이변수함수의 극한

(1) 정의

이변수함수 $f(x, y)$가 D에서 정의되어 있고 그 정의역상의 점 (x, y)가 점 (a, b)에 한없이 가까이 갈 때, $f(x, y)$가 z축상의 일정한 값 L에 한없이 가까워진다면 $f(x, y)$는 점 (a, b)에서 L에 수렴한다(converge)고 한다. 이때, L을 그 극한값(limit)이라 하며 기호로는 다음과 같이 나타낸다.

$$\lim_{(x, y) \to (a, b)} f(x, y) = L$$

(2) 주의사항

$(x, y) \to (a, b)$일 때 $f(x, y)$의 극한이 L이라 함은 (x, y)가 (a, b)에 대하여 어떠한 경로로든 (a, b)에 가까이 가더라도 $f(x, y)$는 L에 가까이 간다는 뜻이다. 따라서 가까워지는 각 경로에 따라 $f(x, y)$의 가까워지는 값이 다르면 극한값은 존재하지 않는다.

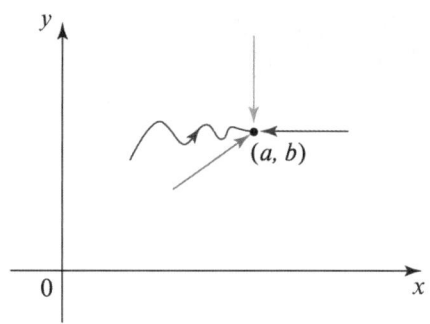

(3) 이변수함수의 극한값 계산 방법

① 부정형 극한이 아닌 경우는 직접 대입한다.

$$\lim_{(x,y)\to(a,b)} f(x, y) = f(a, b)$$

② $\lim_{(x,y)\to(0,0)} f(x, y)$이 부정형 극한인 경우

[step1] x축을 따라 $(0,0)$으로 접근할 때, $y=0$으로 고정하고 $x\to 0$으로의 극한을 확인한다.

즉, $\lim_{x\to 0} f(x, 0)$을 구한다.

[step2] y축을 따라 $(0,0)$으로 접근할 때, $x=0$으로 고정하고 $y\to 0$으로의 극한을 확인한다.

즉, $\lim_{y\to 0} f(0, y)$를 구한다.

[step3] 분모의 x, y항의 차수를 확인하고 $y=mx^n$ (또는 $x=my^n$)을 대입하여

$x\to 0$(또는 $y\to 0$)의 극한을 확인한다.

[step1]~[step3]의 극한값이 모두 같은 값을 가질 때 수렴한다. 이 값을 극한값이라 한다.

(4) 참고사항

① 극좌표를 이용하여 $\lim_{(x,y)\to(0,0)} f(x, y) = \lim_{r\to 0} f(r\cos\theta, r\sin\theta)$로 표현할 수 있다.

② 극한 계산에 조임정리도 사용할 수 있다.

3. 이변수함수의 연속성

이변수함수 $z=f(x, y)$의 (a, b)의 연속성

이변수함수 $f(x, y)$가 한 점 (a, b)에서 연속(continuity)이라는 것은 다음이 성립해야 한다.

① 함수 $f(a,b)$가 정의된다.

② $\lim_{(x,y)\to(a,b)} f(x,y)$가 존재한다.

③ $f(a,b) = \lim_{(x,y)\to(a,b)} f(x,y)$

개념적용

01 다음 보기의 극한값 계산 중 옳은 것을 모두 고른 것을 고르시오.

| 보 기 |

ㄱ. $\lim\limits_{(x,y) \to (0,0)} \dfrac{x^3 y}{x^2 + y^4} = 0$

ㄴ. $\lim\limits_{(x,y) \to (1,1)} |x|^{\ln y} = 1$

ㄷ. $\lim\limits_{(x,y) \to (0,0)} \dfrac{xy}{\sin^2 y} = 1$

① ㄴ　　　② ㄷ　　　③ ㄱ, ㄴ　　　④ ㄱ, ㄷ

공략 포인트

이변수함수의 극한값 계산 방법

① 부정형 극한이 아닌 경우는 직접 대입한다.
$\lim\limits_{(x,y) \to (a,b)} f(x,y) = f(a,b)$

② $\lim\limits_{(x,y) \to (0,0)} f(x,y)$이 부정형 극한인 경우

[step1] x축을 따라 $(0,0)$으로 접근할 때, $y=0$으로 고정하고 $x \to 0$으로의 극한을 확인한다. 즉, $\lim\limits_{x \to 0} f(x,0)$을 구한다.

[step2] y축을 따라 $(0,0)$으로 접근할 때, $x=0$으로 고정하고 $y \to 0$으로의 극한을 확인한다. 즉, $\lim\limits_{y \to 0} f(0,y)$를 구한다.

[step3] 분모의 x, y항의 차수를 확인하고 $y = mx^n$ (또는 $x = my^n$)을 대입하여 $x \to 0$(또는 $y \to 0$)의 극한을 확인한다.

[step1]~[step3]의 극한값이 모두 같은 값을 가질 때 수렴한다. 이 값을 극한값이라 한다.

풀이

ㄱ. (참)

(i) x축을 따라 $(0,0)$으로 접근할 때:

$y=0$이고 $x \to 0$이므로 $\lim\limits_{x \to 0} \dfrac{0}{x^2} = 0$이다.

(ii) y축을 따라 $(0,0)$으로 접근할 때:

$x=0$이고 $y \to 0$이므로 $\lim\limits_{y \to 0} \dfrac{0}{y^4} = 0$이다.

(iii) 곡선 $x = my^2$ (단, m은 임의의 실수)을 따라 접근할 때:

$\lim\limits_{y \to 0} \dfrac{m^3 y^7}{m^2 y^4 + y^4} = \lim\limits_{y \to 0} \dfrac{m^3 y^3}{m^2 + 1} = 0$이다.

(i)~(iii)에 의하여 극한값은 0이다.

ㄴ. (참)

$(x,y) = (1,1)$을 대입하면 $\lim\limits_{(x,y) \to (1,1)} |x|^{\ln y} = 1^0 = 1$이다.

ㄷ. (거짓)

y축을 따라 $(0,0)$으로 접근할 때:

$x=0$이고 $y \to 0$이므로 $\lim\limits_{y \to 0} \dfrac{0}{\sin^2 y} = 0$이다.

따라서 극한값은 1이 아니다.

정답 ③

02

다음 중 극한값이 존재하는 것은?

① $\lim_{(x,y)\to(0,0)} \dfrac{2xy}{x^2+y^2}$

② $\lim_{(x,y)\to(0,0)} \dfrac{xy^2}{x^2+y^4}$

③ $\lim_{(x,y)\to(0,0)} \dfrac{xy}{\sqrt{x^2+y^2}}$

④ $\lim_{(x,y)\to(0,0)} \dfrac{x-y}{\sin(x+y)}$

공략 포인트

이변수함수의 극한값 계산 방법
① 부정형 극한이 아닌 경우는 직접 대입한다.
$\lim_{(x,y)\to(a,b)} f(x,y) = f(a,b)$

② $\lim_{(x,y)\to(0,0)} f(x,y)$이 부정형 극한인 경우

[step1] x축을 따라 $(0,0)$으로 접근할 때, $y=0$으로 고정하고 $x\to 0$ 으로의 극한을 확인한다. 즉, $\lim_{x\to 0} f(x,0)$을 구한다.

[step2] y축을 따라 $(0,0)$으로 접근할 때, $x=0$으로 고정하고 $y\to 0$ 으로의 극한을 확인한다. 즉, $\lim_{y\to 0} f(0,y)$를 구한다.

[step3] 분모의 x, y항의 차수를 확인하고 $y=mx^n$ (또는 $x=my^n$)을 대입하여 $x\to 0$(또는 $y\to 0$)의 극한을 확인한다.

[step1]~[step3]의 극한값이 모두 같은 값을 가질 때 수렴한다. 이 값을 극한값이라 한다.

풀이

① (i) x축을 따라 $(0,0)$으로 접근: $\lim_{x\to 0} \dfrac{0}{x^2}=0$

(ii) y축을 따라 $(0,0)$으로 접근: $\lim_{y\to 0} \dfrac{0}{y^2}=0$

(iii) $y=mx$를 따라 접근: $\lim_{x\to 0} \dfrac{2mx^2}{(1+m^2)x^2} = \dfrac{2m}{1+m^2}$이고, $m\neq 0$이므로

$\lim_{(x,mx)\to(0,0)} \dfrac{2mx^2}{(1+m^2)x^2} \neq 0$이다.

(i)~(iii)에 의하여 극한값은 존재하지 않는다.

② (i) x축을 따라 접근: $\lim_{x\to 0} \dfrac{0}{x^2}=0$

(ii) y축을 따라 접근: $\lim_{y\to 0} \dfrac{0}{y^4}=0$

(iii) $x=my^2$을 따라 접근: $\lim_{y\to 0} \dfrac{my^4}{m^2y^4+y^4} = \dfrac{m}{m^2+1} \neq 0$이므로

$\lim_{(x,y)\to(0,0)} \dfrac{xy^2}{x^2+y^4}$은 극한값이 존재하지 않는다.

③ (i) x축을 따라 접근: $\lim_{(x,y)\to(0,0)} \dfrac{xy}{\sqrt{x^2+y^2}} = \lim_{x\to 0} \dfrac{0}{\sqrt{x^2}}=0$

(ii) y축을 따라 접근: $\lim_{(x,y)\to(0,0)} \dfrac{xy}{\sqrt{x^2+y^2}} = \lim_{y\to 0} \dfrac{0}{\sqrt{y^2}}=0$

(iii) $y=mx$를 따라 접근: $\lim_{(x,y)\to(0,0)} \dfrac{xy}{\sqrt{x^2+y^2}} = \lim_{x\to 0} \dfrac{mx^2}{\sqrt{x^2+m^2x^2}}=0$

(i)~(iii)에 의하여 $\lim_{(x,y)\to(0,0)} \dfrac{xy}{\sqrt{x^2+y^2}}=0$으로 수렴한다.

④ (i) x축을 따라 접근:

$\lim_{(x,y)\to(0,0)} \dfrac{x-y}{\sin(x+y)} = \lim_{x\to 0} \dfrac{x}{\sin x} \left(\dfrac{0}{0}\right) = \lim_{x\to 0} \dfrac{1}{\cos x}=1$

(ii) y축을 따라 접근:

$\lim_{(x,y)\to(0,0)} \dfrac{x-y}{\sin(x+y)} = \lim_{y\to 0} \dfrac{-y}{\sin y} \left(\dfrac{0}{0}\right) = \lim_{y\to 0} \dfrac{-1}{\cos y}=-1$이므로

$\lim_{(x,y)\to(0,0)} \dfrac{x-y}{\sin(x+y)}$는 극한값이 존재하지 않는다.

정답 ③

03

다음 중 $(0, 0)$에서 연속인 함수를 모두 고르시오.

ㄱ. $f(x,y) = \begin{cases} \dfrac{2xy}{x^2+y^2}, & (x,y) \neq (0,0) \\ 0, & (x,y) = (0,0) \end{cases}$

ㄴ. $f(x,y) = \begin{cases} \dfrac{2xy^2}{x^2+y^2}, & (x,y) \neq (0,0) \\ 0 & (x,y) = (0,0) \end{cases}$

ㄷ. $f(x,y) = \begin{cases} \dfrac{x^2+y^2}{\sqrt{x^2+y^2+1}-1}, & (x,y) \neq (0,0) \\ 0, & (x,y) = (0,0) \end{cases}$

① ㄱ　　　　② ㄴ　　　　③ ㄴ, ㄷ　　　　④ ㄱ, ㄴ, ㄷ

공략 포인트

이변수함수의 극한값 계산 방법
① 부정형 극한이 아닌 경우는 직접 대입한다.
$$\lim_{(x,y)\to(a,b)} f(x, y) = f(a, b)$$
② $\lim_{(x,y)\to(0,0)} f(x, y)$이 부정형 극한인 경우

[step1] x축을 따라 $(0,0)$으로 접근할 때. $y = 0$으로 고정하고 $x \to 0$으로의 극한을 확인한다. 즉, $\lim_{x\to 0} f(x, 0)$을 구한다.

[step2] y축을 따라 $(0,0)$으로 접근할 때. $x = 0$으로 고정하고 $y \to 0$으로의 극한을 확인한다. 즉, $\lim_{y\to 0} f(0, y)$를 구한다.

[step3] 분모의 x, y항의 차수를 확인하고 $y = mx^n$ (또는 $x = my^n$)을 대입하여 $x \to 0$(또는 $y \to 0$)의 극한을 확인한다.

[step1]~[step3]의 극한값이 모두 같은 값을 가질 때 수렴한다. 이 값을 극한값이라 한다.

풀이

ㄱ. 극한값 $\lim_{(x,y)\to(0,0)} \dfrac{2xy}{x^2+y^2}$를 구하면 다음과 같다.

(ⅰ) x축을 따라 $(0, 0)$으로 접근할 때:
$y = 0$이고 $x \to 0$이므로 $\lim_{x\to 0} \dfrac{0}{x^2} = 0$

(ⅱ) y축을 따라 $(0, 0)$으로 접근할 때:
$x = 0$이고 $y \to 0$이므로 $\lim_{y\to 0} \dfrac{0}{y^2} = 0$

(ⅲ) $y = mx$(단, m은 임의의 실수)를 따라 접근할 때:
$\lim_{x\to 0} \dfrac{2mx^2}{(1+m^2)x^2} = \dfrac{2m}{1+m^2}$ 이고 $m \neq 0$이므로 $\lim_{(x,mx)\to(0,0)} \dfrac{2mx^2}{(1+m^2)x^2} \neq 0$

(ⅰ)~(ⅲ)에 의하여 극한값은 존재하지 않는다.
따라서 $(0, 0)$에서 불연속이다.

ㄴ. 극한값 $\lim_{(x,y)\to(0,0)} \dfrac{2xy^2}{x^2+y^2}$을 구하면 다음과 같다.

(ⅰ) x축을 따라 $(0, 0)$으로 접근할 때: $y = 0$이고 $x \to 0$이므로
$\lim_{x\to 0} \dfrac{0}{x^2} = 0$

(ⅱ) y축을 따라 $(0, 0)$으로 접근할 때: $x = 0$이고 $y \to 0$이므로
$\lim_{y\to 0} \dfrac{0}{y^2} = 0$

(ⅲ) $y = mx$를 따라 접근할 때: $\lim_{x\to 0} \dfrac{2m^2x^3}{(1+m^2)x^2} = \dfrac{2m^2 x}{1+m^2} = 0$

(ⅰ)~(ⅲ)에 의하여 극한값은 0으로 존재한다.
또한 $f(0, 0) = 0$이므로 $\lim_{(x,y)\to(0,0)} f(x, y) = f(0, 0)$이 성립하여 연속이다.

ㄷ. $\lim_{(x,y)\to(0,0)} \dfrac{(x^2+y^2)}{(\sqrt{x^2+y^2+1}-1)} \dfrac{(\sqrt{x^2+y^2+1}+1)}{(\sqrt{x^2+y^2+1}+1)} = \lim_{(x,y)\to(0,0)} \dfrac{(x^2+y^2)(\sqrt{x^2+y^2+1}+1)}{x^2+y^2}$
$= \lim_{(x,y)\to(0,0)} (\sqrt{x^2+y^2+1}+1) = 2$

이므로 극한값은 2이다.
따라서 $\lim_{(x,y)\to(0,0)} f(x, y) \neq f(0, 0)$이므로 연속이 아니다.

정답 ②

2 편도함수

1. 편도함수

(1) 이변수함수 $z = f(x, y)$에 대하여 x에 관한 편도함수

① 기호: $\dfrac{\partial z}{\partial x} = \dfrac{\partial f}{\partial x} = f_x = z_x$

② 정의: $\dfrac{\partial z}{\partial x} = \lim\limits_{h \to 0} \dfrac{f(x+h, y) - f(x, y)}{h}$

③ 의미: x축 방향으로의 z의 변화율(증가율, 접선의 기울기)

④ 계산법: y를 상수로 보고 x에 대하여 $f(x,y)$를 미분한다.

(2) 이변수함수 $z = f(x, y)$에 대하여 y에 관한 편도함수

① 기호: $\dfrac{\partial z}{\partial y} = \dfrac{\partial f}{\partial y} = f_y = z_y$

② 정의: $\dfrac{\partial z}{\partial y} = \lim\limits_{h \to 0} \dfrac{f(x, y+h) - f(x, y)}{h}$

③ 의미: y축 방향으로의 z의 변화율

④ 계산법: x를 상수로 보고 y에 대하여 $f(x,y)$를 미분한다.

2. 편미분계수의 정의와 기하학적 의미

(1) $z = f(x, y)$에 대하여 (a, b)에서의 편미분계수의 정의

① $f_x(a, b) = \lim\limits_{h \to 0} \dfrac{f(a+h, b) - f(a, b)}{h}$

② $f_y(a, b) = \lim\limits_{h \to 0} \dfrac{f(a, b+h) - f(a, b)}{h}$

(2) 편미분계수의 기하학적 의미

곡면 S 위의 점 $P(a, b, c)$에 대하여 각 편미분계수는 다음과 같은 의미를 갖는다.

① $f_x(a,b)$: 점 P에서 x축 방향으로의 접선 T의 기울기	② $f_y(a,b)$: 점 P에서 y축 방향으로의접선 T의 기울기
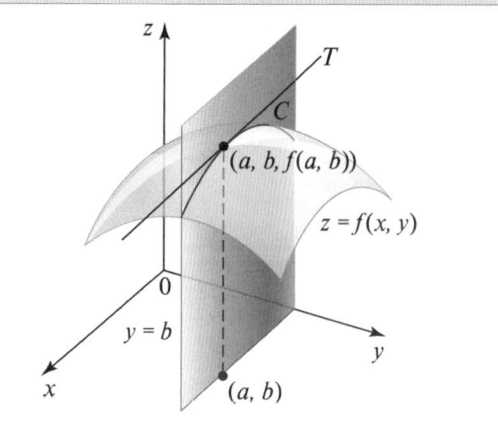	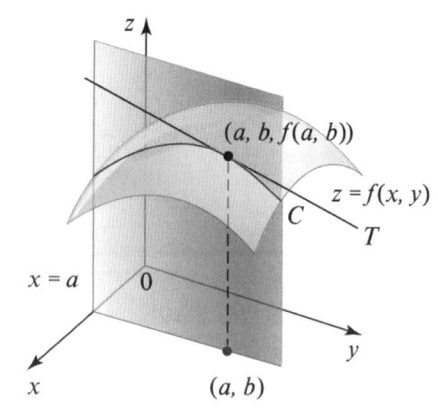

3. 미분가능성

(1) 함수 $f(x,y)$가 (a,b)에서 미분가능하기 위해서는 다음을 만족해야 한다.

$$\lim_{(h,k)\to(0,0)} \frac{f(a+h,b+k)-f(a,b)-hf_x(a,b)-kf_y(a,b)}{\sqrt{h^2+k^2}}=0$$

(2) 함수 $f(x,y)$가 (a,b)에서 미분가능하면, f는 (a,b)에서 연속이다. 즉, f가 (a,b)에서 불연속이면 f는 (a,b)에서 미분불가능하다.

4. 고계 편도함수

(1) 배경

이변수함수 $z=f(x,y)$의 편도함수 z_x, z_y는 또 하나의 이변수함수이므로 이 함수의 편도함수가 다시 존재하면 이것을 주어진 함수의 2계 편도함수(partial derivative of 2nd order)라 한다.

(2) 2계 편도함수의 정의

① x에 관한 2계 편도함수

- 기호: $\dfrac{\partial}{\partial x}\left(\dfrac{\partial z}{\partial x}\right)=\dfrac{\partial^2 z}{\partial x^2}=z_{xx}=f_{xx}$

- 정의: $f_{xx}(x,y)=\lim\limits_{h\to 0}\dfrac{f_x(x+h,y)-f_x(x,y)}{h}$

- 계산법: f를 x로 편미분한 함수 f_x를 다시 x로 편미분한다.

② y에 관한 2계 편도함수

- 기호: $\dfrac{\partial}{\partial y}\left(\dfrac{\partial z}{\partial y}\right)=\dfrac{\partial^2 z}{\partial y^2}=z_{yy}=f_{yy}$

- 정의: $f_{yy}(x,y)=\lim\limits_{h\to 0}\dfrac{f_y(x,y+h)-f_y(x,y)}{h}$

- 계산법: f를 y로 편미분한 함수 f_y를 다시 y로 편미분한다.

③ x, y에 관한 2계 편도함수

- 기호: $\dfrac{\partial}{\partial y}\left(\dfrac{\partial z}{\partial x}\right)=\dfrac{\partial^2 z}{\partial y \partial x}=z_{xy}=f_{xy}$, $\dfrac{\partial}{\partial x}\left(\dfrac{\partial z}{\partial y}\right)=\dfrac{\partial^2 z}{\partial x \partial y}=z_{yx}=f_{yx}$

- 정의: $f_{xy}(x,y)=\lim\limits_{h\to 0}\dfrac{f_x(x,y+h)-f_x(x,y)}{h}$, $f_{yx}(x,y)=\lim\limits_{h\to 0}\dfrac{f_y(x+h,y)-f_y(x,y)}{h}$

- 계산법
  - f_{xy}: f를 x로 편미분한 함수 f_x를 y로 편미분한다.
  - f_{yx}: f를 y로 편미분한 함수 f_y를 x로 편미분한다.

(3) 2계 편미분계수

① x에 관한 2계 편미분계수: $f_{xx}(a,b)=\lim\limits_{h\to 0}\dfrac{f_x(a+h,b)-f_x(a,b)}{h}$

② y에 관한 2계 편미분계수: $f_{yy}(a,b)=\lim\limits_{h\to 0}\dfrac{f_y(a,b+h)-f_y(a,b)}{h}$

③ x, y에 관한 2계 편미분계수: $f_{xy}(a,b)=\lim\limits_{h\to 0}\dfrac{f_x(a,b+h)-f_x(a,b)}{h}$, $f_{yx}(a,b)=\lim\limits_{h\to 0}\dfrac{f_y(a+h,b)-f_y(a,b)}{h}$

(4) 고계 편도함수

① 일반적인 경우에는 편도함수를 계산한 후에 (a,b)를 대입하면 된다.

② 마찬가지로 f_{xy}가 다시 편미분가능할 때 f_{xyx}, f_{xyy} 등을 생각할 수 있다. 이들을 3계 도함수라 한다.

③ 4계 이상의 경우에도 같은 방법으로 정의하고, 2계 이상의 편도함수를 고계 편도함수라 한다.

5. 클레로 정리

이변수함수 $f(x,y)$가 (a,b)를 포함하는 원판 D에서 정의된 함수라 할 때, $f_{xy}(x,y)$와 $f_{yx}(x,y)$가 D에서 모두 연속이면 다음이 성립한다.

$$f_{xy}(a,b)=f_{yx}(a,b)$$

6. 라플라스 방정식과 조화함수

(1) 라플라스 방정식(Laplace equation)

① 2차원 라플라스 방정식 (이변수함수 $f(x,y)$에 대하여)

$$f_{xx}(x,y)+f_{yy}(x,y)=0$$

② 3차원 라플라스 방정식(삼변수함수 $f(x,y,z)$에 대하여)

$$f_{xx}(x,y,z)+f_{yy}(x,y,z)+f_{zz}(x,y,z)=0$$

(2) 조화함수(hamonic function)

라플라스 방정식을 만족하는 해 $f(x,y)$, $f(x,y,z)$를 조화함수라 한다.

개념적용

01

함수 $f(x, y) = x^3 - 3x^2y - \dfrac{1}{2}y^2$에 대하여 $f_x(1,1) + f_y(1,1)$을 구하면?

① -4 ② 5 ③ 6 ④ -7

공략 포인트

이변수함수에 대한 편도함수
$f_x(x,y)$: y를 상수로 보고 x에 대하여 미분
$f_y(x,y)$: x를 상수로 보고 y에 대하여 미분

풀이

$f_x(x,y) = 3x^2 - 6xy$, $f_y(x,y) = -3x^2 - y$
$f_x(1, 1) + f_y(1, 1) = 3 - 6 - 3 - 1 = -7$

정답 ④

02

정의역 $\mathbb{R}^2$에서 이변수함수 $f(x, y)$가

$$f(x, y) = \begin{cases} \dfrac{2xy}{x^2 + y^2} & (x, y) \neq (0, 0) \\ 0 & (x, y) = (0, 0) \end{cases}$$

와 같이 주어졌다. 다음 보기 중 참인 것을 모두 고르면?

| 보 기 |

ㄱ. $f_x(0,0) = 0$이다.
ㄴ. $f_y(0,0) = 0$이다.
ㄷ. $(x, y) = (0, 0)$에서 $f(x, y)$는 연속이다.

① ㄱ, ㄴ   ② ㄱ   ③ ㄱ, ㄴ, ㄷ   ④ ㄷ

공략 포인트

편미분계수의 정의
$f_x(a,b) = \lim\limits_{h \to 0} \dfrac{f(a+h, b) - f(a,b)}{h}$

$f_y(a,b) = \lim\limits_{h \to 0} \dfrac{f(a, b+h) - f(a,b)}{h}$

풀이

ㄱ. (참)
$f_x(0,0) = \lim\limits_{h \to 0} \dfrac{f(0+h, 0) - f(0,0)}{h} = \lim\limits_{h \to 0} \dfrac{f(h, 0)}{h} = \lim\limits_{h \to 0} \dfrac{0}{h} = 0$

ㄴ. (참)
$f_y(0, 0) = \lim\limits_{h \to 0} \dfrac{f(0, 0+h) - f(0, 0)}{h} = \lim\limits_{h \to 0} \dfrac{f(0, h)}{h} = 0$

ㄷ. (거짓)
$\lim\limits_{(x, y) \to (0, 0)} \dfrac{2xy}{x^2 + y^2}$는 극한값이 존재하지 않으므로 불연속이다.

즉, 보기 중 참인 것은 ㄱ, ㄴ이다.

정답 ①

03

원점에서 다음 함수의 연속성과 미분가능성을 판단하시오.

(1) $f(x,y) = \begin{cases} \dfrac{xy}{x^2+y^2}, & (x,y) \neq (0,0) \\ 0, & (x,y) = (0,0) \end{cases}$

(2) $f(x,y) = \begin{cases} \dfrac{xy^2}{x^2+y^2} & (x,y) \neq (0,0) \\ 0 & (x,y) = (0,0) \end{cases}$

공략 포인트

함수의 연속성과 미분가능성
(i) 함수가 정해진 점에서 미분가능하면 그 점에서 연속이다.
(ii) 함수가 정해진 점에서 불연속이면 그 점에서 미분불가능하다.

풀이

(1) $(0,0)$에서 극한이 존재하지 않는다.
따라서 함수는 불연속이고, 미분불가능하다.

(2) $\lim\limits_{(x,y) \to (0,0)} f(x,y) = 0$이므로 연속함수이다.
그리고 정의에 의하여

$$\lim_{(h,k) \to (0,0)} \frac{f(h,k) - f(0,0) - (0,0) \cdot (h,k)}{\sqrt{h^2+k^2}}$$

$$= \lim_{(h,k) \to (0,0)} \frac{\dfrac{hk^2}{h^2+k^2}}{\sqrt{h^2+k^2}}$$

$$= \lim_{(h,k) \to (0,0)} \frac{hk^2}{(h^2+k^2)\sqrt{h^2+k^2}} \neq 0$$이므로 미분불가능하다.

정답 풀이 참조

04

$z = \tan^{-1} \dfrac{y}{x}$ 일 때, $(2,1)$에서의 $\dfrac{\partial^2 z}{\partial y \partial x}$ 값은?

① 2 ② -2 ③ $-\dfrac{3}{25}$ ④ $\dfrac{3}{25}$

공략 포인트

x, y에 관한 2계 편도함수
$\dfrac{\partial^2 z}{\partial y \partial x} = z_{xy}$는 z를 x로 편미분한 함수 z_x를 y로 편미분한다.

풀이

$\dfrac{\partial z}{\partial x} = \dfrac{x^2}{x^2+y^2}\left(-\dfrac{y}{x^2}\right) = -\dfrac{y}{x^2+y^2}$

$\dfrac{\partial^2 z}{\partial y \partial x} = \dfrac{\partial}{\partial y}\left(\dfrac{\partial z}{\partial x}\right) = \dfrac{\partial}{\partial y}\left(-\dfrac{y}{x^2+y^2}\right) = \dfrac{y^2-x^2}{(x^2+y^2)^2}$

따라서 $(2,1)$에서의 값은 $-\dfrac{3}{25}$이다.

정답 ③

05

$f(x, y) = \begin{cases} xy \dfrac{x^2-y^2}{x^2+y^2} & (x, y) \neq (0, 0) \\ 0 & (x, y) = (0, 0) \end{cases}$ 에 대해서 $f_{xy}(0, 0)$, $f_{yx}(0, 0)$을 각각 구하시오.

① -1, -1 ② 1, -1 ③ -1, 1 ④ 1, 1

공략 포인트

x, y에 관한 2계 편미분계수:
$f_{xy}(a, b) = \lim_{h \to 0} \dfrac{f_x(a, b+h) - f_x(a, b)}{h}$
$f_{yx}(a, b) = \lim_{h \to 0} \dfrac{f_y(a+h, b) - f_y(a, b)}{h}$

풀이

$f_x(0, y) = \lim_{x \to 0} \dfrac{f(x, y) - f(0, y)}{x} = \lim_{x \to 0} \dfrac{x^2 - y^2}{x^2 + y^2} = -y$,

$f_x(0, 0) = \lim_{x \to 0} \dfrac{f(x, 0) - f(0, 0)}{x} = \lim_{x \to 0} \dfrac{0 - 0}{x} = 0$ 이므로

$f_{xy}(0, 0) = \lim_{y \to 0} \dfrac{f_x(0, y) - f_x(0, 0)}{y} = \lim_{y \to 0} \dfrac{-y - 0}{y} = -1$ 이다.

마찬가지로 $f_y(x, 0) = x$, $f_y(0, 0) = 0$ 이므로

$f_{yx}(0, 0) = \lim_{x \to 0} \dfrac{f_y(x, 0) - f_y(0, 0)}{x} = \lim_{x \to 0} \dfrac{x - 0}{x} = 1$ 이다.

정답 ③

06

라플라스 방정식 $U_{xx} + U_{yy} = 0$을 만족하지 <u>않는</u> 것을 고르시오.

① $U = x^2 - y^2$ ② $U = \dfrac{y}{x} - \dfrac{x}{y}$
③ $U = \ln(\sqrt{x^2 + y^2})$ ④ $U = x^3 - 3xy^2$

공략 포인트

2계 편도함수
f_{xx}의 계산은 f를 x로 편미분 후, f_x를 다시 x로 편미분한다.
f_{yy}의 계산은 f를 y로 편미분 후, f_y를 다시 y로 편미분한다.

풀이

① $U_x = 2x$, $U_{xx} = 2$, $U_y = -2y$, $U_{yy} = -2$ 이므로
$U_{xx} + U_{yy} = 0$

② $U_x = -\dfrac{y}{x^2} - \dfrac{1}{y}$, $U_{xx} = \dfrac{2y}{x^3}$, $U_y = \dfrac{1}{x} + \dfrac{x}{y^2}$, $U_{yy} = -\dfrac{2x}{y^3}$ 이므로
$U_{xx} + U_{yy} \neq 0$

③ $U = \dfrac{1}{2} \ln(x^2 + y^2)$ 이다.

즉, $U_x = \dfrac{x}{x^2 + y^2}$, $U_{xx} = \dfrac{-x^2 + y^2}{(x^2 + y^2)^2}$, $U_y = \dfrac{y}{x^2 + y^2}$, $U_{yy} = \dfrac{x^2 - y^2}{(x^2 + y^2)^2}$ 이므로
$U_{xx} + U_{yy} = 0$

④ $U_x = 3x^2 - 3y^2$, $U_{xx} = 6x$, $U_y = -6xy$, $U_{yy} = -6x$ 이므로
$U_{xx} + U_{yy} = 0$

즉, $U_{xx} + U_{yy} = 0$을 만족하지 않는 것은 ②이다.

정답 ②

3. 합성함수의 편도함수와 전미분

1. 합성함수의 편도함수

(1) 일변수 합성함수의 편도함수

일변수 합성함수에 대한 연쇄율은 $\omega = f(x)$가 x에 관해서 미분가능하고 $x = g(t)$가 t에 관해서 미분가능할 때, ω는 t에 관해 미분가능하고 합성함수의 편도함수는 다음과 같다.

$$\frac{d\omega}{dt} = \frac{d\omega}{dx} \cdot \frac{dx}{dt}$$

(2) 이변수 합성함수의 편도함수

이변수함수 $\omega = f(x, y)$가 x, y에 관해서 미분가능하고 x와 y는 모두 t에 관해서 미분가능하면, ω는 t에 관해서 미분가능하고 합성함수의 편도함수는 다음과 같다.

$$\frac{d\omega}{dt} = \frac{\partial f}{\partial x}\frac{dx}{dt} + \frac{\partial f}{\partial y}\frac{dy}{dt}$$

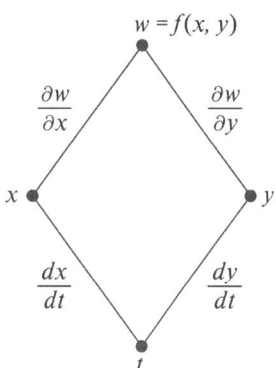

(3) 3변수 합성함수의 편도함수

3변수함수 $\omega = f(x, y, z)$는 연속인 1계 편도함수를 갖고, x, y, z가 각각 미분가능한 t의 함수이면 합성함수의 편도함수는 다음과 같다.

$$\frac{d\omega}{dt} = \frac{\partial \omega}{\partial x}\frac{dx}{dt} + \frac{\partial \omega}{\partial y}\frac{dy}{dt} + \frac{\partial \omega}{\partial z}\frac{dz}{dt}$$

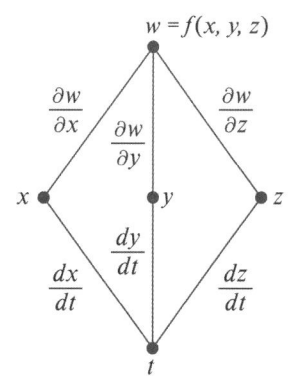

(4) 이변수함수 $w = f(x, y)$가 연속인 편도함수를 가지며, $x = \phi(s, t)$, $y = \psi(s, t)$이고 x, y가 연속인 편도함수를 가지면 다음이 성립한다.

① $\dfrac{\partial w}{\partial s} = \dfrac{\partial w}{\partial x}\dfrac{\partial x}{\partial s} + \dfrac{\partial w}{\partial y}\dfrac{\partial y}{\partial s}$

② $\dfrac{\partial w}{\partial t} = \dfrac{\partial w}{\partial x}\dfrac{\partial x}{\partial t} + \dfrac{\partial w}{\partial y}\dfrac{\partial y}{\partial t}$

(5) 3변수함수 $w = f(x, y, z)$가 연속인 편도함수를 가지며, x, y, z가 각각 s, t의 함수로써 연속인 편도함수를 가지면 다음이 성립한다.

① $\dfrac{\partial w}{\partial s} = \dfrac{\partial w}{\partial x}\dfrac{\partial x}{\partial s} + \dfrac{\partial w}{\partial y}\dfrac{\partial y}{\partial s} + \dfrac{\partial w}{\partial z}\dfrac{\partial z}{\partial s}$

② $\dfrac{\partial w}{\partial t} = \dfrac{\partial w}{\partial x}\dfrac{\partial x}{\partial t} + \dfrac{\partial w}{\partial y}\dfrac{\partial y}{\partial t} + \dfrac{\partial w}{\partial z}\dfrac{\partial z}{\partial t}$

(6) $y = f(x)$이고 $x = g(s, t)$이면 다음이 성립한다.

① $\dfrac{\partial y}{\partial s} = \dfrac{df}{dx}\dfrac{\partial x}{\partial s}$

② $\dfrac{\partial y}{\partial t} = \dfrac{df}{dx}\dfrac{\partial x}{\partial t}$

2. 전미분과 근삿값

(1) 전미분

① 이변수함수 $w = f(x, y)$의 전미분은 다음과 같다.
$$dw = f_x(x, y)dx + f_y(x, y)dy$$

② 삼변수함수 $w = f(x, y, z)$의 전미분은 다음과 같다.
$$dw = f_x dx + f_y dy + f_z dz$$

(2) 전미분의 활용

이변수함수 $w = f(x, y)$에서 비교적 작은 오차 dx, dy에 따르는 새로운 양 w의 계산상 오차는 근사적으로 전미분 dw로, 증분 Δw의 근삿값임을 알 수 있다.

① w의 근사오차(approximate error): dw

② w의 상대오차(relative error): $\dfrac{dw}{w}$

③ w의 백분율오차(percentage error): $\dfrac{dw}{w} \times 100$

(3) 동차형 함수

① 정의

함수 $f(x,y)$와 임의의 t에 대하여 $f(tx,ty) = t^n f(x,y)$를 만족하는 함수 $f(x,y)$를 n차 동차형 함수라고 한다.

② 성질

함수 $f(x,y)$와 임의의 t에 대하여 $f(tx,ty) = t^n f(x,y)$를 만족하며, f가 2계 편미분가능하고 연속일 때 다음이 성립한다.

- $x\dfrac{\partial f}{\partial x} + y\dfrac{\partial f}{\partial y} = nf(x,y) \Leftrightarrow xf_x(x,y) + yf_y(x,y) = nf(x,y)$

- $x^2\dfrac{\partial^2 f}{\partial x^2} + 2xy\dfrac{\partial^2 f}{\partial x \partial y} + y^2\dfrac{\partial^2 f}{\partial y^2} = n(n-1)f(x,y)$

- $f_x(tx,ty) = t^{n-1}f_x(x,y)$

개념적용

01

함수 $f(x,y) = x^2y + 3xy^4$, $x(t) = \sin 2t, y(t) = \cos t$로 주어질 때, $t = 0$에 대한 $\dfrac{df}{dt}$의 값을 구하면?

① 6 ② -6 ③ 5 ④ -5

공략 포인트

이변수 합성함수의 편도함수
$\dfrac{df}{dt} = \dfrac{\partial f}{\partial x}\dfrac{dx}{dt} + \dfrac{\partial f}{\partial y}\dfrac{dy}{dt}$

풀이

$\dfrac{df}{dt} = \dfrac{\partial f}{\partial x}\dfrac{dx}{dt} + \dfrac{\partial f}{\partial y}\dfrac{dy}{dt} = (2xy + 3y^4)(2\cos 2t) + (x^2 + 12xy^3)(-\sin t)$이다.

그리고 $t = 0$일 때, $x = 0, y = 1$이므로 이를 대입하면 다음과 같다.

$\left.\dfrac{df}{dt}\right|_{t=0} = 6$

정답 ①

02

함수 $z = \{f(x, y)\}^2$, $x = g(t)$, $y = h(t)$에 대하여 다음을 만족한다.

$$f_x(1, 0) = -1,\ f_y(1, 0) = 1,\ f(1, 0) = 2,\ g(3) = 1,\ h(3) = 0,\ g'(3) = -3,\ h'(3) = 4$$

$t = 3$일 때, $\dfrac{dz}{dt}$를 구하시오.

① 14 ② 118 ③ 28 ④ 32

공략 포인트

이변수 합성함수의 편도함수
$\dfrac{df}{dt} = \dfrac{\partial f}{\partial x}\dfrac{dx}{dt} + \dfrac{\partial f}{\partial y}\dfrac{dy}{dt}$

풀이

$\dfrac{dz}{dt} = 2f(x, y)\{f_x(x, y)g'(t) + f_y(x, y)h'(t)\}$이고,

$t = 3$일 때 $x = g(3) = 1, y = h(3) = 0$이므로 이를 대입하면

$\dfrac{dz}{dt} = 2f(1,0)\{f_x(1,0)g'(3) + f_y(1,0)h'(3)\} = 2 \cdot 2 \cdot \{-1 \cdot -3 + 1 \cdot 4\} = 28$이다.

정답 ③

03

미분가능한 함수 f는 x, y의 함수로서

$$g(r, s) = f(2r - s, \ s^2 - 4r)$$

을 만족한다. 다음 표를 이용하여 $g_s(1, 2)$를 구하면?

	f	g	f_x	f_y
(0, 0)	3	6	4	8
(1, 2)	6	3	2	5

① 16   ② -16 ③ 28   ④ 15

공략 포인트

이변수함수 $\omega = f(x, y)$가 연속인 편도함수를 가지며, $x = \phi(s, t), \ y = \psi(s, t)$이고 x, y가 연속인 편도함수를 가지면 다음이 성립한다.

$$\frac{\partial \omega}{\partial t} = \frac{\partial \omega}{\partial x} \frac{\partial x}{\partial t} + \frac{\partial \omega}{\partial y} \frac{\partial y}{\partial t}$$

풀이

$g = f(x, y), \ x = 2r - s, \ y = s^2 - 4r$이라 하고
$r = 1, \ s = 2$이면 $x = 0, \ y = 0$이다.
$\therefore \ g_s(1, 2) = f_x(0, 0) \cdot x_s(1, 2) + f_y(0, 0) \cdot y_s(1, 2) = 4 \cdot (-1) + 8 \cdot 4 = 28$

정답 ③

04

$f(x, y, z) = x + 2y + z^2, \ x = \dfrac{r}{s}, \ y = r^2 + \ln s, \ z = 2r$ 일 때,

$r = 1, \ s = 1$ 에서 $\dfrac{\partial f}{\partial r}$ 는?

① 13   ② 14   ③ 15   ④ 16

공략 포인트

3변수함수 $\omega = f(x, y, z)$가 연속인 편도함수를 가지며, x, y, z가 각각 s, t의 함수로써 연속인 편도함수를 가지면 다음이 성립한다.

$$\frac{\partial \omega}{\partial s} = \frac{\partial \omega}{\partial x} \frac{\partial x}{\partial s} + \frac{\partial \omega}{\partial y} \frac{\partial y}{\partial s} + \frac{\partial \omega}{\partial z} \frac{\partial z}{\partial s}$$

풀이

$$\frac{\partial f}{\partial r} = \frac{\partial f}{\partial x} \frac{\partial x}{\partial r} + \frac{\partial f}{\partial y} \frac{\partial y}{\partial r} + \frac{\partial f}{\partial z} \frac{\partial z}{\partial r} = (1)\left(\frac{1}{s}\right) + (2)(2r) + (2z)(2) = \frac{1}{s} + 12r$$

따라서 $\dfrac{\partial f}{\partial r}\Big|_{(r, s) = (1, 1)} = 13$이다.

정답 ①

05

변수 x의 값이 1에서 1.2로, y의 값이 2에서 1.9로 변할 때, 이변수함수 $z = 2x^2 + 3y^2$의 전미분 dz의 값은?

① -0.4 ② -0.2 ③ 0.1 ④ 0.3

공략 포인트

전미분
이변수함수 $\omega = f(x, y)$의 전미분은 다음과 같다.
$d\omega = f_x(x, y)dx + f_y(x, y)dy$

풀이

$z = 2x^2 + 3y^2$의 전미분 dz는
$dz = z_x dx + z_y dy = 4xdx + 6ydy$이므로
이 식에 $x = 1$, $y = 2$, $dx = 0.2$, $dy = -0.1$을 대입하면
$dz = -0.4$ 이다.

정답 ①

06

사각형의 가로, 세로가 각각 30 cm, 24 cm로 측정되었다. 최대 오차범위는 가로, 세로 모두 각각 0.1 cm 씩이라고 한다. 이 사각형의 넓이를 계산하는 데 미분을 이용하여 최대오차를 구하면?

① $5.2\,\text{cm}^2$ ② $5.4\,\text{cm}^2$ ③ $5.6\,\text{cm}^2$ ④ $5.8\,\text{cm}^2$

공략 포인트

전미분의 활용
이변수함수 $\omega = f(x, y)$에서 비교적 작은 오차 dx, dy에 따르는 새로운 양 ω의 계산상 오차는 근사적으로 전미분 $d\omega$로, 증분 $\Delta \omega$의 근삿값임을 알 수 있다.
$d\omega$: ω의 근사오차

풀이

사각형의 가로, 세로를 각각 x, y로 놓으면 넓이는 $S = xy$이므로
$dS = \dfrac{\partial S}{\partial x}dx + \dfrac{\partial S}{\partial y}dy = ydx + xdy$이다.
$|\Delta x| \leq 0.1$, $|\Delta y| \leq 0.1$이므로 넓이의 최대오차를 구하기 위해
$dx = 0.1$, $dy = 0.1$을 대입하면
$\Delta S \approx dS = 24 \times 0.1 + 30 \times 0.1 = 5.4 (\text{cm}^2)$

정답 ②

4 다변수함수의 극한과 편미분

대표출제유형

출제경향 분석

\# 이변수함수 극한의 존재성에 관한 문제가 자주 출제되므로 경로에 따른 극한 계산을 할 수 있어야 합니다.

\# 합성함수의 미분법에 대한 문제가 매년 출제되므로 독립변수에 따른 미분을 할 수 있어야 합니다.

\# 조화함수의 개념을 묻는 문제가 출제됩니다.

01 이변수함수의 극한

🔍 개념 1. 다변수함수의 극한과 편미분

다음 중 극한값이 존재하는 것을 모두 고른 것은?

ㄱ. $\displaystyle\lim_{(s,t)\to(0,0)} \frac{3s^2 t}{s^2+t^2}$ ㄴ. $\displaystyle\lim_{(s,t)\to(0,0)} \frac{s^2+t^2}{\sqrt{s^2+t^2+1}-1}$ ㄷ. $\displaystyle\lim_{(s,t)\to(0,0)} \frac{s^2 t e^t}{s^4+4t^2}$

① ㄱ, ㄴ   ② ㄱ, ㄷ   ③ ㄴ, ㄷ   ④ ㄱ, ㄴ, ㄷ

풀이

STEP A 이변수함수의 극한이 부정형 극한인 경우 단계별로 접근하기

ㄱ. (극한값이 존재한다.)

(i) s축을 따라 $(0,0)$으로 접근: $t=0$이고 $s\to 0$이므로 $\displaystyle\lim_{s\to 0}\frac{0}{s^2}=0$

(ii) t축을 따라 $(0,0)$으로 접근: $s=0$이고, $t\to 0$이므로 $\displaystyle\lim_{t\to 0}\frac{0}{t^2}=0$

(iii) $s=mt$(단, m은 임의의 실수)를 따라 $(0,0)$으로 접근: $\displaystyle\lim_{t\to 0}\frac{3m^2 t^3}{(m^2+1)t^2}=\lim_{t\to 0}\frac{3m^2 t}{m^2+1}=0$

(i)~(iii)에 의하여 극한은 존재한다.

ㄷ. (극한값이 존재하지 않는다.)

(i) s축을 따라 $(0,0)$으로 접근: $t=0$이고 $s\to 0$이므로 $\displaystyle\lim_{s\to 0}\frac{0}{s^4}=0$

(ii) t축을 따라 $(0,0)$으로 접근: $s=0$이고, $t\to 0$이므로 $\displaystyle\lim_{t\to 0}\frac{0}{4t^2}=0$

(iii) $t=ms^2$(단, m은 임의의 실수)을 따라 $(0,0)$으로 접근: $\displaystyle\lim_{s\to 0}\frac{ms^4 e^{ms^2}}{s^4+4m^2 s^4}=\lim_{s\to 0}\frac{me^{ms^2}}{1+4m^2}\neq 0$

(i)~(iii)에 의하여 극한은 존재하지 않는다.

STEP B 분수식 유리화를 통해 부정형 극한이 아닌 경우 직접 대입하기

ㄴ. (극한값이 존재한다.)

$\displaystyle\lim_{(s,t)\to(0,0)}\frac{s^2+t^2}{\sqrt{s^2+t^2+1}-1}=\lim_{(s,t)\to(0,0)}\frac{(s^2+t^2)(\sqrt{s^2+t^2+1}+1)}{s^2+t^2}$ (∵ 분모의 유리화)

$=\displaystyle\lim_{(s,t)\to(0,0)}\sqrt{s^2+t^2+1}+1=2$ 이므로 극한은 존재한다.

정답 ①

02 이변수함수의 연속성

🔍 개념 1. 다변수함수의 극한과 편미분

함수 $F(x, y) = \begin{cases} \dfrac{x^3 y^2}{x^4 + y^4} & (x, y) \neq (0, 0) \\ 0 & (x, y) = (0, 0) \end{cases}$ 에 대한 다음 보기의 설명 중 옳은 것의 개수는?

───── | 보 기 | ─────

ㄱ. $f(x) = F(x, 0)$는 $x = 0$에서 연속이다.

ㄴ. $g(y) = F(0, y)$는 $y = 0$에서 연속이다.

ㄷ. $F(x, y)$는 $(x, y) = (0, 0)$에서 연속이다.

ㄹ. $F(x, y)$는 $(x, y) = (0, 0)$에서 미분가능하다.

① 1개 ② 2개 ③ 3개 ④ 4개

풀이

STEP A 이변수함수가 한 점에서 연속을 가질 조건에 따라 판별하기

ㄱ. (참)
 $f(x) = F(x, 0) = 0$이므로 $x = 0$에서 연속이다.

ㄴ. (참)
 $g(y) = F(0, y) = 0$이므로 $y = 0$에서 연속이다.

ㄷ. (참)
 $\lim\limits_{(x, y) \to (0, 0)} \dfrac{x^3 y^2}{x^4 + y^4} = 0$이고 $F(0, 0) = 0$이므로
 $F(x, y)$는 $(x, y) = (0, 0)$에서 연속이다.

ㄹ. (거짓)
$$\lim_{(s,t) \to (0,0)} \dfrac{f(0+s, 0+t) - f(0,0) - \nabla f(0,0) \cdot (s,t)}{\sqrt{s^2 + t^2}}$$

$$= \lim_{(s,t) \to (0,0)} \dfrac{\dfrac{s^3 t^2}{x^4 + y^4}}{\sqrt{s^2 + t^2}}$$

$$= \lim_{(s,t) \to (0,0)} \dfrac{s^3 t^2}{(s^4 + t^4)\sqrt{s^2 + t^2}}$$

임의의 m에 대하여 $s = mt$일 때, $\lim\limits_{t \to 0^+} \dfrac{m^3 t^5}{t^5 (m^4 + 1)\sqrt{m^2 + 1}} \neq 0$이므로 미분불가능하다.

정답 ③

03 조화함수

🔍 개념 2. 편도함수

다음 중 조화함수인 것의 개수는? (단, 조화함수란 $\dfrac{\partial^2 f}{\partial x^2} + \dfrac{\partial^2 f}{\partial y^2} = 0$을 만족하는 f이다.)

ㄱ. $f(x, y) = x^3 y - xy^3$ ㄴ. $f(x, y) = 2x + 5x^4 y^7$

ㄷ. $f(x, y) = \ln(\sqrt{x^2 + y^2})$ ㄹ. $f(x, y) = \dfrac{y}{x} - \dfrac{x}{y}$

① 1   ② 2   ③ 3   ④ 4

풀이

STEP A 라플라스 방정식을 만족하는 해 $f(x, y)$를 구하기

ㄱ. (조화함수이다.)
$f_x = 3x^2 y - y^3,\ f_{xx} = 6xy,\ f_y = x^3 - 3xy^2,\ f_{yy} = -6xy$이므로
$f_{xx} + f_{yy} = 0$이다. 따라서 조화함수이다.

ㄴ. (조화함수가 아니다.)
$f_x = 2 + 20x^3 y^7,\ f_{xx} = 60x^2 y^7,\ f_y = 35x^4 y^6,\ f_{yy} = 210x^4 y^5$이므로
$f_{xx} + f_{yy} \neq 0$이다. 따라서 조화함수가 아니다.

ㄷ. (조화함수이다.)
$f(x, y) = \ln(\sqrt{x^2 + y^2}) = \dfrac{1}{2}\ln(x^2 + y^2)$이므로
$f_x = \dfrac{x}{x^2 + y^2},\ f_{xx} = \dfrac{y^2 - x^2}{(x^2 + y^2)^2},\ f_y = \dfrac{y}{x^2 + y^2},\ f_{yy} = \dfrac{x^2 - y^2}{(x^2 + y^2)^2}$이다.
즉, $f_{xx} + f_{yy} = 0$이므로 조화함수이다.

ㄹ. (조화함수가 아니다.)
$f_x = -\dfrac{y}{x^2} - \dfrac{1}{y},\ f_{xx} = \dfrac{2y}{x^3},\ f_y = \dfrac{1}{x} + \dfrac{x}{y^2},\ f_{yy} = -\dfrac{2x}{y^3}$이므로
$f_{xx} + f_{yy} \neq 0$이다. 따라서 조화함수가 아니다.

정답 ②

04 합성함수의 편도함수

🔍 개념 3. 합성함수의 편도함수와 전미분

$z = \dfrac{e^{x-y}}{(1+e^{-y})(1+e^x)}$, $x = st^2$, $y = s^2 t$ 일 때, $(s, t) = (0, 1)$ 에서 $\dfrac{\partial z}{\partial s}$ 를 구하면?

① $\dfrac{1}{2}$ ② $\dfrac{1}{8}$ ③ $\dfrac{1}{16}$ ④ $\dfrac{1}{32}$

풀이

STEP A 이변수 합성함수의 편도함수 구하기

$$\dfrac{\partial z}{\partial s} = \dfrac{\partial z}{\partial x} \cdot \dfrac{\partial x}{\partial s} + \dfrac{\partial z}{\partial y} \cdot \dfrac{\partial y}{\partial s}$$

STEP B 각 편도함수를 구하여 대입하기

$z = \dfrac{e^{-y}}{1+e^{-y}} \cdot \dfrac{e^x}{1+e^x} = \dfrac{1}{1+e^y} \cdot \dfrac{e^x}{1+e^x}$ 이므로

$z_x = \dfrac{1}{1+e^y} \cdot \dfrac{e^x(1+e^x) - e^{2x}}{(1+e^x)^2}$

$z_y = -\dfrac{e^y}{(1+e^y)^2} \cdot \dfrac{e^x}{1+e^x}$

$x_s = t^2$, $y_s = 2st$ 이다.

$(s, t) = (0, 1)$ 일 때, $x = 0$, $y = 0$ 이다.

$\left.\dfrac{\partial z}{\partial s}\right|_{(0,1)} = \left.\dfrac{\partial z}{\partial x} \cdot \dfrac{\partial x}{\partial s} + \dfrac{\partial z}{\partial y} \cdot \dfrac{\partial y}{\partial s}\right|_{(0,1)} = \dfrac{1}{2 \cdot 2^2} \cdot 1 + \dfrac{-1}{2^2 \cdot 1} \cdot 0 = \dfrac{1}{8}$

정답 ②

05 합성함수의 편도함수

🔍 개념 3. 합성함수의 편도함수와 전미분

미분가능한 함수 f에 대해 $g(s,t) = f(s^3-t^3, t^3-s^3)$이다. $g_s(1,2) = 3$일 때, $\dfrac{\partial g}{\partial f}(1,2)$의 값은?

① -12 ② -9 ③ -6 ④ -3

풀이

STEP A 주어진 함수를 이변수함수의 합성함수 형태로 나타내기

$$g(s,t) = f(s^2-t^3, t^3-s^3) \Leftrightarrow g = f(x,y),\ x = s^3-t^3,\ y = t^3-s^3$$

STEP B $g_s(1,2) = 3$의 조건 이용하기

$$\begin{aligned}
g_s(1,2) &= g_x \cdot x_s + g_y \cdot y_s \big|_{(s,t)=(1,2)} \\
&= g_x \cdot 3s^2 + g_y \cdot (-3s^2) \big|_{(s,t)=(1,2)} \\
&= g_x(1,2) \cdot 3 + g_y(1,2) \cdot (-3) \\
&= 3g_x(1,2) - 3g_y(1,2) = 3 \text{이므로}
\end{aligned}$$

$g_x(1,2) - g_y(1,2) = 1$ 이다.

STEP C $\dfrac{\partial g}{\partial t}(1,2)$ 구하기

$$\begin{aligned}
\dfrac{\partial g}{\partial t}(1,2) &= g_x \cdot x_t + g_y \cdot y_t \big|_{(s,t)=(1,2)} \\
&= g_x \cdot (-3t^2) + g_y \cdot (3t^2) \big|_{(s,t)=(1,2)} \\
&= -12 g_x(1,2) + 12 g_y(1,2) \\
&= -12\{g_x(1,2) - g_y(1,2)\} \\
&= -12
\end{aligned}$$

정답 ①

06 삼변수 합성함수의 편도함수

🔍 개념 3. 합성함수의 편도함수와 전미분

$w = xy + yz + zx$, $x = r\cos\theta$, $y = r\sin\theta$, $z = r\theta$일 때, $r = 2$, $\theta = \dfrac{\pi}{2}$에서 $\dfrac{\partial w}{\partial \theta}$의 값은?

① π ② $-\pi$ ③ 2π ④ -2π

풀이

STEP A 삼변수 합성함수의 편도함수 구하기

$$\frac{\partial w}{\partial \theta} = \frac{\partial w}{\partial x} \cdot \frac{\partial x}{\partial \theta} + \frac{\partial w}{\partial y} \cdot \frac{\partial y}{\partial \theta} + \frac{\partial w}{\partial z} \cdot \frac{\partial z}{\partial \theta}$$

STEP B 주어진 조건 $r = 2$, $\theta = \dfrac{\pi}{2}$를 대입하여 x, y, z 구하기

$r = 2$, $\theta = \dfrac{\pi}{2}$ 일 때, $x = 0$, $y = 2$, $z = \pi$ 이다.

STEP C $r = 2$, $\theta = \dfrac{\pi}{2}$에서 $\dfrac{\partial w}{\partial \theta}$의 값 구하기

$$\frac{\partial w}{\partial \theta} = \frac{\partial w}{\partial x} \cdot \frac{\partial x}{\partial \theta} + \frac{\partial w}{\partial y} \cdot \frac{\partial y}{\partial \theta} + \frac{\partial w}{\partial z} \cdot \frac{\partial z}{\partial \theta}$$
$$= (y+z)(-r\sin\theta) + (x+z) \cdot r\cos\theta + (y+x)r \text{ 이므로}$$

$r = 2$, $\theta = \dfrac{\pi}{2}$에서 $\dfrac{\partial w}{\partial \theta} = (2+\pi)(-2) + 4 = -2\pi$ 이다.

정답 ④

5 다변수함수의 극한과 편미분

실전문제

01 다음 중 극한값이 존재하는 것은?

① $\lim\limits_{(x,y)\to(0,0)} \dfrac{x^2-y^2}{x^2+y^2}$ ② $\lim\limits_{(x,y)\to(0,0)} \dfrac{xy}{x^2+y^2}$ ③ $\lim\limits_{(x,y)\to(0,0)} \dfrac{xy^2}{x^2+y^4}$ ④ $\lim\limits_{(x,y)\to(0,0)} \dfrac{3x^2y}{x^2+y^2}$

02 함수 $f(x,y)=x\arctan(xy)$에 대하여 편미분계수 $f_x(1,-1)$을 구하면?

① $\dfrac{\pi}{4}+\dfrac{1}{2}$ ② $\dfrac{\pi}{4}-\dfrac{1}{2}$ ③ $\dfrac{\pi}{4}$ ④ $-\dfrac{\pi}{4}-\dfrac{1}{2}$

03 미분가능한 함수 $f(x,y)$에 대하여 $f(1,1)=1$, $f_x(1,1)=6$, $f_y(1,1)=8$이다. 함수 $g(x,y)=\sqrt{x^2+2y^2+f(x,y)}$일 때, $g_x(1,1)+g_y(1,1)$의 값은?

① 5 ② 7 ③ 9 ④ 11

04 함수 $f(x, y) = \int_{xy}^{x^2+y^2} e^{t^2} dt$의 편미분계수 $\dfrac{\partial f}{\partial x}(1, 1)$의 값은?

① $e^4 - 2e$ ② $e^4 - e$ ③ $2e^4 - 2e$ ④ $2e^4 - e$

05 이변수함수 $f(x, y) = \dfrac{x}{(x^2+y^2)^{\frac{3}{2}}}$에 대하여 원점을 제외한 직선 $y = kx$ 위의 모든 점에서 편도함수 $\dfrac{\partial f}{\partial x}$와 $\dfrac{\partial f}{\partial y}$의 값이 같다면, 양수 k의 값은?

① $\dfrac{\sqrt{17}-4}{2}$ ② $\dfrac{\sqrt{17}-3}{2}$ ③ $\dfrac{\sqrt{17}-2}{2}$ ④ $\dfrac{\sqrt{17}-1}{2}$

06 $f(x, y) = x^2(2y+1)^3$에 대하여 $(x, y) = (2, 1)$인 점에서의 이계 편도함수 $\dfrac{\partial^2 f}{\partial x \partial y}$의 값을 구하면?

① 72 ② 108 ③ 144 ④ 216

07 미분가능한 이변수함수 $f(x, y)$에 대하여 $w = g(u, v) = f(u + 2v^2 + 2, u^2 - 4v + 1)$일 때, 아래 표를 이용하여 $\left.\dfrac{\partial w}{\partial u}\right|_{(-1, 0)}$ 의 값을 구하면?

(x, y)	f	f_x	f_y
$(-1, 0)$	5	3	2
$(1, 2)$	8	6	4

① -4 ② -2 ③ 0 ④ 2

08 $z = e^{-x} \sin(x + 2y)$, $x = s + 2t$, $y = s - t$일 때, $s = \dfrac{\pi}{2}$, $t = \dfrac{\pi}{4}$에서 $\dfrac{\partial z}{\partial t}$ 의 값은?

① e^{π} ② $2e^{-\pi}$ ③ $3e^{\frac{\pi}{4}}$ ④ $4e^{-\frac{\pi}{4}}$

09 $P = \sqrt{u^2 + v^2 + w^2}$, $u = xe^y$, $v = ye^x$, $w = e^{xy}$일 때, $x = 1$, $y = 0$에서 편미분계수 $\dfrac{\partial P}{\partial x}$ 의 값은?

① $\dfrac{1}{2}$ ② $\dfrac{1}{\sqrt{2}}$ ③ $\sqrt{2}$ ④ 2

10 다음 중 조화함수가 <u>아닌</u> 것은?

① $u = 7xy$ ② $u = -\dfrac{y}{x^2+y^2}$ ③ $u = 2x^2 + 3y^3$ ④ $u = 2x^3 - 6xy^2 + 7$

11 영역 D에서 정의된 함수 $z = f(x, y)$가 연속인 $\dfrac{\partial^2 z}{\partial x \partial y}$와 $\dfrac{\partial^2 z}{\partial y \partial x}$를 가진다. $x = -u^2 + v$, $y = uv$일 때, $\dfrac{\partial^2 z}{\partial u^2}$을 구하면?

① $4u^2 \dfrac{\partial^2 z}{\partial x^2} + v^2 \dfrac{\partial^2 z}{\partial y^2} - 4uv \dfrac{\partial^2 z}{\partial x \partial y} - 4 \dfrac{\partial z}{\partial x}$

② $4u^2 \dfrac{\partial^2 z}{\partial x^2} + v^2 \dfrac{\partial^2 z}{\partial y^2} - 2uv \dfrac{\partial^2 z}{\partial x \partial y} - 2 \dfrac{\partial z}{\partial x}$

③ $4u^2 \dfrac{\partial^2 z}{\partial x^2} + v^2 \dfrac{\partial^2 z}{\partial y^2} - 4uv \dfrac{\partial^2 z}{\partial x \partial y} - 2 \dfrac{\partial z}{\partial y}$

④ $4u^2 \dfrac{\partial^2 z}{\partial x^2} + v^2 \dfrac{\partial^2 z}{\partial y^2} - 4uv \dfrac{\partial^2 z}{\partial x \partial y} - 2 \dfrac{\partial z}{\partial x}$

12 함수 $f(x)$가 두 번 이상 미분가능하고 $f'(0) = 3$일 때, 이변수함수 $u(x, y) = yf(x-y)$에 대하여 $u_{xx}(1, 1) - u_{yy}(1, 1)$의 값은?

① -3 ② 0 ③ 3 ④ 6

13 함수 $f(x,y) = \begin{cases} (x^2+y^2)\sin\dfrac{1}{\sqrt{x^2+y^2}} & (x,y) \neq (0,0) \\ 0 & (x,y) = (0,0) \end{cases}$ 에 대하여 옳은 것을 보기에서 모두 고른 것은?

| 보 기 |

ㄱ. f는 $(0,0)$에서 연속이다.

ㄴ. $\displaystyle\lim_{(x,y)\to(0,0)} f_x(x,y) = 0$

ㄷ. f_x는 $(0,0)$에서 연속이다.

ㄹ. f는 $(0,0)$에서 미분가능하다.

① ㄱ, ㄴ　　② ㄱ, ㄹ　　③ ㄴ, ㄷ　　④ ㄷ, ㄹ

14 $x = s^2 - t^2$, $y = st$, $z = f(x,y)$ 이고, f의 1계와 2계 편도함수들이 연속이다. (가)~(라)에 해당되는 수식이 옳지 않게 제시된 것을 고르시오.

$$\frac{\partial^2 z}{\partial s^2} = \left(\text{(가)}\right)\frac{\partial z}{\partial x} + \left(\text{(나)}\right)\frac{\partial^2 z}{\partial x^2} + \left(\text{(다)}\right)\frac{\partial^2 z}{\partial x \partial y} + \left(\text{(라)}\right)\frac{\partial^2 z}{\partial y^2}$$

① (가): 2　　② (나): $4s^2$　　③ (다): $2st$　　④ (라): t^2

15 다음 함수 f에 대하여 $f_{yx}(0,0)$의 값을 구하면?

$$f(x,y) = \begin{cases} \dfrac{2x^3 y}{x^2+y^2} & ((x,y) \neq (0,0) \text{일 때}) \\ 0 & ((x,y) = (0,0) \text{일 때}) \end{cases}$$

① 존재하지 않는다.　　② 0　　③ 1　　④ 2

16 반지름이 2 cm, 높이가 3 cm인 원뿔의 각각의 최대 측정오차가 0.1 cm이다. 이 원뿔의 체적 변화량의 최대 백분율오차는?

① 5 ② $\dfrac{15}{2}$ ③ $\dfrac{25}{3}$ ④ $\dfrac{40}{3}$

음함수와 방향도함수

출제 비중 & 빈출 키워드 리포트

단원	출제 비중	합계 7%	빈출 키워드
1. 음함수 미분법		2%	·기울기벡터
2. 방향도함수		5%	·방향도함수

1 음함수 미분법

1. 음함수 미분법

(1) x의 미분가능한 함수로서 y가 $F(x,y)=0$ 형태의 방정식에 의해 음함수로 정의된다고 가정하면 음함수 미분은 다음과 같다.

$$\frac{dy}{dx} = -\frac{F_x}{F_y}$$

(2) x, y, z 각각을 다른 두 변수에 관해서 미분가능한 함수를 나타내며, $F(x,y,z)=0$ 형태의 방정식에 의해 음함수로 정의된다고 가정하면 각 편도함수는 다음과 같다.

① x에 관한 z의 편도함수 $\dfrac{\partial z}{\partial x} = -\dfrac{F_x}{F_z}$

② x에 관한 y의 편도함수 $\dfrac{\partial y}{\partial x} = -\dfrac{F_x}{F_y}$

③ y에 관한 z의 편도함수 $\dfrac{\partial z}{\partial y} = -\dfrac{F_y}{F_z}$

④ y에 관한 x의 편도함수 $\dfrac{\partial x}{\partial y} = -\dfrac{F_y}{F_x}$

⑤ z에 관한 x의 편도함수 $\dfrac{\partial x}{\partial z} = -\dfrac{F_z}{F_x}$

⑥ z에 관한 y의 편도함수 $\dfrac{\partial y}{\partial z} = -\dfrac{F_z}{F_y}$

개념적용

01

$e^{xy} = y+3$일 때, y'을 구하면?

① $y' = \dfrac{xe^{xy}}{1-xe^{xy}}$ ② $y' = \dfrac{ye^{xy}}{1-xe^{xy}}$

③ $y' = \dfrac{xe^{xy}}{1-ye^{xy}}$ ④ $y' = \dfrac{ye^{xy}}{1-ye^{xy}}$

공략 포인트

음함수 미분법
x의 미분가능한 함수로서 y가 $F(x,y)=0$ 형태의 방정식에 의해 음함수로 정의된다고 가정하면 음함수 미분은 다음과 같다.
$$\dfrac{dy}{dx} = -\dfrac{F_x}{F_y}$$

풀이

$e^{xy} = y+3 \Rightarrow F(x,y) = e^{xy} - y - 3 = 0$

$\dfrac{dy}{dx} = -\dfrac{F_x}{F_y} = -\dfrac{ye^{xy}}{xe^{xy}-1} = \dfrac{ye^{xy}}{1-xe^{xy}}$

정답 ②

02

z가 x와 y의 함수일 때, 음함수

$$x^3 + y^3 + z^3 + xyz = 1$$

에 대하여 $\dfrac{\partial z}{\partial x}$를 구하면?

① $\dfrac{3x^2+yz}{3z^2+xy}$ ② $-\dfrac{3x^2+yz}{3z^2+xy}$

③ $\dfrac{3x^2-yz}{3z^2-xy}$ ④ $-\dfrac{3x^2-yz}{3z^2-xy}$

공략 포인트

음함수 미분법
x, y, z 각각을 다른 두 변수에 관해서 미분가능한 함수를 나타내며, $F(x,y,z)=0$ 형태의 방정식에 의해 음함수로 정의된다고 가정하면 x에 관한 z의 편도함수는 다음과 같다.
$$\dfrac{\partial z}{\partial x} = -\dfrac{F_x}{F_z}$$

풀이

y를 상수로 취급하고 x에 관하여 편미분하면 다음과 같다.

$3x^2 + 3z^2 \dfrac{\partial z}{\partial x} - yz - xy\dfrac{\partial z}{\partial x} = 0$

$\therefore \dfrac{\partial z}{\partial x} = -\dfrac{3x^2+yz}{3z^2+xy}$

정답 ②

03

음함수 $x - z = \arctan(yz)$에 대하여 $\dfrac{\partial z}{\partial y}$를 구하시오.

① $\dfrac{-z}{1+y+y^2z^2}$ ② $\dfrac{z}{1+y+y^2z^2}$

③ $\dfrac{1+y^2z^2}{1+y+y^2z^2}$ ④ $-\dfrac{1+y^2z^2}{1+y+y^2z^2}$

공략 포인트

음함수 미분법
x, y, z 각각을 다른 두 변수에 관해서 미분가능한 함수를 나타내며, $F(x,y,z)=0$ 형태의 방정식에 의해 음함수로 정의된다고 가정하면 y에 관한 z의 편도함수는 다음과 같다.
$\dfrac{\partial z}{\partial y} = -\dfrac{F_y}{F_z}$

풀이

x를 상수로 보고 양변을 y에 관하여 편미분하면 다음과 같다.

$$-\dfrac{\partial z}{\partial y} = \dfrac{z+y\dfrac{\partial z}{\partial y}}{1+y^2z^2} \rightarrow -z = (1+y+y^2z^2)\dfrac{\partial z}{\partial y}$$

$\therefore \dfrac{\partial z}{\partial y} = \dfrac{-z}{1+y+y^2z^2}$

정답 ①

04

방정식 $z^3 - xy + yz + y^3 - 2 = 0$에서 z를 x, y의 음함수로 고려할 때, 점 $(1, 1, 1)$에서의 $\dfrac{\partial z}{\partial x}$를 구하면?

① $\dfrac{1}{2}$ ② $\dfrac{1}{4}$ ③ 1 ④ -1

공략 포인트

음함수 미분법
x, y, z 각각을 다른 두 변수에 관해서 미분가능한 함수를 나타내며, $F(x,y,z)=0$ 형태의 방정식에 의해 음함수로 정의된다고 가정하면 x에 관한 z의 편도함수는 다음과 같다.
$\dfrac{\partial z}{\partial x} = -\dfrac{F_x}{F_z}$

풀이

$F = z^3 - xy + yz + y^3 - 2$라 가정하면

$\dfrac{\partial z}{\partial x} = -\dfrac{F_x}{F_z} = -\dfrac{-y}{3z^2+y}\bigg|_{(1,1,1)} = \dfrac{1}{4}$

정답 ②

05

방정식 $yz = \ln(x+z)$에 대하여 점 $(e-1, 1, 1)$에서의 $\dfrac{\partial z}{\partial x}$를 구하면?

① $e-1$ ② $\dfrac{1}{e-1}$ ③ $\dfrac{e}{e+1}$ ④ $\dfrac{e+1}{e}$

공략 포인트

음함수 미분법
x, y, z 각각을 다른 두 변수에 관해서 미분가능한 함수를 나타내며, $F(x,y,z) = 0$ 형태의 방정식에 의해 음함수로 정의된다고 가정하면 x에 관한 z의 편도함수는 다음과 같다.

$$\dfrac{\partial z}{\partial x} = -\dfrac{F_x}{F_z}$$

풀이

$f = yz - \ln(x+z)$라 하면 음함수 미분법에 의하여

$$\dfrac{\partial z}{\partial x} = -\dfrac{f_x}{f_z} = -\dfrac{-\dfrac{1}{x+z}}{y - \dfrac{1}{x+z}}$$ 이므로

점 $(e-1, 1, 1)$에서 $\dfrac{\partial z}{\partial x} = \dfrac{1}{e-1}$ 이다.

정답 ②

06

x, y, z가 방정식 $xyz = \cos(x+y+z)$를 만족할 때, $x=0$, $y=\dfrac{\pi}{2}$, $z=\pi$에서의 $\dfrac{\partial z}{\partial x}$ 값은?

① $\dfrac{\pi^2}{2}-1$ ② $\dfrac{\pi^2}{2}$ ③ $\pi^2 - 2$ ④ $\dfrac{1}{2}$

공략 포인트

음함수 미분법
x, y, z 각각을 다른 두 변수에 관해서 미분가능한 함수를 나타내며, $F(x,y,z) = 0$ 형태의 방정식에 의해 음함수로 정의된다고 가정하면 x에 관한 z의 편도함수는 다음과 같다.

$$\dfrac{\partial z}{\partial x} = -\dfrac{F_x}{F_z}$$

풀이

$F(x,y,z) = xyz - \cos(x+y+z)$로 놓으면

$$\dfrac{\partial z}{\partial x} = -\dfrac{F_x}{F_z} = -\dfrac{yz + \sin(x+y+z)}{xy + \sin(x+y+z)}$$ 이다.

여기에 $x=0$, $y=\dfrac{\pi}{2}$, $z=\pi$를 대입하면

$$\dfrac{\partial z}{\partial x} = -\dfrac{\dfrac{\pi^2}{2} + \sin\dfrac{3\pi}{2}}{0 + \sin\dfrac{3\pi}{2}} = \dfrac{\pi^2}{2} - 1$$ 이다.

정답 ①

2 방향도함수

1. 등위곡선과 기울기벡터

(1) 등위곡선(level curves)

    ① 이변수함수 f의 등위곡선은 방정식이 $f(x,y) = k$ (여기서 k는 상수)인 곡선이다.

    ② 등위곡선 $f(x,y) = k$는 수평평면 $z = k$에서 xy평면으로 투영한 f의 그래프 자취이다.

(2) 기울기벡터

    ① $z = f(x,y)$에서 f의 기울기벡터는 다음과 같이 정의한다.

$$\nabla f(x,y) = (f_x(x,y), f_y(x,y)) = f_x \vec{i} + f_y \vec{j}$$

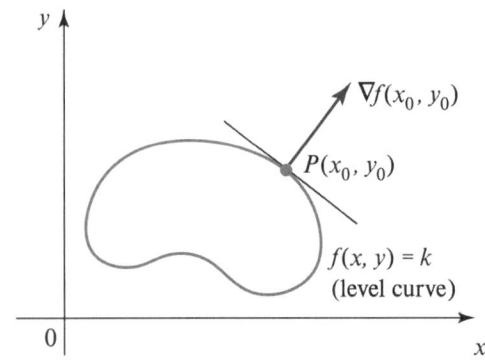

    ② $w = f(x,y,z)$에서 f의 기울기벡터는 다음과 같이 정의한다.

$$\nabla f(x,y,z) = (f_x(x,y,z), f_y(x,y,z), f_z(x,y,z)) = f_x \vec{i} + f_y \vec{j} + f_z \vec{k}$$

    ③ 기울기벡터 $\nabla f(x_0, y_0)$는 등위곡선 $f(x,y) = k$ 위의 점 (x_0, y_0)에서의 접선에 수직이다.

2. 방향도함수

(1) 이변수함수의 방향도함수

① 정의

단위벡터 $\vec{u}=(a,b)$ 방향에 대한 (x_0, y_0)에서 f의 방향도함수는 극한이 존재한다면 다음과 같이 정의한다.

$$D_{\vec{u}}f(x_0, y_0) = \lim_{h \to 0} \frac{f(x_0+ha, y_0+hb) - f(x_0, y_0)}{h}$$

② $\vec{u}=\vec{i}=(1,0)$이면 $D_{\vec{i}}f = f_x$이고 $\vec{u}=\vec{j}=(0,1)$이면 $D_{\vec{j}}f = f_y$임을 알 수 있다. 즉, f_x, f_y는 방향도함수의 특별한 경우이다.

③ 정리

f가 x와 y의 미분가능한 함수이면, f는 임의의 단위벡터 $\vec{u}=(a,b)$ 방향에 대한 방향도함수를 가지며 $D_{\vec{u}}f(x,y) = f_x(x,y)a + f_y(x,y)b$이다.

④ x축과 이루는 각이 주어질 때의 방향도함수

단위벡터 $\vec{u}$가 x축과 양의 각도 θ를 이루면 $\vec{u}=(\cos\theta, \sin\theta)$로 쓸 수 있다. 점 $P(x_0, y_0)$에서 벡터 $\vec{u}$ 방향으로의 방향도함수는 $D_{\vec{u}}f(x_0, y_0) = f_x(x_0, y_0)\cos\theta + f_y(x_0, y_0)\sin\theta$가 된다.

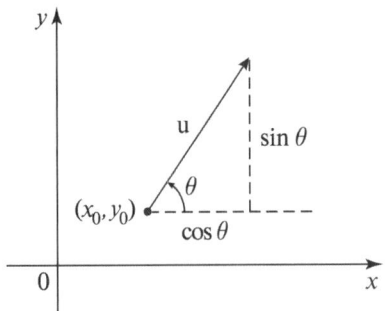

⑤ 방향도함수의 표현

$$D_{\vec{u}}f(x,y) = \nabla f(x,y) \cdot \vec{u}$$

이는 벡터 $\vec{u}$ 위에 기울기벡터를 스칼라 정사영하여 얻어진 것으로, $\vec{u}$ 방향에 대한 함수 f의 방향도함수를 나타낸다.

(2) 3변수함수의 방향도함수

① 정의

단위벡터 $\vec{u}=(a,b,c)$ 방향에 대한 (x_0, y_0, z_0)에서 f의 방향도함수는 극한이 존재한다면 다음과 같이 정의한다.

$$D_{\vec{u}}f(x_0, y_0, z_0) = \lim_{h \to 0} \frac{f(x_0+ha, y_0+hb, z_0+hc) - f(x_0, y_0, z_0)}{h}$$

② 정리

f가 x, y, z의 미분가능한 함수이면, f는 임의의 단위벡터 $\vec{u}=(a,b,c)$ 방향에 대한 방향도함수를 가지며 $D_{\vec{u}}f(x_0, y_0, z_0) = \nabla f(x,y,z) \cdot u$이다.

(3) 방향도함수의 기하학적 의미

① 정의

정의역상의 점 P(a,b)에서 단위벡터 $\vec{u}=(u_1, u_2)$ 방향으로의 $z=f(x,y)$의 증가율(변화율, 미분계수, 접선의 기울기)

② 의미

정의역상의 점 P(a,b)를 지나고 xy평면에 수직인 평면과 곡면 $z=f(x,y)$와 교선에서의 접선 T의 기울기

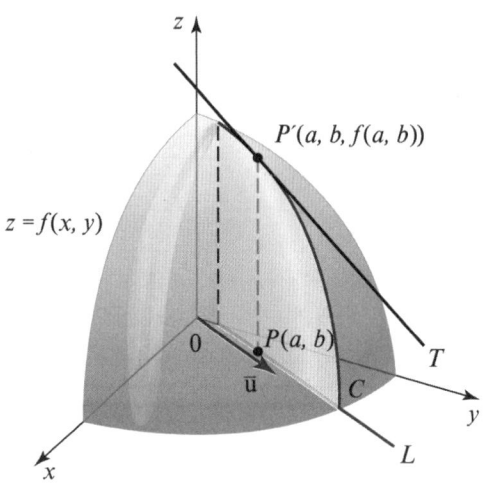

(4) 방향도함수 $D_{\vec{u}}f = \nabla f \cdot \vec{u} = |\nabla f|\cos\theta$ 성질

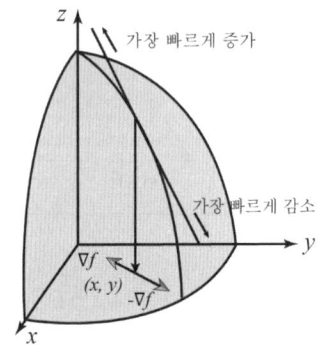

① $\cos\theta = 1$ 또는 $\vec{u}$가 ∇f의 방향일 때 함수 f는 가장 빨리 증가한다. 즉, 정의역 내의 모든 점 P에서 f는 기울기벡터와 같은 방향으로 가장 빠르게 증가한다. 이 방향에 대한 도함수는 다음과 같다.

$$D_{\vec{u}}f = |\nabla f|\cos(0) = |\nabla f|$$

② f는 $-\nabla f$의 방향에서 가장 빠르게 감소한다. 이 방향에 대한 도함수는 다음과 같다.

$$D_{\vec{u}}f = |\nabla f|\cos(\pi) = -|\nabla f|$$

③ 기울기 $\nabla f \neq 0$에 수직인 모든 방향은 $\theta = \dfrac{\pi}{2}$이기 때문에 f의 변화가 0이 되는 방향이다.

$$D_{\vec{u}}f = |\nabla f|\cos\left(\dfrac{\pi}{2}\right) = 0$$

개념적용

01 함수 $f(x, y) = x^2 + 4xy + 2y$ 의 점 $(1, 0)$에서의 그래디언트(gradient) 벡터 (a, b)는?

① $(2, 6)$ ② $(1, 3)$ ③ $(0, 1)$ ④ $(2, 4)$

공략 포인트

$z = f(x, y)$에서 f의 기울기 벡터
$\nabla f(x, y) = (f_x(x, y), f_y(x, y))$

풀이

$\nabla f(1, 0) = (f_x, f_y)_{(1,0)} = (2x + 4y, 4x + 2)_{(1,0)} = (2, 6)$

정답 ①

---

02 점 $P(0, 1)$에서 점 $Q(1, 3)$ 방향으로 함수 $f(x, y) = e^x y$의 방향도함수는?

① $\dfrac{3}{\sqrt{5}}$ ② 3 ③ 0 ④ $\sqrt{2}$

공략 포인트

방향도함수의 표현
$D_{\vec{u}} f(x, y) = \nabla f(x, y) \cdot \vec{u}$

풀이

$\nabla f(0, 1) = (e^x y, e^x)_{(0,1)} = (1, 1)$이고,

$\overrightarrow{PQ} = (1, 2)$의 단위벡터는 $\vec{u} = \left(\dfrac{1}{\sqrt{5}}, \dfrac{2}{\sqrt{5}}\right)$이므로

$D_{\vec{u}} f(0, 1) = \nabla f(0, 1) \cdot \vec{u} = (1, 1) \cdot \left(\dfrac{1}{\sqrt{5}}, \dfrac{2}{\sqrt{5}}\right) = \dfrac{3}{\sqrt{5}}$

정답 ①

03

점 $(2, 1)$에서 함수 $f(x, y) = x^2 + xy$ 의 x축의 양의 방향과 이루는 각이 $\dfrac{\pi}{3}$일 때, 방향도함수는 얼마인가?

① $\dfrac{5}{2} + \sqrt{3}$ ② $\dfrac{1}{2} + \sqrt{3}$ ③ $\dfrac{5}{2} + \sqrt{2}$ ④ $\dfrac{5}{2}$

공략 포인트

단위벡터 $\vec{u}$가 x축과 양의 각도 θ를 이루면 $\vec{u} = (\cos\theta, \sin\theta)$

방향도함수의 표현
$D_{\vec{u}}f(x, y) = \nabla f(x, y) \cdot \vec{u}$

풀이

$\nabla f(2, 1) = (2x + y, x)_{(2,1)} = (5, 2)$이고,

단위벡터는 $\vec{u} = \left(\cos\dfrac{\pi}{3}, \sin\dfrac{\pi}{3}\right) = \left(\dfrac{1}{2}, \dfrac{\sqrt{3}}{2}\right)$이므로

$D_{\vec{u}}f(2, 1) = \nabla f(2, 1) \cdot \vec{u} = (5, 2) \cdot \left(\dfrac{1}{2}, \dfrac{\sqrt{3}}{2}\right) = \dfrac{5}{2} + \sqrt{3}$

정답 ①

04

함수 $f(x, y, z) = 2x^3 - xy^2 - yz$에 대해 점 $P(-1, 1, 0)$에서 점 $Q(2, 0, -1)$ 방향으로의 방향도함수는 얼마인가?

① $\dfrac{14}{\sqrt{11}}$ ② $\dfrac{7}{\sqrt{11}}$ ③ $\dfrac{14}{\sqrt{13}}$ ④ $\dfrac{7}{\sqrt{13}}$

공략 포인트

3변수함수의 방향도함수
$D_{\vec{u}}f(x_0, y_0, z_0)$
$= \nabla f(x, y, z) \cdot \vec{u}$

풀이

$\nabla f(-1, 1, 0) = (6x^2 - y^2, -2xy - z, -y)_{(-1,1,0)} = (5, 2, -1)$이고,

벡터 $\overrightarrow{PQ} = (3, -1, -1)$의 단위벡터 $\vec{u}$는

$\vec{u} = \left(\dfrac{3}{\sqrt{11}}, -\dfrac{1}{\sqrt{11}}, -\dfrac{1}{\sqrt{11}}\right)$이므로

$D_{\vec{u}}f(-1, 1, 0) = \nabla f(-1, 1, 0) \cdot \vec{u} = (5, 2, -1) \cdot \left(\dfrac{3}{\sqrt{11}}, -\dfrac{1}{\sqrt{11}}, -\dfrac{1}{\sqrt{11}}\right) = \dfrac{14}{\sqrt{11}}$

정답 ①

05

점 $(1, 1, 0)$에서 벡터 $\vec{a}=(2, -3, 6)$ 방향으로의 함수 $f(x,y,z)=x^3-xy^2-z$의 방향도함수는?

① $\dfrac{4}{7}$ ② $-\dfrac{2}{7}$ ③ $\dfrac{1}{2}$ ④ $\dfrac{7}{2}$

공략 포인트

3변수함수의 방향도함수
$D_{\vec{u}}f(x_0, y_0, z_0) = \nabla f(x, y, z) \cdot \vec{u}$

풀이

벡터 $\vec{a}=(2, -3, 6)$와 같은 방향의 단위벡터는
$$\vec{u} = \frac{1}{\sqrt{2^2+(-3)^2+6^2}}(2,-3,6) = \frac{1}{7}(2,-3,6)$$이므로
구하는 방향도함수는 다음과 같다.
$$D_{\vec{u}}f(1,1,0) = (3x^2-y^2, -2xy, -1)_{(1,1,0)} \cdot \vec{u} = (2,-2,-1) \cdot \left(\frac{2}{7}, -\frac{3}{7}, \frac{6}{7}\right) = \frac{4}{7}$$

정답 ①

06

함수 $f(x,y) = x^2 + \sin xy$가 점 $(1,0)$에서 가장 빨리 증가하는 방향의 벡터를 구하면?

① $-\dfrac{2}{\sqrt{5}}\vec{i} - \dfrac{1}{\sqrt{5}}\vec{j}$ ② $\dfrac{2}{\sqrt{5}}\vec{i} + \dfrac{1}{\sqrt{5}}\vec{j}$

③ $\dfrac{1}{\sqrt{2}}\vec{i} + \dfrac{1}{\sqrt{2}}\vec{j}$ ④ $-\dfrac{1}{\sqrt{2}}\vec{i} - \dfrac{1}{\sqrt{2}}\vec{j}$

공략 포인트

$\cos\theta = 1$ 또는 $\vec{u}$가 ∇f의 방향일 때 함수 f는 가장 빨리 증가한다. 즉, 정의역 내의 모든 점 P에서 f는 기울기벡터와 같은 방향으로 가장 빠르게 증가한다. 이 방향에 대한 도함수는 다음과 같다.
$D_{\vec{u}}f = |\nabla f|\cos(0) = |\nabla f|$

풀이

$\nabla f(1, 0) = (2x+y\cos xy,\ x\cos xy)_{(1,0)} = (2, 1)$이다.
따라서 가장 빨리 증가하는 방향의 벡터는 $\nabla f(1,0) = (2, 1)$이다.
따라서 $\dfrac{2}{\sqrt{5}}\vec{i} + \dfrac{1}{\sqrt{5}}\vec{j}$이다.

정답 ②

07

곡면 $z = \ln(x^2 + y^2)$을 평면 $x - y - 5 = 0$으로 잘랐을 때 생기는 곡면에 대하여 점 $(1, -4, \ln 17)$에서의 접선의 기울기는?

① $\dfrac{\sqrt{2}}{17}$ ② $\dfrac{5\sqrt{2}}{17}$ ③ $-\dfrac{7\sqrt{2}}{17}$ ④ $-\dfrac{3\sqrt{2}}{17}$

공략 포인트

방향도함수의 표현
$D_{\vec{u}} f(x, y) = \nabla f(x, y) \cdot \vec{u}$

풀이

여기서 구하는 접선의 기울기는 방향도함수와 같은 개념이다.

즉, $f(x, y) = \ln(x^2 + y^2)$에 대해 점 $(1, -4)$에서 $\theta = \dfrac{\pi}{4}$ 방향으로의 방향도함수를 구하는 것이다.

경도를 구하면 $\left(\dfrac{2x}{x^2 + y^2}, \dfrac{2y}{x^2 + y^2}\right)$이고,

$x = 1, y = -4$를 대입하면 $\left(\dfrac{2}{17}, -\dfrac{8}{17}\right)$이다.

방향은 $\left(\cos\dfrac{\pi}{4}, \sin\dfrac{\pi}{4}\right) = \left(\dfrac{1}{\sqrt{2}}, \dfrac{1}{\sqrt{2}}\right)$이다.

따라서 방향도함수는 $\left(\dfrac{2}{17}, -\dfrac{8}{17}\right) \cdot \left(\dfrac{1}{\sqrt{2}}, \dfrac{1}{\sqrt{2}}\right) = -\dfrac{3\sqrt{2}}{17}$이다.

정답 ④

08

곡면 $z = x^4 + y^3$ 위의 점 $(-1, 1, 2)$에서 변화가 가장 빨리 감소하는 방향을 v라고 할 때, v방향으로의 방향미분계수는?

① $-\sqrt{26}$ ② -5 ③ 5 ④ $\sqrt{26}$

공략 포인트

f는 $-\nabla f$의 방향에서 가장 빠르게 감소한다. 이 방향에 대한 도함수는 다음과 같다.
$D_{\vec{u}} f = |\nabla f| \cos(\pi) = -|\nabla f|$

풀이

변화가 가장 빨리 감소하는 방향을 v라고 할 때,
v방향으로의 방향미분계수는 방향도 함수의 최솟값과 같고
$\nabla z = (4x^3, 3y^2) \Rightarrow \nabla z(-1, 1) = (-4, 3)$이므로
v방향으로의 방향미분계수(최솟값)는 다음과 같다.
$-|\nabla z(-1, 1)| = -\sqrt{16 + 9} = -5$

정답 ②

09

점 $(1, 1, 1)$에서 함수 $f(x, y, z) = (x+2y)e^z$의 방향도함수가 가질 수 있는 최댓값과 최솟값을 곱하면?

① $-12e^2$　　　② $-13e^2$　　　③ $-14e^2$　　　④ $-15e^2$

공략 포인트

방향도함수의 최대와 최소
$D_{\vec{u}}f = |\nabla f|\cos(0) = |\nabla f|$
$D_{\vec{u}}f = |\nabla f|\cos(\pi) = -|\nabla f|$

풀이

$\nabla f(x, y, z) = \left(e^z,\ 2e^z,\ (x+2y)e^z\right)_{(1,1,1)} = (e,\ 2e,\ 3e)$이다.
$|\nabla f(x, y, z)| = \sqrt{e^2 + 4e^2 + 9e^2} = \sqrt{14e^2} = \sqrt{14}\,e$이므로
최댓값은 $\sqrt{14}\,e$이고, 최솟값은 $-\sqrt{14}\,e$이다.
∴ 최댓값과 최솟값의 곱은 $-14e^2$이 된다.

정답 ③

3. 음함수와 방향도함수

대표출제유형

출제경향 분석

\# 음함수의 미분법 계산문제가 출제됩니다.

\# 방향도함수의 계산과 최댓값과 최솟값을 묻는 문제가 자주 출제됩니다.

---

01 음함수 미분의 정의

🔍 **개념 1. 음함수 미분법**

저항이 각각 R_1, R_2, R_3 옴(Ω)인 저항체가 병렬로 연결될 경우, 총 저항 R은 $\dfrac{1}{R} = \dfrac{1}{R_1} + \dfrac{1}{R_2} + \dfrac{1}{R_3}$ 이다. $R_1 = 10\Omega$, $R_2 = 20\Omega$, $R_3 = 30\Omega$ 인 경우, $\dfrac{\partial R}{\partial R_2}$ 의 값은?

① $\dfrac{9}{121}$ ② $\dfrac{1}{16}$ ③ $\dfrac{1}{8}$ ④ $\dfrac{1}{4}$

풀이

STEP A 조건을 대입하여 미지수 값 구하기

$R_1 = 10$, $R_2 = 20$, $R_3 = 30$ 일 때,

$\dfrac{1}{R} = \dfrac{1}{10} + \dfrac{1}{20} + \dfrac{1}{30} = \dfrac{11}{60}$ 이므로 총 저항은 $R = \dfrac{60}{11}$ 이다.

STEP B 주어진 식을 음함수로 정의하기

$\dfrac{1}{R} = \dfrac{1}{R_1} + \dfrac{1}{R_2} + \dfrac{1}{R_3}$ 에서 $F = \dfrac{1}{R} - \dfrac{1}{R_1} - \dfrac{1}{R_2} - \dfrac{1}{R_3}$ 라 정의한다.

STEP C 음함수 미분하기

$\dfrac{\partial R}{\partial R_2} = -\dfrac{F_{R_2}}{F_R} = \dfrac{R^2}{(R_2)^2} = \dfrac{\left(\dfrac{60}{11}\right)^2}{20^2} = \dfrac{9}{121}$ 이다.

정답 ①

02 기울기벡터

🔍 개념 2. 방향도함수

함수 $f(x, y) = \sin x + e^{2xy}$에 대하여 점 (a, b)에서의 물매(gradient)가 $\nabla f(a, b) = \langle 3, 0 \rangle$일 때, $a+b$의 값은? (단, a, b는 상수이다.)

① $\dfrac{1}{2}$ ② 1 ③ $\dfrac{3}{2}$ ④ 2

풀이

STEP A 함수의 기울기벡터 구하기

$f(x, y) = \sin x + e^{2xy}$일 때,
$\nabla f(x, y) = (\cos x + 2y e^{2xy},\ 2x e^{2xy})$이다.

STEP B 미지수 구하기

즉, $\nabla f(a, b) = (\cos a + 2b e^{2ab},\ 2a e^{2ab})$이므로
$\nabla f(a, b) = (3, 0)$이 성립하기 위해서는 $a = 0$, $b = 1$이다.
따라서 $a + b = 1$이다.

정답 ②

03 이변수함수의 방향도함수

🔍 개념 2. 방향도함수

$f(x, y) = \begin{cases} \dfrac{2x^2 \sin y}{x^2 + y^2} & (x, y) \neq (0, 0) \\ 0 & (x, y) = (0, 0) \end{cases}$ 이라 하자. 점 $(0, 0)$에서 벡터 $(1, 1)$ 방향에 대한 $f(x, y)$의 방향도함수를 구하면?

① -1 ② $-\dfrac{1}{2}$ ③ 0 ④ $\dfrac{1}{\sqrt{2}}$

풀이

STEP A 단위벡터 방향에 대한 방향도함수를 정의에 의해 구하기

단위벡터는 $\vec{u} = \left(\dfrac{1}{\sqrt{2}}, \dfrac{1}{\sqrt{2}}\right)$ 이므로 정의에 의하여 방향도함수를 구하면 다음과 같다.

$$D_{\vec{u}} f(0, 0) = \lim_{h \to 0} \dfrac{f\left(0 + \dfrac{h}{\sqrt{2}}, 0 + \dfrac{h}{\sqrt{2}}\right) - f(0, 0)}{h}$$

$$= \lim_{h \to 0} \dfrac{f\left(\dfrac{h}{\sqrt{2}}, \dfrac{h}{\sqrt{2}}\right)}{h}$$

$$= \lim_{h \to 0} \dfrac{2 \dfrac{h^2}{2} \sin\left(\dfrac{h}{\sqrt{2}}\right)}{\dfrac{h^2}{h}}$$

$$= \lim_{h \to 0} \dfrac{\sin\left(\dfrac{h}{\sqrt{2}}\right)}{h} \left(\dfrac{0}{0}\right) = \dfrac{1}{\sqrt{2}}$$

정답 ④

04 이변수함수의 방향도함수

🔍 개념 2. 방향도함수

점 $P(2,0)$에서부터 점 $Q\left(\dfrac{1}{2}, 2\right)$까지의 방향으로 점 $P(2,0)$에서 함수 $f(x,y) = xe^y$의 방향도함수는?

① $\dfrac{1}{2}$ ② 1 ③ $\dfrac{3}{2}$ ④ 2

풀이

STEP A 함수의 기울기벡터 구하기

$f(x, y) = xe^y$의 기울기벡터는
$\nabla f(x, y) = \,<e^y, xe^y>$ 이므로 $\nabla f(2, 0) = \,<1, 2>$이다.

STEP B 방향도함수 구하기

$\overrightarrow{PQ} = \left\langle -\dfrac{3}{2}, 2 \right\rangle$ 방향의 단위벡터는 $\vec{u} = \left\langle -\dfrac{3}{5}, \dfrac{4}{5} \right\rangle$이므로 구하고자 하는 함수의 방향도함수는 다음과 같다.
$D_{\vec{u}}f(2, 0) = \nabla f(2, 0) \cdot \vec{u} = 1$

정답 ②

05 함수의 최대변화율

🔍 개념 2. 방향도함수

함수 $f(x, y)$의 임의의 점 P_0에서 벡터 $\vec{u_1}(1, 1)$ 방향으로의 방향도함수는 1이고, 벡터 $\vec{u_2}(1, -1)$ 방향으로의 방향도함수는 2일 때, 점 P_0에서 함수 $f(x, y)$의 최대변화율은?

① $\sqrt{5}$ ② $\sqrt{6}$ ③ $\sqrt{7}$ ④ $\sqrt{8}$

풀이

STEP A 벡터 방향의 단위벡터 구하기

$\vec{u_1} = (1, 1)$ 방향의 단위벡터는 $\dfrac{1}{\sqrt{2}}(1, 1)$ 이고

$\vec{u_2} = (1, -1)$ 방향의 단위벡터는 $\dfrac{1}{\sqrt{2}}(1, -1)$ 이다.

STEP B 각 방향으로의 방향도함수 구하기

$\nabla f(P_0) = (a, b)$ 라고 할 때, P_0에서 $\vec{u_1}$ 방향으로의 방향도함수는

$D_{\vec{u_1}} f(P_0) = \nabla f(P_0) \cdot \dfrac{1}{\sqrt{2}}(1, 1) = (a, b) \cdot \dfrac{1}{\sqrt{2}}(1, 1) = \dfrac{1}{\sqrt{2}}(a+b)$ 이다.

그리고 P_0에서 $\vec{u_2}$ 방향으로의 방향도함수는

$D_{\vec{u_2}} f(P_0) = \nabla f(P_0) \cdot \dfrac{1}{\sqrt{2}}(1, -1) = (a, b) \cdot \dfrac{1}{\sqrt{2}}(1, -1) = \dfrac{1}{\sqrt{2}}(a-b)$ 이다.

따라서 $a+b = \sqrt{2}$ 와 $a-b = 2\sqrt{2}$ 이 성립한다.

두 식을 연립하면 $a = \dfrac{3\sqrt{2}}{2}$, $b = -\dfrac{\sqrt{2}}{2}$ 이므로

$\nabla f(P_0) = \dfrac{1}{2}(3\sqrt{2}, -\sqrt{2})$ 이다.

STEP C 함수의 최대변화율 구하기

점 P_0에서 함수 $f(x, y)$의 최대변화율은 다음과 같다.

$|\nabla f(P_0)| = \dfrac{1}{2}\sqrt{18+2} = \sqrt{5}$

정답 ①

4 음함수와 방향도함수

실전문제

01 음함수의 식 $x\ln y + y^3 - 2xy + 2x^2 = 5$로 주어진 함수 $y=f(x)$가 점 P(2,1)을 지나고 $x=2$에서 미분가능하다. $y=f(x)$ 위의 점 P에서의 접선의 기울기는?

① -6 ② $-\dfrac{3}{2}$ ③ -3 ④ $-\dfrac{9}{2}$

02 $yz + x\ln y = z^2$, $z>0$일 때, $(x,y)=(0,e)$에서 $\dfrac{\partial z}{\partial y}$의 값은?

① 1 ② 2 ③ e ④ $\dfrac{e}{2e-1}$

03 음함수 $x^3+y^3+z^3+xyz=0$에 대하여 점 $(1,-1,1)$에서 $\dfrac{\partial z}{\partial x}$의 값은?

① -1 ② $-\dfrac{1}{2}$ ③ 0 ④ $\dfrac{1}{2}$

04 $x^2yz^2 = y+2z$에서 x, y, z 각각을 다른 두 변수의 음함수로 간주될 때, $\dfrac{\partial x}{\partial z}$와 $\dfrac{\partial x}{\partial z}\dfrac{\partial z}{\partial y}\dfrac{\partial y}{\partial x}$를 순서대로 쓴 것은?

① $\dfrac{1-x^2yz}{xyz^2}, -1$ ② $\dfrac{1-x^2yz}{xyz^2}, 1$ ③ $\dfrac{1+x^2yz}{xyz^2}, -1$ ④ $\dfrac{1+x^2yz}{xyz^2}, 1$

05 $f(x,y) = xe^{x^2+y^2}\sin(y^2)$에 대하여 $\nabla f(1,1) = (a,b)$라 할 때, $\dfrac{b}{a}$의 값은? (단, $\nabla f(1,1)$는 $(1,1)$에서 f의 기울기벡터이다.)

① $\dfrac{2}{3}(1+\tan(1))$ ② $\dfrac{2}{3}(2+\tan(1))$ ③ $\dfrac{2}{3}(1+\cot(1))$ ④ $\dfrac{2}{3}(2+\cot(1))$

06 함수 $f(x,y) = \begin{cases} x^2+y-xe^y & (x \neq 0) \\ 0 & (x = 0) \end{cases}$에 대하여 $\nabla f(0,0) = (\alpha, \beta)$라고 할 때, $\alpha + \beta$의 값은?

① -2 ② -1 ③ 0 ④ 1

07 점 $(2, 1)$에서 함수 $f(x, y) = x^2y + \sqrt{y}$ 의 변화율의 최댓값은?

① $\dfrac{\sqrt{145}}{2}$ ② $\dfrac{5\sqrt{3}}{2}$ ③ $\dfrac{\sqrt{155}}{2}$ ④ $\dfrac{4\sqrt{10}}{2}$

08 점 $(1, 1)$에서 함수 $f(x, y) = 3^{xy}$의 벡터 $\vec{v} = <2, 3>$ 방향으로의 방향도함수는?

① $\dfrac{15}{\sqrt{13}}$ ② 15 ③ $\dfrac{15\ln 3}{\sqrt{13}}$ ④ $15\ln 3$

09 함수 $f(x, y) = x^2y - kx^2 + 2y$가 점 $P(1, 1)$에서 벡터 $v = <-4, 6>$의 방향으로 가장 빨리 증가한다. 상수 k의 값은?

① -2 ② -1 ③ 1 ④ 2

10 함수 $f(x, y) = x^2 - xy + y$의 점 $P(1, 1)$에서 방향도함수의 값이 $\frac{1}{\sqrt{2}}$인 방향의 단위벡터는 $\langle a, b \rangle$이다. 상수 $a + b$의 값은? (단, $b > 0$이다.)

① $\frac{1}{\sqrt{2}}$ ② 1 ③ $\sqrt{2}$ ④ 2

11 점 P에서 함수 $f(x, y, z)$가 가장 빠르게 증가하는 방향이 $<1, 2, 1>$이고, $\vec{v} = \frac{1}{\sqrt{2}} <1, 0, 1,>$에 대한 방향도함수가 $D_{\vec{v}} f(P) = \sqrt{6}$ 이다. $|\nabla f(P)|$의 값은?

① $2\sqrt{3}$ ② $3\sqrt{3}$ ③ $2\sqrt{2}$ ④ $3\sqrt{2}$

12 미분가능한 이변수함수 f와 g에 대하여 $g(x, y) = f(xy, x+y)$가 성립한다. $\nabla g(1, 2) = <2, 3>$일 때, $|\nabla f(2, 3)|$의 값은?

① $\sqrt{11}$ ② $\sqrt{13}$ ③ $\sqrt{15}$ ④ $\sqrt{17}$

13 점 $(1, 3, 0)$ 에서 벡터 $\vec{v} = \langle 1, 2, -1 \rangle$ 방향으로의 함수 $f(x,y,z) = x\sin(yz) + \tan^{-1}(yz)$ 에 대한 방향도함수의 값은?

① $-\sqrt{6}$ ② $-\sqrt{3}$ ③ $-\dfrac{\sqrt{6}}{2}$ ④ $-\dfrac{\sqrt{3}}{2}$

14 미분가능한 두 이변수함수 $f(x,y)$, $g(x,y)$ 가 두 점 P$(1,2)$, Q$(2,2)$ 에서 다음을 만족시킨다.

	$f(x,y)$	$f_x(x,y)$	$f_y(x,y)$	$g(x,y)$	$g_x(x,y)$	$g_y(x,y)$
P$(1,2)$	2	-3	1	2	-3	2
Q$(2,2)$	3	-1	-2	2	2	1

점 P 에서 함수 $F(x,y) = f(g(x,y), xy)$ 가 가장 빨리 증가하는 방향의 단위벡터를 $\vec{v}$ 라 할 때, $\vec{v}$ 의 방향도함수 $D_{\vec{v}} F(\text{P})$ 의 값은?

① 4   ② $\sqrt{17}$ ③ $3\sqrt{2}$ ④ $\sqrt{19}$

15 $f(x,y) = \begin{cases} \dfrac{x^3 + y|y|}{\sqrt{x^2+y^2}} & (x,y) \neq (0,0) \\ 0 & (x,y) = (0,0) \end{cases}$ 와 평면벡터 $\vec{u} = \left(\dfrac{1}{\sqrt{2}}, \dfrac{1}{\sqrt{2}} \right)$ 에 대하여 $\nabla f(0,0) = (a,b)$, $D_{\vec{u}} f(0,0) = c$ 라고 할 때, $a + b + c$ 의 값은?

① 0   ② 1   ③ $\dfrac{3}{2}$ ④ $1 + \dfrac{1}{\sqrt{2}}$

16 함수 $f(x,y,z) = x^2 + 4xy + 4y^2 - z - e^{yz}$에 대하여 점 $P(1,0,2)$에서 f의 방향도함수 $D_{\vec{u}}f$가 최소가 되도록 하는 단위벡터 $\vec{u}$는?

① $\left\langle -\dfrac{2}{\sqrt{6}}, -\dfrac{1}{\sqrt{6}}, \dfrac{1}{\sqrt{6}} \right\rangle$ ② $\left\langle \dfrac{2}{\sqrt{6}}, \dfrac{1}{\sqrt{6}}, -\dfrac{1}{\sqrt{6}} \right\rangle$

③ $\left\langle -\dfrac{2}{3}, -\dfrac{2}{3}, \dfrac{1}{3} \right\rangle$ ④ $\left\langle \dfrac{2}{3}, \dfrac{2}{3}, -\dfrac{1}{3} \right\rangle$

17 벡터 $\vec{v} = \langle 3, -4 \rangle$의 방향으로 점 $(1, 0)$에서 함수 $f(x, y) = xe^y + ye^x$의 방향도함수는?

① $-4e - 1$ ② $3e - 1$ ③ $-\dfrac{4e+1}{5}$ ④ $\dfrac{3e-1}{5}$

3차원곡선과 곡면

🎯 출제 비중 & 빈출 키워드 리포트

단원	출제 비중	합계 16%	빈출 키워드
1. 벡터함수		4%	·벡터장
2. 공간곡선의 접선과 법평면		9%	·곡선의 길이
3. T, N, B 벡터, 곡률, 역률		3%	·접선벡터
			·법평면과 접평면
			·곡률

1 벡터함수

1. 벡터장과 스칼라장

(1) 벡터장
벡터함수는 그 정의역이 실수의 집합이고 치역이 벡터의 집합인 함수이다. 이 벡터함수가 정의되어 있는 공간을 벡터장이라 한다.

(2) 스칼라장
공간상의 점의 위치에 따라 변화하는 스칼라를 스칼라함수라 정의한다. 스칼라함수가 정의되어 있는 공간을 스칼라장이라 한다.

2. 벡터함수의 극한과 연속

(1) 공간곡선

① 정의

성분함수 f, g, h를 구간 I에서 연속인 실숫값 함수라 하고 t가 구간 I에서 변한다고 할 때, $x = f(t)$, $y = g(t)$, $z = h(t)$를 만족하는 공간상의 모든 점 (x, y, z)의 집합을 공간곡선이라 하고 다음과 같이 표현한다.

$$r(t) = <x(t), y(t), z(t)>$$

② 곡선의 방향(orientation)

매개변수 t가 증가하는 방향

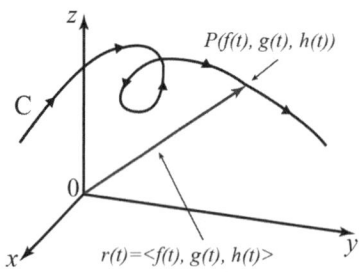

③ 3차원 공간

3차원 공간에서의 곡선은 한 개의 매개변수 t를 이용하여 벡터함수로 표현가능하다.

(2) 벡터함수의 극한

$r(t) = <x(t), y(t), z(t)>$에 대하여 각 성분이 $t \to t_0$일 때 극한이 존재한다면 다음과 같다.

$$\lim_{t \to t_0} r(t) = <\lim_{t \to t_0} x(t), \lim_{t \to t_0} y(t), \lim_{t \to t_0} z(t)>$$

(3) 벡터함수의 연속

$r(t)$가 $t=t_0$에서 연속이면 다음이 성립한다.

① $t=t_0$에서 $r(t)$의 값 $r(t_0)$가 존재한다.

② $\lim_{t \to t_0} r(t)$의 극한값이 존재한다.

③ $\lim_{t \to t_0} r(t) = r(t_0)$가 성립한다.

TIP ▶ 즉, 벡터함수 $r(t)$가 $t=t_0$에서 연속이기 위해서는 벡터함수의 각 성분들이 $t=t_0$에서 연속이면 된다.

(4) 벡터함수의 극한법칙

$t \to a$일 때 극한값을 가지는 벡터함수를 u, v라 하고 c를 상수라 하면 다음이 성립한다.

① $\lim_{t \to a}[u(t)+v(t)] = \lim_{t \to a}u(t) + \lim_{t \to a}v(t)$

② $\lim_{t \to a} cu(t) = c\lim_{t \to a}u(t)$

③ $\lim_{t \to a}[u(t) \cdot v(t)] = \lim_{t \to a}u(t) \cdot \lim_{t \to a}v(t)$

④ $\lim_{t \to a}[u(t) \times v(t)] = \lim_{t \to a}u(t) \times \lim_{t \to a}v(t)$

TIP ▶ 벡터함수에 대한 극한과 연속의 개념은 벡터함수의 각성분에 대한 극한과 연속으로 정의한다.

3. 벡터함수의 미분과 적분

(1) 벡터함수의 미분

① $\dfrac{dr}{dt} = r'(t) = \lim_{\triangle t \to 0}\dfrac{r(t+\triangle t)-r(t)}{\triangle t} = \lim_{\triangle t \to 0}\dfrac{\triangle r}{\triangle t}$

② 공간곡선 $r(t) = <x(t), y(t), z(t)>$의 미분

$$r'(t) = \frac{dr}{dt} = \lim_{h \to 0}\frac{r(t+h)-r(t)}{h} = \left\langle \frac{dx}{dt}, \frac{dy}{dt}, \frac{dz}{dt} \right\rangle = <x'(t), y'(t), z'(t)>$$

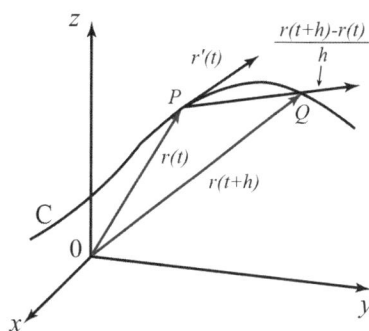

③ 벡터함수의 미분은 각 성분의 미분과 동일하다.

④ 참고사항
- 구간 I에서 $r'(t)$가 연속이고 $r'(t) \neq 0$이면 곡선 $r(t)$는 I에서 매끄럽다고 한다.

- C의 벡터방정식이 $r(t) = (x(t), y(t), z(t))$일 때, 한 점 P에서의 도함수는 $r'(t) = (x'(t), y'(t), z'(t))$이고 $r'(t)$는 $r(t)$와 수직이므로 곡선 C의 접선벡터가 될 수 있다.

(2) 벡터함수의 미분법칙

u, v를 미분가능한 벡터함수, c를 스칼라, f를 실숫값함수라 하면 미분법칙은 다음과 같다.

① $\dfrac{d}{dt}[u(t) + v(t)] = u'(t) + v'(t)$

② $\dfrac{d}{dt}[cu(t)] = cu'(t)$

③ $\dfrac{d}{dt}[f(t)u(t)] = f'(t)u(t) + f(t)u'(t)$

④ $\dfrac{d}{dt}[u(t) \cdot v(t)] = u'(t) \cdot v(t) + u(t) \cdot v'(t)$

⑤ $\dfrac{d}{dt}[u(t) \times v(t)] = u'(t) \times v(t) + u(t) \times v'(t)$

⑥ $\dfrac{d}{dt}[u(f(t))] = u'(f(t))f'(t)$

⑦ $\dfrac{d}{dt}[f(u(t))] = \nabla f(u(t)) \cdot u'(t)$

⑧ $\dfrac{d^2 r}{dt^2} = r''(t) = (r_1''(t), r_2''(t), r_3''(t))$: 2계 도함수

(3) 공간에서의 운동(속도, 가속도)

① 속도벡터(velocity vector)

$$v(t) = \lim_{h \to 0} \frac{r(t+h) - r(t)}{h} = r'(t)$$

② 시각 t에서의 질점의 속력(speed): 속도벡터의 크기

$$|v(t)|$$

③ 질점의 가속도(acceleration): 속도의 도함수

$$a(t) = v'(t) = r''(t)$$

(4) 벡터함수의 적분

$r(t) = <x(t), y(t), z(t)>$에 대하여 $x(t), y(t), z(t)$ 모두 구간 $[a, b]$에서 적분가능하면 $r(t)$도 적분가능하며 그 적분은 다음과 같다.

$$\int_a^b r(t)dt = \left\langle \int_a^b x(t)dt, \int_a^b y(t)dt, \int_a^b z(t)dt \right\rangle$$

즉, 벡터함수의 적분은 각 성분의 적분과 동일하다.

4. 호의 길이

(1) 곡선의 길이

곡선 $r(t) =\, <x(t), y(t), z(t)>$에서 임의의 구간 $a \leq t \leq b$에 대한 곡선의 길이는 다음과 같다.

$$L = \int_a^b \| r'(t) \| \, dt$$
$$= \int_a^b \sqrt{r'(t) \cdot r'(t)} \, dt$$
$$= \int_a^b \sqrt{(x'(t))^2 + (y'(t))^2 + (z'(t))^2} \, dt$$

(2) 호의 길이 함수와 호의 길이(Arc Length)에 의한 재매개곡선

① 호의 길이 함수

$$s(t) = \int_a^t |r'(u)| \, du = \int_a^t \sqrt{(x'(u))^2 + (y'(u))^2 + (z'(u))^2} \, du$$

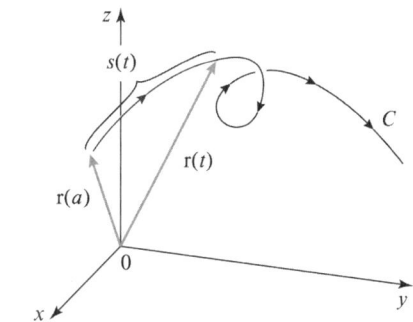

② 곡선은 $r(t(s))$로 치환함으로써 호의 길이 s에 대한 재매개곡선 $\beta(s)$를 얻을 수 있다.

- 예시

    곡선 $r(t) = <\cos t, \sin t, t>$의 $a = 0$에서 t까지 호의 길이의 매개변수는

    $s(t) = \int_a^t |r'(u)| \, du = \int_0^t \sqrt{2} \, du = \sqrt{2}\, t$이다. 방정식을 t에 대하여 풀면 $t = \dfrac{s}{\sqrt{2}}$이다.

    이것을 곡선 $r(t)$에 대입하면 호의 길이에 의한 재매개곡선은 다음과 같다.

    $r(t(s)) = \left\langle \cos \dfrac{s}{\sqrt{2}}, \sin \dfrac{s}{\sqrt{2}}, \dfrac{s}{\sqrt{2}} \right\rangle$이다.

5. 곡면의 벡터함수

3차원 공간에서의 곡면은 두 개의 매개변수 u, v를 이용하여 벡터함수로 표현가능하다.

$$r(u, v) = x(u, v)\vec{i} + y(u, v)\vec{j} + z(u, v)\vec{k} = (x(u, v), y(u, v), z(u, v))$$

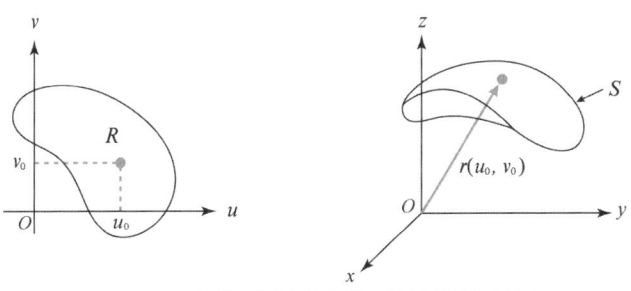

공간에서 정의되는 곡면의 벡터함수

개념적용

01 $r(t) = (1+t^2)\vec{i} + te^{-t}\vec{j} + \dfrac{\sin t}{t}\vec{k}$ 일 때, $\lim\limits_{t \to 0} r(t)$를 구하면?

① $\vec{i}+\vec{j}$ ② $\vec{i}+\vec{j}+\vec{k}$ ③ $\vec{i}+\vec{k}$ ④ $\vec{k}$

공략 포인트

벡터함수의 극한
$r(t) = <x(t), y(t), z(t)>$에 대하여 각 성분이 $t \to t_0$일 때 극한이 존재한다면 다음과 같다.
$\lim\limits_{t \to t_0} r(t) = $
$<\lim\limits_{t \to t_0} x(t), \lim\limits_{t \to t_0} y(t), \lim\limits_{t \to t_0} z(t)>$

풀이

$\lim\limits_{t \to 0} r(t) = \left\{ \lim\limits_{t \to 0}(1+t^2)\vec{i} + \lim\limits_{t \to 0} te^{-t}\vec{j} + \lim\limits_{t \to 0} \dfrac{\sin t}{t}\vec{k} \right\} = \vec{i}+\vec{k}$

정답 ③

---

02 벡터함수 $r(r) = <1+t, 2+5t, -1+6t>$에 의해 정의되는 곡선을 설명하시오.

공략 포인트

공간곡선
성분함수 f, g, h를 구간 I에서 연속인 실숫값 함수라 하고 t가 구간 I에서 변한다고 할 때, $x = f(t), y = g(t), z = h(t)$를 만족하는 공간상의 모든 점 (x, y, z)의 집합을 공간곡선이라 하고 다음과 같이 표현한다.
$r(t) = <x(t), y(t), z(t)>$

풀이

$x = 1+t, y = 2+5t, z = -1+6t$이므로
점 $(1, 2, -1)$을 지나고 벡터 $<1, 5, 6>$에 평행인 직선의 매개변수 방정식이다.

정답 풀이 참조

03

원주면 $x^2+y^2=1$과 평면 $y+z=2$가 만나서 생성되는 곡선 C를 나타내는 벡터방정식을 구하시오.

공략 포인트

공간곡선
성분함수 f, g, h를 구간 I에서 연속인 실숫값 함수라 하고 t가 구간 I에서 변한다고 할 때, $x=f(t), y=g(t), z=h(t)$를 만족하는 공간상의 모든 점 (x, y, z)의 집합을 공간곡선이라 하고 다음과 같이 표현한다.
$r(t) = <x(t), y(t), z(t)>$

풀이

C의 xy평면으로의 사영은 원 $x^2+y^2=1$, $z=0$이다.
그러므로 $x=\cos t$, $y=\sin t$, $0 \le t \le 2\pi$이다.
평면의 방정식으로부터 $z=2-y=2-\sin t$이다.
∴ C의 매개변수 방정식은 $x=\cos t$, $y=\sin t$, $z=2-\sin t$, $0 \le t \le 2\pi$이고
벡터방정식은 $r(t)=\cos t\,\vec{i}+\sin t\,\vec{j}+(2-\sin t)\vec{k}$, $0 \le t \le 2\pi$이다.

정답 풀이 참조

04

다음 각 물음에 답하시오.

(1) $r(t)=(1+t^3)\vec{i}+te^{-t}\vec{j}+\sin 2t\,\vec{k}$의 도함수를 구하시오.

(2) $t=0$에서의 단위 접선벡터를 구하시오.

공략 포인트

공간곡선
$r(t) = <x(t), y(t), z(t)>$의 미분

$r'(t) = \dfrac{dr}{dt}$
$= \lim\limits_{h \to 0} \dfrac{r(t+h)-r(t)}{h}$
$= \left\langle \dfrac{dx}{dt}, \dfrac{dy}{dt}, \dfrac{dz}{dt} \right\rangle$
$= <x'(t), y'(t), z'(t)>$

풀이

(1) $r'(t) = <3t^2, (1-t)e^{-t}, 2\cos 2t>$

(2) $r'(0) = <0, 1, 2> \Rightarrow T(0) = \dfrac{r'(0)}{\|r'(0)\|} = \dfrac{1}{\sqrt{5}}\vec{j}+\dfrac{2}{\sqrt{5}}\vec{k}$

정답 풀이 참조

05

두 벡터함수 $u(t)$와 $w(t)$가 다음을 만족한다.

$$u(t) = <t^2, \sin t, 1+2t>, \ w(0) = <1, 0, -2>, \ w'(0) = <1, 1, 3>$$

$f(t) = u(t) \cdot w(t)$이라 할 때, $f'(0)$의 값은?

① -1 ② 0 ③ 2 ④ -3

공략 포인트

벡터함수의 미분법칙
$\dfrac{d}{dt}[u(t) \cdot v(t)]$
$= u'(t) \cdot v(t) + u(t) \cdot v'(t)$

풀이

$f'(t) = u'(t) \cdot w(t) + u(t) \cdot w'(t)$
$\Rightarrow f'(0) = u'(0) \cdot w(0) + u(0) \cdot w'(0)$, $u(t) = \langle 2t, \cos t, 2 \rangle$에서
$u(0) = <0, 0, 1>$, $u'(0) = <0, 1, 2>$이므로 이를 대입하면 다음과 같다.
$f'(0) = <0, 1, 2> \cdot <1, 0, -2> + <0, 0, 1> \cdot <1, 1, 3> = -1$

정답 ①

06

다음 각 물음에 답하시오.

(1) $r(t) = 2\cos t \vec{i} + \sin t \vec{j} + 2t \vec{k}$를 적분하시오.

(2) $0 \leq t \leq \dfrac{\pi}{2}$에서 (1)을 적분하면?

공략 포인트

벡터함수의 적분
$r(t) = <x(t), y(t), z(t)>$
에 대하여 $x(t), y(t), z(t)$
모두 구간 $[a, b]$에서 적분가능
하면 $r(t)$도 적분가능하며 그 적
분은 다음과 같다.
$\int_a^b r(t)dt =$
$\left\langle \int_a^b x(t)dt, \int_a^b y(t)dt, \int_a^b z(t)dt \right\rangle$

풀이

(1) $\int r(t)\,dt = \left(\int 2\cos t\,dt\right)\vec{i} + \left(\int \sin t\,dt\right)\vec{j} + \left(\int 2t\,dt\right)\vec{k} = 2\sin t\,\vec{i} - \cos t\,\vec{j} + t^2\,\vec{k} + C$

(2) $\left[2\sin t\,\vec{i} - \cos t\,\vec{j} + t^2\,\vec{k}\right]_0^{\frac{\pi}{2}} = 2\vec{i} + \vec{j} + \dfrac{\pi^2}{4}\vec{k}$

정답 풀이 참조

07

벡터방정식 $r(t) = \cos t \vec{i} + \sin t \vec{j} + t \vec{k}$를 갖는 원형나선 위의 점 $(1, 0, 0)$에서 점 $(1, 0, 2\pi)$까지의 호의 길이를 구하면?

① $\sqrt{2}\pi$ ② $2\sqrt{2}\pi$ ③ $3\sqrt{2}\pi$ ④ $4\sqrt{2}\pi$

공략 포인트

곡선의 길이
곡선 $r(t) = <x(t), y(t), z(t)>$에서 임의의 구간 $a \le t \le b$에 대한 곡선의 길이는 다음과 같다.
$$L = \int_a^b \|r'(t)\| \, dt$$
$$= \int_a^b \sqrt{r'(t) \cdot r'(t)} \, dt$$
$$= \int_a^b \sqrt{(x'(t))^2 + (y'(t))^2 + (z'(t))^2} \, dt$$

풀이

$r'(t) = <-\sin t, \cos t, 1>$이므로 $\|r'(t)\| = \sqrt{\sin^2 t + \cos^2 t + 1} = \sqrt{2}$이다.

점 $(1, 0, 0)$에서 점 $(1, 0, 2\pi)$까지의 호는 매개변수 구간 $0 \le t \le 2\pi$에 의해 표시되므로 호의 길이는 다음과 같다.

$$L = \int_0^{2\pi} \|r'(t)\| \, dt = \int_0^{2\pi} \sqrt{2} \, dt = 2\sqrt{2}\pi$$

정답 ②

08

xz-평면 왼쪽에 놓여있는 곡면 $x^2 - y^2 + z^2 = 4$를 매개화하면?

① $<u, v, \sqrt{4 - u^2 + v^2}>$ ② $<u^2, v^2, \sqrt{u^2 - v^2 - 4}>$
③ $<u, -\sqrt{u^2 + v^2 - 4}, v>$ ④ $<-\sqrt{4 - u^2 + v^2}, u, v>$

공략 포인트

곡면의 벡터함수
3차원 공간에서의 곡면은 두 개의 매개변수 u, v를 이용하여 벡터함수로 표현가능하다.
$r(u, v)$
$= x(u, v)\vec{i} + y(u, v)\vec{j} + z(u, v)\vec{k}$
$= (x(u, v), y(u, v), z(u, v))$

풀이

$y^2 = x^2 + y^2 - 4$이고 $y < 0$이다.
$x = u, z = v$라 하여 매개화하면 다음과 같다.
$r(u, v) = <u, -\sqrt{u^2 + v^2 - 4}, v>$

정답 ③

2 공간곡선의 접선과 법평면

1. 공간곡선의 접선벡터

곡선 $r(t) = <x(t), y(t), z(t)>$에서 공간곡선의 접선벡터는 다음과 같다.

$$\frac{dr}{dt} = \left\langle \frac{dx}{dt}, \frac{dy}{dt}, \frac{dz}{dt} \right\rangle = <x'(t), y'(t), z'(t)>$$

2. 공간곡선에서의 접선 및 법평면

(1) 곡선 $r(t) = <x(t), y(t), z(t)>$에서 $t=a$일 때의 점은 $r(a) = (x(a), y(a), z(a))$이고,
벡터 $r'(a) = <x'(a), y'(a), z'(a)>$는 접선의 방향벡터이며 법평면의 법선벡터이다.

(2) 접선의 방정식

$$\frac{x-x(a)}{x'(a)} = \frac{y-y(a)}{y'(a)} = \frac{z-z(a)}{z'(a)}$$

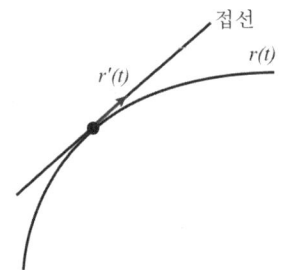

(3) 법평면의 방정식

$$x'(a)(x-x(a)) + y'(a)(y-y(a)) + z'(a)(z-z(a)) = 0$$

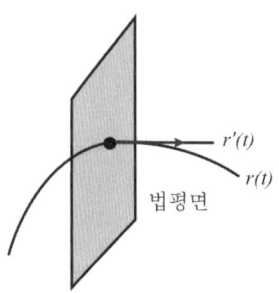

3. 접평면과 법선

(1) 기울기 ∇f는 P_0를 지나는 모든 매끄러운 곡선의 속도벡터에 수직이다. 그러므로 P_0에서의 속도벡터는 P_0에서 접평면이라고 불리는 평면 위에 놓여 있다.

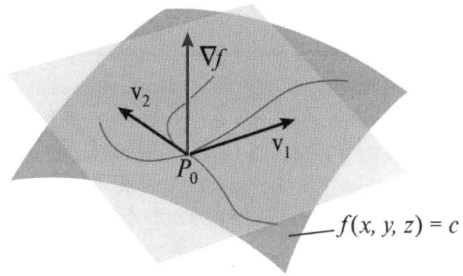

(2) 미분가능한 함수 f의 등위곡면 $f(x,y,z)=c$ 상에 있는 점 $P_0(x_0, y_0, z_0)$에서의 접평면(tangent plane)은 P_0를 지나고 $\nabla f\mid_{P_0} = (a,b,c)$에 수직인 평면이다. P_0에서 곡면의 법선(normal line)은 $\nabla f\mid_{P_0}$에 평행이고 P_0을 지나는 직선이다.

① 접평면의 방정식

$$a(x-x_0)+b(y-y_0)+c(z-z_0)=0$$

② $z=f(x,y)$의 점 $P_0(x_0,y_0,z_0)$에서의 접평면의 방정식

$$z-z_0 = f_x(x_0,y_0)(x-x_0)+f_y(x_0,y_0)(y-y_0)$$

③ 법선의 방정식

$$\frac{x-x_0}{a}=\frac{y-y_0}{b}=\frac{z-z_0}{c}$$

4. 두 곡면이 만나는 교차곡선에 대한 접선과 법평면

(1) $P_0(x_0,y_0,z_0)$에서 접선은 ∇F와 ∇G에 동시에 수직이므로 방향벡터 $T=\nabla F \times \nabla G$를 가진다.

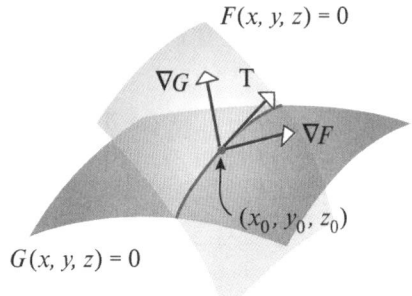

(2) 두 곡면 $F(x,y,z)=0$, $G(x,y,z)=0$의 교선 위의 점 $P(x_0,y_0,z_0)$에서의 접선의 방정식과 법평면의 방정식은 $\nabla F(x_0,y_0,z_0) \times \nabla G(x_0,y_0,z_0)=(a,b,c)$라 하면 다음과 같이 표현된다.

① 접선의 방정식

$$\frac{x-x_0}{a}=\frac{y-y_0}{b}=\frac{z-z_0}{c}$$

② 법평면의 방정식

$$a(x-x_0)+b(y-y_0)+c(z-z_0)=0$$

5. 매개변수 곡면에서의 접평면

점 P_0에서 위치벡터 $r(u_0,v_0)$를 갖는 벡터함수 $r(u,v)=x(u,v)\vec{i}+y(u,v)\vec{j}+z(u,v)\vec{k}$에 의해 주어진 매개변수곡면 S의 접평면은 다음과 같이 구한다.

① u가 $u=u_0$인 상수라 하면, $r(u_0,v)$는 매개변수 v만의 벡터함수가 되고, S상에 놓여 있는 격자곡선 C_1을 정의한다. P_0에서의 C_1의 접선벡터 $r_v=(x_v,y_v,z_v)$로 계산할 수 있다.

② v가 $v=v_0$인 상수라 하면, S상에 놓여 있는 $r(u,v_0)$에 의하여 주어진 격자곡선 C_2를 정의한다. P_0에서의 C_2의 접선벡터 $r_u=(x_u,y_u,z_u)$로 계산할 수 있다.

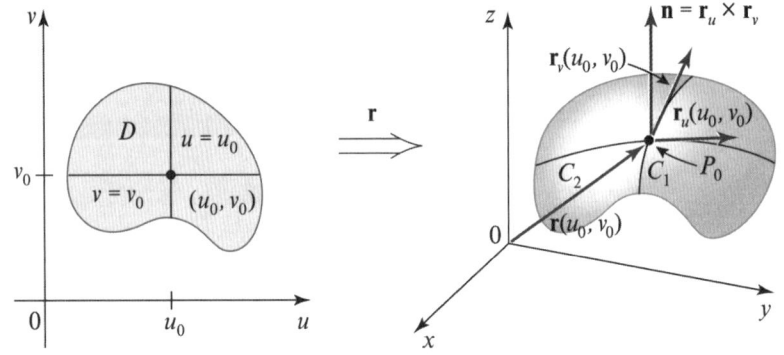

③ $r_u \times r_v \neq 0$이면, 곡면 S를 매끄러운 곡면이라 정의한다. 매끄러운 곡면에 대하여 접평면은 접선벡터 r_u, r_v를 포함하고, 벡터 $r_u \times r_v$는 접평면의 법선벡터이다.

6. 회전 곡면

$f(x) \geq 0$인 곡선 $y=f(x)$ $(a \leq x \leq b)$를 x축으로 회전해서 얻은 곡면 S는 $x=x$, $y=f(x)\cos\theta$, $z=f(x)\sin\theta$이다. 따라서 곡면은 다음과 같이 매개화된다.

$$S : r(x,\theta)=(x,f(x)\cos\theta,f(x)\sin\theta),\ a \leq x \leq b,\ 0 \leq \theta \leq 2\pi$$

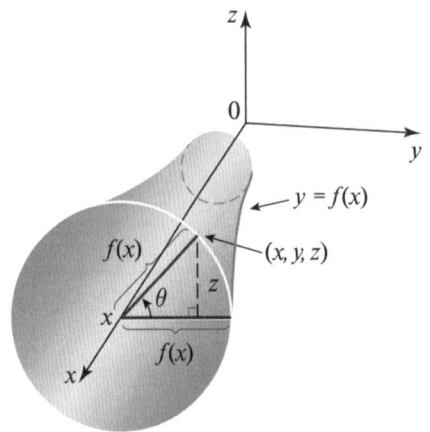

개념적용

01

곡선 $r(t) = t\vec{i} + \frac{1}{2}t^2\vec{j} + \frac{1}{4}t^3\vec{k}$ 위의 점 $P(2) = (2, 2, 2)$에서 접선의 식을 구하시오.

공략 포인트

공간곡선에서 접선의 방정식
$\frac{x-x(a)}{x'(a)} = \frac{y-y(a)}{y'(a)} = \frac{z-z(a)}{z'(a)}$

풀이

주어진 곡선에서 $r'(t) = \left(1, \ t, \ \frac{3}{4}t^2\right)$ 이므로

접선의 방향벡터는 $r'(2) = (1, \ 2, \ 3)$ 이다.

따라서 구하는 접선의 식은 $\frac{x-2}{1} = \frac{y-2}{2} = \frac{z-2}{3}$ 이다.

정답 풀이 참조

02

곡선 $x = 2t - 1$, $y = 6 - t^2$, $z = \frac{4}{t}$ 의 $t = 2$ 에서 법평면의 식을 구하시오.

공략 포인트

법평면의 방정식
$x'(a)(x - x(a))$
$+ y'(a)(y - y(a))$
$+ z'(a)(z - z(a)) = 0$

풀이

주어진 곡선에서 $r'(t) = \left(\frac{dx}{dt}, \frac{dy}{dt}, \frac{dz}{dt}\right) = \left(2, \ -2t, \ -\frac{4}{t^2}\right)$ 이므로

법평면의 법선벡터는 $r'(2) = (2, \ -4, \ -1)$ 이다. 그리고 $r(2) = (3, 2, 2)$ 이므로

구하는 법평면의 식은 $2(x-3) - 4(y-2) - (z-2) = 0$ 이다.

정답 풀이 참조

03

곡면 $yz = \ln(x+z)$ 위의 점 $(0, 0, 1)$에서의 접평면을 P라 할 때, 원점에서 평면 P까지의 거리를 구하면?

① $\dfrac{1}{\sqrt{3}}$ ② 2 ③ $\sqrt{3}$ ④ 4

공략 포인트

접평면의 방정식
$a(x-x_0) + b(y-y_0) + c(z-z_0) = 0$

풀이

$F = yz - \ln(x+z)$라 하면 법선벡터는

$\nabla F(0,0,1) = \left\langle -\dfrac{1}{x+z},\ z,\ y - \dfrac{1}{x+z} \right\rangle_{(0,0,1)} = \langle -1,\ 1,\ -1 \rangle$이고

점 $(0,0,1)$을 지나므로 접평면의 방정식은 다음과 같다.
$-x + y - (z-1) = 0 \Leftrightarrow x - y + z - 1 = 0$이다.

따라서 원점에서 평면까지의 거리는 $\dfrac{|-1|}{\sqrt{1+1+1}} = \dfrac{1}{\sqrt{3}}$이다.

정답 ①

04

두 곡면 $f(x, y, z) = x^2 + y^2 - 2 = 0$과 $g(x, y, z) = x + z - 4 = 0$의 교선을 C라 할 때, 점 $(1, 1, 3)$에서의 접선과 평행한 벡터 v는?

① $(1, 1, 1)$ ② $(1, -1, -1)$
③ $(2, 2, -2)$ ④ $(-2, 2, -2)$

공략 포인트

두 곡면
$F(x, y, z) = 0,\ G(x, y, z) = 0$
의 교선 위의 점 $P(x_0, y_0, z_0)$에서의 접선의 방정식은
$\nabla F(x_0, y_0, z_0) \times \nabla G(x_0, y_0, z_0)$
$= (a, b, c)$라 하면 다음과 같이 표현된다.
$\dfrac{x - x_0}{a} = \dfrac{y - y_0}{b} = \dfrac{z - z_0}{c}$

풀이

$\nabla f(x, y, z) = (2x, 2y, 0) \Rightarrow \nabla f(1, 1, 3) = (2, 2, 0)$
$\nabla g(x, y, z) = (1, 0, 1) \Rightarrow \nabla g(1, 1, 3) = (1, 0, 1)$

$\Rightarrow \nabla f(1, 1, 3) \times \nabla g(1, 1, 3) = \begin{vmatrix} \vec{i} & \vec{j} & \vec{k} \\ 2 & 2 & 0 \\ 1 & 0 & 1 \end{vmatrix} = (2, -2, -2)$

$\therefore\ (1, 1, 3)$에서의 접선과 평행한 벡터 v는 $(1, -1, -1)$이다.

정답 ②

05

곡면 $r(u, v) = \langle u^2, v^2, u+2v \rangle$ 위의 점 $(1, 1, 3)$에서 접평면의 방정식은 $x+ay+bz+c=0$이다. 이때, $a+b+c$의 값은?

① 2　　　　② 4　　　　③ -2　　　　④ 3

공략 포인트

매개변수 곡면에서의 접평면의 법선벡터
매끄러운 곡면에 대하여 접평면은 접선벡터 r_u, r_v를 포함하고, 벡터 $r_u \times r_v$는 접평면의 법선벡터이다.

풀이

$r_u = \langle 2u, 0, 1 \rangle$, $r_v = \langle 0, 2v, 2 \rangle$이므로
$r_u \times r_v = \langle -2v, -4u, 4uv \rangle$이다.
$u=1$, $v=1$를 대입하면 접평면의 법선벡터는
$n = \langle -2, -4, 4 \rangle$이다.
따라서 접평면의 방정식은 $-2(x-1)-4(y-1)+4(z-3)=0$이고,
이를 정리하면 $x+2y-2z+3=0$이다.
따라서 $a=2$, $b=-2$, $c=3$이다.
즉, $a+b+c=2-2+3=3$이다.

정답 ④

3. T, N, B 벡터, 곡률, 열률

1. T, N, B 벡터

(1) 단위 접선벡터 T (unit tangent vector)

① 정의: $T(t) = \dfrac{r'(t)}{|r'(t)|}$

② 의미: 곡선 $r(t)$의 단위 접선벡터

(2) 단위 법선벡터 N (주 단위 법선벡터, principal unit normal vector)

① 정의: $N(t) = \dfrac{T'(t)}{|T'(t)|}$

② 의미: 벡터 $T(t)$와 수직인 벡터로 각 점에서 곡선이 휘는 방향

(3) 단위 종법선벡터 B (binormal vector)

① 정의: $B(t) = T(t) \times N(t)$

② 의미: 벡터 $T(t)$, $N(t)$와 동시에 수직인 단위벡터이고, 접촉평면과 수직인 벡터(법선벡터)

(4) 법평면과 접촉평면

① 법평면: 곡선 C 위의 점 P에서 법선벡터 N과 종법선벡터 B에 의해 결정되는 평면이다.
접선벡터를 법선벡터로 갖는 평면이라 생각하면 편하다.

② 접촉평면: 접선벡터 T와 단위 법선벡터 N에 의해 결정되는 평면 종법선벡터를 법선벡터로 갖는 평면으로, 접촉원을 품는 평면이다. 접촉평면의 법선벡터는 $r'(t) \times r''(t)$로 구한다.

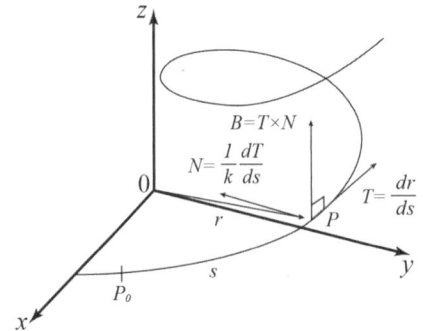
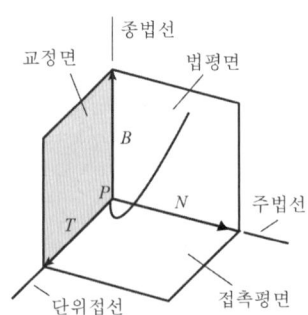

2. 곡률과 열률

(1) 곡률

① 정의

곡률은 호의 길이에 대한 단위 접선벡터 $T = \dfrac{r'(t)}{|r'(t)|}$의 변화율 $\kappa = \left|\dfrac{dT}{ds}\right|$로 정의한다.

② 의미

주어진 점에서 매끄러운 곡선 C의 곡률은 그 점에서 곡선이 얼마나 빠르게 방향을 바꾸는지를 나타내는 척도이다.

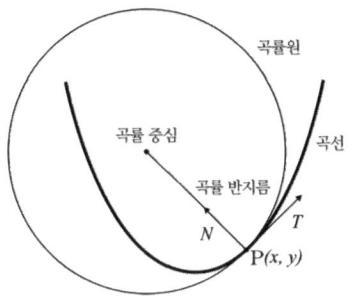

③ 3차원 곡선 $r(t)$에서의 곡률: $\kappa = \dfrac{|r' \times r''|}{|r'|^3}$

④ 2차원 매개변수곡선 $\begin{cases} x = f(t) \\ y = g(t) \end{cases}$ 의 곡률: $\kappa = \dfrac{|x'y'' - x''y'|}{\{(x')^2 + (y')^2\}^{\frac{3}{2}}}$

⑤ $y = f(x)$인 평면곡선의 곡률: $\kappa = \dfrac{|y''|}{\{1 + (y')^2\}^{\frac{3}{2}}}$

⑥ 곡률원(접촉원): 반지름이 곡률의 역수인 원

⑦ 곡률반경: 곡률원(접촉원)의 반지름으로, $R = \dfrac{1}{k}$

⑧ $y = f(x)$에서 곡률중심(곡률원의 중심)

$$C(X, Y): X = x - \frac{y'\{1 + (y')^2\}}{y''}, \quad Y = y + \frac{1 + (y')^2}{y''}$$

(2) 열률 (Torsion)

① 정의

점 P가 곡선을 따라 움직일 때, 접촉평면이 접선벡터 T를 중심으로 회전하는 회전율을 열률이라 한다.
즉, 곡선이 얼마나 비틀어져 있는지를 수치로 나타낸 것이다.

② 계산법

$$\tau = \frac{(r' \times r'') \cdot r'''}{|r' \times r''|^2} \quad (단, \ r' \times r'' \neq \vec{0})$$

개념적용

01

벡터 함수 $r(t) = \langle 1, t, t^2 \rangle$에 의하여 주어진 곡선 C 위의 점 $P(1, 1, 1)$에서 단위 접선벡터를 $T(t)$, 주 단위 법선벡터 $N(t)$를 각각 구하시오.

공략 포인트

단위 접선벡터
$$T(t) = \frac{r'(t)}{|r'(t)|}$$

단위 법선벡터
$$N(t) = \frac{T'(t)}{|T'(t)|}$$

풀이

단위 접선벡터를 $T(t)$, 주 단위 법선벡터를 $N(t)$라고 할 때,
$r'(t) = (0, 1, 2t)$이고 $|r'(t)| = \sqrt{1+4t^2}$이므로
$T(t) = \dfrac{r'(t)}{|r'(t)|} = \dfrac{1}{\sqrt{1+4t^2}}(0, 1, 2t)$이다. 또한,

$T'(t) = \dfrac{1}{1+4t^2}\left(0, -\dfrac{8t}{2\sqrt{1+4t^2}}, 2\sqrt{1+4t^2} - 2t\dfrac{8t}{2\sqrt{1+4t^2}}\right)$

$\Rightarrow T'(1) = \dfrac{1}{5}\left(0, -\dfrac{4}{\sqrt{5}}, 2\sqrt{5} - \dfrac{16}{2\sqrt{5}}\right) = \dfrac{2}{5\sqrt{5}}(0, -2, 1)$이고 $|T'(1)| = \dfrac{2}{5}$이므로

$N(1) = \dfrac{T'(1)}{|T'(1)|} = \dfrac{5}{2}\dfrac{2}{5\sqrt{5}}(0, -2, 1) = \dfrac{1}{\sqrt{5}}(0, -2, 1)$이다.

정답 풀이 참조

02

공간상의 곡선 $r(t) = (\cos t + 1, \sin t + 2, 3t)$ 위의 점 $(2, 2, 0)$에서 접촉평면의 방정식은?

① $3x - z = 6$
② $3y - z = 6$
③ $2x + y - z = 6$
④ $2x + y + z = 6$

공략 포인트

단위 접선벡터
$$T(t) = \frac{r'(t)}{|r'(t)|}$$

단위 법선벡터
$$N(t) = \frac{T'(t)}{|T'(t)|}$$

종 단위 법선벡터
$$B(t) = T(t) \times N(t)$$

풀이

$T(t)$를 단위 접선벡터, $N(t)$를 주 단위 법선벡터,
$B(t)$를 종 단위 법선벡터라고 할 때, 접촉평면의 법선은 $B(t)$와 평행하다.
이때, $r'(t) = (-\sin t, \cos t, 3)$이므로

$T(t) = \dfrac{r'(t)}{|r'(t)|} = \dfrac{1}{\sqrt{10}}(-\sin t, \cos t, 3)$이고

$T'(t) = \dfrac{1}{\sqrt{10}}(-\cos t, -\sin t, 0)$이므로

$N(t) = (-\cos t, -\sin t, 0)$이다.

$\therefore B(t) = T(t) \times N(t) = \dfrac{1}{\sqrt{10}}\begin{vmatrix} \vec{i} & \vec{j} & \vec{k} \\ -\sin t & \cos t & 3 \\ -\cos t & -\sin t & 0 \end{vmatrix} = \dfrac{1}{\sqrt{10}}\{\vec{i}(3\sin t) - \vec{j}(3\cos t) + \vec{k}(1)\}$

따라서 점 $(2, 2, 0)$에서의 접촉평면의 법선은

$B(0) = \dfrac{1}{\sqrt{10}}(0, -3, 1)$에 평행이다.

그러므로 점 $(2, 2, 0)$에서의 접촉평면은 $3y - z = 6$이다.

정답 ②

03

곡선 $r(t) = <\sqrt{3}t, \sin t, \cos t>$의 곡률을 계산하면?

① $\dfrac{1}{2}$ ② $\dfrac{1}{3}$ ③ $\dfrac{1}{4}$ ④ $\dfrac{1}{5}$

공략 포인트

3차원 곡선 $r(t)$에서의 곡률
$\kappa = \dfrac{|r' \times r''|}{|r'|^3}$

풀이

$r'(t) = <\sqrt{3}, \cos t, -\sin t>$, $r''(t) = <0, -\sin t, -\cos t>$
$r'(t) \times r''(t) = <-1, \sqrt{3}\cos t, -\sqrt{3}\sin t>$
$\Rightarrow |r'(t)| = \sqrt{3 + \cos^2 t + \sin^2 t} = 2$, $|r'(t) \times r''(t)| = \sqrt{1 + 3\cos^2 t + 3\sin^2 t} = 2$
$\therefore$ 곡률 $k = \dfrac{|r'(t) \times r''(t)|}{|r'(t)|^3} = \dfrac{2}{2^3} = \dfrac{1}{4}$

정답 ③

04

포물선 $y = x^2$의 정점 $(0, 0)$에서의 곡률은?

① 1 ② 2 ③ 3 ④ 4

공략 포인트

$y = f(x)$인 평면곡선의 곡률
$k = \dfrac{|y''|}{\{1 + (y')^2\}^{\frac{3}{2}}}$

풀이

$y' = 2x$, $y'' = 2$ 이므로
$k = \dfrac{|y''|}{\{1 + (y')^2\}^{\frac{3}{2}}} = \left[\dfrac{2}{\{1 + 4x^2\}^{\frac{3}{2}}}\right]_{x=0} = 2$

정답 ②

05

반경 r인 원 $x = r\cos\theta$, $y = r\sin\theta$의 임의의 점에 있어서의 곡률은 일정하여 원의 반경의 역수와 같음을 보이시오.

공략 포인트

2차원 매개변수곡선의 곡률
$$k = \frac{|x'y'' - x''y'|}{\{(x')^2 + (y')^2\}^{\frac{3}{2}}}$$

곡률반경
$$R = \frac{1}{k}$$

풀이

$x' = f'(\theta) = -r\sin\theta$, $y' = g'(\theta) = r\cos\theta$
$f''(\theta) = -r\cos\theta$, $g''(\theta) = -r\sin\theta$ 이므로
$$k = \frac{|r^2\sin^2\theta + r^2\cos^2\theta|}{[r^2\sin^2\theta + r^2\cos^2\theta]^{\frac{3}{2}}} = \frac{1}{r}$$ 이다.

정답 풀이 참조

06

곡선 $y = x^2$ 위의 점 $(1, 1)$에서 곡률원은 중심은 (a, b)이고 반지름은 R인 원이다. 이때, $(a+b)R$을 구하면?

① $-\frac{5\sqrt{5}}{4}$ ② $\frac{5\sqrt{5}}{4}$ ③ $\frac{3}{5}$ ④ $-\frac{3}{5}$

공략 포인트

$y = f(x)$인 평면곡선의 곡률
$$\kappa = \frac{|y''|}{\{1+(y')^2\}^{\frac{3}{2}}}$$

곡률반경
$$R = \frac{1}{k}$$

곡률원의 중심
$$X = x - \frac{y'\{1+(y')^2\}}{y''}$$
$$Y = y + \frac{1+(y')^2}{y''}$$

풀이

곡선 $y = x^2$에 대해 $y = x^2$, $y' = 2x$, $y'' = 2$이므로

점 $(1, 1)$에서의 곡률은 $k = \frac{|y''|}{(1+(y')^2)^{\frac{3}{2}}}\bigg|_{(1,1)} = \frac{2}{5\sqrt{5}}$ 이다.

따라서 곡률원의 반지름은 $R = \frac{5\sqrt{5}}{2}$ 이다.

또한 곡률원의 중심은

$a = x - \frac{(1+(y')^2)y'}{y''}\bigg|_{(1,1)} = -4$, $b = y + \frac{1+(y')^2}{y''} = \frac{7}{2}$이므로

$(a+b)R = -\frac{5\sqrt{5}}{4}$ 이다.

정답 ①

07

공간상의 곡선 $r(t)=(\sin 3t, \cos 3t, 2t)$ 위의 점 $(-1, 0, \pi)$에서의 열률(비틀림률)의 값은?

① $\dfrac{3}{13}$ ② $-\dfrac{6}{13}$ ③ $\dfrac{9}{13}$ ④ $-\dfrac{15}{13}$

공략 포인트

열률
$\tau = \dfrac{(r' \times r'') \cdot r'''}{|r' \times r''|^2}$

풀이

$r'(t) = (3\cos 3t, -3\sin 3t, 2) \Rightarrow r'\left(\dfrac{\pi}{2}\right) = (0, 3, 2)$,

$r''(t) = (-9\sin 3t, -9\cos 3t, 0) \Rightarrow r''\left(\dfrac{\pi}{2}\right) = (9, 0, 0)$,

$r'''(t) = (-27\cos 3t, 27\sin 3t, 0) \Rightarrow r'''\left(\dfrac{\pi}{2}\right) = (0, -27, 0)$이므로

열률은 다음과 같다.

$\tau\left(\dfrac{\pi}{2}\right) = \dfrac{\left\{r'\left(\dfrac{\pi}{2}\right) \times r''\left(\dfrac{\pi}{2}\right)\right\} \cdot r'''\left(\dfrac{\pi}{2}\right)}{\left|r'\left(\dfrac{\pi}{2}\right) \times r''\left(\dfrac{\pi}{2}\right)\right|^2} = \dfrac{18 \times (-27)}{\{9\sqrt{13}\}^2} = -\dfrac{9^2 \times 2 \times 3}{9^2 \times 13} = -\dfrac{6}{13}$

정답 ②

4．3차원곡선과 곡면

대표출제유형

> **출제경향 분석**
> \# 곡선의 길이 공식을 암기하고 주어진 조건을 대입하면 쉽게 답을 구할 수 있는 문제가 출제됩니다.
> \# 접선과 접선벡터, 법선과 법선벡터, 접평면과 법평면에 관한 개념과 공식을 암기하고 있어야 합니다.
> \# 곡률과 관련한 개념들을 이해하고 있어야 합니다.

01 공간곡선에서의 접선

🔍 개념 2. 공간곡선의 접선과 법평면

곡선 $x = \sin \pi t$, $y = 2\sin \pi t$, $z = \cos \pi t$에 대해 $t = 0$일 때의 접선과 $t = \dfrac{1}{2}$일 때의 접선이 점 (a, b, c)에서 만난다. 상수 $a + b + c$의 값은?

① $\dfrac{5}{2}$ ② 3 ③ $\dfrac{7}{2}$ ④ 4

풀이

STEP A 곡선의 접선벡터 구하기

$r(t) = \langle \sin\pi t, 2\sin\pi t, \cos\pi t \rangle$라 놓으면
$r'(t) = \langle \pi\cos\pi t, 2\pi\cos\pi t, -\pi\sin\pi t \rangle$이므로
$r'(0) = \pi\langle 1, 2, 0 \rangle$, $r'\left(\dfrac{1}{2}\right) = \pi\langle 0, 0, -1 \rangle$이다.

STEP B 접선의 방정식 구하기

(i) $t = 0$에서의 접선은 $r(0) = (0, 0, 1)$을 지나고
벡터 $v = \langle 1, 2, 0 \rangle$에 평행하므로 이 직선의 대칭방정식은
$\dfrac{x}{1} = \dfrac{y}{2}$, $z = 1$이다.

(ii) $t = \dfrac{1}{2}$일 때의 접선은 $r\left(\dfrac{1}{2}\right) = (1, 2, 0)$을 지나고
벡터 $w = \langle 0, 0, -1 \rangle$에 평행하므로 이 직선의 대칭방정식은
$x = 1$, $y = 2$이다.

STEP C 두 접선의 교점 구하기

두 접선의 교점이 $(1, 2, 1)$에서 만나므로 $a + b + c = 4$이다.

정답 ④

02 접평면과 법선

🔍 개념 2. 공간곡선의 접선과 법평면

곡면 $x^2+4y^2+4z^2=9$ 위의 점 $(1,-1,1)$에서의 접평면의 방정식을 $ax+by+cz=1$이라고 할 때, $a+b+c$의 값은?

① $-\dfrac{1}{9}$ ② 0 ③ $\dfrac{1}{9}$ ④ -1

풀이

STEP A 접평면의 법선벡터 구하기

접평면의 법선벡터는 $f(x, y, z)=x^2+4y^2+4z^2-9$이라 할 때,
$\nabla f(x, y, z)=(2x, 8y, 8z)$ ⇒ $\nabla f(1, -1, 1)=(2, -8, 8)$과 평행하다.

STEP B 접평면의 방정식 구하기

점 $(1, -1, 1)$을 지나는 접평면의 방정식은
$x-4y+4z=9$ ⇔ $\dfrac{1}{9}x-\dfrac{4}{9}y+\dfrac{4}{9}z=1$이므로
$a+b+c=\dfrac{1}{9}$이다.

정답 ③

03 두 곡면이 만나는 교차곡선의 접선

🔍 개념 2. 공간곡선의 접선과 법평면

두 곡면 $z = x^2 + y^2$ 과 $4x^2 + y^2 + z^2 = 9$의 교선 위의 점 $(-1, 1, 2)$에서의 접선을 l이라 할 때, 다음 중 l 위에 있는 점은?

① $(-6, -7, 5)$ ② $\left(0, \dfrac{13}{5}, \dfrac{18}{5}\right)$ ③ $(4, 9, 8)$ ④ $(9, 17, 13)$

풀이

STEP A 두 곡면의 교선의 방향벡터 구하기

두 곡면의 교선의 접선은 곡면
$f(x, y, z) = z - x^2 - y^2$, $g(x, y, z) = z - \sqrt{9 - 4x^2 - y^2}$ 의 경도벡터와 수직이다.

$\nabla f(-1, 1, 2) = <-2x, -2y, 1>|_{(-1,1,2)} = <2, -2, 1>$

$\nabla g(-1, 1, 2) = \left\langle \dfrac{-8x}{2\sqrt{9-4x^2-y^2}}, \dfrac{-2y}{2\sqrt{9-4x^2-y^2}}, 1 \right\rangle \bigg|_{(-1,1,2)}$

$= \left\langle -2, \dfrac{1}{2}, 1 \right\rangle // <-4, 1, 2>$ 이므로

교선의 방향벡터는 $\vec{d} = \nabla f \times \nabla g = <-5, -8, -6> // <5, 8, 6>$이다.

STEP B 접선의 방정식 구하기

따라서 교선에 대한 접선의 매개방정식은 $t \in \mathbb{R}$에 대해
$x = -1 + 5t$, $y = 1 + 8t$, $z = 2 + 6t$ 이므로
$t = 1$일 때, $(4, 9, 8)$을 지난다.

정답 ③

04 3차원 곡선에서의 곡률

🔍 개념 3. T, N, B 벡터, 곡률, 열률

$\vec{r}(t) = 3t^2\,\vec{i} + 2t\,\vec{j} + t^3\,\vec{k}$ 의 $t=0$ 에서의 곡률은?

① $\dfrac{\sqrt{3}}{4}$ ② $\dfrac{\sqrt{6}}{2}$ ③ $\dfrac{3}{2}$ ④ $3\sqrt{2}$

풀이

STEP A 주어진 곡선을 미분하기

$r'(t) = (6t,\ 2,\ 3t^2) \Rightarrow r'(0) = (0,\ 2,\ 0)$ 이고
$r''(t) = (6,\ 0,\ 6t) \Rightarrow r''(0) = (6,\ 0,\ 0)$ 이다.

STEP B 곡률 공식에 대입하기

$t=0$ 일 때, 곡률은 $\kappa(0) = \dfrac{|r'(0) \times r''(0)|}{|r'(0)|^3} = \dfrac{|-12|}{8} = \dfrac{3}{2}$ 이다.

정답 ③

5. 3차원곡선과 곡면

실전문제

01 다음 곡선의 길이는? (단, β는 양의 상수이다.)
$$P(t) = (e^t \sin t, e^t \cos t, e^t) \quad (0 \le t \le \beta)$$

① $e^\beta - 1$ ② $\sqrt{2}(e^\beta - 1)$ ③ $\sqrt{3}(e^\beta - 1)$ ④ $2(e^\beta - 1)$

02 곡선 $r(t) = \langle t^2, 2t, \ln t \rangle$ 위의 점 $(1, 2, 0)$에서 점 $(e^2, 2e, 1)$까지 곡선의 호의 길이는?

① $e^2 - 1$ ② e^2 ③ $e^2 + 1$ ④ $e^2 + e$

03 두 입자가 다음 공간곡선을 따라 움직일 때 충돌하지는 않지만, 경로끼리는 두 점에서 교차한다. 교차하는 두 점을 각각 P, Q라 할 때, 두 벡터 $\overrightarrow{OP}$, $\overrightarrow{OQ}$의 내적은? (단, O는 원점이다.)
$$r_1(t) = (t, t^2, t^3), \quad r_2(t) = (1+2t, 1+6t, 1+14t)$$

① 4   ② 5   ③ 6   ④ 14

04 공간곡선 $(x, y, z) = (\cos t, \sin t, t)$, $0 \leq t \leq 2\pi$ 는 식 (가)로 주어진 곡면 위의 곡선이며, 이 곡선의 길이는 (나)이다. (가), (나)를 구하시오.

① $x^2 + y^2 = z^2$, 2π
② $x^2 + y^2 = 1$, 2π
③ $x^2 + y^2 = z^2$, $2\sqrt{2}\pi$
④ $x^2 + y^2 = 1$, $2\sqrt{2}\pi$

05 공간곡선 $x = \ln t$, $y = 2t$, $z = t^2$ 위의 점 $(0, 2, 1)$ 에서의 법평면과 점 $(22, 12, 27)$ 사이의 거리는?

① $\dfrac{94}{3}$
② $\dfrac{85}{3}$
③ $\dfrac{70}{3}$
④ $\dfrac{67}{3}$

06 삼차원 곡선 $r(t) = <\cos t, \sin t, t^2>$, $0 \leq t \leq \pi$ 위의 점 P 에서 접선이 평면 $x + \sqrt{3} y = 2$ 와 평행할 때, 점 P 의 좌표는?

① $\left(\dfrac{\sqrt{3}}{2}, \dfrac{1}{2}, \dfrac{\pi^2}{36}\right)$
② $\left(\dfrac{\sqrt{2}}{2}, \dfrac{\sqrt{2}}{2}, \dfrac{\pi^2}{16}\right)$
③ $\left(\dfrac{1}{2}, \dfrac{\sqrt{3}}{2}, \dfrac{\pi^2}{9}\right)$
④ $\left(0, 1, \dfrac{\pi^2}{4}\right)$

07 곡면 S가 함수 $f(x, y) = (2x + y + 1)e^{x+y}$의 그래프일 때, 다음 중 S 위의 점 $(0, 0, 1)$에서 S에 접하는 접평면에 있는 점은?

① $(1, 0, 2)$ ② $(1, -1, 2)$ ③ $(-1, -1, 2)$ ④ $(2, 2, 1)$

08 곡면 $z = 2x^2 + 3y^2$ 위의 점 $(1, 1, 5)$에서 이 곡면에 접하는 접평면의 방정식이 $ax + by + cz = 1$일 때, $a + b + c$의 값은?

① $\dfrac{1}{5}$ ② $\dfrac{3}{5}$ ③ $\dfrac{7}{5}$ ④ $\dfrac{9}{5}$

09 곡면 $x^2 - xyz + z^3 = 1$이 있다. 이 곡면 위의 점 $(1, 1, 1)$에서의 접평면과 z축의 교점의 좌표는?

① $\left(0, 0, \dfrac{3}{4}\right)$ ② $(0, 0, 1)$ ③ $\left(0, 0, \dfrac{5}{4}\right)$ ④ $\left(0, 0, \dfrac{3}{2}\right)$

10 곡면 $x^2+2y^2+3z^2=6$ 위의 점 $(1,1,1)$에서 이 곡면에 접하는 접평면과 xy평면이 이루는 각을 θ라고 할 때, $\cos\theta$의 값은?

① $\dfrac{\sqrt{14}}{7}$ ② $\dfrac{3\sqrt{14}}{14}$ ③ $\dfrac{2\sqrt{14}}{7}$ ④ $\dfrac{5\sqrt{14}}{14}$

11 두 곡면 $z=x^2+y^2$과 $4x^2+y^2+z^2=9$의 교선 위 점 $(-1,1,2)$에서의 접선을 l이라 할 때, 다음 중 l 위에 있는 점은?

① $(-6,-7,5)$ ② $\left(0,\dfrac{13}{5},\dfrac{18}{5}\right)$ ③ $(4,9,8)$ ④ $(9,17,13)$

12 3차원 공간상의 두 곡면 $z=x^2+y^2$, $4x^2+y^2+z^2=9$를 동시에 지나는 곡선을 C라고 한다. 이때, 곡선 C 위의 한 점 $Q(-1,1,2)$를 통과하는 접선의 방정식을 찾으시오.

① $-\dfrac{x-1}{2}=\dfrac{y+1}{2}=-z-2$

② $-\dfrac{x+1}{4}=y-1=\dfrac{z-2}{2}$

③ $\dfrac{x+1}{5}=\dfrac{y-1}{8}=\dfrac{z-2}{6}$

④ $\dfrac{x+1}{5}=\dfrac{z-2}{6},\ y=1$

13 곡면 $z = x^2 + \dfrac{y^2}{2}$ 과 평면 $x = 0$의 교선 위의 한 점 $\left(0, 1, \dfrac{1}{2}\right)$에서의 곡률을 구하시오.

① 1 ② $\dfrac{1}{\sqrt{2}}$ ③ $\dfrac{1}{2\sqrt{2}}$ ④ $\dfrac{1}{2}$

14 곡선 $\vec{r}(\theta) = \sin\theta\, \vec{i} + \sin^2\theta\, \vec{j} + 2\sin^2\theta\, \vec{k}$ $\left(0 \leq \theta \leq \dfrac{\pi}{2}\right)$의 곡률의 최댓값은?

① 2 ② $2\sqrt{2}$ ③ $2\sqrt{3}$ ④ $2\sqrt{5}$

15 곡선의 방정식이 $y = x^3$일 때, 점 $(1, 1)$에서의 곡률원의 중심의 좌표는?

① $\left(-6, \dfrac{13}{3}\right)$ ② $\left(-5, \dfrac{10}{3}\right)$ ③ $\left(-4, \dfrac{8}{3}\right)$ ④ $(-3, 7)$

16 점 $(0, 1)$에서 곡선 $y = e^x$의 곡률원(또는 접촉원)의 반지름은?

① $2\sqrt{2}$ ② $\sqrt{2}$ ③ $\dfrac{\sqrt{2}}{4}$ ④ $\dfrac{1}{8}$

17 포물선 $y = \dfrac{x^2}{4} + 2$ 위의 점 $(0, 2)$에서의 접촉원의 방정식을 $x^2 + y^2 + ax + by + c = 0$ (a, b, c는 실수)이라 할 때, $a + b + c$의 값은?

① 2 ② 4 ③ 6 ④ 8

18 개곡선 $r(t) = (-1 + 2t, 2t - 2t^2)$의 $r\left(\dfrac{1}{2}\right)$에서의 접촉원의 방정식이 $(z-a)^2 + (y-b)^2 = c$이면, $a+b+c$는?

① $-\dfrac{1}{2}$ ② 0 ③ $\dfrac{1}{2}$ ④ 1

19 공간직선 $z = x+1$, $y = 1$을 z축을 중심으로 회전하여 얻은 곡면 위의 점 $(2, 1, 3)$에서 이 곡면의 접평면의 식을 구하시오.

① $x - 2y - z + 3 = 0$
② $2x + y - z - 2 = 0$
③ $x - 2y - 2z + 6 = 0$
④ $2x + y - 2z + 1 = 0$

20 xz-평면 위에 중심이 $(2, 0, 0)$이고 반지름이 1인 원을 z축 중심으로 회전하여 얻은 곡면을 S라 하자. S 위의 점 $\left(\dfrac{5\sqrt{3}}{4}, \dfrac{5}{4}, \dfrac{\sqrt{3}}{2}\right)$에서의 단위 법선벡터를 $<a, b, c>$라 할 때, $|2a+b-c|$의 값은?

① $\dfrac{1}{8}$
② $\dfrac{1}{7}$
③ $\dfrac{1}{6}$
④ $\dfrac{1}{4}$

다변수함수의 극대, 극소

출제 비중 & 빈출 키워드 리포트

단원	출제 비중 (합계 19%)	빈출 키워드
1. 이변수함수의 극값	9%	· 이변수함수의 극대, 극소, 최대, 최소
2. 유계 폐영역에서의 최대, 최소	7%	· 라그랑주 승수법
3. 테일러 급수	3%	· 산술기하평균

1 이변수함수의 극값

1. 극값

(1) 극대, 극댓값

이변수함수 f가 점 (x_0, y_0)의 근방에서 정의되어 있다고 할 때, (x_0, y_0) 근방의 모든 점 (x, y)에 대하여 $f(x, y) \leq f(x_0, y_0)$라면 함수 f는 점 (x_0, y_0)에서 극대라 하고, $f(x_0, y_0)$를 극댓값이라 한다.

(2) 극소, 극솟값

이변수함수 f가 점 (x_0, y_0)의 근방에서 정의되어 있다고 할 때, (x_0, y_0) 근방의 모든 점 (x, y)에 대하여 $f(x, y) \geq f(x_0, y_0)$라면 함수 f는 점 (x_0, y_0)에서 극소라 하고, $f(x_0, y_0)$를 극솟값이라 한다.

(3) 극점, 극값

함수 f가 (x_0, y_0)에서 극대 또는 극소일 때, (x_0, y_0)를 f의 극점이라 한다. 이때의 함숫값을 극값이라 한다.

2. 최댓값과 최솟값

(1) 최대, 최댓값

함수 $f(x, y)$의 정의역에 속한 모든 점 (x, y)에 대하여 $f(x, y) \leq f(x_0, y_0)$일 때, f는 (x_0, y_0)에서 최대라 하고, $f(x_0, y_0)$를 최댓값이라 한다.

(2) 최소, 최솟값

함수 $f(x, y)$의 정의역에 속한 모든 점 (x, y)에 대하여 $f(x, y) \geq f(x_0, y_0)$일 때, f는 (x_0, y_0)에서 최소라 하고, $f(x_0, y_0)$를 최솟값이라 한다.

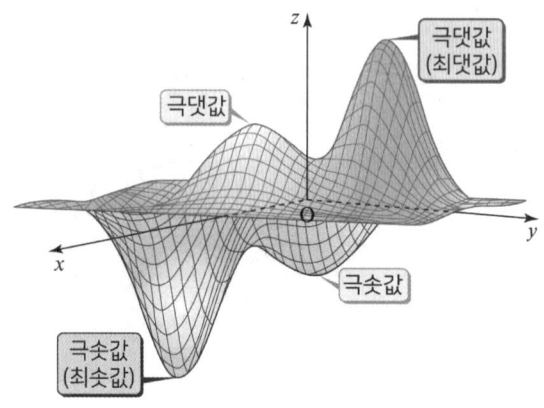

(3) 정리

함수 f가 (x_0, y_0)에서 미분가능하고, (x_0, y_0)가 f의 극점이면 $\nabla f(x_0, y_0) = (0, 0)$이다.

(4) 증명

$f(x, y)$가 $x = x_0$, $y = y_0$에서 극값을 가지면 단일변수 x만의 함수 $f(x, y_0)$는 $x = x_0$에서 극값을 갖는다.
이것은 $F(x) = f(x, y_0)$일 때 $F'(x_0) = 0$ 즉, $f_x(x_0, y_0) = 0$을 의미한다.
함수 $f(x_0, y)$에 대하여도 같은 결과가 성립하므로 $f_y(x_0, y_0) = 0$임을 알 수 있다.

3. 임계점

함수 f의 정의역에 있는 점 (x_0, y_0)에 대하여 $\nabla f(x_0, y_0) = (0, 0)$이거나 두 편미분계수 $f_x(x_0, y_0)$와 $f_y(x_0, y_0)$ 중 어느 하나가 존재하지 않거나 둘 다 존재하지 않는 점 (x_0, y_0)를 함수 f의 임계점이라 한다.

4. 헤세 판정법-극값의 2계 도함수 판정법

이변수함수 $f(x, y)$가 (x_0, y_0) 근방에서 연속인 2계 편도함수를 가지며 $f_x(x_0, y_0) = 0$, $f_y(x_0, y_0) = 0$이 성립할 때, $\triangle(x, y) = f_{xx}(x, y) f_{yy}(x, y) - \{f_{xy}(x, y)\}^2$이라 하면 다음과 같다.

① $\triangle(x_0, y_0) > 0$이고 $f_{xx}(x_0, y_0) > 0$이면 $f(x_0, y_0)$는 극솟값이다.

② $\triangle(x_0, y_0) > 0$이고 $f_{xx}(x_0, y_0) < 0$이면 $f(x_0, y_0)$는 극댓값이다.

③ $\triangle(x_0, y_0) < 0$일 때, 점 (x_0, y_0)는 f의 안장점이다. 안장점에서는 극값을 갖지 않는다.

④ $\triangle(x_0, y_0) = 0$이면 이 방법으로 극값을 판정할 수 없다.

5. 라그랑주 승수법

(1) 제약조건이 한 개인 경우 (이변수함수)

① 함수 $z = f(x, y)$의 두 변수 x, y가 제약조건 $g(x, y) = k$를 만족할 때, 점 (x_0, y_0)에서 함수 $z = f(x, y)$가 극댓값 또는 극솟값을 갖는다면 적당한 실수 λ(라그랑주 미정 계수)가 존재한다.
$x = x_0$, $y = y_0$는 연립방정식 $\begin{cases} \nabla f(x, y) + \lambda \nabla g(x, y) = 0 \\ g(x, y) = k \end{cases}$의 해이다.
여기서 $f(x, y)$와 $g(x, y)$는 모두 연속인 편도함수를 갖는다고 가정한다.

② ①에서 얻은 함숫값 중 가장 큰 값이 최댓값이고, 가장 작은 값이 최솟값이다.

(2) 제약조건이 한 개인 경우 (삼변수함수)

① 함수 $f(x, y, z)$의 세 변수 x, y, z가 제약조건 $g(x, y, z) = k$를 만족할 때, 점 (x_0, y_0, z_0)에서 함수 $f(x, y, z)$가 극댓값 또는 극솟값을 갖는다면 적당한 실수 λ가 존재한다.

$x = x_0,\ y = y_0,\ z = z_0$는 연립방정식 $\begin{cases} \nabla f(x,y,z) + \lambda \nabla g(x,y,z) = 0 \\ g(x,y,z) = k \end{cases}$의 해이다.

여기서 $f(x,y,z)$와 $g(x,y,z)$는 모두 연속인 편도함수를 갖는다고 가정한다.

② ①에서 얻은 함숫값 중 가장 큰 값이 최댓값이고 가장 작은 값이 최솟값이다.

(3) 제약조건이 두 개인 경우

① 함수 $f(x,y,z)$의 세 변수 x, y, z가 제약조건 $g(x,y,z) = k$, $h(x,y,z) = l$을 만족할 때, 점 (x_0, y_0, z_0)에서 함수 $f(x,y,z)$가 극댓값 또는 극솟값을 갖는다면 적당한 실수 λ와 μ가 존재한다.

$x = x_0,\ y = y_0,\ z = z_0$는 연립방정식 $\begin{cases} \nabla f = \lambda \nabla g + \mu \nabla h \\ g(x,y,z) = k,\ h(x,y,z) = l \end{cases}$의 해이다.

여기서 $f(x,y,z)$, $g(x,y,z)$와 $h(x,y,z)$는 모두 연속인 편도함수를 갖는다고 가정한다.

② ①에서 얻은 함숫값 중 가장 큰 값이 최댓값이고, 가장 작은 값이 최솟값이다.

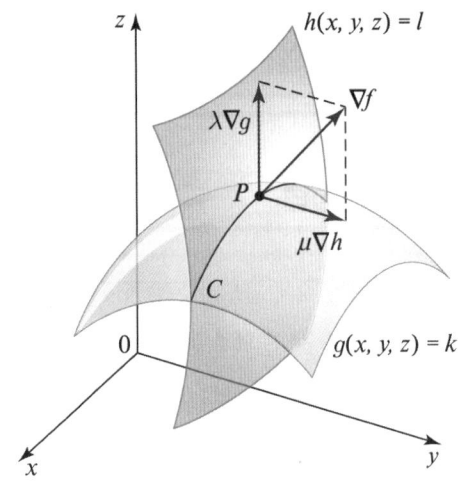

개념적용

01

함수 $f(x,y) = x^3 - y^3 + 3xy$ 의 극점 및 안장점을 구하시오.

공략 포인트

① 극솟값
$\triangle(x_0, y_0) > 0$ 이고
$f_{xx}(x_0, y_0) > 0$ 이면
$f(x_0, y_0)$ 는 극솟값이다.
② 극댓값
$\triangle(x_0, y_0) > 0$ 이고
$f_{xx}(x_0, y_0) < 0$ 이면
$f(x_0, y_0)$ 는 극댓값이다.
③ 안장점
$\triangle(x_0, y_0) < 0$ 일 때,
점 (x_0, y_0) 는 f의 안장점이다.
안장점에서는 극값을 갖지 않는다.

풀이

$f_x(x,y) = 3x^2 + 3y$, $f_y(x,y) = -3y^2 + 3x$ 이므로
$f_x(x,y) = 0 = f_y(x,y)$를 만족하는 임계점은 $(0,0)$, $(1,-1)$ 이다.
또한, $f_{xx} = 6x$, $f_{yy} = -6y$, $f_{xy} = 3$ 이며
(i) $\triangle(0,0) = f_{xx}(0,0) \cdot f_{yy}(0,0) - f_{xy}^2(0,0) = -9 < 0$ 이므로
$(0, 0)$ 에서는 안장점이 된다.
(ii) $\triangle(1,-1) = f_{xx}(1,-1) \cdot f_{yy}(1,-1) - f_{xy}^2(1,-1) = 27 > 0$, $f_{xx}(1,-1) = 6 > 0$ 이므로
$(1,-1)$ 에서 극소가 되고 극솟값은 $f(1,-1) = -1$ 이다.

정답 풀이 참조

02

함수 $f(x, y) = 8xy - x^8 - y^8$ 의 최댓값을 구하시오.

① 2   ② 4   ③ 6   ④ 8

공략 포인트

최댓값
함수 $f(x, y)$의 정의역에 속한
모든 점 (x, y)에 대하여
$f(x, y) \leq f(x_0, y_0)$일 때,
f는 (x_0, y_0)에서 최대라 하고,
$f(x_0, y_0)$를 최댓값이라 한다.

풀이

$f_x(x, y) = 8y - 8x^7$, $f_y(x, y) = 8x - 8y^7$ 이고
$f_x = 0 = f_y$ 을 만족하는 임계점은 $(0, 0)$, $(1, 1)$, $(-1, -1)$ 이다.
또한, $f_{xx}(x, y) = -56x^6$, $f_{yy}(x, y) = -56y^6$, $f_{xy}(x, y) = 8$ 이고
$\triangle(0, 0) = f_{xx}(0, 0) \cdot f_{yy}(0, 0) - \{f_{xy}(0, 0)\}^2 < 0$ 이므로 $(0, 0)$에서 안장점이다.
그리고 $\triangle(1, 1) = f_{xx}(1, 1) \cdot f_{yy}(1, 1) - \{f_{xy}(1, 1)\}^2 > 0$, $f_{xx}(1, 1) < 0$ 이므로 $(1, 1)$ 에서 극대이고
$\triangle(-1, -1) = f_{xx}(-1, -1) \cdot f_{yy}(-1, -1) - \{f_{xy}(-1, -1)\}^2 > 0$, $f_{xx}(-1, -1) < 0$ 이므로
$(-1, -1)$ 에서 극댓값을 갖는다.
따라서 $(1, 1)$, $(-1, -1)$ 에서 극댓값이자 최댓값
$f(1, 1) = f(-1, -1) = 8 - 1 - 1 = 6$ 을 갖는다.

정답 ③

03

원점에서 곡면 $z^2 = xy + x - y + 4$에 이르는 최단거리를 구하시오.

① $\sqrt{2}$ ② $\sqrt{3}$ ③ 2   ④ $\sqrt{5}$

공략 포인트

최솟값
함수 $f(x, y)$의 정의역에 속한 모든 점 (x, y)에 대하여 $f(x, y) \geq f(x_0, y_0)$일 때, f는 (x_0, y_0)에서 최소라 하고, $f(x_0, y_0)$를 최솟값이라 한다.

풀이

곡면 $z^2 = xy + x - y + 4$ 위의 임의의 점을 $P(x, y, z)$라 할 때,
원점에서 P까지의 거리 d는
$d = \sqrt{x^2 + y^2 + z^2} = \sqrt{x^2 + y^2 + (xy + x - y + 4)}$ 이다.
여기서 $f(x, y) = x^2 + y^2 + xy + x - y + 4$라 할 때,
$f_x = 2x + y + 1 = 0$, $f_y = 2y + x - 1 = 0$ 이다.
그러므로 이것을 만족하는 임계점은 $(-1, 1)$이고
구하는 최단거리는 $d = \sqrt{(-1)^2 + 1^2 + (-1 \cdot 1 - 1 - 1 + 4)} = \sqrt{3}$ 이다.

정답 ②

04

$x^2 + y^2 = 2$를 만족하는 실수 x, y에 대하여 $f(x, y) = xe^y$의 최솟값을 구하면?

① e ② $-e$ ③ e^{-1} ④ 0

공략 포인트

라그랑주 승수법
1) 함수 $z = f(x, y)$의 두 변수 x, y가 제약조건 $g(x, y) = k$를 만족할 때, 점 (x_0, y_0)에서 함수 $z = f(x, y)$가 극댓값 또는 극솟값을 갖는다면 적당한 실수 λ(라그랑주 미정 계수)가 존재한다. $x = x_0, y = y_0$는 연립방정식
$\begin{cases} \nabla f(x, y) + \lambda \nabla g(x, y) = 0 \\ g(x, y) = k \end{cases}$
의 해이다.
2) 1)에서 얻은 함숫값 중 가장 큰 값이 최댓값이고, 가장 작은 값이 최솟값이다.

풀이

$g = x^2 + y^2 - 2$라 하여 라그랑주 승수법을 이용하면
$\nabla f = \lambda \nabla g$인 λ가 존재한다.
따라서 $(e^y, xe^y) = \lambda(2x, 2y)$이므로
$e^y = 2\lambda x$, $xe^y = 2\lambda y$, $x^2 + y^2 = 2$를 연립하면 $(x, y) = (1, 1), (-1, 1)$이다.
따라서 $f(1, 1) = e$, $f(-1, 1) = -e$이므로
최댓값은 e, 최솟값은 $-e$이다.

정답 ②

05

곡면 $2x^2+4y^2+z^2=70$ 위에서 함수 $f(x,y,z)=3x+6y+2z$의 최솟값을 m, 최댓값을 M이라 할 때, $M-m$의 값을 계산하면?

① 60 ② 65 ③ 70 ④ 75

공략 포인트

라그랑주 승수법
1) 함수 $f(x,y,z)$의 세 변수 x,y,z가 제약조건 $g(x,y,z)=k$를 만족할 때, 점 (x_0,y_0,z_0)에서 함수 $f(x,y,z)$가 극댓값 또는 극솟값을 갖는다면 적당한 실수 λ가 존재한다.
$x=x_0, y=y_0, z=z_0$는 연립방정식
$\begin{cases} \nabla f(x,y,z)+\lambda\nabla g(x,y,z)=0 \\ g(x,y,z)=k \end{cases}$의 해이다.
2) 1)에서 얻은 함숫값 중 가장 큰 값이 최댓값이고 가장 작은 값이 최솟값이다.

풀이

$g(x,y,z)=2x^2+4y^2+z^2-70$으로 놓으면
$\nabla f=(3,6,2)$, $\nabla g=(4x,8y,2z)//(2x,4y,z)$이므로
$\nabla g=\lambda\nabla f$에 대입하면
$(2x,4y,z)=\lambda(3,6,2) \Rightarrow x=\dfrac{3}{2}\lambda, y=\dfrac{3}{2}\lambda, z=2\lambda$이다.

이를 g에 대입하면
$2\left(\dfrac{3}{2}\lambda\right)^2+4\left(\dfrac{3}{2}\lambda\right)+(2\lambda)^2=70$
$\therefore \lambda=\pm 2$

(i) $\lambda=2$일 때, $x=3, y=3, z=4$
  $\therefore f(3,3,4)=35=M$
(ii) $\lambda=-2$일 때, $x=-3, y=-3, z=-4$
  $\therefore f(-3,-3,-4)=-35=m$

그러므로 구하고자 하는 값은 다음과 같다.
$M-m=35-(-35)=70$

정답 ③

06

좌표공간에서 $x+y+2z=2$와 $z=x^2+y^2$의 교집합의 점 (x, y, z)에 대하여

함수 $f(x, y, z) = x^2 + y^2 + z^2 + \dfrac{1}{4}$의 최솟값은?

① $\dfrac{3}{4}$ ② 1 ③ $\dfrac{5}{4}$ ④ $\dfrac{25}{4}$

공략 포인트

라그랑주 승수법
1) 함수 $f(x, y, z)$의 세 변수 x, y, z가 제약조건 $g(x, y, z) = k$, $h(x, y, z) = l$을 만족할 때, 점 (x_0, y_0, z_0)에서 함수 $f(x, y, z)$가 극댓값 또는 극솟값을 갖는다면 적당한 실수 λ와 μ가 존재한다.
$x = x_0$, $y = y_0$, $z = z_0$은 연립방정식
$\begin{cases} \nabla f = \lambda \nabla g + \mu \nabla h \\ g(x, y, z) = k, h(x, y, z) = l \end{cases}$
의 해이다.
2) 1)에서 얻은 함숫값 중 가장 큰 값이 최댓값이고, 가장 작은 값이 최솟값이다.

풀이

라그랑주 미정계수에 의해 $\begin{cases} x+y+2z-2=0 \\ x^2+y^2-z=0 \\ \lambda(1,1,2)+\mu(2x, 2y, -1)=(x,y,z) \end{cases}$

$\begin{cases} \lambda+2\mu x = x \\ \lambda+2\mu y = y \end{cases}$ 이다.

두 식을 빼면 $2\mu(x-y)=(x-y)$이다.

(i) $x-y=0$일 때

$x=y$이므로 $\begin{cases} x+y+2z=2 \\ z=x^2+y^2 \end{cases}$에 대입하면 $\begin{cases} x+z=1 \\ z=2x^2 \end{cases}$, $2x^2+x-1=0$이며

$x=\dfrac{1}{2}$, $x=-1$이다.

- $x=\dfrac{1}{2}$일 때, $y=\dfrac{1}{2}$, $z=\dfrac{1}{2}$이며 $x^2+y^2+z^2+\dfrac{1}{4}=1$

- $x=-1$일 때, $y=-1$, $z=2$이며 $x^2+y^2+z^2+\dfrac{1}{4}=\dfrac{25}{4}$

(ii) $x-y \neq 0$일 때

$\mu=\dfrac{1}{2}$이므로 $\lambda+2\mu x=x$, $0x=\lambda$를 만족하는 x가 존재해야 하므로 $\lambda=0$이나.

따라서 $2\lambda-\mu=z$에 대입하면 $z=-\dfrac{1}{2}$이다.

이때 $z=x^2+y^2$에 모순이 된다. 즉, 2개의 접점밖에 없다.

따라서 $\left(\dfrac{1}{2}, \dfrac{1}{2}, \dfrac{1}{2}\right)$에서 최솟값을 갖는다.

$\therefore f\left(\dfrac{1}{2}, \dfrac{1}{2}, \dfrac{1}{2}\right) = 1$

정답 ②

2 유계 폐영역에서의 최대, 최소

1. 최댓값과 최솟값

(1) 이변수함수의 최대-최소 정리

함수 f가 $\mathbb{R}^2$상의 유계 폐영역 D에서 연속이라 하면 f는 D에서 반드시 최댓값과 최솟값을 갖는다.

(2) 유계 폐영역에서 최댓값과 최솟값 구하기

① D 내부에 있는 f의 임계점에서의 함숫값을 구한다.

② D의 경계에서 f의 극값을 구한다.

③ ①, ②에서 얻은 값 중 가장 큰 값이 최댓값, 가장 작은 값이 최솟값이다.

2. 최댓값과 최솟값을 구할 때 자주 이용하는 식

(1) 코시-슈바르츠의 부등식

a, b, c, x, y, z가 실수일 때

① $(a^2+b^2)(x^2+y^2) \geq (ax+by)^2$
(단, 등호는 $x:y=a:b$일 때 성립)

② $(a^2+b^2+c^2)(x^2+y^2+z^2) \geq (ax+by+cz)^2$
(단, 등호는 $x:y:z=a:b:c$일 때 성립)

(2) 산술기하평균

① $a>0$, $b>0$일 때

$$\frac{a+b}{2} \geq \sqrt{ab}$$

(단, 등호는 $a=b$일 때 성립)

② $a>0$, $b>0$, $c>0$일 때

$$\frac{a+b+c}{3} \geq \sqrt[3]{abc}$$

(단, 등호는 $a=b=c$일 때 성립)

개념적용

01

영역 $D = \left\{(x, y) \mid 1 \leq x \leq 3, -\dfrac{\pi}{4} \leq y \leq \dfrac{\pi}{4}\right\}$에서 함수 $f(x, y) = (4x - x^2)\cos y$의

최댓값을 M, 최솟값을 m이라 할 때, Mm을 구하면?

① $8\sqrt{2}$ ② $\dfrac{9\sqrt{2}}{2}$ ③ 6 ④ $6\sqrt{2}$

공략 포인트

유계 폐영역에서 최댓값과 최솟값 구하기
1) D 내부에 있는 f의 임계점에서의 함숫값을 구한다.
2) D의 경계에서 f의 극값을 구한다.
3) 1), 2)에서 얻은 값 중 가장 큰 값이 최댓값, 가장 작은 값이 최솟값이다.

풀이

(ⅰ) 영역 내부에서
$f_x = (4 - 2x)\cos y = 0$, $f_y = -(4x - x^2)\sin y = 0$이므로
임계점은 $(2, 0)$이고, $f(2, 0) = 4$이다.

(ⅱ) 경계에서

- $x = 1$, $-\dfrac{\pi}{4} \leq y \leq \dfrac{\pi}{4}$일 때,

    $f = 3\cos y$이므로 $y = \pm\dfrac{\pi}{4}$일 때 $f = \dfrac{3\sqrt{2}}{2}$이고, $y = 0$일 때 $f = 3$이다.

- $x = 3$, $-\dfrac{\pi}{4} \leq y \leq \dfrac{\pi}{4}$일 때,

    $f = 3\cos y$이므로 $y = \pm\dfrac{\pi}{4}$일 때 $f = \dfrac{3\sqrt{2}}{2}$이고, $y = 0$일 때 $f = 3$이다.

- $y = \dfrac{\pi}{4}$, $1 \leq x \leq 3$일 때,

    $f = \dfrac{\sqrt{2}}{2}(4x - x^2) \Rightarrow f' = \dfrac{\sqrt{2}}{2}(4 - 2x) = 0$이므로

    $x = 2$일 때 $f = 2\sqrt{2}$, $x = 1$일 때 $\dfrac{3\sqrt{2}}{2}$, $x = 3$일 때 $\dfrac{3\sqrt{2}}{2}$이다.

- $y = -\dfrac{\pi}{4}$, $1 \leq x \leq 3$일 때

    $f = \dfrac{\sqrt{2}}{2}(4x - x^2) \Rightarrow f' = \dfrac{\sqrt{2}}{2}(4 - 2x) = 0$이므로

    $x = 2$일 때 $f = 2\sqrt{2}$, $x = 1$일 때 $\dfrac{3\sqrt{2}}{2}$, $x = 3$일 때 $\dfrac{3\sqrt{2}}{2}$이다.

(ⅰ), (ⅱ)에 의하여 최댓값은 4이고, 최솟값은 $\dfrac{3\sqrt{2}}{2}$이다.

$\therefore Mm = 4 \cdot \dfrac{3\sqrt{2}}{2} = 6\sqrt{2}$

정답 ④

02

영역 D가 좌표평면 위에서 $(0, 0)$, $(1, 0)$, $(0, 1)$, $(1, 1)$을 네 꼭짓점으로 가지는 정사각형과 그 내부라고 할 때, 함수 $f(x, y) = xy - 2x^2y^2 + x^2y$의 D 위에서의 최댓값과 최솟값의 합은?

① 1　　　　② $\dfrac{1}{2}$　　　　③ $\dfrac{1}{4}$　　　　④ 0

공략 포인트

유계 폐영역에서 최댓값과 최솟값 구하기
1) D 내부에 있는 f의 임계점에서의 함숫값을 구한다.
2) D의 경계에서 f의 극값을 구한다.
3) 1), 2)에서 얻은 값 중 가장 큰 값이 최댓값, 가장 작은 값이 최솟값이다.

풀이

(ⅰ) D의 내부 영역에서
$$\begin{cases} f_x = y - 4xy^2 + 2xy = y(1 - 4xy + 2x) = 0 \\ f_y = x - 4x^2y + x^2 = x(1 - 4xy + x) = 0 \end{cases} \Leftrightarrow \begin{cases} y = 0, \ 1 - 4xy + 2x = 0 \\ x = 0, \ 1 - 4xy + x = 0 \end{cases}$$

• $x = 0$, $y = 0$
• $y = 0$, $1 - 4xy + x = 0$일 때 $x = -1$이다.
하지만 $(-1, 0)$은 영역 D의 내부에 있지 않다.
• $1 - 4xy + 2x = 0$, $x = 0$일 때 $1 \neq 0$이므로 모순이다.
따라서 임계점은 $(0, 0)$이고, $f(0, 0) = 0$이다.

(ⅱ) D의 경계에서
• $y = 0$, $0 \leq x \leq 1$일 때 $f(x, 0) = 0$이다.
• $y = 1$, $0 \leq x \leq 1$일 때
$$f(x, 1) = x - 2x^2 + x^2 = -x^2 + x$$
$$\Rightarrow f'(x, 1) = -2x + 1 = 0 \Rightarrow x = \dfrac{1}{2}$$
따라서 $f\left(\dfrac{1}{2}, 1\right) = -\dfrac{1}{4} + \dfrac{1}{2} = \dfrac{1}{4}$, $f(0, 1) = 0$, $f(1, 1) = 0$이다.
• $x = 0$, $0 \leq y \leq 1$일 때 $f(0, y) = 0$이다.
• $x = 1$, $0 \leq y \leq 1$일 때
$$f(1, y) = y - 2y^2 + y = 2y - 2y^2 \Rightarrow f'(1, y) = 2 - 4y = 0 \Rightarrow y = \dfrac{1}{2}$$
따라서 $f\left(1, \dfrac{1}{2}\right) = 1 - \dfrac{1}{2} = \dfrac{1}{2}$, $f(1, 0) = 0$, $f(1, 1) = 0$이다.

(ⅰ), (ⅱ)에서 최댓값은 $\dfrac{1}{2}$이고, 최솟값은 0이다.

그러므로 최댓값과 최솟값의 합은 $\dfrac{1}{2}$이다.

정답 ②

03

제약조건 $x+y+z=12$에서 함수 $f(x,y,z)=x^2+y^2+z^2$의 최솟값을 계산하면?

① 38　　　② 48　　　③ 58　　　④ 68

공략 포인트

코시-슈바르츠 부등식
$(a^2+b^2+c^2)(x^2+y^2+z^2)$
$\geq (ax+by+cz)^2$

풀이

코시 슈바르츠 부등식을 이용하면
$(1^2+1^2+1^2)(x^2+y^2+z^2) \geq (x+y+z)^2$
$\Rightarrow 3(x^2+y^2+z^2) \geq 144$
$\Rightarrow x^2+y^2+z^2 \geq 48$
즉, 함수의 최솟값은 48이다.

정답 ②

04

$x+2y+3z=6$을 만족하는 모든 양수 x, y, z에 대하여 $\sqrt[3]{xyz}$의 최댓값을 구하면?

① 1　　　② $\dfrac{1}{3\sqrt[3]{6}}$　　　③ $\dfrac{1}{\sqrt[3]{6}}$　　　④ $\dfrac{2}{\sqrt[3]{6}}$

공략 포인트

산술기하평균
$\dfrac{a+b+c}{3} \geq \sqrt[3]{abc}$
($a, b, c > 0$일 때)

풀이

산술기하평균을 이용하여 최댓값을 구하면 다음과 같다.
$\dfrac{x+2y+3z}{3} \geq \sqrt[3]{6xyz}$
$\Leftrightarrow x+2y+3z \geq 3\sqrt[3]{6xyz}$
$\Leftrightarrow 6 \geq 3\sqrt[3]{6}\sqrt[3]{xyz}$
$\Leftrightarrow \dfrac{2}{\sqrt[3]{6}} \geq \sqrt[3]{xyz}$

즉, $\sqrt[3]{xyz}$의 최댓값은 $\dfrac{2}{\sqrt[3]{6}}$이다.

정답 ④

3 테일러 급수

1. 테일러 급수와 매클로린 급수

(1) 테일러 급수

이변수함수 $z = f(x, y)$가 점 (a, b)를 포함하는 어떤 영역에서 n계의 연속인 편도함수를 갖는 함수일 때, 다음을 $z = f(x, y)$의 (a, b)에서의 테일러 급수라 한다.

$$f(x, y) = f(a, b) + (x-a)f_x(a, b) + (y-b)f_y(a, b)$$
$$+ \frac{1}{2!}\{(x-a)^2 f_{xx}(a, b) + 2(x-a)(y-b)f_{xy}(a, b) + (y-b)^2 f_{yy}(a, b)\} + \cdots$$

(2) 매클로린 급수

$z = f(x, y)$의 $(0, 0)$에서의 테일러 급수를 매클로린 급수라 한다.

(3) 선형근사식

$z = f(x, y)$의 (a, b)에서의 선형근사식(접평면)은 다음과 같다.

$$L(x, y) = f(a, b) + f_x(a, b)(x-a) + f_y(a, b)(y-b)$$

개념적용

01

점 $(3, 8)$에 관한 $f(x, y) = \sqrt{\dfrac{1+x}{1+y}}$ 의 테일러 급수 전개에 대하여 $(x-3)(y-8)$항의 계수는?

① $-\dfrac{1}{216}$ ② $-\dfrac{1}{108}$ ③ $-\dfrac{1}{54}$ ④ $-\dfrac{1}{36}$

공략 포인트

$z = f(x, y)$의 (a, b)에서의 테일러 급수

$f(x,y) = f(a,b) + (x-a)f_x(a,b)$
$+ (y-b)f_y(a,b)$
$+ \dfrac{1}{2!}\{(x-a)^2 f_{xx}(a,b)$
$+ 2(x-a)(y-b)f_{xy}(a,b)$
$+ (y-b)^2 f_{yy}(a,b)\} + \cdots$

풀이

$(x-3)(y-8)$항의 계수를 테일러 급수의 전개 식에서 구하면

$\dfrac{1}{2!} \times 2f_{xy}(3, 8)$이다.

$f_x(x, y) = \dfrac{1}{2\sqrt{1+x}\sqrt{1+y}}$, $f_{xy}(x, y) = \dfrac{1}{2\sqrt{1+x}} \times \left(-\dfrac{1}{2}\right)(1+y)^{-\frac{3}{2}}$ 이므로

$f_{xy}(3, 8) = -\dfrac{1}{216}$이다.

정답 ①

02

함수 $f(x, y) = 2x^2 + y^2$의 $(1, 1)$에서 접평면의 선형근사식을 이용하여 구한 $f(1.1, 0.9)$의 근삿값으로 가장 적절한 것은?

① 3.0   ② 3.1   ③ 3.2   ④ 3.5

공략 포인트

접평면의 선형근사식

$L(x, y) = f(a, b)$
$+ f_x(a, b)(x-a)$
$+ f_y(a, b)(y-b)$

풀이

접평면의 선형근사식은
$L(x,y) = f(1,1) + f_x(1,1)(x-1) + f_y(1,1)(y-1) = 4x + 2y - 3$

따라서 구하고자 하는 값은 다음과 같다.
$f(1.1, 0.9) \approx 4.4 + 1.8 - 3 = 3.2$

정답 ③

대표출제유형

다변수함수의 극대, 극소

헤세 판정법을 이용한 극값 및 안장점을 판정할 수 있어야 합니다.
라그랑주 승수법을 이용한 최대, 최소 판정 문제가 자주 출제됩니다.
유계 폐영역에서의 최댓값과 최솟값을 구하는 문제의 출제 빈도가 높습니다.
이변수함수의 선형근사식을 이용하여 근삿값을 계산하는 문제가 출제됩니다.

01 임계점

🔍 개념 1. 이변수함수의 극값

함수 $f(x, y) = e^{2y}(x^2+2x+y)$ 와 점 $\left(-1, \dfrac{1}{2}\right)$ 에 대한 다음 설명 중 옳지 <u>않은</u> 것은?

① $f\left(-1, \dfrac{1}{2}\right) = -\dfrac{e}{2}$

② $\left(-1, \dfrac{1}{2}\right)$ 는 함수 f 의 임계점이다.

③ $\dfrac{\partial^2 f}{\partial y \partial x}\left(-1, \dfrac{1}{2}\right) = 0$ 이다.

④ $\dfrac{\partial^2 f}{\partial y^2}\left(-1, \dfrac{1}{2}\right) < 0$ 이다.

풀이

STEP A 주어진 함수의 편미분계수 구하기

$f(x, y) = e^{2y}(x^2+2x+y)$ 일 때,

- $f_x(x, y) = (2x+2)e^{2y}$
- $f_y(x, y) = 2e^{2y}(x^2+2x+y) + e^{2y} = 2e^{2y}\left(x^2+2x+y+\dfrac{1}{2}\right)$
- $f_{xx}(x, y) = 2e^{2y}$
- $f_{yy}(x, y) = 4e^{2y}\left(x^2+2x+y+\dfrac{1}{2}\right) + 2e^{2y} = 4e^{2y}(x^2+2x+y+1)$
- $f_{xy}(x, y) = f_{yx}(x, y) = 4(x+1)e^{2y}$

STEP B 값을 대입하여 참, 거짓 판별하기

① $f\left(-1, \dfrac{1}{2}\right) = e\left(1-2+\dfrac{1}{2}\right) = -\dfrac{e}{2}$ (참)

② $f_x\left(-1, \dfrac{1}{2}\right) = 0$, $f_y\left(-1, \dfrac{1}{2}\right) = 0$ 이므로 $\left(-1, \dfrac{1}{2}\right)$ 는 임계점이다. (참)

③ $\dfrac{\partial^2 f}{\partial y \partial x}\left(-1, \dfrac{1}{2}\right) = 4(x+1)e^{2y}\bigg|_{\left(-1, \frac{1}{2}\right)} = 0$ (참)

④ $\dfrac{\partial^2 f}{\partial y^2}\left(-1, \dfrac{1}{2}\right) = 4e^{2y}(x^2+2x+y+1)\bigg|_{\left(-1, \frac{1}{2}\right)} = 2e > 0$ (거짓)

정답 ④

02 라그랑주 승수법

🔍 개념 1. 이변수함수의 극값

점 (x,y)가 $4x^2+y^2+xy=1$을 만족할 때, e^{xy}의 최댓값은?

① e ② $e^{1/3}$ ③ $e^{1/5}$ ④ 1

풀이

STEP A 라그랑주 승수법에 의하여 연립방정식 풀기

e^{xy}의 최댓값은 지수 xy가 최대가 될 때이다.

$f=xy$, $g=4x^2+y^2+xy-1=0$이라 하면,

라그랑주 승수법에 의하여 $\nabla f = \lambda \nabla g$ 와 $g=0$을 성립하는 방정식을 푼다.

$(y,x)=\lambda(8x+y, 2y+x)$에서 $\begin{cases} y=8\lambda x + \lambda y \\ x=2\lambda y + \lambda x \end{cases}$이므로

두 식을 나누면 $\dfrac{y}{x}=\dfrac{8x+y}{2y+x} \Leftrightarrow 2y^2+xy=8x^2+xy$이므로

$y=\pm 2x$이다.

STEP B 식을 대입하여 얻은 함숫값에서 최댓값 구하기

(ⅰ) $y=2x$를 $4x^2+y^2+xy-1=0$에 대입하여 풀면 $10x^2=1$이므로

$(x,y)=\left(\dfrac{1}{\sqrt{10}}, \dfrac{2}{\sqrt{10}}\right), \left(-\dfrac{1}{\sqrt{10}}, -\dfrac{2}{\sqrt{10}}\right)$이다.

(ⅱ) $y=-2x$를 $4x^2+y^2+xy-1=0$에 대입하여 풀면 $6x^2=1$이므로

$(x,y)=\left(\dfrac{1}{\sqrt{6}}, -\dfrac{2}{\sqrt{6}}\right), \left(-\dfrac{1}{\sqrt{6}}, \dfrac{2}{\sqrt{6}}\right)$이다.

즉, xy값의 최댓값은 $\dfrac{1}{5}$이다.

∴ e^{xy}의 최댓값은 $e^{1/5}$이다.

정답 ③

03 최댓값과 최솟값

🔍 개념 2. 유계 폐영역에서의 최대, 최소

세 꼭짓점이 $(1, 0)$, $(4, 0)$, $(1, 3)$인 폐삼각형 영역(closed triangular region) D에서 함수 $f(x, y) = 6 + xy - 2x - 2y$의 최댓값은?

① 1　　　　　② 2　　　　　③ 3　　　　　④ 4

풀이

STEP A 영역 내부의 임계점값과 경계의 극값 구하기

$\nabla f = <y-2, x-2>$ 이므로 경계에서 임계점 $(2, 2)$를 갖는다.

영역 내부에서 극값을 갖지 않으므로 경계를 살펴보면

(i) $y = 0$, $1 \leq x \leq 4$일 때,

　　$f(x) = 6 - 2x$이고 $f'(x) = -2$이므로 $x = 1$에서 최댓값 $f(1) = 4$,
　　$x = 4$에서 최솟값 $f(4) = -2$이다.

(ii) $x = 1$, $0 \leq y \leq 3$일 때,

　　$f(y) = 4 - y$이고 $f'(y) = -1$이므로 $y = 0$에서 최댓값 $f(0) = 4$,
　　$y = 3$에서 최솟값 $f(3) = 1$이다.

(iii) $y = -x + 4$, $1 \leq x \leq 4$일 때,

　　$f(x) = 6 + x(-x+4) - 2x - 2(-x+4) = -x^2 + 4x - 2$이고
　　$f'(x) = -2x + 4$ 이므로 최댓값은 $f(2) = 2$이고
　　구간 양 끝의 함수 값은 $f(1) = 1$, $f(4) = -2$이다.

STEP B 위에서 얻은 값 중 가장 큰 값인 최댓값 구하기

(i), (ii), (iii)에 의하여 영역 R에서 함수의 최댓값은 4 이다.

정답 ④

04 선형근사식

🔍 개념 3. 테일러 급수

이변수함수 $f(x,y) = \sqrt{x^2+3y^2}$ 에 대한 $(1,1)$에서의 일차근사함수를 이용하여 $f(1.2, 0.9)$의 근삿값을 구하면?

① 1.95   ② 1.99   ③ 2.01   ④ 2.05

풀이

STEP A 이변수함수의 일차근사함수 구하기

$f(x,y)$의 $(1,1)$에서의 일차근사함수는 다음과 같다.

$f(x,y) = f(1,1) + f_x(1,1)(x-1) + f_y(1,1)(y-1)$

STEP B 함수의 근삿값 구하기

$f(1,1) = 2$, $f_x(x,y) = \dfrac{x}{\sqrt{x^2+3y^2}}$, $f_x(1,1) = \dfrac{1}{2}$, $f_y(x,y) = \dfrac{3y}{\sqrt{x^2+3y^2}}$, $f_y(1,1) = \dfrac{3}{2}$ 이므로

$f(x,y) = 2 + \dfrac{1}{2}(x-1) + \dfrac{3}{2}(y-1)$ 이다.

$\therefore f(1.2, 0.9) = 2 + \dfrac{1}{2} \cdot (0.2) + \dfrac{3}{2} \cdot (-0.1) = \dfrac{39}{20} = \dfrac{195}{100} = 1.95$

정답 ①

5. 다변수함수의 극대, 극소

실전문제

01 함수 $f(x, y) = y^3 + 3x^2y - 6x^2 - 6y^2 + 2$의 극댓값, 극솟값, 안장점의 위치를 순서대로 나열한 것은?

① $(4, 0), (0, 0), (2, -2)$ ② $(0, 0), (0, 4), (2, 2)$
③ $(4, 0), (0, 4), (2, 2)$ ④ $(0, 0), (0, 4), (2, -2)$

02 $f(x, y) = 4x^3 + 2x^2y + y^2 + 4y$의 안장점을 모두 구하면?

① $(0, -2)$ ② $(1, -3), (2, -6)$
③ $(0, -2), (2, -6)$ ④ $(0, -2), (1, -3), (2, -6)$

03 함수 $f(x, y) = 8x^3 - 12xy + y^3$의 극댓값들의 합을 a, 극솟값들의 합을 b, 안장점에서의 함숫값들의 합을 c라 할 때, $a + 2b + 3c$는? (단, 극댓값을 갖지 않으면 $a = 0$, 극솟값을 갖지 않으면 $b = 0$, 안장점이 없으면 $c = 0$으로 한다.)

① -16 ② -8 ③ 0 ④ 8

04 집합 $\{(x,y)\,|\,x^2+y^2=r^2\}$에서 함수 $f(x,y)=x^2+2y^2$의 최솟값과 최댓값의 합이 12일 때, 양의 실수 r의 값은?

① 1 ② $\sqrt{2}$ ③ 2 ④ 4

05 세 실수 a, b, c의 평균이 $\dfrac{13}{12}$일 때, $8a^4+27b^4+64c^4$의 최솟값은?

① $\dfrac{13}{12}$ ② $\dfrac{52}{3}$ ③ $\dfrac{351}{4}$ ④ $\dfrac{832}{3}$

06 좌표공간에서 평면 $x+y+z=1$과 원뿔 $z^2=2x^2+2y^2$이 만나서 이루는 도형 위의 점 중 원점 $(0,0,0)$에 가장 가까운 점까지의 거리를 d라 할 때, d^2을 구하시오.

① $\dfrac{1}{16}$ ② $\dfrac{3}{16}$ ③ $\dfrac{3}{8}$ ④ $\dfrac{1}{2}$

07 곡선 C는 평면 $x+2y+2z=5$와 타원포물면 $z=x^2+y^2$의 교선이다. 곡선 C 위의 점 중에서 원점으로부터 가장 가까운 점이 (a,b,c)일 때, $a+b+c$의 값은?

① $\dfrac{1}{4}$ ② $\dfrac{3}{2}$ ③ $\dfrac{9}{4}$ ④ $\dfrac{11}{4}$

08 뚜껑이 없는 직육면체의 상자가 $18\,\mathrm{m}^3$ 넓이의 판자로 만들어졌다. 이 상자 부피의 최댓값을 구하시오.

① $\sqrt{6}$ ② $3\sqrt{2}$ ③ $3\sqrt{3}$ ④ $3\sqrt{6}$

09 $x+4y-2z=25$일 때, $2x^2+2y^2+z^2$의 최솟값은?

① 42   ② 48   ③ 50   ④ 54

10 $xyz=1$을 만족하는 모든 양의 실수 x, y, z에 대하여 $x+2y+4z$의 최솟값은?

① 2　　　　　② 4　　　　　③ 6　　　　　④ 8

11 꼭짓점을 $(0,3)$, $(0,0)$, $(6,0)$으로 하는 폐삼각형 영역 D에서 함수 $f(x,y)=2x+3y-xy$의 최댓값과 최솟값을 각각 α, β라 할 때, $\alpha+\beta$의 값은?

① 9　　　　　② 10　　　　　③ 12　　　　　④ 14

12 부등식 $x^2+4y^2 \leq 1$로 주어진 영역에서 함수 $f(x,y)=e^{-xy}$의 최댓값과 최솟값의 곱은?

① 1　　　　　② $e^{\frac{1}{4}}$　　　　　③ $e^{\frac{1}{2}}$　　　　　④ $\frac{1}{8}$

13 영역 $\{(x, y) | 0 \leq x \leq 3, -1 \leq y \leq 2\}$에서 정의된 함수 $f(x, y) = x^2 - 2xy + 3y$의 최솟값과 최댓값의 합은?

① 7   ② 8   ③ 9   ④ 10

14 영역 $D = \{(x, y) \in R^2 | x \geq 0, x^2 + y^2 \leq 4\}$에서 정의된 함수 $f(x, y) = x^2 - y^2 - 2x$의 최댓값과 최솟값의 합은?

① $-\dfrac{9}{2}$ ② -4 ③ -1 ④ 0

15 영역 E는 네 점 $(1, 1), (1, -1), (-1, 1), (-1, -1)$을 꼭짓점으로 하는 정사각형의 내부와 경계로 이루어진 영역이다. E에서 정의된 이변수함수 $f(x, y) = x^2 + y^2 - x^2y + 4$에 대한 다음 설명 중 옳은 것의 개수는?

ㄱ. f는 점 $(0, 0)$에서 극솟값을 갖는다.	ㄴ. $\nabla f\left(\dfrac{1}{2}, \dfrac{1}{2}\right) = \vec{0}$
ㄷ. f의 최댓값은 7이다.	ㄹ. f의 최솟값은 $\dfrac{13}{4}$이다.

① 1   ② 2   ③ 3   ④ 4

16 부등식 $x^2+y^2+z^2 \leq 10$에 의하여 주어지는 영역에서 함수 $f(x,y,z)=y+2z$의 최솟값을 구하면?

① -1 ② -2 ③ $-5\sqrt{2}$ ④ $-\sqrt{51}$

17 곡면 $x+3y^2+z^4=5$ 위의 점 $(1,1,1)$에서의 접평면을 α라 하고 점 $(-2,a,b)$가 α 위에 있을 때, a^2+b^2의 최솟값은?

① $\dfrac{5}{4}$ ② $\dfrac{7}{4}$ ③ $\dfrac{9}{4}$ ④ $\dfrac{13}{4}$

18 구 $S: x^2+y^2+z^2=2$ 위의 점 P와 점 $(2,3,-4)$를 지나는 직선이 S에 접할 때, P의 y좌표의 최댓값과 최솟값의 합을 구하면?

① $\dfrac{16}{29}$ ② $\dfrac{15}{29}$ ③ $\dfrac{14}{29}$ ④ $\dfrac{12}{29}$

19 $|x|+|y| \leq 1$을 만족하는 실수 x, y에 대하여 함수 $f(x,y) = x^2 + y^2 + 2x + 4y$의 최댓값과 최솟값의 합은?

① -4 ② -2 ③ 0 ④ 2

20 세 벡터 $(0, 1, 1)$, $(-1, 1, 2)$, $(x, y, 1)$로 이루어진 평행육면체의 부피의 최댓값은?
(단, 벡터 $(x, y, 1)$의 길이는 $\sqrt{2}$이다.)

① $1+\sqrt{2}$ ② $2+\sqrt{2}$ ③ $2-\sqrt{2}$ ④ $3-\sqrt{2}$

21 타원체면(ellipsoid) $\dfrac{x^2}{4} + y^2 + z^2 = 1$ 위에 있는 8개의 점 $(\pm a, \pm b, \pm c)$을 꼭짓점으로 갖는 직육면체의 부피의 최댓값은?

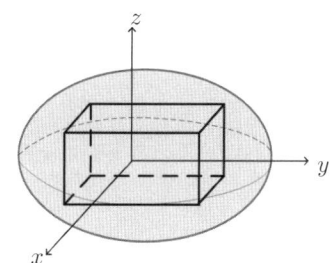

① $\dfrac{16}{3\sqrt{3}}$ ② $\dfrac{\sqrt{3}}{2}$ ③ $\dfrac{\sqrt{5}}{2}$ ④ $\dfrac{8}{\sqrt{5}}$

22 점 $(1, e)$에서 이변수함수 $f(x, y) = x^3(\ln y^2)$의 선형근사함수를 $L(x, y)$라고 할 때, $L(0.9, 3)$의 값은?

① $\dfrac{6}{e} - \dfrac{13}{5}$ ② $\dfrac{6}{e} - \dfrac{3}{5}$ ③ $\dfrac{6}{e} + \dfrac{7}{2}$ ④ $2\ln(3-e)$

23 함수 $g(x, y) = xy$에 대하여 $g(x, y) = 16$일 때, $f(x, y) = x + y$의 최댓값을 라그랑주 승수법(Lagrange multiplier)을 이용하여 찾으려 한다. 다음 중 옳지 <u>않은</u> 것을 고르시오.

① $\nabla f = \,<1, 1>$이고 $\nabla g = \,<y, x>$이다.
② 두 점 $(4, 4)$와 $(-4, -4)$에서 $\nabla f = \lambda \nabla g$가 성립하는 λ가 존재한다.
③ 최댓값은 8이다.
④ $x \to -\infty$이고 $y \to 0-$이면 $f(x, y) = -\infty$이다.

05 이중적분

출제 비중 & 빈출 키워드 리포트

단원	출제 비중	합계 26%	빈출 키워드
1. 이중적분(반복적분)		9%	· 푸비니 정리
2. 일반영역에서의 이중적분		3%	· 극좌표에서의 이중적분
3. 극좌표상의 이중적분		5%	· 야코비안 행렬식
4. 공간상에서의 부피와 곡면의 넓이		3%	· 변수변환을 이용한 중적분 계산
5. 적분 변수변환		5%	
6. 결합밀도함수		1%	

1 이중적분(반복적분)

1. 직사각형 영역에서의 이중적분

(1) 배경

평면상의 영역 $R = \{(x,y) | a \leq x \leq b,\ c \leq y \leq d\}$에서 함수 $f(x,y)$가 연속이고 영역 R을 n개의 부분영역 R_{ij}으로 나누어 (x_{ij}^*, y_{ij}^*)가 부분영역 R_{ij}에 속하는 임의의 점이라 할 때, R_{ij}의 면적을 $\Delta A = \Delta x \Delta y$, $\Delta x = \dfrac{b-a}{m}$, $\Delta y = \dfrac{d-c}{n}$로 표시한다. 이런 과정을 모든 직사각형에 대해 수행하고 얻은 직사각 기둥들의 부피를 모두 더하면 부피에 대한 근삿값으로서 다음 식이 얻어진다.

$$V_n \approx \sum_{i=1}^{m}\sum_{j=1}^{n} f(x_{ij}^*, y_{ij}^*) \Delta A$$

(2) 이중적분(double integral)

식 $V_n \approx \sum_{i=1}^{m}\sum_{j=1}^{n} f(x_{ij}^*, y_{ij}^*) \Delta A$에서 $m \to \infty$이고 $n \to \infty$일 때, V_n이 극한값을 가지면 이것을 함수 $f(x,y)$의 R에서의 이중적분이라 하고 다음과 같이 표시한다.

$$\lim_{m,n \to \infty} \sum_{i=1}^{m}\sum_{j=1}^{n} f(x_{ij}^*, y_{ij}^*) \Delta A = \iint_R f(x,y) dA = \int\int_R f(x,y) dx dy$$

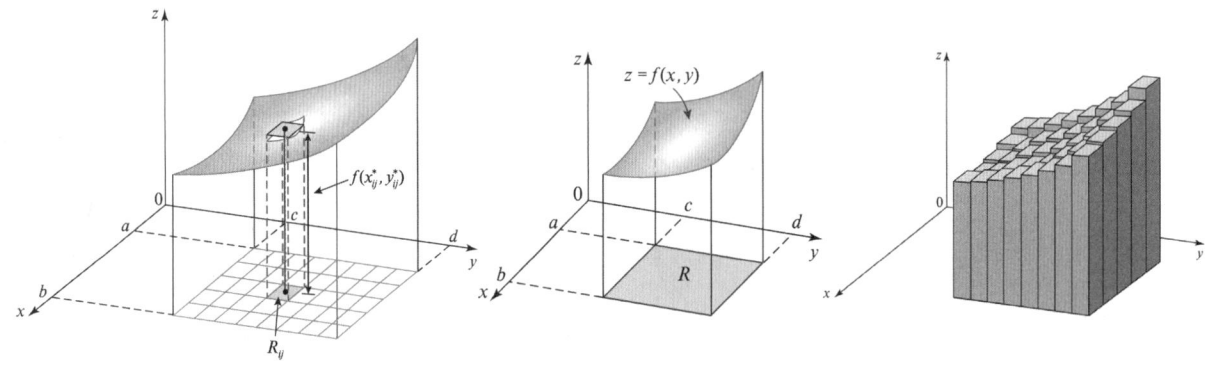

(3) 영역 R에서 정의된 이변수함수가 $f(x,y) \geq 0$이라 하고 S를 R의 위와 f의 그래프 아래에 놓이는 입체라 할 때, S의 부피는 다음과 같다.

$$\iint_R f(x,y) dA$$

(4) 함수 $f(x,y)$는 영역 R 위에서 음수값을 가질 수도 있다. 이 경우 이중적분의 값은 영역 R과 곡면 $z=f(x,y)$에 의해 정해지는 입체의 부피를 뜻하는 것은 아니다.

개념적용

01

다음 이중적분을 계산하시오.

(1) $\int_1^3 \int_0^1 (1+4xy)dxdy$

(2) 영역 $D=\left\{(x,y) \,\Big|\, 0 \le x \le 2, 0 \le y \le \dfrac{\pi}{2}\right\}$일 때, $\iint_D x\sin y \, dA$

(3) $\int_0^1 \int_0^{x^2}(x+2y)dydx$

(4) $\int_0^1 \int_0^{\sqrt{x}} \dfrac{2y}{x^2+1}dy\,dx$

공략 포인트

이중적분
$\lim\limits_{m,n\to\infty}\sum\limits_{i=1}^{m}\sum\limits_{j=1}^{n}f(x_{ij}^*, y_{ij}^*)\Delta A$
$= \iint_R f(x,y)dA$
$= \int\int_R f(x,y)dxdy$

풀이

(1) $\int_1^3 \int_0^1 (1+4xy)dxdy = \int_1^3 [x+2x^2y]_0^1 dy$
$= \int_1^3 (1+2y)dy$
$= [y+y^2]_1^3 = (3+9)-(1+1) = 10$

(2) $\int_0^2 \int_0^{\frac{\pi}{2}} x\sin y\,dydx = \int_0^2 x\,dx \int_0^{\frac{\pi}{2}} \sin y\,dy$
$= \left[\dfrac{x^2}{2}\right]_0^2 [-\cos y]_0^{\frac{\pi}{2}} = (2-0)(0+1) = 2$

(3) $\int_0^1 \int_0^{x^2}(x+2y)dydx = \int_0^1 [xy+y^2]_0^{x^2}dx$
$= \int_0^1 [x(x^2)+(x^2)^2 - 0 - 0]dx$
$= \int_0^1 (x^3+x^4)dx$
$= \left[\dfrac{1}{4}x^4+\dfrac{1}{5}x^5\right]_0^1 = \dfrac{9}{20}$

(4) $\int_0^1 \int_0^{\sqrt{x}} \dfrac{2y}{x^2+1}dydx = \int_0^1 \left[\dfrac{y^2}{x^2+1}\right]_0^{\sqrt{x}}dx$
$= \int_0^1 \left(\dfrac{x}{x^2+1}\right)dx$
$= \left[\dfrac{1}{2}\ln|x^2+1|\right]_0^1 = \dfrac{1}{2}(\ln 2 - \ln 1) = \dfrac{1}{2}\ln 2$

정답 (1) 10 (2) 2 (3) $\dfrac{9}{20}$ (4) $\dfrac{1}{2}\ln 2$

02

평면에서 세 직선 $2y = x$, $y = 1$, $x = 0$으로 둘러싸인 영역을 R이라 할 때, 이중적분 $\iint_D (6x+3y)dA$의 값은?

① 3 ② 6 ③ 9 ④ 12

공략 포인트

이중적분
$$\lim_{m,n\to\infty}\sum_{i=1}^{m}\sum_{j=1}^{n}f(x_{ij}^*, y_{ij}^*)\Delta A$$
$$= \iint_R f(x,y)dA$$
$$= \int\int_R f(x,y)dxdy$$

풀이

영역 R은 다음 그림의 어두운 부분과 같으므로
$R = \{(x,y) | 0 \leq y \leq 1, 0 \leq x \leq 2y\}$이다.

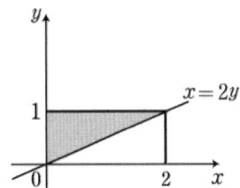

$$\therefore \iint_D (6x+3y)dA = \int_0^1 \int_0^{2y} (6x+3y)dxdy$$
$$= \int_0^1 [3x^2 + 3yx]_0^{2y} \, dy$$
$$= \int_0^1 18y^2 \, dy$$
$$= 6[y^3]_0^1 = 6$$

정답 ②

03

함수 f는 적분가능하고 $f_x = \sin(xy)$라 할 때, $\int_0^\pi \int_0^1 f_{xy}(x,y)\,dydx$를 구하면?

① 1 ② 2 ③ 3 ④ 4

공략 포인트

이중적분
$$\lim_{m,n\to\infty}\sum_{i=1}^{m}\sum_{j=1}^{n}f(x_{ij}^*, y_{ij}^*)\Delta A$$
$$= \iint_R f(x,y)dA$$
$$= \int\int_R f(x,y)dxdy$$

풀이

f_{xy}는 f_x의 y-편미분이므로
$$\int_0^\pi \int_0^1 f_{xy}(x,y)\,dydx = \int_0^\pi [f_x(x,y)]_{y=0}^{y=1} dx$$
$$= \int_0^\pi [\sin(xy)]_{y=0}^{y=1} dx$$
$$= \int_0^\pi \sin x \, dx$$
$$= [-\cos x]_0^\pi = 2$$

정답 ②

04

영역 $D = \{(x,y) \mid 0 < y < x < \infty\}$ 에서 $\iint_D e^{\frac{-x-y}{2}} dA$를 구하면?

① 1   ② 2   ③ 2π ④ 4π

공략 포인트

이중적분
$$\lim_{m,n \to \infty} \sum_{i=1}^{m} \sum_{j=1}^{n} f(x_{ij}^*, y_{ij}^*) \Delta A$$
$$= \iint_R f(x,y) dA$$
$$= \int \int_R f(x,y) dxdy$$

영역 R에서 정의된 이변수함수가 $f(x,y) \geq 0$이라 하고 S를 R의 위와 f의 그래프 아래에 놓이는 입체라 할 때, S의 부피는 다음과 같다.
$$\int \int_R f(x,y) dA$$

풀이

$$\iint_D e^{-\left(\frac{x+y}{2}\right)} dxdy = \int_0^\infty e^{-\frac{y}{2}} \int_y^\infty e^{-\frac{x}{2}} dxdy$$
$$= \int_0^\infty e^{-\frac{y}{2}} (-2) \cdot \left[e^{-\frac{x}{2}}\right]_y^\infty dy$$
$$= 2\int_0^\infty e^{-\frac{y}{2}} \cdot e^{-\frac{y}{2}} dy$$
$$= 2\int_0^\infty e^{-y} dy$$
$$= -2\left[e^{-y}\right]_0^\infty = 2$$

정답 ②

2. 일반영역에서의 이중적분

1. 푸비니 정리

(1) 직사각형 영역

함수 $z=f(x,y)$가 $R=\{(x,y)\,|\,a\leq x\leq b,\ c\leq y\leq d\}$에서 연속이면 다음이 성립한다.

$$\iint_R f(x,y)dxdy = \int_a^b\left\{\int_c^d f(x,y)dy\right\}dx = \int_c^d\left\{\int_a^b f(x,y)dx\right\}dy$$

(2) 일반 영역 (직사각형 영역이 아닌 영역)

함수 $z=f(x,y)$가 $R=\{(x,y)\,|\,a\leq x\leq b,\ g_1(x)\leq y\leq g_2(x)\}$에서 연속일 때, R을 다르게 표시하여
$R=\{(x,y)\,|\,h_1(y)\leq x\leq h_2(y),\ c\leq y\leq d\}$와 같이 나타낼 수 있다면 x와 y를 서로 바꾸어 중적분의 순서를 바꿀 수 있는 성질을 푸비니(Fubini) 정리라고 한다. 이때, 다음과 같이 나타낼 수 있다.

$$\int_a^b\left(\int_{g_1(x)}^{g_2(x)} f(x,y)dy\right)dx = \iint_R f(x,y)dxdy = \int_c^d\left(\int_{h_1(y)}^{h_2(y)} f(x,y)dx\right)dy$$

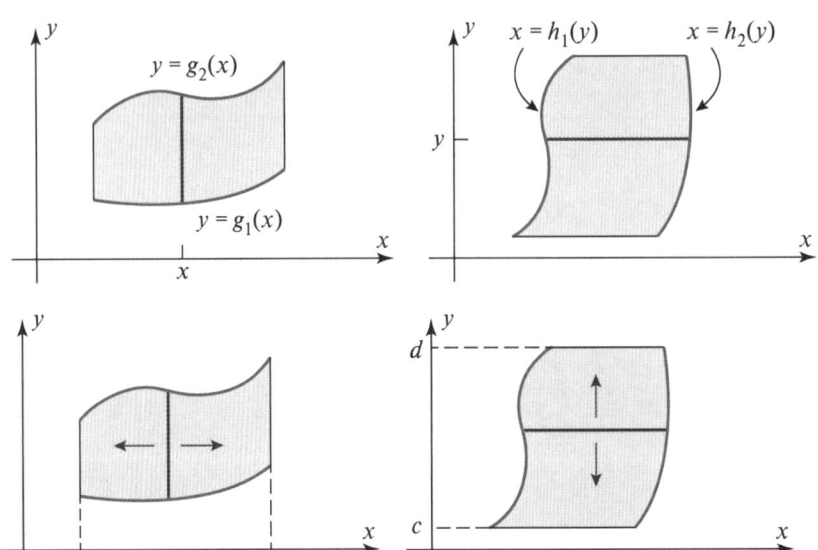

(3) 비유계인 영역에서의 이중적분(이상적분)

함수 $z=f(x,y)$가 $R=\{(x,y)\,|\,a\leq x<\infty,\ c\leq y<\infty\}$에서 연속이고 극한값이 존재한다면 다음이 성립한다.

$$\lim_{(b,d)\to(\infty,\infty)}\int_a^b\left(\int_c^d f(x,y)dy\right)dx = \iint_R f(x,y)dA = \lim_{(b,d)\to(\infty,\infty)}\int_c^d\left(\int_a^b f(x,y)dx\right)dy$$

2. 적분구간 구하기

(1) 이중적분 $\iint_R f(x,y)dA$를 계산할 때에 먼저 y에 관하여 적분하고 x에 관해 적분하는 경우, 적분영역과 경계를 찾는다.

(2) y에 대한 적분 구하기

영역 R을 통과하고 y가 증가하는 방향의 수직선 L을 생각한다. 직선 L이 R과 만나는 시작점 및 끝점에 해당하는 y값을 찾는다. 이 점들이 적분의 아래끝과 위끝이 되는데, 보통 x에 관한 함수로 나타난다.

(3) x에 대한 적분 구하기

영역 R과 만나는 모든 수직선을 포함할 수 있도록 x의 아래끝과 위끝을 찾는다.

TIP ▶ 이중적분(반복적분)의 순서가 바뀌면 수평선을 이용한다.

3. 이중적분의 성질

(1) $f(x, y)$가 유계 폐영역 R에서 연속이면 적분가능하다.

(2) $R = R_1 \cup R_2$, $R_1 \cap R_2 = \phi$일 때, 다음의 성질을 갖는다.

$$\iint_R f(x, y)dx\,dy = \iint_{R_1} f(x, y)dx\,dy + \iint_{R_2} f(x, y)dx\,dy$$

(3) a, b가 상수일 때, 다음의 성질을 갖는다.

$$\iint_R \{af(x, y) + bg(x, y)\}dxdy = a\iint_R f(x, y)dxdy + b\iint_R g(x, y)dxdy$$

(4) $f(x, y)$가 R에서 적분가능하면 $|f(x, y)|$도 적분가능하고 다음의 성질을 갖는다.

$$\left| \iint_R f(x, y)dxdy \right| \leq \iint_R |f(x, y)|dxdy$$

(5) 평균치 정리

R에서 함수 $f(x, y)$가 연속이면 $\iint_R f(x, y)dxdy = f(x_0, y_0) \times (R$의 면적$)$으로 되는 점 $P(x_0, y_0)$가 R 내에서 존재한다.

(6) 피적분 함수가 상수인 경우의 중적분

$$\iint_D k\,dA = k \times (\text{영역 } R \text{의 넓이})$$

(7) 영역 R에서 $f(x,y) \leq g(x,y)$일 때, 다음의 성질을 갖는다.

$$\iint_R f(x,y)\,dA \leq \iint_R g(x,y)\,dA$$

개념적용

01

다음 이중적분 값을 계산하시오.

(1) $\int_0^1 \int_y^1 e^{x^2} dx\, dy$

(2) $\int_0^1 \int_x^1 (1+y^2)^{\frac{5}{2}} dy\, dx$

공략 포인트

푸비니 정리
$$\int_a^b \left(\int_{g_1(x)}^{g_2(x)} f(x,y) dy \right) dx$$
$$= \iint_R f(x,y) dx\, dy$$
$$= \int_c^d \left(\int_{h_1(y)}^{h_2(y)} f(x,y) dx \right) dy$$

풀이

(1) 주어진 영역을 바꾸어 적분 순서를 변경하면

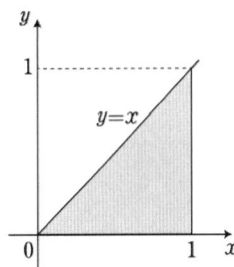

$D = \{(x,y) \mid 0 \le y \le 1, y \le x \le 1\} = \{(x,y) \mid 0 \le x \le 1, 0 \le y \le x\}$ 이므로

$$\int_0^1 \int_y^1 e^{x^2} dx\, dy = \int_0^1 \int_0^x e^{x^2} dy\, dx = \int_0^1 x e^{x^2} dx = \frac{1}{2}[e^{x^2}]_0^1 = \frac{e-1}{2}$$ 이다.

(2) 주어진 영역을 바꾸어 적분 순서를 변경하면

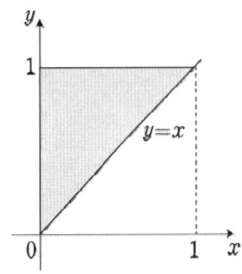

$D = \{(x,y) \mid 0 \le x \le 1, x \le y \le 1\} = \{(x,y) \mid 0 \le y \le 1, 0 \le x \le y\}$ 이므로

$$\int_0^1 \int_x^1 (1+y^2)^{\frac{5}{2}} dy\, dx = \int_0^1 \int_0^y (1+y^2)^{\frac{5}{2}} dx\, dy = \int_0^1 y(1+y^2)^{\frac{5}{2}} dy$$
$$= \int_1^{\sqrt{2}} t^6 dt \quad (\because (1+y^2)^{\frac{1}{2}} = t \text{로 치환})$$
$$= \frac{1}{7}[t^7]_1^{\sqrt{2}} = \frac{1}{7}(8\sqrt{2}-1) \text{이다.}$$

정답 풀이 참조

02

다음 이중적분 값을 계산하시오.

(1) $\int_0^1 \int_{\sqrt{x}}^1 \sqrt{1+y^3}\, dy\, dx$

(2) $\int_0^3 \int_{y^2}^9 y\sin(x^2)\, dx\, dy$

공략 포인트

푸비니 정리
$\int_a^b \left(\int_{g_1(x)}^{g_2(x)} f(x,y)\, dy \right) dx$
$= \iint_R f(x,y)\, dx\, dy$
$= \int_c^d \left(\int_{h_1(y)}^{h_2(y)} f(x,y)\, dx \right) dy$

풀이

(1) 주어진 영역을 바꾸어 적분 순서를 변경하면

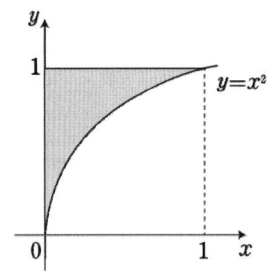

$D = \{(x,y) \mid 0 \le x \le 1, \sqrt{x} \le y \le 1\} = \{(x,y) \mid 0 \le y \le 1, 0 \le x \le y^2\}$ 이므로

$\int_0^1 \int_{\sqrt{x}}^1 \sqrt{1+y^3}\, dy\, dx = \int_0^1 \int_0^{y^2} \sqrt{1+y^3}\, dx\, dy$

$= \int_0^1 y^2 \sqrt{1+y^3}\, dy$

$= \int_1^2 \frac{1}{3}\sqrt{t}\, dt$ ($\because 1+y^3 = t$로 치환)

$= \frac{2}{9}(2\sqrt{2}-1)$ 이다.

(2) 주어진 영역을 바꾸어 적분 순서를 변경하면

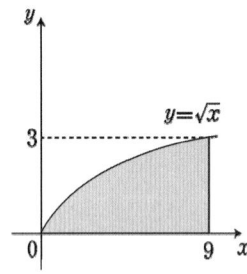

$D = \{(x,y) \mid 0 \le y \le 3, y^2 \le x \le 9\} = \{(x,y) \mid 0 \le x \le 9, 0 \le y \le \sqrt{x}\}$ 이므로

$\int_0^3 \int_{y^2}^9 y\sin(x^2)\, dx\, dy = \int_0^9 \int_0^{\sqrt{x}} y\sin(x^2)\, dy\, dx$

$= \int_0^9 \frac{1}{2}[y^2]_0^{\sqrt{x}} \sin(x^2)\, dx$

$= \frac{1}{2} \int_0^9 x\sin(x^2)\, dx$

$= \frac{1}{4}[-\cos(x^2)]_0^9 = \frac{1}{4}\{1-\cos(81)\}$ 이다.

정답 풀이 참조

03

다음 이중적분 값을 계산하시오.

$$\int_0^1 \int_0^{\cos^{-1}x} e^{\sin y} dy dx$$

① e ② $e-1$ ③ $e+1$ ④ e^2

공략 포인트

푸비니 정리
$$\int_a^b \left(\int_{g_1(x)}^{g_2(x)} f(x,y) dy \right) dx$$
$$= \iint_R f(x,y) dx dy$$
$$= \int_c^d \left(\int_{h_1(y)}^{h_2(y)} f(x,y) dx \right) dy$$

풀이

주어진 영역을 바꾸어 적분 순서를 변경하면

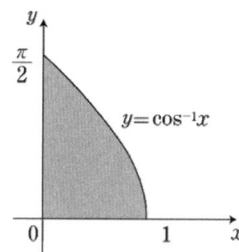

$D = \{(x,y) \mid 0 \leq x \leq 1, 0 \leq y \leq \cos^{-1}x\} = \{(x,y) \mid 0 \leq y \leq \dfrac{\pi}{2}, 0 \leq x \leq \cos y\}$ 이므로

$$\int_0^1 \int_0^{\cos^{-1}x} e^{\sin y} dy dx = \int_0^{\frac{\pi}{2}} \int_0^{\cos y} e^{\sin y} dx dy$$
$$= \int_0^{\frac{\pi}{2}} \left[x e^{\sin y} \right]_0^{\cos y} dy$$
$$= \int_0^{\frac{\pi}{2}} \cos y \, e^{\sin y} dy = \left[e^{\sin y} \right]_0^{\frac{\pi}{2}} = e-1 \text{이다.}$$

정답 ②

04

$f(x) = \int_0^{x^2} \int_1^x e^{t^2} dt\, dy$로 정의된 함수 $f(x)$에 대해 $f'(1)$의 값은?

① 1 ② $\dfrac{e}{4}$ ③ $\dfrac{e}{2}$ ④ e

공략 포인트

푸비니 정리
$\int_a^b \left(\int_{g_1(x)}^{g_2(x)} f(x, y)dy \right) dx$
$= \iint_R f(x, y) dx dy$
$= \int_c^d \left(\int_{h_1(y)}^{h_2(y)} f(x, y)dx \right) dy$

풀이

적분변수 t와 y에 대하여 x는 상수이므로
$f(x) = \int_0^{x^2} \int_1^x e^{t^2} dt dy = \int_1^x \int_0^{x^2} e^{t^2} dy dt$ 가 성립한다.

즉, $f(x) = \int_1^x x^2 e^{t^2} dt = x^2 \int_1^x e^{t^2} dt$ 이다.

따라서 $f'(x) = 2x \int_1^x e^{t^2} dt + x^2 e^{x^2}$ 이므로

$f'(1) = 2\int_1^1 e^{t^2} dt + e = e$ 이다.

정답 ④

05

다음 이상적분 값을 구하면?

$$\int_0^\infty \frac{\tan^{-1}\pi x - \tan^{-1} x}{x} dx$$

① $\dfrac{\pi}{2}\ln\pi$ ② $\dfrac{\pi}{2e}$ ③ $\dfrac{\pi}{3}$ ④ 1

공략 포인트

이중적분(이상적분)
함수 $z = f(x, y)$ 가
$R = \{(x, y) \mid a \leq x < \infty,\ c \leq y < \infty\}$
에서 연속이고 극한값이 존재한다면 다음이 성립한다.
$\lim_{(b,d) \to (\infty, \infty)} \int_a^b \left(\int_c^d f(x, y) dy \right) dx$
$= \iint_R f(x, y) dA$
$= \lim_{(b,d) \to (\infty, \infty)} \int_c^d \left(\int_a^b f(x, y) dx \right) dy$

풀이

$\int_0^\infty \left[\dfrac{\tan^{-1} xy}{x} \right]_{y=1}^{y=\pi} dx = \int_0^\infty \int_1^\pi \dfrac{1}{1+y^2 x^2} dy dx$

$= \int_1^\pi \int_0^\infty \dfrac{1}{1+y^2 x^2} dx dy$

$= \int_1^\pi \left[\dfrac{\tan^{-1} xy}{y} \right]_0^\infty dy$

$= \int_1^\pi \dfrac{\pi}{2} \dfrac{1}{y} dy = \dfrac{\pi}{2} \ln \pi$

정답 ①

06

임의의 연속함수 $f(x, y)$에 대하여

$$\iint_D f(x, y)\,dxdy = \int_0^1 \int_0^{2y} f(x, y)\,dxdy + \int_0^2 \int_1^{3-x} f(x, y)\,dydx$$가 성립하는 닫힌 영역 D의 면적은?

① $\dfrac{5}{2}$ ② 3 ③ $\dfrac{7}{2}$ ④ $\dfrac{8}{3}$

공략 포인트

이중적분의 성질
$R = R_1 \cup R_2,\ R_1 \cap R_2 = \phi$일 때, 다음의 성질을 갖는다.
$$\iint_R f(x, y)\,dx\,dy$$
$$= \iint_{R_1} f(x, y)\,dx\,dy$$
$$+ \iint_{R_2} f(x, y)\,dx\,dy$$

풀이

$\int_0^1 \int_0^{2y} f(x, y)\,dxdy$의 적분영역을 D_1, $\int_0^2 \int_1^{3-x} f(x, y)\,dydx$의 적분영역을 D_2라 하고 이를 그래프로 나타내면 다음과 같다.

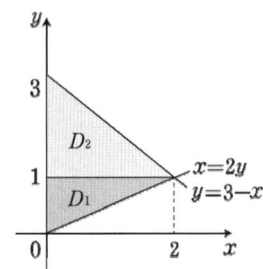

$D_1 \cup D_2 = D$이므로

D의 넓이는 $3 \times 2 \times \dfrac{1}{2} = 3$이다.

정답 ②

07

적분값 $\int_0^1 \int_0^1 |x-y|\,dxdy$를 구하시오.

① $\dfrac{1}{4}$ ② $\dfrac{1}{3}$ ③ $\dfrac{1}{2}$ ④ 1

공략 포인트

이중적분의 성질
$R = R_1 \cup R_2$, $R_1 \cap R_2 = \phi$일 때, 다음의 성질을 갖는다.
$$\iint_R f(x,y)dx\,dy$$
$$= \iint_{R_1} f(x,y)dx\,dy$$
$$+ \iint_{R_2} f(x,y)dx\,dy$$

풀이

그림과 같이 영역 D를 두 개의 영역으로 분리하면
$D_1 = \{(x,y)\,|\,0 \le x \le 1, 0 \le y \le x\}$, $D_2 = \{(x,y)\,|\,0 \le y \le 1, 0 \le x \le y\}$이다.

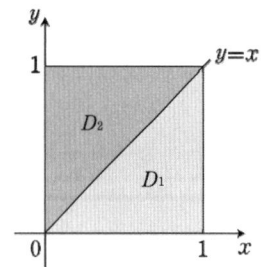

$$\int_0^1 \int_0^1 |x-y|\,dxdy = \iint_{D_1}(x-y)dxdy + \iint_{D_2}(y-x)dxdy$$
$$= \int_0^1 \int_0^x (x-y)dydx + \int_0^1 \int_0^y (y-x)dxdy$$
$$= \int_0^1 \left[xy - \frac{1}{2}y^2\right]_0^x dx + \int_0^1 \left[yx - \frac{1}{2}x^2\right]_0^y dy$$
$$= \int_0^1 \left(x^2 - \frac{1}{2}x^2\right)dx + \int_0^1 \left(y^2 - \frac{1}{2}y^2\right)dy$$
$$= \int_0^1 \frac{1}{2}x^2 dx + \int_0^1 \frac{1}{2}y^2 dy = \frac{1}{6} + \frac{1}{6} = \frac{1}{3}$$

정답 ②

08

영역 $D = \{(x,y)\,|\,0 \le x \le \pi, 0 \le y \le 1\}$ 위에서 $f(x,y) = x\cos xy$의 평균값을 구하면?

① 2 ② $\dfrac{2}{\pi}$ ③ $\dfrac{1}{\pi}$ ④ π

공략 포인트

평균치 정리
R에서 함수 $f(x,y)$가 연속이면
$\iint_R f(x,y)dxdy = f(x_0,y_0) \times$ (R의 면적)으로 되는 점 $P(x_0,y_0)$가 R 내에서 존재한다.

풀이

영역 D 위에서의 적분은
$$\int_0^\pi \int_0^1 x\cos xy\,dy\,dx = \int_0^\pi [\sin xy]_0^1 dx = \int_0^\pi \sin x\,dx = 2$$이다.

이때, D의 넓이가 π이므로 함수 $f(x,y)$의 평균값은 $\dfrac{2}{\pi}$이다.

정답 ②

3 극좌표상의 이중적분

1. 주어진 영역에서의 이중적분

(1) 함수 f가 극좌표에 의한 영역 R(극사각형 영역)$=\{(r,\theta)|a \leq r \leq b,\ \alpha \leq \theta \leq \beta\}$에서 연속이면 이중적분은 다음과 같다.

$$\iint_R f(x,y)dA = \int_\alpha^\beta \int_a^b f(r\cos\theta, r\sin\theta)rdrd\theta$$

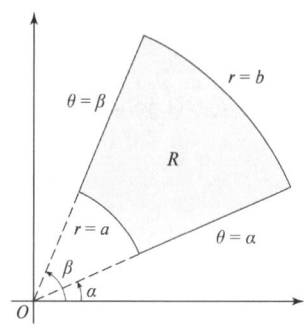

(2) 함수 f가 극좌표 영역 $D=\{(r,\theta)\mid h_1(\theta) \leq r \leq h_2(\theta),\ \alpha \leq \theta \leq \beta\}$에서 연속이면 이중적분은 다음과 같다.

$$\iint_D f(x,y)dA = \int_\alpha^\beta \int_{h_1(\theta)}^{h_2(\theta)} f(r\cos\theta, r\sin\theta)rdrd\theta$$

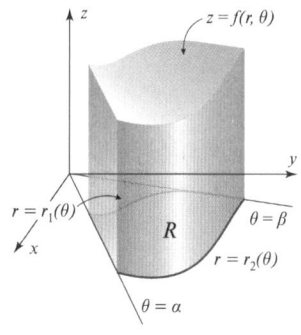 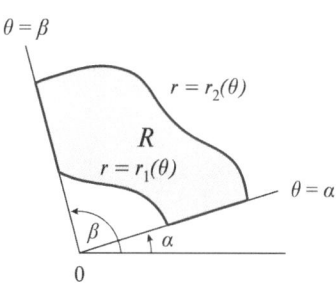

(3) 참고사항

'무한소' 극사각형은 변의 길이가 $rd\theta$와 dr인 정상적인 사각형으로 생각할 수 있다.
그러므로 '넓이'는 $dA = rdrd\theta$가 된다.

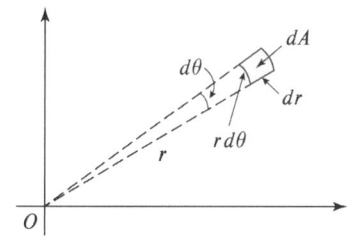

개념적용

01 적분 $\int_0^1 \int_{\sqrt{3}x}^{\sqrt{4-x^2}} x^2 y \, dy \, dx$를 극좌표계의 적분으로 바르게 변환한 것은?

① $\int_{\frac{\pi}{6}}^{\frac{\pi}{2}} \int_0^3 r^3 \sin\theta \cos^2\theta \, dr \, d\theta$

② $\int_{\frac{\pi}{6}}^{\frac{\pi}{2}} \int_0^2 r^4 \sin\theta \cos^2\theta \, dr \, d\theta$

③ $\int_{\frac{\pi}{3}}^{\frac{\pi}{2}} \int_0^2 r^3 \sin\theta \cos^2\theta \, dr \, d\theta$

④ $\int_{\frac{\pi}{3}}^{\frac{\pi}{2}} \int_0^2 r^4 \sin\theta \cos^2\theta \, dr \, d\theta$

공략 포인트

이중적분의 변환(극좌표계로의 변환)

$\iint_D f(x, y) dx dy$
$= \iint_{D'} f(r\cos\theta, r\sin\theta) r \, dr \, d\theta$

$x = r\cos\theta$
$y = r\sin\theta$
$dy dx = r \, dr \, d\theta$

풀이

적분영역을 극좌표계의 영역으로 변경하면

$0 \leq r \leq 2$이고 $\frac{\pi}{3} \leq \theta \leq \frac{\pi}{2}$이므로

$\int_0^1 \int_{\sqrt{3}x}^{\sqrt{4-x^2}} x^2 y \, dy \, dx = \int_{\frac{\pi}{3}}^{\frac{\pi}{2}} \int_0^2 (r\cos\theta)^2 \, r\sin\theta \, r \, dr \, d\theta = \int_{\frac{\pi}{3}}^{\frac{\pi}{2}} \int_0^2 r^4 \sin\theta \cos^2\theta \, dr \, d\theta$

정답 ④

02

영역 $D = \{(x, y) \mid |x| \leq y \leq \sqrt{4-x^2}\}$ 에 대하여 이중적분 $\iint_D y\sqrt{x^2+y^2}\, dA$의 값은?

① $\sqrt{2}$ ② $2\sqrt{2}$ ③ $3\sqrt{2}$ ④ $4\sqrt{2}$

공략 포인트

이중적분의 변환(극좌표계로의 변환)

$\iint_D f(x, y)dxdy$
$= \iint_{D'} f(r\cos\theta, r\sin\theta)rdrd\theta$

$x = r\cos\theta$
$y = r\sin\theta$
$dydx = rdrd\theta$

풀이

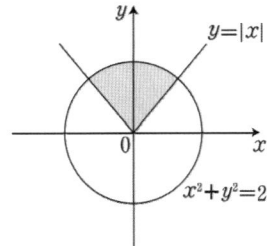

주어진 영역 D를 극좌표 영역으로 변환하면
$D = \left\{(r, \theta) \mid 0 \leq r \leq 2, \dfrac{\pi}{4} \leq \theta \leq \dfrac{3\pi}{4}\right\}$

$\iint_D y\sqrt{x^2+y^2}\, dA = \int_{\frac{\pi}{4}}^{\frac{3\pi}{4}} \int_0^2 r\sin\theta \cdot r \cdot rdrd\theta$

$= \int_{\frac{\pi}{4}}^{\frac{3\pi}{4}} \left[\dfrac{1}{4}r^4\sin\theta\right]_0^2 d\theta$

$= 4\int_{\frac{\pi}{4}}^{\frac{3\pi}{4}} \sin\theta d\theta = 4\sqrt{2}$

정답 ④

03

영역 D가 $(0, 0), (2, 0), (2, 2)$를 이은 삼각형 내부 영역일 때, $\iint_D \sqrt{x^2+y^2}\, dydx$ 와 같은 값을 갖는 것은?

① $\int_0^{\frac{\pi}{4}} \int_0^{2\sec\theta} r^2\, drd\theta$

② $\int_0^{\frac{\pi}{4}} \int_0^2 r^2\, drd\theta$

③ $\int_0^{\frac{\pi}{4}} \int_0^{2\csc\theta} r^2\, drd\theta$

④ $\int_0^{\frac{\pi}{4}} \int_0^2 r\, drd\theta$

공략 포인트

이중적분의 변환(극좌표계로의 변환)

$\iint_D f(x, y)dxdy$
$= \iint_{D'} f(r\cos\theta, r\sin\theta)rdrd\theta$

$x = r\cos\theta$
$y = r\sin\theta$
$dydx = rdrd\theta$

풀이

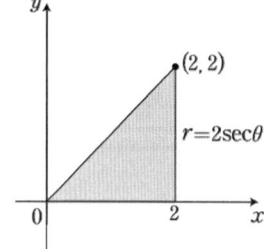

그림과 같은 영역에서 직선 $x = 2$를 극방정식으로 나타내면 $r\cos\theta = 2$, 즉 $r = 2\sec\theta$ 이므로

극좌표 영역은 $\left\{(r, \theta) \mid 0 \leq \theta \leq \frac{\pi}{4},\ 0 \leq r \leq 2\sec\theta\right\}$ 이다.

$\therefore \iint_D \sqrt{x^2+y^2}\, dydx = \int_0^2 \int_0^x \sqrt{x^2+y^2}\, dydx = \int_0^{\frac{\pi}{4}} \int_0^{2\sec\theta} r\cdot rdrd\theta = \int_0^{\frac{\pi}{4}} \int_0^{2\sec\theta} r^2\, drd\theta$

정답 ①

04

$R = \{(x, y) \in \mathbb{R}^2 \mid 1 \leq x^2+y^2 \leq 4,\ 0 \leq y \leq \sqrt{3}x\}$일 때, $\iint_R \tan^{-1}\frac{y}{x}\, dxdy$ 의 값은?

① $\frac{\pi^2}{18}$ ② $\frac{\pi^2}{12}$ ③ $\frac{\pi^2}{9}$ ④ $\frac{4\pi^2}{9}$

공략 포인트

이중적분의 변환(극좌표계로의 변환)

$\iint_D f(x, y)dxdy$
$= \iint_{D'} f(r\cos\theta, r\sin\theta)rdrd\theta$

$x = r\cos\theta$
$y = r\sin\theta$
$dydx = rdrd\theta$

풀이

적분구간의 영역 R은

$R = \{(x, y) \mid 1 \leq x^2+y^2 \leq 4,\ 0 \leq y \leq \sqrt{3}x\} = \left\{(r, \theta) \mid 0 \leq \theta \leq \frac{\pi}{3},\ 1 \leq r \leq 2\right\}$ 이므로

$\iint_R \tan^{-1}\frac{y}{x}\, dxdy = \int_0^{\frac{\pi}{3}} \int_1^2 \theta r\, drd\theta$

$= \int_0^{\frac{\pi}{3}} \theta \left[\frac{1}{2}r^2\right]_1^2 d\theta = \frac{3}{2}\int_0^{\frac{\pi}{3}} \theta\, d\theta = \frac{3}{2}\left[\frac{1}{2}\theta^2\right]_0^{\frac{\pi}{3}} = \frac{\pi^2}{12}$

정답 ②

05

다음 적분값은?

$$\int_{\frac{1}{\sqrt{2}}}^{1}\int_{\sqrt{1-x^2}}^{x} xy\,dy\,dx + \int_{1}^{\sqrt{2}}\int_{0}^{\sqrt{2-x^2}} xy\,dy\,dx$$

① $\dfrac{1}{2}$ ② $\dfrac{3}{8}$ ③ $\dfrac{3}{16}$ ④ $\dfrac{15}{16}$

공략 포인트

이중적분의 변환(극좌표계로의 변환)

$$\iint_D f(x,y)dxdy = \iint_{D'} f(r\cos\theta, r\sin\theta)r\,dr\,d\theta$$

$x = r\cos\theta$
$y = r\sin\theta$
$dydx = r\,dr\,d\theta$

풀이

$\int_{\frac{1}{\sqrt{2}}}^{1}\int_{\sqrt{1-x^2}}^{x} xy\,dy\,dx$의 영역을 D_1,

$\int_{1}^{\sqrt{2}}\int_{0}^{\sqrt{2-x^2}} xy\,dy\,dx$의 영역을 D_2라 하면

$D_1 = \begin{cases} \dfrac{1}{\sqrt{2}} \le x \le 1 \\ \sqrt{1-x^2} \le y \le x \end{cases}$ 와 $D_2 = \begin{cases} 1 \le x \le \sqrt{2} \\ 0 \le y \le \sqrt{2-x^2} \end{cases}$ 이므로 다음 그림과 같다.

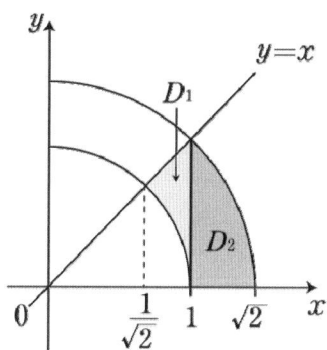

따라서 $D_1 \cup D_2$를 극좌표로 표현하면 $D_1 \cup D_2 = \begin{cases} 1 \le r \le \sqrt{2} \\ 0 \le \theta \le \dfrac{\pi}{4} \end{cases}$ 이다.

$$\int_{\frac{1}{\sqrt{2}}}^{1}\int_{\sqrt{1-x^2}}^{x} xy\,dy\,dx + \int_{1}^{\sqrt{2}}\int_{0}^{\sqrt{2-x^2}} xy\,dy\,dx = \int_{0}^{\frac{\pi}{4}}\int_{1}^{\sqrt{2}} r\cos\theta \, r\sin\theta \, r\,dr\,d\theta$$

$$= \int_{0}^{\frac{\pi}{4}}\int_{1}^{\sqrt{2}} r^3 \sin\theta\cos\theta \, dr\,d\theta$$

$$= \int_{0}^{\frac{\pi}{4}} \frac{1}{4}\left[r^4\right]_{1}^{\sqrt{2}} \sin\theta\cos\theta \, d\theta$$

$$= \frac{3}{4}\int_{0}^{\frac{\pi}{4}} \sin\theta\cos\theta \, d\theta$$

$$= \frac{3}{8}\left[\sin^2\theta\right]_{0}^{\frac{\pi}{4}} = \frac{3}{8} \times \frac{1}{2} = \frac{3}{16}$$

정답 ③

06

다음을 구하시오.

(1) $\int_{-\infty}^{\infty}\int_{-\infty}^{\infty} e^{-x^2-y^2}dydx$

(2) $\int_{-\infty}^{\infty} e^{-x^2}dx$

(3) $\int_{0}^{\infty} e^{-4x^2}dx$

(4) $\int_{0}^{\infty} \dfrac{e^{-x}}{\sqrt{x}}dx$

공략 포인트

$\int_{0}^{\infty} e^{-x^2}dx = \dfrac{\sqrt{\pi}}{2}$

$\int_{0}^{\infty} x^2 e^{-x^2}dx = \dfrac{\sqrt{\pi}}{4}$

풀이

(1) $\int_{-\infty}^{\infty}\int_{-\infty}^{\infty} e^{-x^2-y^2}dydx = 4\int_{0}^{\infty}\int_{0}^{\infty} e^{-x^2-y^2}dydx$

$\qquad = 4\int_{0}^{\frac{\pi}{2}}\int_{0}^{\infty} e^{-r^2} \cdot r\,dr\,d\theta$

$\qquad = 4 \cdot \dfrac{\pi}{2}\left[-\dfrac{1}{2}e^{-r^2}\right]_{0}^{\infty} = 2\pi \cdot \dfrac{1}{2} = \pi$

(2) $\int_{-\infty}^{\infty} e^{-x^2}dx = 2\int_{0}^{\infty} e^{-x^2}dx = \sqrt{\pi}$

(3) $2x = t$로 치환하면 $dx = \dfrac{dt}{2}$이므로

$\int_{0}^{\infty} e^{-4x^2}dx = \int_{0}^{\infty} \dfrac{1}{2}e^{-t^2}dt = \dfrac{\sqrt{\pi}}{4}$

(4) $x = t^2$으로 치환하면 $dx = 2tdt$이므로

$\int_{0}^{\infty} \dfrac{e^{-x}}{\sqrt{x}}dx = \int_{0}^{\infty} \dfrac{e^{-t^2}}{t} \cdot 2tdt = \sqrt{\pi}$

정답 (1) π (2) $\sqrt{\pi}$ (3) $\dfrac{\sqrt{\pi}}{4}$ (4) $\sqrt{\pi}$

4 공간상에서의 부피와 곡면의 넓이

1. 이중적분을 이용한 부피

영역 R 위에서 xy평면과 곡면 $z=f(x,y)$ 사이의 부피는 다음과 같다.

$$\iint_R |f(x,y)|dxdy$$

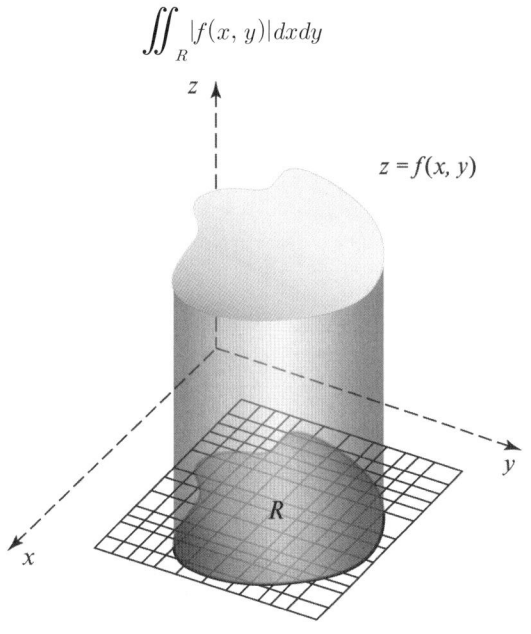

2. 두 곡면 $z=f(x,y)$, $z=g(x,y)$로 둘러싸인 부피

영역 R 위에서 두 곡면 $S_1 : z=f(x,y)$, $S_2 : z=g(x,y)$로 둘러싸인 부피는 다음과 같다.

$$\iint_R |f(x,y)-g(x,y)|dydx$$

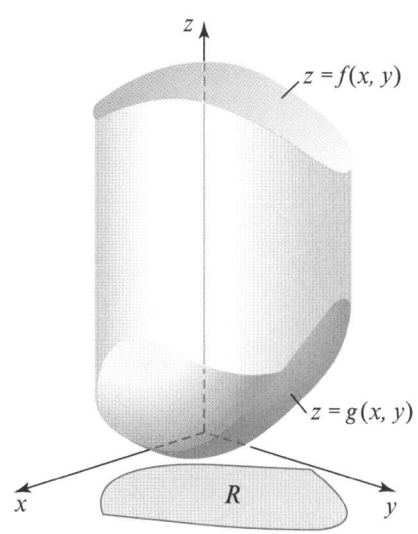

3. 자주 사용되는 이차곡면

이차곡면	방정식	곡면
타원면	$\dfrac{x^2}{a^2}+\dfrac{y^2}{b^2}+\dfrac{z^2}{c^2}=1$	
타원포물면	$z=\dfrac{x^2}{a^2}+\dfrac{y^2}{b^2}$	
일엽쌍곡면	$\dfrac{x^2}{a^2}+\dfrac{y^2}{b^2}-\dfrac{z^2}{c^2}=1$	
이엽쌍곡면	$-\dfrac{x^2}{a^2}-\dfrac{y^2}{b^2}+\dfrac{z^2}{c^2}=1$	
원뿔면	$\dfrac{z^2}{c^2}=\dfrac{x^2}{a^2}+\dfrac{y^2}{b^2}$	
쌍곡포물면	$z=\dfrac{x^2}{a^2}-\dfrac{y^2}{b^2}$	
원기둥면	$x^2+y^2=a^2$	

4. 곡면의 넓이

(1) 스칼라 함수의 곡면적

곡면 $S: z=f(x,y)$, $(x,y)\in R$가 있을 때, f가 R 위에서 연속인 편도함수를 가진다면 다음과 같이 정의한다.

$$\iint_R \sqrt{1+\left(\frac{\partial z}{\partial x}\right)^2+\left(\frac{\partial z}{\partial y}\right)^2}\,dxdy$$

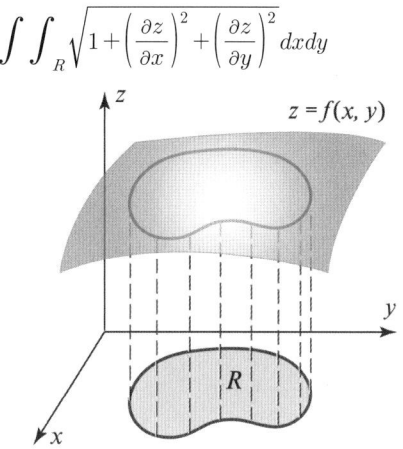

(2) 벡터함수 $r(u,v)$로 주어진 곡면의 곡면적

정의역 $(u,v)\in R$에서의 $r(u,v)=<f(u,v),g(u,v),h(u,v)>$의 곡면적은 다음과 같다.

$$S=\iint_R |r_u \times r_v|\,dA$$

개념적용

01

평면 $z=0$과 포물면 $z=4-x^2-y^2$으로 둘러싸인 입체의 부피는?

① π ② 2π ③ 4π ④ 8π

공략 포인트

이중적분을 이용한 부피
영역 D 위에서 xy평면과 곡면 $z=f(x,y)$ 사이의 부피는 다음과 같다.

$$\iint_D |f(x,y)|\,dxdy$$

풀이

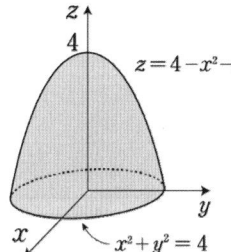

정의역 $D=\{(x,y)\,|\,x^2+y^2\leq 4\}$ 위에서 곡면 $z=4-x^2-y^2$으로 둘러싸인 입체의 부피는

$\int_{-2}^{2}\int_{-\sqrt{4-x^2}}^{\sqrt{4-x^2}}(4-x^2-y^2)dy\,dx$ 이다.

영역 D를 극좌표계로 변경하면

$D=\{(x,y)\,|\,x^2+y^2\leq 4\}=\{(r,\theta)\,|\,0\leq r\leq 2,\,0\leq\theta\leq 2\pi\}$ 이므로

$\int_{-2}^{2}\int_{-\sqrt{4-x^2}}^{\sqrt{4-x^2}}(4-x^2-y^2)dy\,dx=\int_{0}^{2\pi}\int_{0}^{2}(4-r^2)r\,dr\,d\theta=8\pi$

정답 ④

02

곡면 $z=x+1$의 아래이고, xy평면에서 직선 $y=x$와 곡선 $y=x^2$으로 둘러싸인 영역 위에 있는 입체의 부피는?

① $\dfrac{1}{4}$ ② $\dfrac{1}{2}$ ③ 1 ④ 2

공략 포인트

이중적분을 이용한 부피
영역 D 위에서 xy평면과 곡면 $z=f(x,y)$ 사이의 부피는 다음과 같다.

$$\iint_D |f(x,y)|\,dxdy$$

풀이

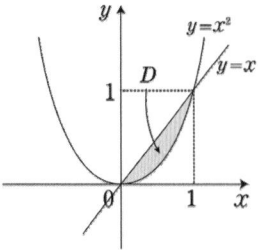

영역 $D=\{(x,y)\,|\,x^2\leq y\leq x\}$ 위에서 곡면 $z=x+1$로 둘러싸인 영역의 부피는

$\iint_D (x+1)dy\,dx=\int_{0}^{1}\int_{x^2}^{x}(x+1)dy\,dx=\int_{0}^{1}(x+1)(x-x^2)dx=\int_{0}^{1}(-x^3+x)dx=\dfrac{1}{4}$ 이다.

정답 ①

03

곡면 $z = 3 - x^2 - y^2$과 $z = 2x^2 + 2y^2$으로 둘러싸인 영역의 체적은?

① $\dfrac{3}{2}\pi$ ② $\dfrac{\pi}{2}$ ③ 1   ④ 2

공략 포인트

두 곡면으로 둘러싸인 부피 영역 D 위에서 두 곡면 $S_1 : z = f(x, y)$, $S_2 : z = g(x, y)$로 둘러싸인 부피는 다음과 같다.
$$\iint_D |f(x, y) - g(x, y)|\,dydx$$

풀이

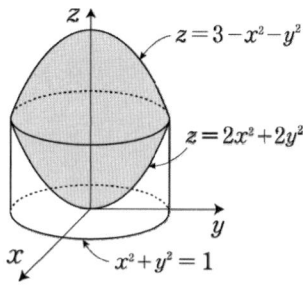

곡면 $z = 3 - x^2 - y^2$과 $z = 2x^2 + 2y^2$을 연립하여 정의역을 구하면
영역 $D = \{(x, y)\,|\,x^2 + y^2 \leq 1\}$이다.
따라서 영역 D 위에서 곡면 $z = 3 - x^2 - y^2$과 $z = 2x^2 + 2y^2$으로 둘러싸인 영역의 체적은 다음과 같다.
$$\iint_D \{(3 - x^2 - y^2) - 2(x^2 + y^2)\}\,dxdy$$

영역 D를 극좌표계로 변환하면
$D = \{(r, \theta)\,|\,0 \leq r \leq 1,\ 0 \leq \theta \leq 2\pi\}$이므로

$$\begin{aligned}
\iint_D \{(3 - x^2 - y^2) - 2(x^2 + y^2)\}\,dxdy &= \int_0^{2\pi}\int_0^1 (3 - r^2 - 2r^2)r\,drd\theta \\
&= \int_0^{2\pi}\int_0^1 (3r - 3r^3)\,drd\theta \\
&= \int_0^{2\pi} \left[\dfrac{3}{2}r^2 - \dfrac{3}{4}r^4\right]_0^1 d\theta \\
&= \int_0^{2\pi} \left[\dfrac{3}{2} - \dfrac{3}{4}\right]d\theta = \dfrac{3}{2}\pi
\end{aligned}$$

정답 ①

04

구 $x^2+y^2+z^2=4$의 내부와 실린더 $y^2+z^2=1$의 외부인 영역의 부피는?

① $4\pi\sqrt{3}$ ② $\dfrac{4\pi\sqrt{3}}{5}$ ③ $\pi\sqrt{3}$ ④ $\dfrac{\pi\sqrt{3}}{5}$

공략 포인트

두 곡면으로 둘러싸인 부피 영역 D 위에서 두 곡면 $S_1 : z=f(x, y)$, $S_2 : z=g(x, y)$로 둘러싸인 부피는 다음과 같다.
$$\iint_D |f(x,y)-g(x,y)|\,dydx$$

풀이

영역 $D = \{(x, y) \,|\, 1 \le x^2+y^2 \le 4\}$ 위에서
곡면 $z = -\sqrt{4-x^2-y^2}$, $z = \sqrt{4-x^2-y^2}$ 으로 둘러싸인 영역의 부피는

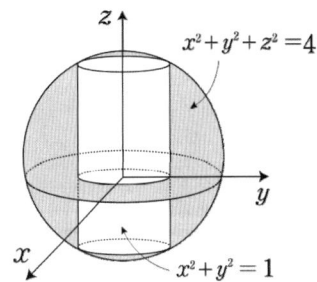

$\iint_D 2\sqrt{4-x^2-y^2}\,dydx$ 이고, 영역 D를 극좌표계로 변경하면
$D = \{(r, \theta) \,|\, 1 \le r \le 2, \, 0 \le \theta \le 2\pi\}$ 이므로

$$\begin{aligned}
\iint_D 2\sqrt{4-x^2-y^2}\,dydx &= \int_0^{2\pi}\int_1^2 2\sqrt{4-r^2}\cdot r\,drd\theta \\
&= \int_0^{2\pi}\int_{\sqrt{3}}^0 -2t^2\,dtd\theta \quad (\because 4-r^2=t) \\
&= \int_0^{2\pi}\left[-\frac{2}{3}t^3\right]_{\sqrt{3}}^0 d\theta \\
&= \int_0^{2\pi} 2\sqrt{3}\,d\theta = 4\pi\sqrt{3}
\end{aligned}$$

정답 ①

05

$x^2+y^2=1$의 내부와 $x^2+z^2=1$의 내부 공통부분의 체적은?

① π ② 2π ③ $\dfrac{4}{3}$ ④ $\dfrac{16}{3}$

공략 포인트

두 곡면으로 둘러싸인 부피 영역 D 위에서 두 곡면 $S_1 : z=f(x,y)$, $S_2 : z=g(x,y)$로 둘러싸인 부피는 다음과 같다.
$$\iint_D |f(x,y)-g(x,y)|\,dydx$$

풀이

영역 $D=\{(x,y)\,|\,x^2+y^2\le 1\}$ 위에서 $z=\sqrt{1-x^2}$, $z=-\sqrt{1-x^2}$으로 둘러싸인 입체의 부피를 구하면 다음과 같다.

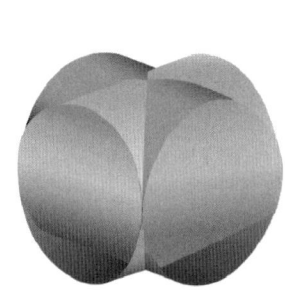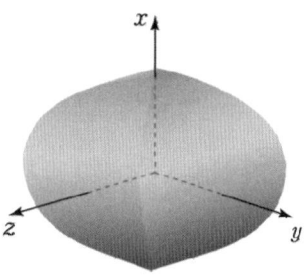

$$\int_{-1}^{1}\int_{-\sqrt{1-x^2}}^{\sqrt{1-x^2}} 2\sqrt{1-x^2}\,dydx = 4\int_{-1}^{1}\sqrt{1-x^2}\sqrt{1-x^2}\,dx$$
$$= 4\int_{-1}^{1}(1-x^2)\,dx = 4\left[x-\dfrac{1}{3}x^3\right]_{-1}^{1} = 4\cdot\dfrac{4}{3}=\dfrac{16}{3}$$

정답 ④

06

포물면 $z=9-x^2-y^2$에서 xy-평면 위$(z>0)$에 있는 부분의 표면적을 구하면?

① $\dfrac{\pi}{24}(37^{\frac{3}{2}}-1)$ ② $\dfrac{\pi}{18}(37^{\frac{3}{2}}-1)$ ③ $\dfrac{\pi}{12}(37^{\frac{3}{2}}-1)$ ④ $\dfrac{\pi}{6}(37^{\frac{3}{2}}-1)$

공략 포인트

스칼라 함수의 곡면적
곡면 $S: z=f(x,y)$, $(x,y)\in D$가 있을 때, f가 D 위에서 연속인 편도함수를 가진다면 다음과 같이 정의한다.
$$\iint_D \sqrt{1+\left(\dfrac{\partial z}{\partial x}\right)^2+\left(\dfrac{\partial z}{\partial y}\right)^2}\,dxdy$$

풀이

$f(x,y)=9-x^2-y^2$으로 놓으면
$f_x=-2x$, $f_y=-2y$이므로
구하고자 하는 부분의 표면적은 다음과 같다.
$$S=\iint_A \sqrt{(-2x)^2+(-2y)^2+1}\,dA$$
$$=\iint_A \sqrt{4(x^2+y^2)+1}\,dA$$
$$=\int_0^{2\pi}\int_0^3 \sqrt{4r^2+1}\,r\,drd\theta$$
$$=\dfrac{1}{8}\int_0^{2\pi}\left[\dfrac{2}{3}u^{\frac{3}{2}}\right]_0^{37}d\theta$$
$$=\dfrac{1}{12}(37^{\frac{3}{2}}-1)\times 2\pi = \dfrac{\pi}{6}(37^{\frac{3}{2}}-1)$$

정답 ④

07

yz평면과 포물면 $x=1-y^2-z^2$으로 유계된 영역의 겉넓이를 구하면?

① $\dfrac{5}{6}\pi(\sqrt{5}+1)$ ② $\dfrac{5}{3}\pi(\sqrt{5}+1)$

③ $\dfrac{5}{2}\pi(\sqrt{5}+1)$ ④ $5\pi(\sqrt{5}+1)$

공략 포인트

스칼라 함수의 곡면적
곡면 $S: z=f(x, y)$,
$(x, y)\in D$ 가 있을 때,
f가 D 위에서 연속인 편도함수를 가진다면 다음과 같이 정의한다.
$$\iint_D \sqrt{1+\left(\dfrac{\partial z}{\partial x}\right)^2+\left(\dfrac{\partial z}{\partial y}\right)^2}\,dxdy$$

풀이

xy평면과 $z=1-x^2-y^2$으로 둘러싸인 영역의 넓이와 동일하므로

S_1 : 밑면의 넓이 π

S_2 : $x^2+y^2 \leq 1$에서 $z=1-x^2-y^2$의 넓이를 구하면

$$\iint_D \sqrt{1+(2x)^2+(2y)^2}\,dxdy = \int_0^{2\pi}\int_0^1 \sqrt{1+4r^2}\cdot r\,drd\theta \quad (\because 극좌표로 변경)$$

$$= \int_0^{2\pi}\int_1^{\sqrt{5}} \dfrac{1}{4}t^2\,dtd\theta \quad (\because \sqrt{1+4r^2}=t로 치환)$$

$$= 2\pi\left[\dfrac{1}{12}t^3\right]_1^{\sqrt{5}} = \dfrac{\pi}{6}(5\sqrt{5}-1)\text{이다.}$$

따라서 구하는 겉넓이는 다음과 같다.

$$S_1+S_2 = \pi+\dfrac{\pi}{6}(5\sqrt{5}-1) = \dfrac{5}{6}\pi(\sqrt{5}+1)$$

정답 ①

08

구 $x^2+y^2+z^2=9$에서 $1 \leq z \leq 2$ 사이에 해당하는 부분의 겉넓이는?

① 5π ② 6π ③ 7π ④ 8π

공략 포인트

이중적분의 변환(극좌표계로의 변환)
$$\iint_D f(x, y)dxdy = \iint_D f(r\cos\theta, r\sin\theta)rdrd\theta$$

$x = r\cos\theta$
$y = r\sin\theta$
$dydx = rdrd\theta$

풀이

구 $x^2+y^2+z^2=9$에서 $1 \leq z \leq 2$ 사이에 해당하는 부분의 겉넓이를 S라고 할 때,

S는 $x^2+z^2=9$ (단, $1 \leq z \leq 2$)를 z축으로 회전시켜 만든 곡면의 겉넓이와 같으며 다음과 같다.

$$S = 2\pi\int_1^2 x\sqrt{1+\left(\dfrac{dx}{dz}\right)^2}\,dz = 2\pi\int_1^2 \sqrt{9-z^2}\sqrt{1+\dfrac{z^2}{9-z^2}}\,dz = 2\pi\int_1^2 \sqrt{9}\,dz = 6\pi$$

다른 풀이

구 $x^2+y^2+z^2=9$에서 $1 \leq z \leq 2$ 사이에 해당하는 부분의 겉넓이를 S라고 할 때,

영역 D는 $5 \leq x^2+y^2 \leq 8$에 해당하는 구의 겉넓이와 같으므로 다음과 같이 구할 수 있다.

$$S = \iint_D \dfrac{3}{\sqrt{9-x^2-y^2}}dA \quad (단, 5 \leq x^2+y^2 \leq 8)$$

$$= \int_0^{2\pi}\int_{\sqrt{5}}^{\sqrt{8}} \dfrac{3r}{\sqrt{9-r^2}}drd\theta$$

$$= -\dfrac{3}{2}\times 2\pi\left[2(9-r^2)^{\frac{1}{2}}\right]_{\sqrt{5}}^{\sqrt{8}}$$

$$= -6\pi(1-2) = 6\pi$$

정답 ②

09

곡면 $\vec{r}(u, v) = (u+v)\vec{i} + (u-v)\vec{j} + v\vec{k}$ $(0 \leq u \leq 1, 0 \leq v \leq 1)$의 넓이를 구하면?

① 4 ② $\sqrt{6}$ ③ 6 ④ 8

공략 포인트

벡터함수로 주어진 곡면의 넓이
정의역 $(u, v) \in R$에서의
$r(u, v) = <f(u, v), g(u, v), h(u, v)>$
의 곡면적은 다음과 같다.
$S = \iint_R |\vec{r}_u \times \vec{r}_v| dA$

풀이

$\vec{r}_u = (1, 1, 0)$, $\vec{r}_v = (1, -1, 1)$이므로
$\vec{r}_u \times \vec{r}_v = (1, -1, -2)$이고 $|\vec{r}_u \times \vec{r}_v| = \sqrt{6}$이다.
따라서 곡면의 넓이는 다음과 같다.
$$\iint_D |\vec{r}_u \times \vec{r}_v| du dv = \int_0^1 \int_0^1 \sqrt{6} \, du dv = \sqrt{6}$$

정답 ②

10

매개변수 곡면 $x = uv$, $y = u+v$, $z = u-v$, $u^2 + v^2 \leq 1$의 넓이를 구하면?

① $\pi\left(2\sqrt{6} - \dfrac{8}{3}\right)$ ② $\pi\left(2\sqrt{6} + \dfrac{8}{3}\right)$

③ $\dfrac{\pi}{2}\left(2\sqrt{6} - \dfrac{8}{3}\right)$ ④ $\dfrac{\pi}{2}\left(2\sqrt{6} + \dfrac{8}{3}\right)$

공략 포인트

벡터함수로 주어진 곡면의 넓이
정의역 $(u, v) \in R$에서의
$r(u, v) = <f(u, v), g(u, v), h(u, v)>$의 곡면
적은 다음과 같다.
$S = \iint_R |\vec{r}_u \times \vec{r}_v| dA$

풀이

$\vec{r}(u, v) = <uv, u+v, u-v>$일 때,
$\vec{r}_u = <v, 1, 1>$, $\vec{r}_v = <u, 1, -1>$이므로
$\vec{r}_u \times \vec{r}_v = <-2, u+v, v-u>$이다.
따라서 곡면의 넓이는 다음과 같다.
$$S = \iint_D |\vec{r}_u \times \vec{r}_v| du dv \quad (D : u^2 + v^2 \leq 1)$$
$$= \iint_D \sqrt{4 + 2u^2 + 2v^2} \, du dv$$
$$= \int_0^{2\pi} \int_0^1 r\sqrt{4 + 2r^2} \, dr d\theta \quad (\because \text{극좌표 변환})$$
$$= 2\pi \left[\frac{1}{6}(4 + 2r^2)^{\frac{3}{2}}\right]_0^1$$
$$= \pi\left(2\sqrt{6} - \frac{8}{3}\right)$$

정답 ①

5. 적분 변수변환

1. 야코비안 행렬식

(1) 이변수함수의 야코비안 행렬식

$x = g(u, v), y = h(u, v)$ 일 때,

$$J = \frac{\partial(x, y)}{\partial(u, v)} = \begin{vmatrix} x_u & x_v \\ y_u & y_v \end{vmatrix}, \quad J = \frac{1}{\frac{\partial(u,v)}{\partial(x,y)}} = \frac{1}{\begin{vmatrix} u_x & u_y \\ v_x & v_y \end{vmatrix}}$$

(2) 삼변수함수의 야코비안 행렬식

$x = g(u, v, w), y = h(u, v, w), z = k(u, v, w)$ 일 때,

$$J = \frac{\partial(x, y, z)}{\partial(u, v, w)} = \begin{vmatrix} x_u & x_v & x_w \\ y_u & y_v & y_w \\ z_u & z_v & z_w \end{vmatrix}$$

2. 중적분에서의 변수변환

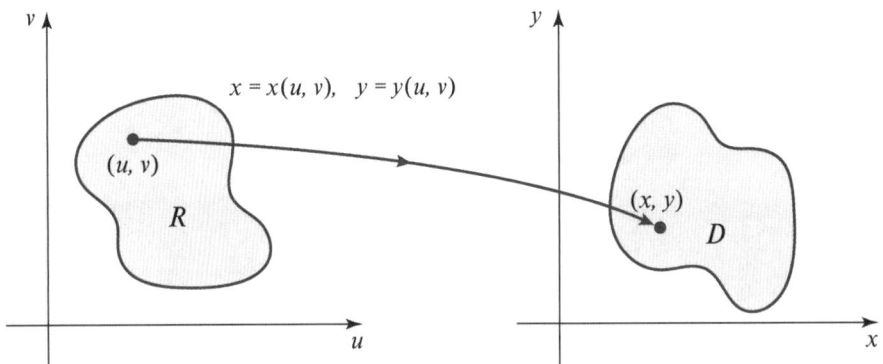

영역 R이 uv평면에서 xy평면 위 영역 D로의 일대일 변환이라 한다. 이는 $x = x(u,v)$, $y = y(u,v)$로 치환하여 xy평면 위 영역 D에서의 적분 계산을 uv평면 위 영역 R에서의 적분 계산으로 바꾸는 것이다. 일변수 적분에서의 치환적분과 유사한 개념이다.

3. 변수변환을 이용한 중적분 계산 방법

(1) $x = x(u, v)$, $y = y(u, v)$ 또는 $u = u(x, y)$, $v = v(x, y)$로 치환한다.

(2) 야코비안 행렬식을 구한다.

① $x = x(u, v)$, $y = y(u, v)$인 경우, 야코비안 행렬식은 $J = \begin{vmatrix} x_u & x_v \\ y_u & y_v \end{vmatrix}$ 이다.

② $u = u(x, y)$, $v = v(x, y)$인 경우, 야코비안 행렬식은 $J = \dfrac{1}{\begin{vmatrix} u_x & u_y \\ v_x & v_y \end{vmatrix}}$ 이다.

(3) x, y좌표계 영역 D에서 u, v좌표계 영역 R을 구한다.

(4) 주어진 식을 u, v변수로 변환한 후 중적분을 계산한다.

$$\iint_D f(x, y) dx dy = \iint_R f(x(u, v), y(u, v)) |J| du dv$$

(여기서 $|J|$는 행렬식 J의 절댓값을 의미한다.)

개념적용

01

$f(x, y)$가 연속일 때, $\int_0^1 \int_0^x f(x, y)\,dy\,dx$가 $x = u+v$, $y = u-v$에 의해 변환된 이중적분을 찾으시오.

① $\int_0^2 \int_v^{1-v} f(u+v, u-v)\,du\,dv$ ② $\int_0^{\frac{1}{2}} \int_{1-v}^v f(u+v, u-v)\,du\,dv$

③ $2\int_0^{\frac{1}{2}} \int_v^{1-v} f(u+v, u-v)\,du\,dv$ ④ $2\int_0^2 \int_v^{1-v} f(u+v, u-v)\,du\,dv$

공략 포인트

$x = x(u, v)$, $y = y(u, v)$인 경우, 야코비안 행렬식은
$J = \begin{vmatrix} x_u & x_v \\ y_u & y_v \end{vmatrix}$ 이다.

주어진 식을 변수로 변환한 후 중적분을 계산
$\iint_D f(x, y)\,dx\,dy$
$= \iint_R f(x(u, v), y(u, v))|J|\,du\,dv$

풀이

$J = \begin{vmatrix} x_u & x_v \\ y_u & y_v \end{vmatrix} = \begin{vmatrix} 1 & 1 \\ 1 & -1 \end{vmatrix} = -2 \ (\neq 0)$이므로

xy평면의 영역 $D : 0 \leq x \leq 1$, $0 \leq y \leq x$는
uv평면의 $D' : 0 \leq v \leq u$, $u+v \leq 1$과 대응된다.

$\int_0^1 \int_0^x f(x, y)\,dy\,dx = \int_{D'} f(u+v, u-v)|J|\,du\,dv = 2\int_0^{\frac{1}{2}} \int_v^{1-v} f(u+v, u-v)\,du\,dv$

정답 ③

02

영역 Ω가 점 $(0, 0)$, $(1, 1)$, $(0, 2)$, $(-1, 1)$을 꼭짓점으로 가지는 정사각형일 때, 이 영역 위에서 함수 $f(x, y) = (x+y)e^{x-y}$의 이중적분 값은?

① $1 - \frac{1}{e^2}$ ② $1 - \frac{1}{e}$ ③ $\frac{1}{2} + \frac{1}{e}$ ④ $1 + e^2$

공략 포인트

$x = x(u, v)$, $y = y(u, v)$인 경우, 야코비안 행렬식은
$J = \begin{vmatrix} x_u & x_v \\ y_u & y_v \end{vmatrix}$ 이다.

주어진 식을 변수로 변환한 후 중적분을 계산
$\iint_D f(x, y)\,dx\,dy$
$= \iint_R f(x(u, v), y(u, v))|J|\,du\,dv$

풀이

변수변환 $x = \frac{u+v}{2}$, $y = \frac{u-v}{2}$에 대하여 야코비안(jacobian)은

$\dfrac{\partial(x, y)}{\partial(u, v)} = \begin{vmatrix} \frac{1}{2} & \frac{1}{2} \\ \frac{1}{2} & -\frac{1}{2} \end{vmatrix} = -\frac{1}{2}$이므로

주어진 이중적분을 변수변환하여 구하면 다음과 같다.

$\iint_\Omega (x+y)e^{x-y}\,dx\,dy = \int_{-2}^0 \int_0^2 ue^v \left|\dfrac{\partial(x, y)}{\partial(u, v)}\right| du\,dv$

$= \int_{-2}^0 \int_0^2 \frac{1}{2} ue^v\,du\,dv$

$= \int_{-2}^0 e^v\,dv = 1 - \frac{1}{e^2}$

정답 ①

03

D를 곡선 $xy=3$, $xy=6$, $xy^{\frac{3}{2}}=5$, $xy^{\frac{3}{2}}=10$으로 둘러싸인 영역이라 할 때,

$\iint_D \left(xy+2xy^{\frac{3}{2}}\right)dxdy$의 값은?

① $20+27\ln 2$ ② $20+36\ln 2$ ③ $60+27\ln 2$ ④ $60+36\ln 2$

공략 포인트

$u=u(x,y)$, $v=v(x,y)$인 경우, 야코비안 행렬식은
$J=\dfrac{1}{\begin{vmatrix} u_x & u_y \\ v_x & v_y \end{vmatrix}}$이다.

주어진 식을 변수로 변환한 후 중적분을 계산
$\iint_D f(x,y)dxdy$
$=\iint_R f(x(u,v),y(u,v))|J|dudv$

풀이

$xy=u$, $xy^{\frac{3}{2}}=v$라 하면 야코비안 행렬식은

$J=\dfrac{1}{\begin{vmatrix} \dfrac{\partial u}{\partial x} & \dfrac{\partial u}{\partial y} \\ \dfrac{\partial v}{\partial x} & \dfrac{\partial v}{\partial y} \end{vmatrix}}=\dfrac{2}{v}$이다.

uv영역 $D'=\{(u,v)\,|\,3\leq u\leq 6,\,5\leq v\leq 10\}$이므로 변수변환하면 다음과 같다.

$$\iint_D \left(xy+2xy^{\frac{3}{2}}\right)dxdy = \int_3^6\int_5^{10}(u+2v)|J|dvdu$$

$$=\int_3^6\int_5^{10}(u+2v)\dfrac{2}{v}dvdu$$

$$=\int_3^6\int_5^{10}\left(\dfrac{2u}{v}+4\right)dvdu$$

$$=\int_3^6[2u\ln v+4v]_5^{10}du$$

$$=\int_3^6\{2u\ln 10+40-(2u\ln 5+20)\}du$$

$$=\int_3^6\{2u(\ln 10-\ln 5)+20\}du$$

$$=\int_3^6(2u\ln 2+20)du$$

$$=\ln 2[u^2]_3^6+20(6-3)=27\ln 2+60$$

정답 ③

6 결합밀도함수

1. 결합밀도함수

(1) 두 개의 연속확률변수 X, Y의 결합밀도함수(joint density function) f는 2변수함수 (X, Y)가 영역 D에 있을 확률이 $P((X, Y) \in D) = \iint_D f(x,y) dA$로 주어지는 이변수함수이다. 특히 D가 직사각형 영역이면 X가 a, b 사이에, Y가 c, d 사이에 있을 확률은 다음과 같다.

$$P(a \leq X \leq b, c \leq Y \leq d) = \int_c^d \int_a^b f(x,y) dy dx$$

(2) 결합밀도함수의 성질

확률은 0과 1 사이의 값만 취하므로 결합밀도함수는 다음 성질을 만족해야 한다.

① $f(x,y) \geq 0$

② $\iint_{R^2} f(x,y) dA = 1$

(3) 평균(기댓값)

X, Y가 확률변수이고 결합밀도함수가 f일 때, 다음과 같이 정의한다.

① X의 평균(기댓값): $E(X) = \iint_{R^2} x f(x,y) dA$

② Y의 평균(기댓값): $E(Y) = \iint_{R^2} y f(x,y) dA$

개념적용

01

확률변수 X와 Y의 결합밀도함수가 다음과 같다.

$$f(x,y) = \begin{cases} Cx(1+y), & 0 \leq x \leq 1, 0 \leq y \leq 2 \\ 0 & , \text{그 외의 경우} \end{cases}$$

(1) 상수 C의 값을 구하시오.

(2) $P(X+Y \leq 1)$을 구하시오.

(3) X와 Y의 기댓값을 구하면?

공략 포인트

결합밀도함수의 성질
$$\iint_{R^2} f(x,y) dA = 1$$

기댓값
X, Y가 확률변수이고 결합밀도함수가 f일 때, 다음과 같이 정의한다.
1) X의 평균(기댓값):
$$E(X) = \iint_{R^2} x f(x,y) dA$$
2) Y의 평균(기댓값):
$$E(Y) = \iint_{R^2} y f(x,y) dA$$

풀이

(1) $\iint_{R^2} f(x,y) dA = 1$이어야 한다. 그러므로

$$\begin{aligned} \iint_{R^2} f(x,y) dA &= \int_{-\infty}^{\infty} \int_{-\infty}^{\infty} f(x,y) dy dx \\ &= \int_0^1 \int_0^2 Cx(1+y) dy dx \\ &= C \int_0^1 x \left[y + \frac{1}{2} y^2 \right]_0^1 dx \\ &= C \int_0^1 4x dx \\ &= C [2x^2]_0^1 = 2C = 1 \end{aligned}$$

$$\therefore C = \frac{1}{2}$$

(2) $P(X+Y \leq 1) = P((X,Y) \in D)$

$$\begin{aligned} \iint_D f(x,y) dA &= \int_0^1 \int_0^{1-x} \frac{1}{2} x(1+y) dy dx \\ &= \int_0^1 \frac{1}{2} x \left[y + \frac{1}{2} y^2 \right]_0^{1-x} dx \\ &= \int_0^1 \frac{1}{2} x \left(\frac{1}{2} x^2 - 2x + \frac{3}{2} \right) dx \\ &= \frac{1}{4} \int_0^1 (x^3 - 4x^2 + 3x) dx \\ &= \frac{1}{4} \left[\frac{x^4}{4} - 4 \frac{x^3}{3} + 3 \frac{x^2}{2} \right]_0^1 = \frac{5}{48} \end{aligned}$$

(3) $E(X) = \iint_{R^2} x f(x,y) dA = \int_0^{\infty} \int_0^{\infty} x \left[0.1 e^{-(0.5x + 0.2y)} \right] dy dx$

$$= 0.1 \int_0^{\infty} x e^{-0.5x} dx \int_1^{\infty} e^{-0.2y} dy = 0.1 \lim_{t \to \infty} \int_0^t x e^{-0.5x} dx \lim_{t \to \infty} \int_1^t e^{-0.2y} dy = 2$$

$E(Y) = \iint_{R^2} y f(x,y) dA = \int_0^{\infty} \int_0^{\infty} y \left[0.1 e^{-(0.5x + 0.2y)} \right] dy dx$

$$= 0.1 \int_0^{\infty} y e^{-0.5x} dx \int_1^{\infty} e^{-0.2y} dy = 0.1 \lim_{t \to \infty} \int_0^t y e^{-0.5x} dx \lim_{t \to \infty} \int_1^t e^{-0.2y} dy = 5$$

정답 풀이 참조

7 이중적분

대표출제유형

출제경향 분석

\# 푸비니 정리를 이용해 적분 순서를 변경하는 문제가 자주 출제됩니다.

\# 입체의 부피, 겉넓이에 대한 계산문제가 자주 출제됩니다.

\# 적분의 변수를 변환하는 문제의 출제 비중이 높습니다.

01 푸비니 정리

🔍 개념 2. 일반영역에서의 이중적분

이중적분 $\int_0^4 \int_{\sqrt{x}}^2 \frac{1}{1+y^3} dy dx$의 값은?

① $2\sqrt{2}$ ② $2\sqrt{3}$ ③ $\frac{\ln 3}{3}$ ④ $\frac{2\ln 3}{3}$

풀이

STEP A 적분 순서 변경하기

$0 \leq x \leq 4$, $\sqrt{x} \leq y \leq 2 \Leftrightarrow 0 \leq y \leq 2$, $0 \leq x \leq y^2$이므로 적분 순서를 변경하면 다음과 같다.

$$\int_0^4 \int_{\sqrt{x}}^2 \frac{1}{1+y^3} dy dx = \int_0^2 \int_0^{y^2} \frac{1}{1+y^3} dx dy$$

STEP B 변경된 순서대로 적분 수행하기

$$\int_0^2 \int_0^{y^2} \frac{1}{1+y^3} dx dy = \int_0^2 \frac{y^2}{1+y^3} dy = \frac{1}{3}\left[\ln(1+y^3)\right]_0^2 = \frac{2}{3}\ln 3$$

정답 ④

02 주어진 영역에서의 이중적분

🔍 개념 3. 극좌표상의 이중적분

좌표평면에서 세 직선 $y = x$, $x = 2$, $y = 0$에 의해 둘러싸인 영역과 원 $x^2 + y^2 = 2x$의 외부의 공통 부분을 D라 할 때, $\iint_D \dfrac{1}{\sqrt{x^2+y^2}}\, dx\, dy$의 값은?

① $2\ln(\sqrt{2}+1) - \sqrt{2}$
② $2\ln(\sqrt{2}+1) - 1$
③ $2\ln(\sqrt{2}+1)$
④ $2\ln(\sqrt{2}+1) + 1$

풀이

STEP A 공통 부분 영역 파악하기

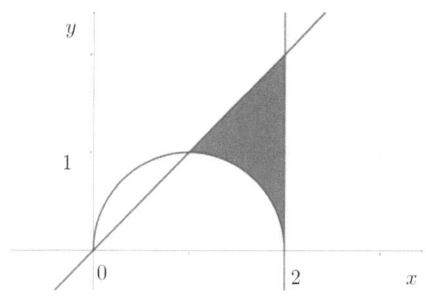

STEP B 적분 수행하기 (극좌표로 치환)

$$\iint_D \frac{1}{\sqrt{x^2+y^2}}\, dx\, dy = \int_0^{\frac{\pi}{4}} \int_{2\cos\theta}^{2\sec\theta} \frac{1}{r} \cdot r\, dr\, d\theta \quad (\because x = r\cos\theta,\ y = r\sin\theta \text{로 치환})$$

$$= \int_0^{\frac{\pi}{4}} (2\sec\theta - 2\cos\theta)\, d\theta$$

$$= \left[2\ln(\sec\theta + \tan\theta) - 2\sin\theta\right]_0^{\frac{\pi}{4}}$$

$$= 2\ln(\sqrt{2}+1) - \sqrt{2}$$

정답 ①

03 이중적분 (이상적분)

🔍 개념 3. 극좌표상의 이중적분

이상적분 $\int_0^\infty \int_0^\infty \dfrac{1}{(1+x^2+y^2)^2} dxdy$를 계산하면?

① π ② $\dfrac{\pi}{2}$ ③ $\dfrac{\pi}{4}$ ④ 1

풀이

STEP A 적분 수행하기 (극좌표로 치환)

주어진 적분을 극좌표계로 변경하면

$$\int_0^\infty \int_0^\infty \dfrac{1}{(1+x^2+y^2)^2} dxdy = \int_0^{\frac{\pi}{2}} \int_0^\infty \dfrac{r}{(r^2+1)^2} drd\theta \text{이다.}$$

STEP B 적분 수행하기 (치환적분)

$$\int_0^{\frac{\pi}{2}} \int_0^\infty \dfrac{r}{(r^2+1)^2} drd\theta = \int_0^{\frac{\pi}{2}} \int_1^\infty \dfrac{1}{2}\dfrac{1}{t^2} dtd\theta \;(\because r^2+1=t)$$
$$= \dfrac{\pi}{2}\left[-\dfrac{1}{2t}\right]_1^\infty = \dfrac{\pi}{4}$$

정답 ③

04 이중적분을 이용한 부피

🔍 개념 4. 공간상에서의 부피와 곡면의 넓이

평면 $x+2y+z=2$, $x=2y$, $x=0$, $z=0$으로 둘러싸인 입체의 부피를 구하시오.

① $\dfrac{2}{3}$ ② $\dfrac{1}{2}$ ③ $\dfrac{4}{9}$ ④ $\dfrac{1}{3}$

풀이

STEP A 평면과 곡면 사이의 부피 구하기

네 평면 $x+2y+z=2$, $x=2y$, $x=0$, $z=0$ 으로 둘러싸인 입체의 부피를 V라고 할 때,

$$V=\iint_D (2-x-2y)dA \text{ (단, } D: 0\leq x \leq 1,\ \frac{1}{2}x \leq y \leq 1-\frac{1}{2}x)$$

$$=\int_0^1 \int_{\frac{x}{2}}^{1-\frac{x}{2}} (2-x-2y)dydx$$

$$=\int_0^1 \left[2y-xy-y^2\right]_{\frac{x}{2}}^{1-\frac{x}{2}} dx$$

$$=\int_0^1 (x^2-2x+1)dx$$

$$=\frac{1}{3}-1+1=\frac{1}{3}$$

정답 ④

05 곡면의 넓이

🔍 개념 4. 공간상에서의 부피와 곡면의 넓이

영역 $D = \{(x, y) \mid x^2 + y^2 \leq 1\}$에서 정의된 함수 $f(x, y) = xy$의 그래프로 표시되는 곡면의 면적은?

① $\dfrac{2}{3}(2\sqrt{2}-1)\pi$ ② $\dfrac{4}{3}(\sqrt{2}-1)\pi$ ③ $\dfrac{2}{3}(2\sqrt{2}+1)\pi$ ④ $\dfrac{4}{3}(\sqrt{2}+1)\pi$

풀이

STEP A 스칼라함수의 곡면적 구하기

곡면의 넓이를 S라 하고, $z = xy$라고 하면

$$S = \iint_D \sqrt{1 + \left(\frac{dz}{dx}\right)^2 + \left(\frac{dz}{dy}\right)^2} = \iint_D \sqrt{1 + x^2 + y^2}\, dA \text{이다.}$$

STEP B 적분 수행하기 (극좌표로 치환)

$$\iint_D \sqrt{1 + x^2 + y^2}\, dA = \int_0^{2\pi} \int_0^1 \sqrt{1 + r^2}\, r\, dr\, d\theta$$

$$= \frac{2\pi}{3}\left[(1 + r^2)^{\frac{3}{2}}\right]_0^1 = \frac{2}{3}(2\sqrt{2} - 1)\pi$$

정답 ①

06 변수변환을 이용한 중적분의 계산

🔍 개념 5. 적분 변수변환

네 꼭짓점 $(0,0)$, $\left(1, \dfrac{1}{3}\right)$, $\left(\dfrac{4}{3}, \dfrac{1}{9}\right)$, $\left(\dfrac{1}{3}, -\dfrac{2}{9}\right)$로 이루어진 사각형 영역 D에 대하여,

이중적분 $\iint_D (x-3y-1)e^{2x+3y}\cos(x-3y)dA$의 값은?

① $\dfrac{e^2-1}{9}(\cos 1 - 1)$ ② $\dfrac{e^2-1}{9}\sin 1$

③ $\dfrac{e^3-1}{9}(\cos 1 - 1)$ ④ $\dfrac{e^3-1}{9}\sin 1$

풀이

STEP A 주어진 변수를 치환하기
$u = x - 3y$, $v = 2x + 3y$라 치환한다.

STEP B 야코비안 행렬식 구하기
위와 같이 변수를 치환한 경우, 야코비안 행렬식은

$|J| = \dfrac{1}{\left|\begin{matrix} 1 & -3 \\ 2 & 3 \end{matrix}\right|} = \dfrac{1}{9}$ 이다.

STEP C 좌표계 영역 구하기
u, v 좌표계 영역은 다음과 같다.
$(0, 0) \to (0, 0)$, $\left(1, \dfrac{1}{3}\right) \to (0, 3)$, $\left(\dfrac{4}{3}, \dfrac{1}{9}\right) \to (1, 3)$, $\left(\dfrac{1}{3}, -\dfrac{2}{9}\right) \to (1, 0)$

STEP D 주어진 식의 변수를 변환한 후 중적분 계산하기
$\iint_D (x-3y-1)e^{2x+3y}\cos(x-3y)dA$
$= \iint_{D'} (u-1)e^v \cos(u)|J|dudv \ (0 \le u \le 1, \ 0 \le v \le 3)$
$= \int_0^1 \int_0^3 e^v (u-1)\cos u \dfrac{1}{9} dv du$
$= \dfrac{1}{9}\int_0^1 \int_0^3 e^v (u-1)\cos u \, dv du$
$= \dfrac{1}{9}\int_0^3 e^v dv \cdot \int_0^1 (u-1)\cos u \, du$
$= \dfrac{1}{9}(e^3-1)(\cos 1 - 1)$

정답 ③

8 이중적분

실전문제

01 반복적분 $\int_0^4 \int_{\sqrt{x}}^2 \sqrt{y^3+1}\, dy\, dx$의 값이 $\dfrac{a}{b}$ (a, b는 서로소인 자연수)일 때, $a+b$의 값은?

① 26   ② 48   ③ 61   ④ 63

02 $y=x^2$, $y=0$, $x=\sqrt{\pi}$로 둘러싸인 영역을 D라고 할 때, 이중적분 $\iint_D x\sin y\, dx\, dy$의 값은?

① $\dfrac{\pi}{6}$ ② $\dfrac{\pi}{4}$ ③ $\dfrac{\pi}{3}$ ④ $\dfrac{\pi}{2}$

03 영역 $\Omega = \{(x, y)\,|\, a \leq x \leq b,\, c \leq y \leq d\}$에서 연속인 함수 $f(x, y)$가 다음을 만족시킬 때, 이중적분 $\iint_\Omega f(x, y)\, dx\, dy$의 값은?

$$\frac{\partial^2 F(x, y)}{\partial x\, \partial y} = f(x, y)$$

① $F(b, d) - F(a, c)$
② $F(b, d) - F(a, d) - F(b, c) + F(a, c)$
③ $F(b, d) - F(a, d) + F(b, c) - F(a, c)$
④ $F(b, c) - F(a, d)$

04 함수 $f(t)=\int_0^t \int_{\sqrt{y}}^{\sqrt{t}}(2x+\cos(x^2))dxdy$에 대하여, 미분계수 $f'\left(\dfrac{\pi}{2}\right)$의 값은?

① $\dfrac{\pi}{6}$ ② $\dfrac{\pi}{4}$ ③ $\dfrac{\pi}{3}$ ④ $\dfrac{\pi}{2}$

05 $\int_1^2 \int_0^x \dfrac{1}{x^2+y^2}dydx$의 값은?

① $\dfrac{\pi}{4}\ln 2$ ② $\dfrac{\pi}{2}\ln 2+1$ ③ $\pi\ln 2+1$ ④ $2\pi\ln 2-1$

06 다음 반복적분의 값은?

$$\int_{\frac{1}{\sqrt{2}}}^{1}\int_{\sqrt{1-x^2}}^{x} x\,dy\,dx + \int_{1}^{\sqrt{2}}\int_{0}^{\sqrt{2-x^2}} x\,dy\,dx$$

① $\dfrac{4-\sqrt{2}}{6}$ ② $\dfrac{7\sqrt{2}}{6}$ ③ $\dfrac{2\sqrt{6}-\sqrt{3}}{9}$ ④ $\dfrac{7\sqrt{3}}{9}$

07 $\int_0^2 \int_0^{\sqrt{2y-y^2}} \frac{x+y}{x^2+y^2} dx dy$의 값은?

① $\frac{1}{2}+\frac{\pi}{2}$ ② $1+\frac{\pi}{2}$ ③ $1+\pi$ ④ $\frac{1}{2}+\pi$

08 극좌표로 주어진 곡선 $r=3+2\sin\theta$의 내부와 $r=2$의 외부에 놓여 있는 영역을 D라 할 때, 이중적분 $\iint_D \frac{1}{\sqrt{x^2+y^2}} dx dy$의 값은?

① $\frac{4}{3}\pi$ ② $\frac{4}{3}\pi+\frac{\sqrt{3}}{2}$ ③ $\frac{4}{3}\pi+\sqrt{3}$ ④ $\frac{4}{3}\pi+2\sqrt{3}$

09 $\int_0^\infty \frac{1}{2x}\left(\tan^{-1}(2023x)-\tan^{-1}(x)\right) dx$ 의 값은?

① $\frac{\pi}{8}$ ② $\frac{\pi\ln 2023}{4}$ ③ $\frac{\pi\ln 2023}{2}$ ④ π

10 원기둥면 $y^2 = x - x^2$과 곡면 $z^2 = 4x$로 둘러싸인 입체의 부피는?

① $\dfrac{8}{5}$ ② $\dfrac{28}{15}$ ③ $\dfrac{32}{15}$ ④ $\dfrac{6}{5}$

11 xy평면에서 직선 $x + y = 1$과 x축 및 y축에 의해 둘러싸인 영역을 D라 할 때, 곡면 $z = x^2 + y^2 + 1$의 아래에 있고 영역 D 위에 있는 입체의 부피는?

① $\dfrac{1}{2}$ ② $\dfrac{2}{3}$ ③ $\dfrac{5}{6}$ ④ 1

12 좌표공간에서 원뿔면 $z = \sqrt{x^2 + y^2}$과 포물면 $z = 2 - (x^2 + y^2)$으로 둘러싸인 영역의 부피는?

① $\dfrac{\pi}{6}$ ② $\dfrac{\pi}{2}$ ③ $\dfrac{5\pi}{6}$ ④ $\dfrac{7\pi}{6}$

13 영역 $\{(x,y)\,x^2+y^2 \leq 9\}$ 위에서 정의된 함수 $f(x,y)=x^2+y^2$에 대하여 곡면 $z=f(x,y)$의 넓이는?

① $\dfrac{\pi}{6}(37\sqrt{37}-1)$ ② $\dfrac{\pi}{6}(39\sqrt{39}-1)$ ③ $\dfrac{\pi}{4}(37\sqrt{37}-1)$ ④ $\dfrac{\pi}{4}(39\sqrt{39}-1)$

14 곡면 $z=x^2+2y$의 일부인 S는 $xy-$평면 상의 세 점 $O(0,0)$, $A(1,0)$, $B(1,1)$를 꼭짓점으로 갖는 삼각형(내부 포함)을 정사영으로 가진다. 이때, S의 넓이를 구하시오.

① $\dfrac{9}{4}-\dfrac{5}{8}\sqrt{5}$ ② $\dfrac{9}{4}-\dfrac{5}{12}\sqrt{5}$ ③ $\dfrac{5}{4}-\dfrac{5}{12}\sqrt{5}$ ④ $\dfrac{3}{2}$

15 좌표공간에서 다음과 같이 정의되는 입체 E의 겉넓이를 구하면?

$$E=\{(x,y,z)\,|\,0\leq z\leq 1-x^2,\ 0\leq z\leq 1-y^2\}$$

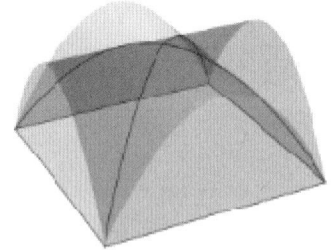

① $\dfrac{10}{3}(\sqrt{5}+1)$ ② $4\sqrt{5}+3$ ③ $\dfrac{4}{3}(5\sqrt{5}-3)$ ④ $\dfrac{5}{3}(5\sqrt{5}-4)$

16 반구면 $x^2+y^2+z^2=1$ $(z\geq 0)$ 을 원기둥면 $x^2+\left(y-\dfrac{1}{2}\right)^2=\dfrac{1}{4}$ 로 잘라낸 곡면의 넓이는?

① $\pi-2$ ② $2\pi-5$ ③ $\sqrt{2}\pi-3$ ④ $2\sqrt{2}\pi-7$

17 구면 $x^2+y^2+z^2=2$에서 $z\geq x^2+y^2$인 곡면의 넓이는?

① $(3-\sqrt{3})\pi$ ② $(4-2\sqrt{2})\pi$ ③ $(5-2\sqrt{3})\pi$ ④ $(6-3\sqrt{2})\pi$

18 매개변수 곡면 $x=uv,\ y=u+v,\ z=u-v,\ u^2+v^2\leq 1$의 넓이를 구하면?

① $\pi\left(2\sqrt{6}-\dfrac{8}{3}\right)$ ② $\pi\left(2\sqrt{6}+\dfrac{8}{3}\right)$ ③ $\dfrac{\pi}{2}\left(2\sqrt{6}-\dfrac{8}{3}\right)$ ④ $\dfrac{\pi}{2}\left(2\sqrt{6}+\dfrac{8}{3}\right)$

19 변환 $x=2r\cos\theta$, $y=3r\sin\theta$에 대하여 야코비안 행렬식 $\left|\dfrac{\partial(x,y)}{\partial(r,\theta)}\right|$를 계산한 결과는?

① $5r$ ② $6r$ ③ $7r$ ④ $8r$

20 변환 $u=2x+y$, $v=2x-y$에 의해 $\displaystyle\int_0^3\int_0^{2x}4e^{4x^2-y^2}dydx=\int_0^\alpha\int_v^\beta \gamma e^{uv}dudv$일 때, $\alpha+\beta+\gamma$의 값은?

① $9+v$ ② $9-2v$ ③ $12-3v$ ④ $19-v$

21 양의 실수 a에 대하여 타원 $9x^2+4y^2=a$로 둘러싸인 영역을 D라고 하고 이중적분 $\displaystyle\iint_D(x^2+3y)dA=\dfrac{8}{27}\pi$일 때, a의 값은?

① 2   ② 4   ③ 6   ④ 8

22 두 직선 $y=x$, $y=ex$와 두 쌍곡선 $xy=1$, $xy=7$에 의해 둘러싸인 제 1사분면 위의 영역을 R이라 할 때, $\iint_R xy\, dxdy$의 값은?

① 4　　　　　② 6　　　　　③ 12　　　　　④ 15

23 네 직선 $y=-2x+4$, $y=-2x+7$, $y=x-2$, $y=x+1$로 둘러싸인 영역을 D라 할 때, 이중적분 $\iint_D (6x^2-3xy-3y^2)e^{3x}\, dA$ 의 값은?

① $6e^9-12e^6-4e^3$　　② $6e^9+12e^6-4e^3$　　③ $6e^9-9e^6-6e^3$　　④ $6e^9+9e^6-6e^3$

06

삼중적분

출제 비중 & 빈출 키워드 리포트

단원	출제 비중	합계 8%	빈출 키워드
1. 삼중적분		2%	· 직교좌표계와 원주좌표계 간 관계
2. 원주좌표계에서의 삼중적분		1%	· 직교좌표계와 구면좌표계 간 관계
3. 구면좌표계에서의 삼중적분		3%	· 질량중심
4. 질량과 질량중심		2%	

1 삼중적분

1. 삼중적분

(1) 정의

직육면체 $Q = \{(x,y,z) | a \leq x \leq b, c \leq y \leq d, e \leq z \leq f\}$ 위의 함수 f의 삼중적분은 다음과 같이 정의한다.

$$\iiint_Q f(x,y,z)dV = \lim_{n \to \infty} \sum_{i=1}^{n} f(x_i^*, y_i^*, z_i^*) \Delta V$$

여기서 $\Delta V = Q_i = [x_{i-1}, x_i] \times [y_{i-1}, y_i] \times [z_{i-1}, z_i]$ (Q의 부분직육면체)이고, (x_i^*, y_i^*, z_i^*)는 Q_i의 한 점이다.

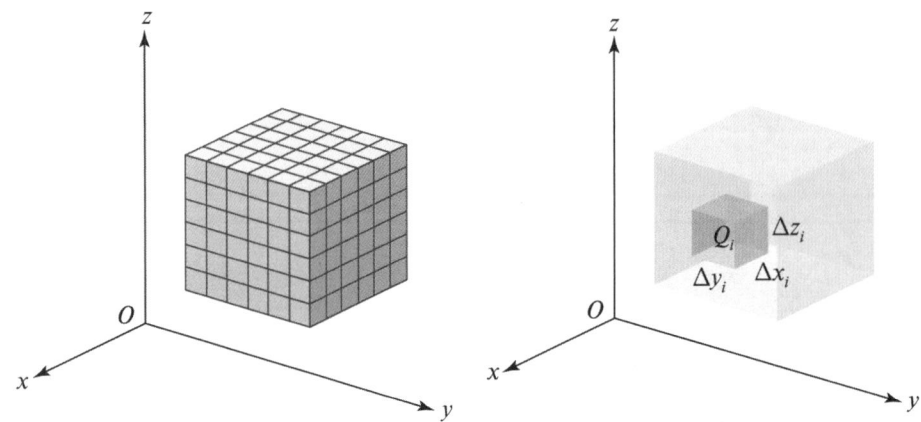

(2) 삼중적분의 표현

f가 직육면체 영역 $[a,b] \times [c,d] \times [e,f]$에서 연속이면 다음이 성립한다.

$$\iiint_Q f(x,y,z)dV = \int_e^f \int_c^d \int_a^b f(x,y,z) dx dy dz$$

(3) 성질

$f(x,y,z)$와 $g(x,y,z)$가 연속함수이면 다음이 성립한다.

① $\iiint_Q kf dV = k \iiint_Q f dV$

② $\iiint_Q (f \pm g) dV = \iiint_Q f dV \pm \iiint_Q g dV$

③ Q 위에서 $f \geq 0$일 때, $\iiint_Q f dV \geq 0$

Q 위에서 $f \geq g$일 때, $\iiint_Q f dV \geq \iiint_Q g dV$

④ $Q = Q_1 \cup Q_2$ 이고 $Q_1 \cap Q_2 = \emptyset$일 때, $\iiint_Q f dV = \iiint_{Q_1} f dV + \iiint_{Q_2} f dV$

⑤ 3차원에서 유계 폐영역 Q의 부피는 $V = \iiint_Q dV$이다.

　즉, $f(x, y, z) = 1$일 때 3차원상 입체의 부피를 의미한다.

⑥ 3차원 공간의 영역 Q 위에서의 함수의 평균값은 $\dfrac{1}{Q의\ 부피} \iiint_Q f\, dV$이다.

2. 일반적인 유계 영역 위에서의 삼중적분

(1) 적분 영역 T의 xy평면 위로의 정사영을 R이라 하면 다음이 성립한다.

$$\iiint_T f(x, y, z)\, dV = \int_a^b \int_{g_1(x)}^{g_2(x)} \int_{k_1(x,y)}^{k_2(x,y)} f(x, y, z)\, dz\, dy\, dx$$

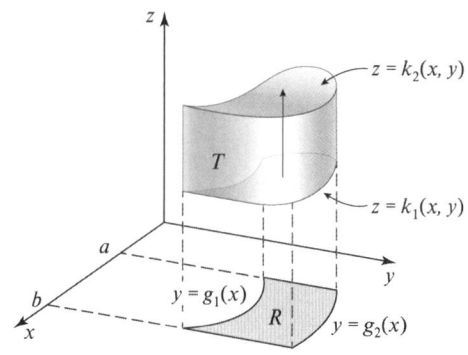

(2) 적분 영역 T의 xz평면 위로의 정사영을 R이라 하면 다음이 성립한다.

$$\iiint_T f(x, y, z)\, dV = \iint_R \int_{k_1(x,z)}^{k_2(x,z)} f(x, y, z)\, dy\, dx\, dz$$

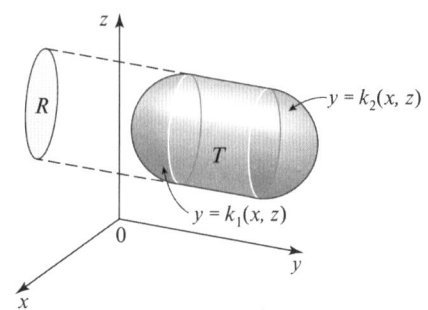

(3) 적분 영역 T의 yz평면 위로의 정사영을 R이라 하면 다음이 성립한다.

$$\iiint_T f(x,y,z)dV = \iint_R \int_{k_1(y,z)}^{k_2(y,z)} f(x,y,z)dxdydz$$

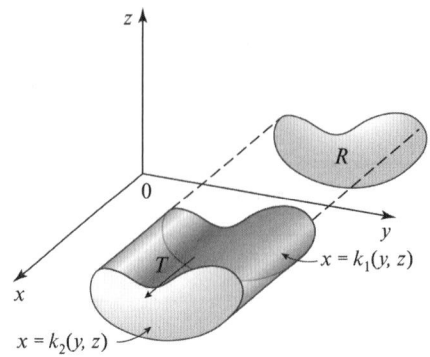

3. 삼중적분 계산 순서와 푸비니 정리

(1) $\iiint_E f(x,y,z)dzdydx$ 인 경우의 적분 순서

① y, x를 고정하고 z에 대해 적분한다.

② x를 고정하고 y에 대해 적분한다.

③ 마지막으로 x에 대해 적분한다.

(2) 삼중적분의 푸비니(Fubini) 정리

이중적분의 적분 순서를 변경하듯이 함수 $f(x,y,z)$가 영역 E에서 연속이면 6가지의 삼중적분 결과가 모두 같다. 이를 삼중적분의 푸비니 정리라 한다.

개념적용

01

영역 $V: 0 \leq y \leq x \leq \frac{\pi}{2},\ 0 \leq z \leq x+y$에 대하여 $\iiint_V \sin(x+y+z)\,dx\,dy\,dz$를 구하시오.

① $\frac{1}{4}$ ② $\frac{1}{2}$ ③ $\frac{3}{4}$ ④ 1

공략 포인트

삼중적분의 표현
$\iiint_Q f(x,y,z)\,dV$
$= \int_e^f \int_c^d \int_a^b f(x,y,z)\,dx\,dy\,dz$

풀이

$\iiint_V \sin(x+y+z)\,dx\,dy\,dz = \int_0^{\frac{\pi}{2}} \int_0^x \int_0^{x+y} \sin(x+y+z)\,dz\,dy\,dx$

$= \int_0^{\frac{\pi}{2}} \int_0^x [-\cos(x+y+z)]_0^{x+y}\,dy\,dx$

$= \int_0^{\frac{\pi}{2}} \int_0^x (\cos(x+y) - \cos 2(x+y))\,dy\,dx$

$= \int_0^{\frac{\pi}{2}} \left[\sin(x+y) - \frac{\sin 2(x+y)}{2}\right]_0^x dx$

$= \int_0^{\frac{\pi}{2}} \left(\sin 2x - \sin x - \frac{\sin 4x - \sin 2x}{2}\right)dx = \frac{1}{2}$

정답 ②

02

삼중적분 $\int_0^1 \int_{\sin^{-1}y}^{\frac{\pi}{2}} \int_0^{\cos x} \sqrt{1+\cos^2 x}\,dz\,dx\,dy$를 계산하면?

① $\frac{2\sqrt{2}-1}{3}$ ② $\frac{2\sqrt{2}+1}{3}$ ③ $\frac{\sqrt{2}-1}{3}$ ④ $\frac{\sqrt{2}+1}{3}$

공략 포인트

삼중적분의 표현
$\iiint_Q f(x,y,z)\,dV$
$= \int_e^f \int_c^d \int_a^b f(x,y,z)\,dx\,dy\,dz$

풀이

$\int_0^1 \int_{\sin^{-1}y}^{\frac{\pi}{2}} \int_0^{\cos x} \sqrt{1+\cos^2 x}\,dz\,dx\,dy = \int_0^1 \int_{\sin^{-1}y}^{\frac{\pi}{2}} \cos x\sqrt{1+\cos^2 x}\,dx\,dy$이다.

적분 순서를 변경하면 다음과 같다.

$\int_0^1 \int_{\sin^{-1}y}^{\frac{\pi}{2}} \cos x\sqrt{1+\cos^2 x}\,dx\,dy = \int_0^{\frac{\pi}{2}} \int_0^{\sin x} \cos x\sqrt{1+\cos^2 x}\,dy\,dx$

$= \int_0^{\frac{\pi}{2}} \sin x \cos x\sqrt{1+\cos^2 x}\,dx$

$= \int_0^1 u\sqrt{1+u^2}\,du$ ($\because u = \cos x$로 치환)

$= \frac{1}{3}\left[(1+u^2)^{\frac{3}{2}}\right]_0^1 = \frac{2\sqrt{2}-1}{3}$

정답 ①

03

삼중적분 $\int_0^3 \int_0^2 \int_{z^2}^9 xz\sin(y^2)\,dy\,dx\,dz$ 를 구하면?

① $\dfrac{1}{2}(1-\cos 81)$ ② $\dfrac{1}{3}(1-\cos 81)$

③ $\dfrac{1}{2}(1-\cos 9)$ ④ $\dfrac{1}{3}(1-\cos 9)$

공략 포인트

삼중적분의 표현
$$\iiint_Q f(x,y,z)\,dV = \int_e^f \int_c^d \int_a^b f(x,y,z)\,dx\,dy\,dz$$

풀이

적분 순서를 변경하면
$$\int_0^3 \int_0^2 \int_{z^2}^9 xz\sin(y^2)\,dy\,dx\,dz = \int_0^2 \int_0^9 \int_0^{\sqrt{y}} xz\sin(y^2)\,dz\,dy\,dx$$
$$= \int_0^2 \int_0^9 \frac{1}{2}xy\sin(y^2)\,dy\,dx$$
$$= \frac{1}{2}(1-\cos 81)$$

정답 ①

04

꼭짓점이 $(0,0,0),\ (1,0,0),\ (0,1,0),\ (0,0,1)$ 인 사면체의 체적을 구하기 위한 반복적분은?

① $\int_0^1 \int_0^1 \int_0^1 dx\,dy\,dz$ ② $\int_0^1 \int_0^1 \int_0^{1-y-x} dz\,dx\,dy$

③ $\int_0^1 \int_0^{1-z} \int_0^{1-y} dx\,dy\,dz$ ④ $\int_0^1 \int_0^{1-z} \int_0^{1-y-z} dx\,dy\,dz$

공략 포인트

3차원에서 유계 폐영역 Q의 부피

풀이

세 점 $(1,0,0),\ (0,1,0),\ (0,0,1)$을 잇는 평면의 방정식은
$x+y+z=1$ 이므로 제1 팔분공간상에서 사면체의 영역을 나타내면 다음과 같다.

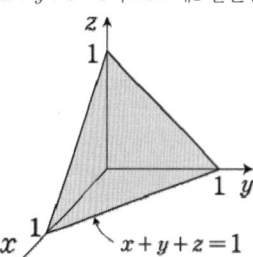

$E = \{(x,y,z)\mid 0 \le z \le 1,\ 0 \le y \le 1-z,\ 0 \le x \le 1-y-z\}$ 이므로
$V = \int_0^1 \int_0^{1-z} \int_0^{1-y-z} dx\,dy\,dz$ 이다.

정답 ④

05

공간영역 $\{(x, y, z) \mid 0 \leq x \leq 2, 0 \leq y \leq 1, 0 \leq z \leq 1-y\}$의 부피를 구하는 반복적분식이 <u>아닌</u> 것은?

① $\int_0^2 \int_0^1 (1-y)dydx$

② $\int_0^1 \int_0^2 (1-z)dxdz$

③ $\int_0^2 \int_0^1 \int_0^{1-z} dydzdx$

④ $\int_0^1 \int_0^{1-y} \int_0^2 dxdzdy$

⑤ $\int_0^1 \int_0^1 \int_0^{1-z} dxdydz$

공략 포인트

3차원에서 유계 폐영역 Q의 부피

$V = \iiint_Q dV$

풀이

주어진 적분영역은 $0 \leq x \leq 1, \sqrt{x} \leq y \leq 1, 0 \leq z \leq 1-y$이므로 그림으로 나타내면 다음과 같다.

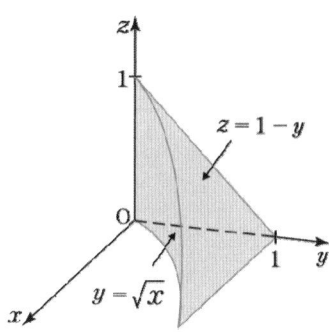

주어진 영역 E를 각 평면 위로 사영시킨 그래프가 다음과 같다.

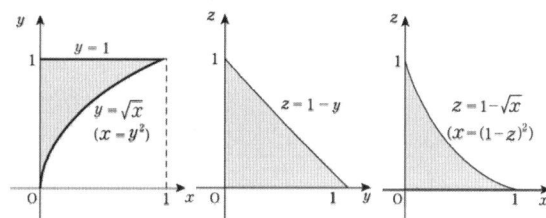

① 영역 $D : 0 \leq x \leq 2, 0 \leq y \leq 1$ 위에서 $z = 1-y$와 xy평면으로 둘러싸인 입체의 부피이므로 이중적분으로 표현하면 $\int_0^2 \int_0^1 (1-y)dydx$이다.

② 영역 $D : 0 \leq x \leq 2, 0 \leq z \leq 1$ 위에서 $y = 1-z$와 xz평면으로 둘러싸인 입체의 부피이므로 이중적분으로 표현하면 $\int_0^1 \int_0^2 (1-z)dxdz$이다.

③ $\{(x, y, z) \mid 0 \leq x \leq 2, 0 \leq y \leq 1, 0 \leq y \leq 1-z\}$ 영역의 부피를 삼중적분으로 표현하면 $\int_0^2 \int_0^1 \int_0^{1-z} dydzdx$이다.

④ $\{(x, y, z) \mid 0 \leq x \leq 2, 0 \leq z \leq 1, 0 \leq z \leq 1-y\}$ 영역의 부피를 삼중적분으로 표현하면 $\int_0^1 \int_0^2 \int_0^{1-y} dzdxdy$이고, 이를 적분순서 변경하면 $\int_0^1 \int_0^{1-y} \int_0^2 dxdzdy$이다.

정답 ⑤

2. 원주좌표계에서의 삼중적분

1. 원주좌표계

(1) 표현

원주좌표계에서는 3차원 공간의 점 $p(x,y,z)$를 $p(r,\theta,z)$로 나타낸다.

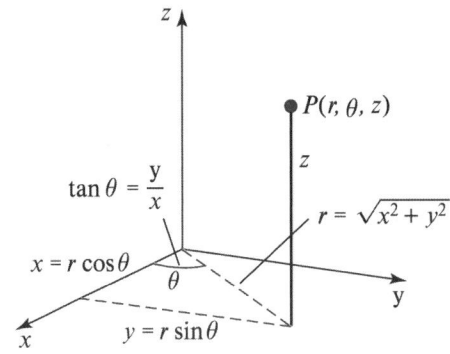

(2) 직교좌표계와 원주좌표계의 관계

구분	직교좌표계	원주좌표계
좌 표	(x, y, z)	(r, θ, z)
변수 사이의 관계	x	$r\cos\theta$
	y	$r\sin\theta$
	z	z
	x^2+y^2	r^2
적분소	$dzdxdy$	$rdzdrd\theta$

(3) 좌표변환 예시

① 직교좌표가 $(2, 2, 1)$인 점을 원주좌표로 표현하면

$r=\sqrt{x^2+y^2}=\sqrt{4+4}=2\sqrt{2}$, $\theta=\tan^{-1}\dfrac{y}{x}=\tan^{-1}1=\dfrac{\pi}{4}$, $z=1$이므로 $\left(2\sqrt{2},\dfrac{\pi}{4},1\right)$이다.

② 원주좌표가 $\left(4,\dfrac{\pi}{3},2\right)$인 점을 직교좌표로 표현하면

$x=r\cos\theta=4\cos\dfrac{\pi}{3}=2$, $y=r\sin\theta=4\sin\dfrac{\pi}{3}=2\sqrt{3}$, $z=2$이므로 $(2,2\sqrt{3},2)$이다.

③ 직교좌표계의 영역 $\{(x,y,z)\,|\,x^2+y^2\leq 4, 0\leq z\leq 3\}$을 원주좌표로 표현하면
$\{(r,\theta,z)\,|\,0\leq r\leq 2, 0\leq \theta\leq 2\pi, 0\leq z\leq 3\}$이다.

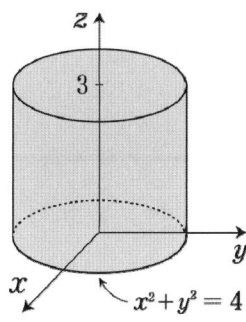

④ 직교좌표계 영역 $\{(x,y,z) \mid \sqrt{x^2+y^2} \leq z \leq 4\}$을 원주좌표로 표현하면
$\{(r,\theta,z) \mid 0 \leq r \leq 4, 0 \leq \theta \leq 2\pi, r \leq z \leq 4\}$이다.

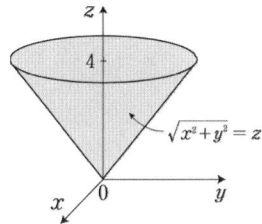

TIP $\tan\theta = 1 \Leftrightarrow \theta = \dfrac{\pi}{4} + 2n\pi$이므로 극좌표계에서와 같이 무수히 많은 선택의 여지가 있음에 주의한다.

2. 원주좌표계에서의 적분

(1) $T = \{(x,y,z) \mid (x,y) \in R, h_1(x,y) \leq z \leq h_2(x,y)\}$이고 f를 연속함수라 할 때, 영역 T를 xy평면 위로 사영한 영역 $R = \{(r,\theta) \mid \alpha \leq \theta \leq \beta, g_1(\theta) \leq r \leq g_2(\theta)\}$라 하면 적분은 다음과 같다.

$$\iiint_T f(x,y,z)dV = \iint_R \left[\int_{h_1(x,y)}^{h_2(x,y)} f(x,y,z)dz\right]dA = \int_\alpha^\beta \int_{g_1(\theta)}^{g_2(\theta)} \int_{h_1(r\cos\theta,r\sin\theta)}^{h_2(r\cos\theta,r\sin\theta)} f(r\cos\theta,r\sin\theta,z)r\,dz\,dr\,d\theta$$

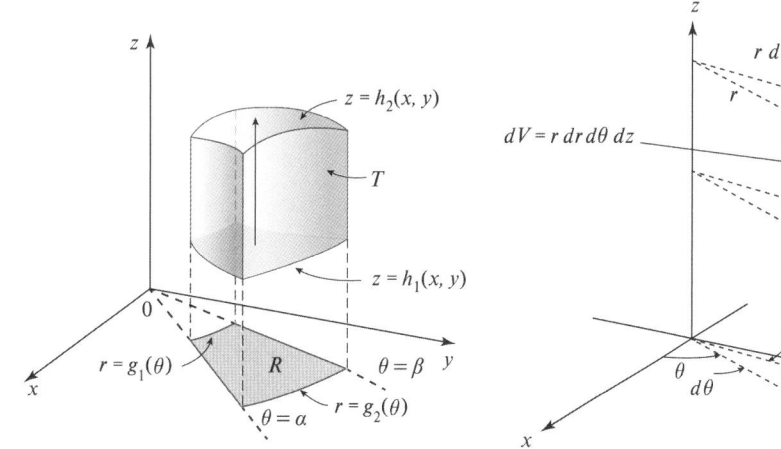

(2) 직교좌표계를 원주좌표계로 변환할 때, 즉 $x = r\cos\theta, y = r\sin\theta, z = z$일 때의 야코비안은 다음과 같다.

$$J = \begin{vmatrix} x_r & x_\theta & x_z \\ y_r & y_\theta & y_z \\ z_r & z_\theta & z_z \end{vmatrix} = \begin{vmatrix} \cos\theta & -r\sin\theta & 0 \\ \sin\theta & r\cos\theta & 0 \\ 0 & 0 & 1 \end{vmatrix} = r$$

TIP 원주좌표계는 T가 정사영 된 영역 R이 극좌표로 쉽게 표현될 때 사용하면 편리하다.

개념적용

01

3차원 공간에서 원기둥면 $x^2+y^2=4$, 포물면 $z=x^2+y^2$, 그리고 xy-평면으로 둘러싸인 영역을 S라 할 때, $\iiint_S z\, dxdydz$ 를 구하면?

① $\dfrac{32\pi}{3}$ ② $\dfrac{16\pi}{3}$ ③ 4π ④ 3π

공략 포인트

직교좌표와 원주좌표간 변수변환
$x = r\cos\theta$
$y = r\sin\theta$
$z = z$
$x^2 + y^2 = r^2$

풀이

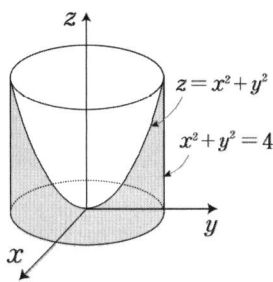

영역 $S = \{(x, y, z)\,|\, x^2+y^2 \leq 4,\, 0 \leq z \leq x^2+y^2\}$이고
원주좌표계로 변환하면
$S = \{(r, \theta, z)\,|\, 0 \leq r \leq 2,\, 0 \leq \theta \leq 2\pi,\, 0 \leq z \leq r^2\}$이므로

$$\iiint_S z\, dxdydz = \int_0^{2\pi}\int_0^2\int_0^{r^2} z\, rdzdrd\theta \ (\because \text{원주좌표계에서의 적분})$$

$$= \int_0^{2\pi}\int_0^2 \frac{1}{2}[z^2]_0^{r^2}\, rdrd\theta$$

$$= \frac{1}{2}\int_0^{2\pi}\int_0^2 r^4 \cdot rdrd\theta$$

$$= \frac{1}{2}\int_0^{2\pi} \frac{1}{6}[r^6]_0^2\, d\theta$$

$$= \frac{2^6}{12}\int_0^{2\pi} d\theta$$

$$= \frac{2^6}{12} \cdot 2\pi = \frac{32\pi}{3}$$

정답 ①

02

E는 $z=0$, $z=x+y+5$, $x^2+y^2=1$, $x^2+y^2=4$로 둘러싸인 영역이다.

$\iiint_E x^3 dV$를 계산하면?

① $\dfrac{63\pi}{8}$ ② $\dfrac{63\pi}{4}$ ③ $\dfrac{51\pi}{4}$ ④ $\dfrac{51\pi}{8}$

공략 포인트

직교좌표와 원주좌표간 변수변환
$x=r\cos\theta$
$y=r\sin\theta$
$z=z$
$x^2+y^2=r^2$

풀이

원주좌표계로 변환하면

$$\iiint_E x^3 dV = \int_0^{2\pi}\int_1^2\int_0^{r\cos\theta+r\sin\theta+5}(r\cos\theta)^3 r\,dz\,dr\,d\theta$$
$$= \int_0^{2\pi}\int_1^2 (r^5\cos^4\theta + r^5\cos^3\theta\sin\theta + 5r^4\cos^3\theta)dr\,d\theta$$
$$= \int_1^2\int_0^{2\pi} (r^5\cos^4\theta + r^5\cos^3\theta\sin\theta + 5r^4\cos^3\theta)d\theta\,dr$$

여기서 $\int_0^{2\pi}\cos^3\theta\,d\theta = 0$, $\int_0^{2\pi}\cos^3\theta\sin\theta\,d\theta = 0$, $\int_0^{2\pi}\cos^4\theta\,d\theta = 4\int_0^{\pi/2}\cos^4\theta\,d\theta = \dfrac{3\pi}{4}$ 이므로

$\int_1^2\int_0^{2\pi}(r^5\cos^4\theta + r^5\cos^3\theta\sin\theta + 5r^4\cos^3\theta)d\theta\,dr = \dfrac{63\pi}{8}$ 이다.

정답 ①

03

좌표를 변환하여 다음 삼중적분을 계산하면?

$$\int_{-1}^{1}\int_{-\sqrt{1-x^2}}^{\sqrt{1-x^2}}\int_{x^2+y^2}^{3-x^2-y^2}(x^2+y^2)^{\frac{3}{2}}dz\,dy\,dx$$

① $\dfrac{16\pi}{35}$ ② $\dfrac{18\pi}{35}$ ③ $\dfrac{20\pi}{35}$ ④ $\dfrac{22\pi}{35}$

공략 포인트

직교좌표와 원주좌표간 변수변환
$x=r\cos\theta$
$y=r\sin\theta$
$z=z$
$x^2+y^2=r^2$

풀이

원주좌표계를 이용하면

$D = \{(x,y,z)\,|\,-1\le x\le 1,\,-\sqrt{1-x^2}\le y\le\sqrt{1-x^2},\,x^2+y^2\le z\le 3-x^2-y^2\}$
$= \{(r,\theta,z)\,|\,0\le r\le 1,\,0\le\theta\le 2\pi,\,r^2\le z\le 3-r^2\}$ 이므로

$$\int_{-1}^{1}\int_{-\sqrt{1-x^2}}^{\sqrt{1-x^2}}\int_{x^2+y^2}^{3-x^2-y^2}(x^2+y^2)^{\frac{3}{2}}dz\,dy\,dx = \int_0^{2\pi}\int_0^1\int_{r^2}^{3-r^2}(r^2)^{\frac{3}{2}}r\,dz\,dr\,d\theta$$
$$= \int_0^{2\pi}\int_0^1 (3-2r^2)(r^2)^{\frac{3}{2}}r\,dr\,d\theta$$
$$= \int_0^{2\pi}\int_0^1 (3r^4 - 2r^6)dr\,d\theta$$
$$= \int_0^{2\pi}\left(\dfrac{3}{5} - \dfrac{2}{7}\right)d\theta = \dfrac{22}{35}\pi$$

정답 ④

04

삼중적분 $\int_0^1 \int_0^{\sqrt{1-x^2}} \int_{\sqrt{x^2+y^2}}^1 z^3 dzdydx$ 의 값을 구하면?

① $\dfrac{\pi}{12}$ ② $\dfrac{\pi}{24}$ ③ $\dfrac{3\pi}{2}$ ④ 2π

공략 포인트

직교좌표와 원주좌표간 변수변환
$x = r\cos\theta$
$y = r\sin\theta$
$z = z$
$x^2 + y^2 = r^2$

풀이

$\int_0^1 \int_0^{\sqrt{1-x^2}} \int_{\sqrt{x^2+y^2}}^1 z^3 \, dzdydx$

$= \int_0^{\frac{\pi}{2}} \int_0^1 \int_r^1 z^3 \cdot r \, dzdrd\theta$ (∵ 원주좌표계에서의 적분)

$= \int_0^{\frac{\pi}{2}} \int_0^1 \frac{1}{4}[z^4]_r^1 \, r \, drd\theta$

$= \frac{1}{4} \int_0^{\frac{\pi}{2}} \int_0^1 (r - r^5) \, drd\theta$

$= \frac{1}{12} \int_0^{\frac{\pi}{2}} d\theta = \frac{\pi}{24}$

정답 ②

05

곡면 $z = -\sqrt{x^2+y^2}$ 과 $z = x^2 + y^2 - 2$로 둘러싸인 영역의 부피를 구하면?

① $\dfrac{\pi}{2}$ ② $\dfrac{3\pi}{2}$ ③ $\dfrac{12\pi}{5}$ ④ $\dfrac{5\pi}{6}$

공략 포인트

직교좌표와 원주좌표간 변수변환
$x = r\cos\theta$
$y = r\sin\theta$
$z = z$
$x^2 + y^2 = r^2$

풀이

두 곡면의 교선을 구하면 $z = z^2 - 2 \Rightarrow z^2 - z - 2 = 0 \Rightarrow (z+1)(z-2) = 0$
∴ $z = -1$ (∵ $z < 0$)이므로 부피는 다음과 같다.

$\int_0^{2\pi} \int_0^1 \int_{r^2-2}^{-r} r \, dz \, dr \, d\theta = \int_0^{2\pi} \int_0^1 r(-r - r^2 + 2) \, dr \, d\theta$

$= \int_0^{2\pi} \left[-\frac{1}{3}r^3 - \frac{1}{4}r^4 + r^2\right]_0^1 d\theta$

$= \int_0^{2\pi} \frac{5}{12} \, d\theta = \frac{5\pi}{6}$

정답 ④

3 구면좌표계에서의 삼중적분

1. 구면좌표계

(1) 표현

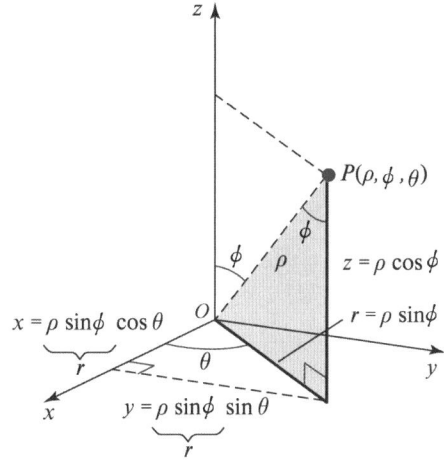

공간에서의 점 P의 구면좌표 (ρ, θ, ϕ)는 위의 그림과 같다.

① $\rho = |OP|$: 원점에서 P까지의 거리 $(\rho \geq 0)$

② θ : 원주좌표에서와 같은 각

③ ϕ : 양의 z축과 선분 OP사이의 각 $(0 \leq \phi \leq \pi)$

(2) 좌표공간 표현

① $\rho = 3$을 좌표공간에 표현하면 다음과 같다.

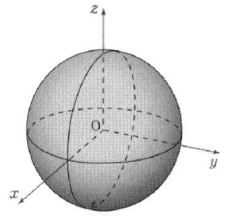

② $\theta = \dfrac{\pi}{3}$를 좌표공간에 표현하면 다음과 같다.

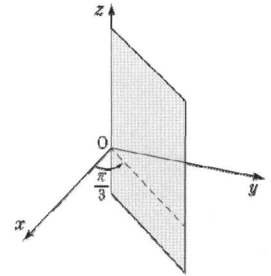

③ $\phi = \dfrac{\pi}{4}$를 좌표공간에 표현하면 다음과 같다.

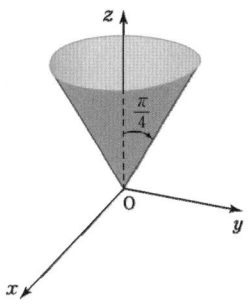

2. 직교좌표계와 구면좌표계의 관계

(1) 변환표

구분	직교좌표계	구면좌표계
좌표	(x, y, z)	(ρ, ϕ, θ)
변수 사이의 관계	x	$\rho \sin\phi \cos\theta$
	y	$\rho \sin\phi \sin\theta$
	z	$\rho \cos\phi$
제곱관계	$x^2 + y^2 + z^2$	ρ^2
	$x^2 + y^2$	$r^2 = (\rho \sin\phi)^2$
적분소	$dz\,dx\,dy$	$\rho^2 \sin\phi\, d\rho\, d\phi\, d\theta$

(2) 예시

① 직교좌표계의 점 $(2, 2, 3)$을 구면좌표계의 점 (ρ, ϕ, θ)로 표현하면

$$\begin{cases} x = \rho \sin\phi \cos\theta \\ y = \rho \sin\phi \sin\theta \\ z = \rho \cos\phi \end{cases} \text{이고}, \begin{cases} \rho = \sqrt{x^2 + y^2 + z^2} \\ \cos\phi = \dfrac{z}{\rho} \\ \tan\theta = \dfrac{y}{x} \end{cases} \text{에서}$$

$\rho = \sqrt{2^2 + 2^2 + 3^2} = \sqrt{17}$, $\phi = \cos^{-1}\dfrac{3}{\sqrt{17}}$, $\theta = \tan^{-1}\dfrac{2}{2} = \dfrac{\pi}{4}$ 이므로

구면좌표는 $\left(\sqrt{17}, \cos^{-1}\dfrac{3}{\sqrt{17}}, \dfrac{\pi}{4}\right)$ 이다.

② 구면좌표계의 점 $\left(1, \dfrac{\pi}{3}, \dfrac{\pi}{4}\right)$를 직교좌표계의 점 (x, y, z)로 표현하면

$$\begin{cases} x = \rho \sin\phi \cos\theta \\ y = \rho \sin\phi \sin\theta \\ z = \rho \cos\phi \end{cases} \text{에서} \begin{cases} x = \rho \sin\phi \cos\theta = 1 \cdot \sin\dfrac{\pi}{3} \cdot \cos\dfrac{\pi}{4} = \dfrac{\sqrt{6}}{4} \\ y = \rho \sin\phi \sin\theta = 1 \cdot \sin\dfrac{\pi}{3} \cdot \sin\dfrac{\pi}{4} = \dfrac{\sqrt{6}}{4} \\ z = \rho \cos\phi = 1 \cdot \cos\dfrac{\pi}{3} = \dfrac{1}{2} \end{cases} \text{이므로}$$

직교좌표는 $\left(\dfrac{\sqrt{6}}{4}, \dfrac{\sqrt{6}}{4}, \dfrac{1}{2}\right)$ 이다.

③ 직교좌표계 영역 $0 \leq z \leq \sqrt{4-x^2-y^2}$ 을 구면 좌표로 표현하면
$\{(\rho,\theta,\phi) \mid 0 \leq \rho \leq 2,\ 0 \leq \phi \leq \dfrac{\pi}{2},\ 0 \leq \theta \leq 2\pi\}$이다.

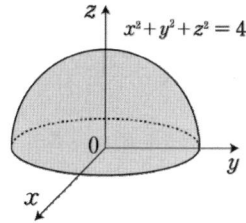

④ 직교좌표계에서 $x^2+y^2+z^2=1$과 $x^2+y^2+z^2=4$로 둘러싸인 영역을 구면 좌표로 표현하면
$\{(\rho,\theta,\phi) \mid 1 \leq \rho \leq 2,\ 0 \leq \phi \leq \pi,\ 0 \leq \theta \leq 2\pi\}$이다.

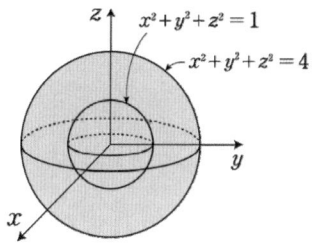

3. 구면좌표계에서의 적분

(1) 영역 $T=\{(\rho,\phi,\theta) \mid h_1(\phi,\theta) \leq \rho \leq h_2(\phi,\theta),\ c \leq \phi \leq d,\ \alpha \leq \theta \leq \beta\}$이고 f를 연속함수라 가정하면 구면좌표계에서의 적분은 다음과 같다.

$$\iiint_T f(x,y,z)dV = \int_\alpha^\beta \int_c^d \int_{h_1(\phi,\theta)}^{h_2(\phi,\theta)} f(\rho\sin\phi\cos\theta, \rho\sin\phi\sin\theta, \rho\cos\phi)\rho^2\sin\phi\, d\rho d\phi d\theta$$

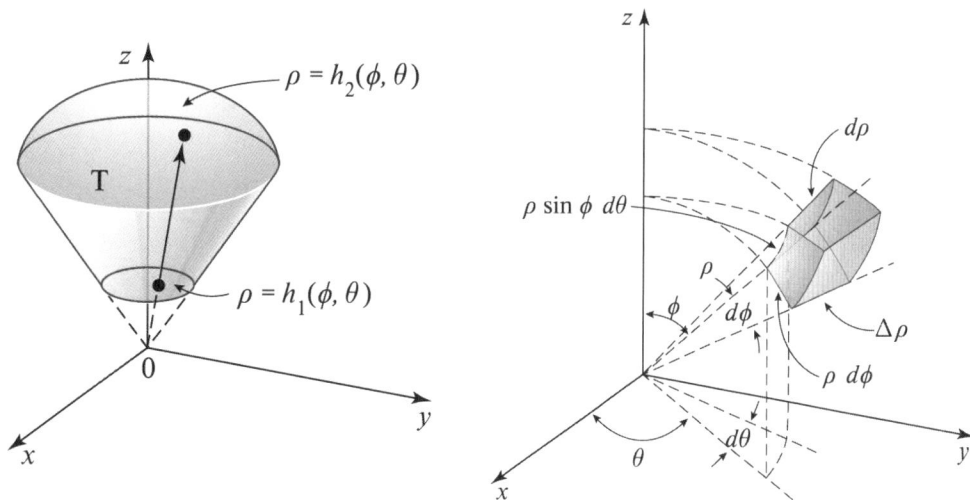

(2) 직교좌표계 (x,y,z)를 구면좌표계 (ρ,ϕ,θ)로 변환할 때
즉, $x=\rho\sin\phi\cos\theta,\ y=\rho\sin\phi\sin\theta,\ z=\rho\cos\phi$일 때의 야코비안은 다음과 같다.

$$J = \begin{vmatrix} x_\rho & x_\phi & x_\theta \\ y_\rho & y_\phi & y_\theta \\ z_\rho & z_\phi & z_\theta \end{vmatrix} = \begin{vmatrix} \sin\phi\cos\theta & \rho\cos\phi\cos\theta & -\rho\sin\phi\sin\theta \\ \sin\phi\sin\theta & \rho\cos\phi\sin\theta & \rho\sin\phi\cos\theta \\ \cos\phi & -\rho\sin\phi & 0 \end{vmatrix} = \rho^2\sin\phi$$

TIP ▶ 구면좌표계는 영역이 구 또는 구의 일부분일 때 사용하면 편리하다.

개념적용

01

공간상의 한 점 P의 좌표를 (a, b, c)라 하고, 점 P를 xy평면에 투영한 점을 Q라 한다. 원점 O로부터 P까지의 거리를 ρ, z축의 양의 방향과 벡터 OP가 이루는 각도를 ϕ, x축의 양의 방향과 벡터 OQ가 이루는 각도를 θ라 한다. 다음 보기에서 옳은 것을 모두 고른 것은?

| 보 기 |

ㄱ. $\rho \sin\phi = c$ ㄴ. $a = \rho\sin\phi\cos\theta$ ㄷ. $(\rho\sin\phi)^2 = a^2 + b^2$

① ㄱ ② ㄱ, ㄴ ③ ㄴ, ㄷ ④ ㄱ, ㄴ, ㄷ

공략 포인트

직교좌표와 구면좌표간 좌표변환
$x = \rho\sin\phi\cos\theta$
$y = \rho\sin\phi\sin\theta$
$z = \rho\cos\phi$
$x^2 + y^2 + z^2 = \rho^2$

풀이

ㄱ. (거짓) $c = \rho\cos\phi$
ㄴ. (참) $a = \rho\sin\phi\cos\theta$
ㄷ. (참) $a^2 + b^2 = (\rho\sin\phi\cos\theta)^2 + (\rho\sin\phi\sin\theta)^2 = \rho^2\sin^2\phi(\cos^2\theta + \sin^2\theta) = (\rho\sin\phi)^2$

즉, 보기 중 옳은 것은 ㄴ, ㄷ이다.

정답 ③

02

주면(원주)좌표와 구면좌표로 표현된 다음의 두 적분이 다음과 같다.

$$\int_0^\pi \int_0^{\sqrt{2}} \int_0^{\sqrt{2-r^2}} r^2 \, dz \, dr \, d\theta = \int_0^\pi \int_0^A \int_0^B C \, d\rho \, d\phi \, d\theta$$

A, B, C에 들어갈 수나 식을 각각 구하면?

① $A = \dfrac{\pi}{2}$, $B = 2$, $C = \rho^3\sin^2\phi$ ② $A = \dfrac{\pi}{2}$, $B = 2$, $C = \rho^2\sin\phi$

③ $A = \dfrac{\pi}{2}$, $B = \sqrt{2}$, $C = \rho^3\sin^2\phi$ ④ $A = \dfrac{\pi}{2}$, $B = \sqrt{2}$, $C = \rho^2\sin\phi$

공략 포인트

직교좌표와 원주좌표간 변수변환
$x = r\cos\theta$
$y = r\sin\theta$
$z = z$
$x^2 + y^2 = r^2$

직교좌표와 구면좌표간 좌표변환
$x = \rho\sin\phi\cos\theta$
$y = \rho\sin\phi\sin\theta$
$z = \rho\cos\phi$
$x^2 + y^2 + z^2 = \rho^2$

풀이

$\int_0^\pi \int_0^{\sqrt{2}} \int_0^{\sqrt{2-r^2}} r^2 \, dz \, dr \, d\theta = \iiint_E \sqrt{x^2 + y^2} \, dV$이다.

여기서 $E = \{(x,y,z) \mid -\sqrt{2} \leq x \leq \sqrt{2}, 0 \leq y \leq \sqrt{2-x^2}, 0 \leq z \leq \sqrt{2-(x^2+y^2)}\}$이므로

$\iiint_E \sqrt{x^2+y^2} \, dV = \int_0^\pi \int_0^{\frac{\pi}{2}} \int_0^{\sqrt{2}} \rho\sin\phi \cdot \rho^2\sin\phi \, d\rho \, d\phi \, d\theta = \int_0^\pi \int_0^{\frac{\pi}{2}} \int_0^{\sqrt{2}} \rho^3 \sin^2\phi \, d\rho \, d\phi \, d\theta$

따라서 $A = \dfrac{\pi}{2}$, $B = \sqrt{2}$, $C = \rho^3\sin^2\phi$이다.

정답 ③

03

중심이 원점이고 반지름의 길이가 2인 구의 내부와 원뿔 $z = \sqrt{\dfrac{x^2+y^2}{3}}$ 의 윗부분으로 이루어진 영역의 부피는?

① $\dfrac{4}{3}\pi$ ② 2π ③ $\dfrac{8}{3}\pi$ ④ $\dfrac{10}{3}\pi$

공략 포인트

직교좌표와 구면좌표간 좌표변환
$x = \rho\sin\phi\cos\theta$
$y = \rho\sin\phi\sin\theta$
$z = \rho\cos\phi$
$x^2 + y^2 + z^2 = \rho^2$

풀이

영역 $E = \left\{(x, y, z) \;\middle|\; x^2 + y^2 + z^2 \leq 4,\; z \geq \sqrt{\dfrac{x^2+y^2}{3}}\right\}$이므로

부피는 $\iiint_E dV$이다.

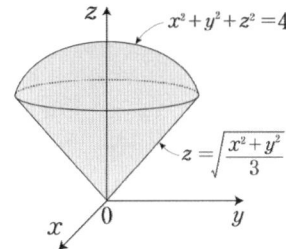

구면좌표계로 변경하면

$E = \left\{(x, y, z) \;\middle|\; x^2 + y^2 + z^2 \leq 4,\; z \geq \sqrt{\dfrac{x^2+y^2}{3}}\right\}$

$= \left\{(\rho, \phi, \theta) \;\middle|\; 0 \leq \rho \leq 2,\; 0 \leq \phi \leq \dfrac{\pi}{3},\; 0 \leq \theta \leq 2\pi\right\}$이므로

$\iiint_E dV = \int_0^{2\pi}\int_0^{\frac{\pi}{3}}\int_0^2 \rho^2\sin\phi\, d\rho d\phi d\theta$

$= \int_0^{2\pi}\int_0^{\frac{\pi}{3}} \dfrac{1}{3}[\rho^3]_0^2 \sin\phi\, d\phi d\theta$

$= \dfrac{8}{3}\int_0^{2\pi}\int_0^{\frac{\pi}{3}} \sin\phi\, d\phi d\theta$

$= -\dfrac{8}{3}\int_0^{2\pi} [\cos\phi]_0^{\frac{\pi}{3}}\, d\theta$

$= -\dfrac{8}{3}\int_0^{2\pi}\left(\dfrac{1}{2} - 1\right)d\theta = \dfrac{4}{3} \times 2\pi = \dfrac{8}{3}\pi$

정답 ③

04

원뿔 $z = \sqrt{3(x^2+y^2)}$의 아랫부분과 구 $x^2+y^2+z^2 = 2z$의 내부로 이루어진 입체의 부피는?

① $\dfrac{\pi}{2}$ ② $\dfrac{3\pi}{4}$ ③ π ④ $\dfrac{5\pi}{4}$

공략 포인트

직교좌표와 구면좌표간 좌표변환
$x = \rho\sin\phi\cos\theta$
$y = \rho\sin\phi\sin\theta$
$z = \rho\cos\phi$
$x^2+y^2+z^2 = \rho^2$

풀이

영역 $E = \{(\rho, \theta, \phi) \mid 0 \leq \rho \leq 2\cos\phi, \dfrac{\pi}{6} \leq \phi \leq \dfrac{\pi}{2}, 0 \leq \theta \leq 2\pi\}$이므로

부피는 $\iiint_E dzdydx$ 이다.

구면좌표로 변환하면 입체의 부피는 다음과 같다.

$$\iiint_E \rho^2\sin\phi\,d\rho d\phi d\theta = \int_0^{2\pi}\int_{\pi/6}^{\pi/2}\int_0^{2\cos\phi} \rho^2\sin\phi d\rho d\phi d\theta = \dfrac{3\pi}{4}$$

정답 ②

05

$E = \left\{(x, y, z) \,\Big|\, \dfrac{x^2}{3} + \dfrac{y^2}{3} + z^2 \leq 1\right\}$일 때, $\iiint_E \left(\dfrac{x^2}{3} + \dfrac{y^2}{3} + z^2\right)^3 dxdydz$의 값은?

① $\dfrac{\pi}{3}$ ② $\dfrac{2\pi}{3}$ ③ $\dfrac{4\pi}{3}$ ④ 2π

공략 포인트

직교좌표와 구면좌표간 좌표변환
$x = \rho\sin\phi\cos\theta$
$y = \rho\sin\phi\sin\theta$
$z = \rho\cos\phi$
$x^2+y^2+z^2 = \rho^2$

풀이

$\dfrac{x}{\sqrt{3}} = X, \dfrac{y}{\sqrt{3}} = Y, z = Z$ 라 하면

$E' = \{(X, Y, Z) \mid X^2+Y^2+Z^2 \leq 1\}$이므로

$$\iiint_E \left(\dfrac{x^2}{3} + \dfrac{y^2}{3} + z^2\right)^3 dx\,dy\,dz = \iiint_{E'} (X^2+Y^2+Z^2)^3\, 3\,dXdYdZ$$ 이다.

구면좌표계로 변환하면
$E' = \{(\rho, \phi, \theta) \mid 0 \leq \rho \leq 1, 0 \leq \phi \leq \pi, 0 \leq \theta \leq 2\pi\}$이므로

$$\iiint (X^2+Y^2+Z^2)^3\, 3\,dXdYdZ = 3\int_0^{2\pi}\int_0^{\pi}\int_0^1 \rho^6\rho^2\sin\phi\,d\rho\,d\phi\,d\theta$$

$$= 3\int_0^{2\pi}\int_0^{\pi} \dfrac{1}{9}\sin\phi\,d\phi\,d\theta$$

$$= \dfrac{2}{3}\int_0^{2\pi} 1\,d\theta = \dfrac{4}{3}\pi$$

정답 ③

4 질량과 질량중심

1. 밀도, 질량, 질량중심

(1) $\mathbb{R}^2$상 영역 D에서의 질량과 질량중심

	질량	$\mathbb{R}^2$상의 영역 D에서의 질량중심
(x,y)에서의 밀도함수 $\delta(x,y)$가 주어질 때	$M = \iint_D \delta(x,y) \, dA$	$\bar{x} = \dfrac{\iint_D x\delta(x,y)dA}{\iint_D \delta(x,y)dA}$, $\bar{y} = \dfrac{\iint_D y\delta(x,y)dA}{\iint_D \delta(x,y)dA}$
밀도가 일정할 때		$\bar{x} = \dfrac{\iint_D x \, dA}{\iint_D dA}$, $\bar{y} = \dfrac{\iint_D y \, dA}{\iint_D dA}$

(2) 밀도가 일정할 때 영역 $D = \{(x,y) | a \leq x \leq b, 0 \leq y \leq f(x)\}$의 무게중심은

$$\bar{x} = \frac{\iint_D x \, dA}{\iint_D dA} = \frac{\int_a^b xy \, dx}{m}, \quad \bar{y} = \frac{\iint_D y \, dA}{\iint_D dA} = \frac{\int_a^b \frac{1}{2}y^2 \, dx}{m}$$ 로 계산할 수 있다.

(여기서 m: 영역 D의 넓이)

(3) $\mathbb{R}^3$상 영역 E에서의 질량과 질량중심

	질량	$\mathbb{R}^3$상의 영역 E에서의 중심
E를 갖는 물체의 밀도함수 $\rho(x,y,z)$가 주어질 때	$M = \iiint_E \delta(x,y,z) \, dV$	$\bar{x} = \dfrac{\iiint_E x\rho(x,y,z)dV}{\iiint_E \rho(x,y,z)dV}$, $\bar{y} = \dfrac{\iiint_E y\rho(x,y,z)dV}{\iiint_E \rho(x,y,z)dV}$, $\bar{z} = \dfrac{\iiint_E z\rho(x,y,z)dV}{\iiint_E \rho(x,y,z)dV}$
밀도가 일정할 때		$\bar{x} = \dfrac{\iiint_E x \, dV}{\iiint_E dV}$, $\bar{y} = \dfrac{\iiint_E y \, dV}{\iiint_E dV}$, $\bar{z} = \dfrac{\iiint_E z \, dV}{\iiint_E dV}$

(여기서 $\iiint_E dV$: 영역 E의 부피)

개념적용

01
R을 $y=x^2$과 $x=y^2$으로 둘러싸인 영역이라 할 때, 밀도가 $\sigma(x,y)=ky\,(k>0)$인 판(plate)의 질량을 구하면?

① $\dfrac{3k}{20}$ ② $\dfrac{7k}{20}$ ③ $\dfrac{13k}{20}$ ④ $\dfrac{11k}{20}$

공략 포인트

질량
$M=\iint_D \delta(x,y)\,dA$

풀이

$$\int_0^1 \int_{x^2}^{\sqrt{x}} ky\,dy\,dx = k\int_0^1 \frac{y^2}{2}\Big|_{x^2}^{\sqrt{x}} dx = k\int_0^1 \frac{x-x^4}{2}dx = \frac{k}{2}\left(\frac{x^2}{2}-\frac{x^5}{2}\right)\Big|_0^1 = \frac{3k}{20}$$

정답 ①

02
밀도가 균일한 평면에서 직선 $y=x$와 곡선 $y=x^2$으로 둘러싸인 영역의 질량중심은?

① $\left(\dfrac{1}{\sqrt{2}},\dfrac{\sqrt{2}}{5}\right)$ ② $\left(\dfrac{1}{2},\dfrac{\sqrt{2}}{5}\right)$ ③ $\left(\dfrac{1}{\sqrt{2}},\dfrac{2}{5}\right)$ ④ $\left(\dfrac{1}{2},\dfrac{2}{5}\right)$

공략 포인트

밀도가 일정할 때의 질량중심
$\bar{x}=\dfrac{\iint_D x\,dA}{\iint_D dA},\ \bar{y}=\dfrac{\iint_D y\,dA}{\iint_D dA}$

풀이

둘러싸인 영역의 질량중심을 $(\overline{X},\overline{Y})$라고 할 때,

$$\overline{X}=\frac{\iint_D x\,dy\,dx}{\iint_D 1\,dy\,dx},\quad \overline{Y}=\frac{\iint_D y\,dy\,dx}{\iint_D 1\,dy\,dx}\ \text{이다.}$$

(i) $\displaystyle\int_0^1\int_{x^2}^{x} 1\,dy\,dx = \int_0^1 x-x^2\,dx = \frac{1}{2}-\frac{1}{3}=\frac{1}{6}$

(ii) $\displaystyle\int_0^1\int_{x^2}^{x} x\,dy\,dx = \int_0^1 x^2-x^3\,dx = \frac{1}{3}-\frac{1}{4}=\frac{1}{12}$

(iii) $\displaystyle\int_0^1\int_{x^2}^{x} y\,dy\,dx = \int_0^1 \frac{1}{2}[y^2]_{x^2}^{x}dx = \frac{1}{2}\int_0^1 x^2-x^4\,dx = \frac{1}{2}\left(\frac{1}{3}-\frac{1}{5}\right)=\frac{1}{2}\times\frac{2}{15}=\frac{1}{15}$

따라서 질량중심은 다음과 같다.

$$\overline{X}=\frac{\iint_D x\,dy\,dx}{\iint_D 1\,dy\,dx}=\frac{\frac{1}{12}}{\frac{1}{6}}=\frac{1}{2},\quad \overline{Y}=\frac{\iint_D y\,dy\,dx}{\iint_D 1\,dy\,dx}=\frac{\frac{1}{15}}{\frac{1}{6}}=\frac{2}{5}$$

즉, 중심 좌표 $(\overline{X},\overline{Y})=\left(\dfrac{1}{2},\dfrac{2}{5}\right)$이다.

정답 ④

03

공간에서 곡면 $x=y^2$과 세 평면 $x=z$, $z=0$, $x=1$로 둘러싸인 입체의 밀도함수가 $\rho(x, y, z)=x$일 때, 이 입체의 질량은?

① $\dfrac{1}{7}$ ② $\dfrac{2}{7}$ ③ $\dfrac{3}{7}$ ④ $\dfrac{4}{7}$

공략 포인트

공간상의 질량
$$M=\iiint_E \delta(x,y,z)\,dV$$

풀이

$$\iiint_T \rho(x, y, z)\,dV = \iiint_T x\,dV$$
$$= \int_0^1 \int_{-\sqrt{x}}^{\sqrt{x}} \int_0^x x\,dz\,dy\,dx$$
$$= \int_0^1 \int_{-\sqrt{x}}^{\sqrt{x}} x^2\,dy\,dx$$
$$= \int_0^1 2x^{\frac{5}{2}}\,dx$$
$$= 2 \times \frac{2}{7} = \frac{4}{7}$$

정답 ④

04

질량 밀도함수가 $\delta(x, y, z)=z$인 입체 도형 $x^2+y^2+z^2 \leq 1$, $z \geq 0$의 질량중심은?

① $\left(0, 0, \dfrac{2}{5}\right)$ ② $\left(0, 0, \dfrac{7}{15}\right)$ ③ $\left(0, 0, \dfrac{8}{15}\right)$ ④ $\left(0, 0, \dfrac{3}{5}\right)$

공략 포인트

공간에서 밀도함수가 주어질 때의 질량중심
$$\bar{x}=\dfrac{\iiint_E x\rho(x,y,z)\,dV}{\iiint_E \rho(x,y,z)\,dV}$$
$$\bar{y}=\dfrac{\iiint_E y\rho(x,y,z)\,dV}{\iiint_E \rho(x,y,z)\,dV}$$
$$\bar{z}=\dfrac{\iiint_E z\rho(x,y,z)\,dV}{\iiint_E \rho(x,y,z)\,dV}$$

풀이

밀도가 $\delta(x, y, z)$인 도형 $x^2+y^2+z^2 \leq 1$, $z \geq 0$의 질량중심을 $(\bar{x}, \bar{y}, \bar{z})$라고 할 때, 입체의 대칭성에 의하여 $\bar{x}=0$, $\bar{y}=0$이다.
입체의 내부영역을 E라 하면 질량중심은 다음과 같다.

$$\bar{z} = \frac{\iiint_E z\delta(x, y, z)\,dV}{\iiint_E \delta(x, y, z)\,dV} = \frac{\iiint_E z^2\,dV}{\iiint_E z\,dV}$$

$$= \frac{\int_0^{2\pi}\int_0^{\frac{\pi}{2}}\int_0^1 (\rho\cos\phi)^2 \rho^2\sin\phi\,d\rho\,d\phi\,d\theta}{\int_0^{2\pi}\int_0^{\frac{\pi}{2}}\int_0^1 (\rho\cos\phi)\rho^2\sin\phi\,d\rho\,d\phi\,d\theta}$$

$$= \frac{\int_0^{2\pi}\int_0^{\frac{\pi}{2}}\int_0^1 \rho^4\cos^2\phi\sin\phi\,d\rho\,d\phi\,d\theta}{\int_0^{2\pi}\int_0^{\frac{\pi}{2}}\int_0^1 \rho^3\cos\phi\sin\phi\,d\rho\,d\phi\,d\theta}$$

$$= \frac{2\pi\left[-\dfrac{1}{3}\cos^3\phi\right]_0^{\frac{\pi}{2}}\dfrac{1}{5}[\rho^5]_0^1}{2\pi\left[\dfrac{1}{2}\sin^2\phi\right]_0^{\frac{\pi}{2}}\dfrac{1}{4}[\rho^4]_0^1}$$

$$= \frac{2\pi \times \dfrac{1}{3} \times \dfrac{1}{5}}{2\pi \times \dfrac{1}{2} \times \dfrac{1}{4}} = \frac{8}{15}$$

정답 ③

5 삼중적분

대표출제유형

출제경향 분석
삼중적분의 순서를 변경하는 문제와 삼중적분을 이용한 부피 계산문제가 출제됩니다.
원주좌표계와 구면좌표계상의 적분을 이용한 문제의 출제 비중이 높습니다.
무게중심을 구하는 문제가 출제됩니다.

01 삼중적분의 계산

개념 1. 삼중적분

적분 $\int_0^1 \int_{3x}^3 \int_{\frac{z}{3}}^1 \sin(y^3) dy dz dx$ 의 값은?

① $\dfrac{1-\cos 1}{2}$ ② $\dfrac{\cos 1 - 1}{2}$ ③ 0 ④ $1-\cos 1$

풀이

STEP A 삼중적분 계산하기

적분 순서를 변경하여 구하면 다음과 같다.

$$\int_0^1 \int_{3x}^3 \int_{\frac{z}{3}}^1 \sin(y^3) dy dz dx = \int_0^1 \int_0^{3y} \int_0^{\frac{z}{3}} \sin(y^3) dx dz dy$$

$$= \int_0^1 \int_0^{3y} \frac{z}{3} \sin(y^3) dz dy$$

$$= \int_0^1 \frac{1}{6} [z^2]_0^{3y} \sin(y^3) dy$$

$$= \int_0^1 \frac{9}{6} y^2 \sin(y^3) dy$$

$$= \frac{3}{2} \int_0^1 y^2 \sin(y^3) dy$$

$$= -\frac{1}{2} [\cos(y^3)]_0^1$$

$$= -\frac{1}{2}(\cos 1 - 1) = \frac{1}{2}(1-\cos 1)$$

정답 ①

02 원주좌표계에서의 적분

🔍 개념 2. 원주좌표계에서의 삼중적분

3차원 공간에서 원기둥면 $x^2+y^2=4$, 포물면 $z=x^2+y^2$, 그리고 $xy-$평면으로 둘러싸인 영역을 S라 할 때, $\iiint_S z\,dxdydz$ 를 구하면?

① $\dfrac{32\pi}{3}$ ② $\dfrac{16\pi}{3}$ ③ 4π ④ 3π

풀이

STEP A 주어진 직교좌표를 원주좌표계로 변환하기
원주좌표계로 변경하여 구하면 다음과 같다.

$$\iiint_S z\,dxdydz = \int_0^{2\pi}\int_0^2\int_0^{r^2} z\,rdzdrd\theta$$

STEP B 적분 계산하기

$$\begin{aligned}\int_0^{2\pi}\int_0^2\int_0^{r^2} z\,rdzdrd\theta &= \int_0^{2\pi}\int_0^2 \frac{1}{2}[z^2]_0^{r^2}\,rdrd\theta \\ &= \frac{1}{2}\int_0^{2\pi}\int_0^2 r^4\cdot r\,drd\theta \\ &= \frac{1}{2}\int_0^{2\pi}\frac{1}{6}[r^6]_0^2\,d\theta \\ &= \frac{2^6}{12}\int_0^{2\pi}d\theta \\ &= \frac{2^6}{12}\cdot 2\pi = \frac{32\pi}{3}\end{aligned}$$

정답 ①

03 구면좌표계에서의 적분

🔍 개념 3. 구면좌표계에서의 삼중적분

$z = \sqrt{\dfrac{x^2+y^2}{3}}$ 의 위쪽에 놓이며 $x^2+y^2+z^2=1$의 안쪽에 놓이는 영역을 E 라 할 때,

적분 $\iiint_E 8ze^{x^2+y^2+z^2} dV$의 값은?

① $\dfrac{\pi}{2}$ ② π ③ 2π ④ 3π

풀이

STEP A 주어진 직교좌표를 원주좌표계로 변환하기

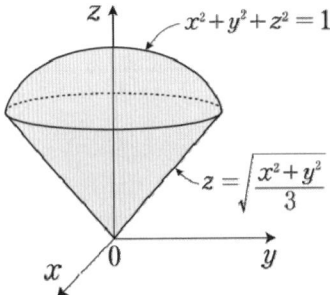

구면좌표계로 변환하면

영역 $E = \left\{ (\rho, \phi, \theta) \ \Big| \ 0 \leq \rho \leq 1,\ 0 \leq \phi \leq \dfrac{\pi}{3},\ 0 \leq \theta \leq 2\pi \right\}$ 이므로

$\iiint_E 8ze^{x^2+y^2+z^2} dV = \int_0^{2\pi} \int_0^{\frac{\pi}{3}} \int_0^1 8\rho\cos\phi\, e^{\rho^2} \rho^2 \sin\phi\, d\rho\, d\phi\, d\theta$ 이다.

STEP B 적분 계산하기

$\int_0^{2\pi} \int_0^{\frac{\pi}{3}} \int_0^1 8\rho\cos\phi\, e^{\rho^2} \rho^2 \sin\phi\, d\rho\, d\phi\, d\theta$

$= 4 \int_0^{2\pi} \int_0^{\frac{\pi}{3}} \int_0^1 \rho^2 e^{\rho^2} \sin\phi \cos\phi (2\rho) d\rho\, d\phi\, d\theta$

$= 4 \int_0^{2\pi} \int_0^{\frac{\pi}{3}} \int_0^1 t e^t \sin\phi \cos\phi\, dt\, d\phi\, d\theta$ ($\because \rho^2 = t$로 치환)

$= 4 \int_0^{2\pi} \int_0^{\frac{\pi}{3}} [te^t - e^t]_0^1 \sin\phi \cos\phi\, d\phi\, d\theta$

$= 4 \int_0^{2\pi} \int_0^{\frac{\pi}{3}} \sin\phi \cos\phi\, d\phi\, d\theta$

$= 4 \int_0^{2\pi} \int_0^{\frac{\sqrt{3}}{2}} s\, ds\, d\theta$ ($\because \sin\phi = s$로 치환)

$= 4 \int_0^{2\pi} \left[\dfrac{1}{2} s^2\right]_0^{\frac{\sqrt{3}}{2}} d\theta = 3\pi$

정답 ④

04 질량중심의 좌표

🔍 개념 4. 질량과 질량중심

반원 $\{(x, y) \mid 0 \leq y \leq \sqrt{9-x^2}\}$ 모양의 판에 무게중심의 좌표는?

① $\left(0, \dfrac{4}{\pi}\right)$ ② $\left(0, \dfrac{\pi}{4}\right)$ ③ $\left(0, \dfrac{3}{\pi}\right)$ ④ $\left(0, \dfrac{\pi}{3}\right)$

풀이

STEP A 밀도가 일정할 때의 질량중심(무게중심) 구하기

(ⅰ) 영역이 대칭이므로 중심의 x좌표는 0이다.

(ⅱ) $\overline{Y} = \dfrac{\iint_D y\,dxdy}{\iint_D 1\,dxdy}$

$= \dfrac{\iint_{D'} r\sin\theta\, r\,drd\theta}{\dfrac{1}{2}\pi \times 9}$

$= \dfrac{\int_0^\pi \int_0^3 r^2 \sin\theta\, dr d\theta}{\dfrac{9}{2}\pi}$

$= \dfrac{\int_0^\pi \left[\dfrac{1}{3}r^3\right]_0^3 \sin\theta\, d\theta}{\dfrac{9}{2}\pi}$

$= \dfrac{9 \times 2}{\dfrac{9}{2}\pi} = \dfrac{36}{9\pi}$

그러므로 구하고자 하는 평면도형의 무게중심은

$(\overline{X}, \overline{Y}) = \left(0, \dfrac{4}{\pi}\right)$ 이다.

정답 ①

6 삼중적분

실전문제

정답 및 풀이 p.296

01 임의의 연속함수 $f : \mathbb{R}^3 \to \mathbb{R}$에 대하여 다음 등식이 성립할 때, $a+b+c+d$의 값은?

$$\int_0^1 \int_0^{\sqrt[3]{x}} \int_0^{1-y} f(x, y, z) dz\, dy\, dx = \int_0^1 \int_a^b \int_c^d f(x, y, z)\, dx\, dy\, dz$$

① $y^3 - x + 2$ ② $y^3 + x - 2$ ③ $y^3 - z + 2$ ④ $y^3 + z - 2$

02 네 평면 $x+2y+z=a$, $x=2y$, $x=0$, $z=0$으로 둘러싸인 입체의 부피가 $\dfrac{8}{3}$일 때, 양의 실수 a의 값은?

① 1   ② 2   ③ 3   ④ 4

03 포물기둥면 $z=1-y^2$과 평면 $y=x$, $x=2$, $y=0$, $z=0$로 둘러싸인 영역 중 제1 팔분공간에 있는 영역을 E라고 할 때, 삼중적분 $\iiint_E 30x\, dV$의 값은?

① 38   ② 40   ③ 45   ④ 48

04 $\int_0^2 \int_0^{\sqrt{4-x^2}} \int_0^{\sqrt{4-x^2-y^2}} \frac{1}{\sqrt{x^2+y^2+z^2}} \, dz\, dy\, dx$ 의 값은?

① $\frac{1}{2}\pi$ ② π ③ $\frac{3}{2}\pi$ ④ 2π

05 좌표공간에서 다음을 만족하는 영역의 부피는?

$$x^2+y^2+z^2 \leq b^2, \ x^2+y^2 \leq 3z^2$$

① $\frac{(2-\sqrt{3})\pi}{3}b^3$ ② $\frac{\pi}{3}b^3$ ③ $\frac{(4-2\sqrt{3})\pi}{3}b^3$ ④ $\frac{2\pi}{3}b^3$

06 두 평면 $z=2y$, $z=0$과 곡면 $y=2x-x^2$에 둘러싸인 부분을 S라 할 때, $\iiint_S x\, dV$의 값은?

① $\frac{16}{15}$ ② $\frac{15}{14}$ ③ $\frac{14}{13}$ ④ $\frac{13}{12}$

07 주면좌표(cylindrical coordinnates)가 매개방정식 $r=2e^t$, $\theta=t$, $z=e^t$ $(0 \le t \le 1)$으로 주어지는 곡선의 호 길이를 구하면?

① $2e-2$ ② $2e-3$ ③ $3e-2$ ④ $3e-3$

08 구면좌표계로 주어진 두 점 $\left(6, \dfrac{\pi}{4}, \dfrac{\pi}{4}\right)$와 $\left(2, \dfrac{3}{4}\pi, \dfrac{3}{4}\pi\right)$ 사이의 거리는?

① $\sqrt{48}$ ② $\sqrt{50}$ ③ $\sqrt{52}$ ④ $\sqrt{54}$

09 구면좌표 (ρ, θ, ϕ)에 의하여 주어진 곡선 $\rho = \sin\theta\sin\phi$ 위에 있지 않은 직교좌표 (x, y, z)의 점은?

① $\left(\dfrac{1}{2}, 0, 0\right)$ ② $(0, 1, 0)$ ③ $(0, 0, 0)$ ④ $\left(0, \dfrac{1}{2}, \dfrac{1}{2}\right)$

10 다음 반복적분을 계산하시오.

$$\int_0^1 \int_0^{\frac{x}{\sqrt{3}}} \int_x^1 \frac{x}{x^2+y^2} dz\,dy\,dx$$

① $\frac{\pi}{2}$ ② $\frac{\pi}{3}$ ③ $\frac{\sqrt{3}}{6}$ ④ $\frac{\pi}{12}$

11 포물기둥 $z = 2 - \frac{1}{2}x^2$ 과 평면 $y=0$, $z=0$, $y=x$ 로 둘러싸인 제1 팔분공간의 영역을 R이라 할 때, 다음 적분을 구하시오.

$$\iiint_R 2xyz\,dV$$

① $\frac{4}{3}$ ② $\frac{1}{3}$ ③ $\frac{2}{3}$ ④ 1

12 구면 $x^2+y^2+z^2=2$의 안쪽과 포물면 $z=x^2+y^2$ 위쪽으로 둘러싸인 영역의 부피를 구하시오.

① $\frac{(4\sqrt{2}-7)\pi}{6}$ ② $\frac{(8\sqrt{2}-7)\pi}{6}$ ③ $\frac{(8\sqrt{2}-9)\pi}{6}$ ④ $\frac{(4\sqrt{2}-5)\pi}{6}$

13 원추면 $z = -\sqrt{x^2+y^2}$ 의 위와 구면 $x^2+y^2+z^2=4$ 의 내부에 있는 입체를 구면좌표(spherical coordinates) (ρ, θ, ϕ)를 사용하여 나타낼 때, ϕ의 범위는?

① $0 \leq \phi \leq \dfrac{\pi}{6}$ ② $0 \leq \phi \leq \dfrac{\pi}{4}$ ③ $0 \leq \phi \leq \dfrac{\pi}{2}$ ④ $0 \leq \phi \leq \dfrac{3\pi}{4}$

14 구면 $\rho = 1$의 내부와 원뿔면 $\phi = \dfrac{\pi}{3}$의 내부로 이루어진 영역 Q에서 다음 삼중적분의 값은?

$$\iiint_Q \sqrt{x^2+y^2+z^2}\, dV$$

① π ② $\dfrac{\pi}{2}$ ③ $\dfrac{\pi}{4}$ ④ $\dfrac{\pi}{5}$

15 영역 $R = \{(x, y, z) \in R^3 \mid 4x^2 + 4xy + 2y^2 + z^2 \leq 1\}$에 대하여 삼중적분 $\iiint_R (4x^2 + 4xy + 2y^2 + z^2)^2 dV$의 값을 구하면?

① $\dfrac{5}{7}\pi$ ② $\dfrac{4}{7}\pi$ ③ $\dfrac{3}{7}\pi$ ④ $\dfrac{2}{7}\pi$

16 삼중적분 $\iiint_T (36 - x^2 - 9y^2 - 4z^2)dxdydz$의 최댓값은?

① $\dfrac{2^3 \times 3}{5}\pi$ ② $\dfrac{2^4 \times 3}{5}\pi$ ③ $\dfrac{2^5 \times 3^2}{5}\pi$ ④ $\dfrac{2^7 \times 3^3}{5}\pi$

17 다음 이상적분 $\int_{-\infty}^{\infty}\int_{-\infty}^{\infty}\int_{-\infty}^{\infty} \sqrt{x^2+y^2+z^2}\, e^{-(x^2+y^2+z^2)} dxdydz$를 구하면?

① π ② 2π ③ 4π ④ 존재하지 않는다.

18 영역 $R = \{(x, y, z) | 9x^2 + 4y^2 + z^2 \leq 1\}$에 대하여 $\iiint_R (9x^2 + 4y^2 + z^2)^2 dxdydz$의 값은?

① $\dfrac{1}{21}\pi$ ② $\dfrac{1}{14}\pi$ ③ $\dfrac{2}{21}\pi$ ④ $\dfrac{1}{7}\pi$

19 양의 실수 a에 대하여 E를 곡면 $z=\sqrt{x^2+y^2}$과 평면 $z=a$로 둘러싸인 입체라 하자. 삼중적분 $\iiint_E (x^2+y^2)dV$의 값이 $\dfrac{16}{5}\pi$일 때, a의 값은?

① $\dfrac{1}{2}$ ② 1 ③ $\dfrac{3}{2}$ ④ 2

20 평면상의 영역 $\{(x,y): x^2+y^2 \leq 4,\ (x-1)^2+y^2 \geq 1\}$의 무게중심의 좌표는 $(a, 0)$이다. 이때, a의 값은?

① $\dfrac{1}{2}$ ② $-\dfrac{1}{2}$ ③ $\dfrac{1}{3}$ ④ $-\dfrac{1}{3}$

07 무한급수

출제 비중 & 빈출 키워드 리포트

단원	출제 비중	합계 11%	빈출 키워드
1. 무한급수와 부분합		2%	·적분판정법
2. 무한급수의 수렴, 발산 판정법		4%	·p급수 판정법
3. 비교판정법과 극한을 이용한 판정법		4%	·비율 판정법
4. 절대수렴과 조건부수렴		1%	·근 판정법
			·교대급수 판정법

1 무한급수와 부분합

1. 무한급수와 부분합

(1) 무한급수의 정의

주어진 수열 $\{a_n\}$에 대해서 $\sum_{n=1}^{\infty} a_n = a_1 + a_2 + \cdots + a_n + \cdots$ 을 무한급수(infinite series) 또는 급수(series)라 하고, 수 a_n을 급수 $\sum_{n=1}^{\infty} a_n$의 항(term)이라 한다.

(2) 부분합

급수의 합을 정의하기 위해 전개하면 다음과 같다.

$$S_1 = a_1$$
$$S_2 = a_1 + a_2$$
$$\cdots\cdots$$
$$S_n = a_n + a_2 + \cdots + a_n = \sum_{k=1}^{n} a_k$$

이때, S_n을 급수의 제n부분합(nth partial sum)이라 한다.

(3) 무한급수의 수렴과 발산

① 부분합들로 구성된 수열 $\{S_n\}$이 S로 수렴하면 급수 $\sum_{n=1}^{\infty} a_n$이 수렴한다고 하고, $\sum_{n=1}^{\infty} a_n = S$로 표시한다.

② 무한급수의 수렴 예

급수 $\sum_{n=1}^{\infty} \frac{1}{n(n+1)} = \frac{1}{1 \cdot 2} + \frac{1}{2 \cdot 3} + \frac{1}{3 \cdot 4} + \frac{1}{4 \cdot 5} + \cdots$ 에 대하여

n번째 항 $a_n = \frac{1}{n(n+1)} = \frac{1}{n} - \frac{1}{n+1}$ 이므로 제n부분합

$S_n = \sum_{k=1}^{n} \left(\frac{1}{k} - \frac{1}{k+1} \right) = \left(1 - \frac{1}{2}\right) + \left(\frac{1}{2} - \frac{1}{3}\right) + \left(\frac{1}{3} - \frac{1}{4}\right) + \cdots + \left(\frac{1}{n} - \frac{1}{n+1}\right) = 1 - \frac{1}{n+1}$ 이므로

$\lim_{n \to \infty} S_n = 1$이다. 따라서 주어진 급수는 수렴하고 $\sum_{n=1}^{\infty} \frac{1}{n(n+1)} = 1$이다.

③ 부분합들로 구성된 수열 $\{S_n\}$이 발산하면 급수 $\sum_{n=1}^{\infty} a_n$도 발산한다고 정의한다.

④ 무한급수의 발산 예

급수 $1 - 1 + 1 - 1 + 1 - 1 + \cdots$ 에서 부분합은
$S_1 = 1$
$S_2 = 1 - 1 = 0$
$S_3 = 1 - 1 + 1 = 1$

$S_4 = 1 - 1 + 1 - 1 = 0$

$\vdots$

이므로 부분합들로 이루어진 수열 $1, 0, 1, 0, \cdots$은 발산한다.

따라서 주어진 급수는 발산한다.

(4) 무한급수 $\sum_{n=1}^{\infty} a_n$, $\sum_{n=1}^{\infty} b_n$이 수렴하면 다음의 성질을 갖는다.

① $\sum_{n=1}^{\infty} (a_n \pm b_n) = \sum_{n=1}^{\infty} a_n \pm \sum_{n=1}^{\infty} b_n$

② $\sum_{n=1}^{\infty} ca_n = c \sum_{n=1}^{\infty} a_n$ (단, c는 상수)

(5) **무한등비급수**

$\sum_{n=1}^{\infty} ar^{n-1} = a + ar + ar^2 + \cdots + ar^{n-1} + \cdots \, (a \neq 0)$에 대해서 r을 공비라 할 때,

① $|r| < 1$이면 주어진 급수는 수렴한다.

② $|r| \geq 1$이면 주어진 급수는 발산한다.

③ 무한등비급수의 예

$1 - \dfrac{1}{2} + \dfrac{1}{4} - \dfrac{1}{8} + \dfrac{1}{16} - \cdots$ 에 대하여 $r = -\dfrac{1}{2}$이고 $\left|-\dfrac{1}{2}\right| < 1$이므로

주어진 급수는 수렴한다.

개념적용

01

급수 $\displaystyle\sum_{n=1}^{\infty} \frac{1}{n^2+4n+3}$ 의 값은?

① $\dfrac{1}{4}$ ② $\dfrac{1}{3}$ ③ $\dfrac{5}{12}$ ④ $\dfrac{1}{2}$

공략 포인트

부분분수
$\dfrac{1}{(n+3)(n+1)}$
$=\dfrac{A}{n+3}+\dfrac{B}{n+1}$
$=\dfrac{A(n+1)+B(n+3)}{(n+3)(n+1)}$
$A+B=0$, $A+3B=1$의 두 식을 연계하면
$A=-\dfrac{1}{2}$, $B=\dfrac{1}{2}$이다.

풀이

$$\sum_{n=1}^{\infty}\frac{1}{n^2+4n+3}=\sum_{n=1}^{\infty}\frac{1}{(n+3)(n+1)}$$
$$=\sum_{n=1}^{\infty}\left(\frac{-\frac{1}{2}}{n+3}+\frac{\frac{1}{2}}{n+1}\right)$$
$$=\frac{1}{2}\lim_{n\to\infty}\sum_{k=1}^{n}\left(\frac{1}{k+1}-\frac{1}{k+3}\right)$$
$$=\frac{1}{2}\lim_{n\to\infty}\left(\frac{1}{2}-\frac{1}{4}+\frac{1}{3}-\frac{1}{5}+\frac{1}{4}-\frac{1}{5}+\cdots+\frac{1}{n}-\frac{1}{n+2}+\frac{1}{n+1}-\frac{1}{n+3}\right)$$
$$=\frac{1}{2}\lim_{n\to\infty}\left(\frac{1}{2}+\frac{1}{3}-\frac{1}{n+2}-\frac{1}{n+3}\right)$$
$$=\frac{1}{2}\left(\frac{1}{2}+\frac{1}{3}\right)=\frac{5}{12}$$

정답 ③

02

$\displaystyle\sum_{n=3}^{\infty}\ln\left(1-\frac{1}{n^2}\right)$의 값은?

① $-\ln 3$ ② $\ln 2-\ln 3$ ③ $\ln 5-\ln 3$ ④ 0

공략 포인트

$\displaystyle\lim_{n\to\infty}\frac{n+1}{n}=1$

$\ln\dfrac{a}{b}=\ln a-\ln b$

풀이

$$\sum_{n=3}^{\infty}\ln\left(1-\frac{1}{n^2}\right)=\sum_{n=3}^{\infty}\ln\left(\frac{n^2-1}{n^2}\right)$$
$$=\sum_{n=3}^{\infty}\ln\frac{(n-1)(n+1)}{n^2}$$
$$=\lim_{n\to\infty}\sum_{k=3}^{n}\ln\frac{(k-1)(k+1)}{k^2}$$
$$=\lim_{n\to\infty}\left\{\ln\frac{2\cdot 4}{3^2}+\ln\frac{3\cdot 5}{4^2}+\cdots+\ln\frac{(n-1)(n+1)}{n^2}\right\}$$
$$=\lim_{n\to\infty}\left\{\ln\frac{2\cdot 4}{3^2}\cdot\frac{3\cdot 5}{4^2}\cdot\frac{4\cdot 6}{5^2}\cdots\frac{(n-1)(n+1)}{n^2}\right\}$$
$$=\lim_{n\to\infty}\ln\left(\frac{2}{3}\cdot\frac{n+1}{n}\right)=\ln\frac{2}{3}=\ln 2-\ln 3$$

정답 ②

03

$\sum_{n=1}^{\infty}\left(\dfrac{1}{2^n}-\dfrac{1}{3^n}+\dfrac{1}{5^n}\right)$ 값은?

① $\dfrac{3}{4}$ ② $\dfrac{1}{2}$ ③ $\dfrac{1}{4}$ ④ $\dfrac{3}{8}$

공략 포인트

등비급수 $\sum_{n=1}^{\infty} ar^{n-1}$의 경우 $-r<r<1$일 때, $\dfrac{a}{1-r}$로 수렴한다.

풀이

$$\sum_{n=1}^{\infty}\left(\dfrac{1}{2^n}-\dfrac{1}{3^n}+\dfrac{1}{5^n}\right)=\sum_{n=1}^{\infty}\dfrac{1}{2^n}-\sum_{n=1}^{\infty}\dfrac{1}{3^n}+\sum_{n=1}^{\infty}\dfrac{1}{5^n}$$

$$=\dfrac{\frac{1}{2}}{1-\frac{1}{2}}-\dfrac{\frac{1}{3}}{1-\frac{1}{3}}+\dfrac{\frac{1}{5}}{1-\frac{1}{5}}$$

$$=1-\dfrac{1}{2}+\dfrac{1}{4}=\dfrac{3}{4}$$

정답 ①

2 무한급수의 수렴, 발산 판정법

1. 수렴급수의 성질과 적분을 이용한 판정법

(1) 수렴급수의 성질을 이용한 발산판정법

$\lim\limits_{n\to\infty} a_n \neq 0$이면 급수 $\sum\limits_{n=1}^{\infty} a_n$이 발산한다. ($\because$ 급수 $\sum\limits_{n=1}^{\infty} a_n$이 수렴하면 $\lim\limits_{n\to\infty} a_n = 0$)

(2) 양항급수 (positive series)

급수 $\sum\limits_{n=1}^{\infty} a_n$에서 항 a_n이 모두 양수일 때, 급수 $\sum\limits_{n=1}^{\infty} a_n$을 양항급수라 한다.

(3) 무한급수 합의 추정

$x \geq 1$에서 양의 연속인 함수를 $f(n) = a_n$ $(n=1, 2, \cdots)$이라 할 때, 다음이 성립한다.

① $x \geq 1$에서 $f(x)$가 증가함수이면

$$a_1 + \int_1^n f(x)dx \leq \sum_{k=1}^n a_k \leq \int_1^{n+1} f(x)dx$$

② $x \geq 1$에서 $f(x)$가 감소함수이면

$$\int_1^{n+1} f(x)dx \leq \sum_{k=1}^n a_k \leq a_1 + \int_1^n f(x)dx$$

TIP▶ 위의 부등식을 이용하면 수열의 부분합이 어떤 값 사이에 있다는 것을 알 수 있다.

(4) 적분판정법 (integral test)

함수 $f(x)$가 $1 \leq x < \infty$ 상에서 양의 감소함수로써 $f(n) = a_n$ $(n=1, 2, \cdots)$이라면

① $\sum\limits_{n=1}^{\infty} a_n$이 수렴할 필요충분조건은 $\int_1^{\infty} f(x)dx$가 수렴할 때이다.

② $\sum\limits_{n=1}^{\infty} a_n$이 발산할 필요충분조건은 $\int_1^{\infty} f(x)dx$가 발산할 때이다.

(5) 적분판정법의 예

① $\sum\limits_{n=2}^{\infty} \dfrac{1}{n(\ln n)^2}$에 대하여 $a_n = \dfrac{1}{n(\ln n)^2}$이라 하면 $a_n > 0$, 감소수열이다.

따라서 $\sum\limits_{n=2}^{\infty} \dfrac{1}{n(\ln n)^2}$과 $\int_2^{\infty} \dfrac{1}{x(\ln x)^2}dx$는 같은 수렴성을 갖는다.

$\int_2^{\infty} \dfrac{1}{x(\ln x)^2}dx = \int_{\ln 2}^{\infty} \dfrac{1}{t^2}dt$로 수렴하므로 적분판정법에 의하여 $\sum\limits_{n=2}^{\infty} \dfrac{1}{n(\ln n)^2}$은 수렴한다.

② $\sum_{n=2}^{\infty} \frac{1}{n \ln n}$ 에 대하여 $a_n = \frac{1}{n \ln n}$ 이라 하면 $a_n > 0$, 감소수열이다.

따라서 $\sum_{n=2}^{\infty} \frac{1}{n \ln n}$ 과 $\int_{2}^{\infty} \frac{1}{x \ln x} dx$ 는 같은 수렴성을 갖는다.

$\int_{2}^{\infty} \frac{1}{x \ln x} dx = \int_{\ln 2}^{\infty} \frac{1}{t} dt$ 로 발산하므로 적분판정법에 의하여 $\sum_{n=2}^{\infty} \frac{1}{n \ln n}$ 은 발산한다.

2. 무한급수의 오차와 p-급수 판정법

(1) 무한급수의 오차

$f(x)$가 양의 연속인 감소함수이고 $f(n) = a_n$ ($n=1, 2, \cdots$)일 때, $\sum_{n=1}^{\infty} a_n = S$로 수렴한다고 하면 오차 $R_n = S - S_n$의 한계는 다음과 같다.

$$\int_{n+1}^{\infty} f(x) dx \leq R_n \leq \int_{n}^{\infty} f(x) dx$$

(2) 무한급수 오차의 예

급수 $\sum_{n=1}^{\infty} \frac{1}{n^6}$ 의 오차가 0.001보다 작게 계산하기 위한 항의 최소 개수를 구하면 다음과 같다.

$S = \sum_{n=1}^{\infty} \frac{1}{n^6}$, $S_n = \sum_{k=1}^{n} \frac{1}{k^6}$, 오차를 R_n이라 하면 $R_n = S - S_n$이 성립한다.

$f(x) = \frac{1}{x^6}$ 이 감소함수이므로 $\int_{n+1}^{\infty} \frac{1}{x^6} dx < R_n < \int_{n}^{\infty} \frac{1}{x^6} dx$ 가 성립한다.

따라서 R_n에 대한 최대 오차는 $\int_{n}^{\infty} \frac{1}{x^6} dx = \left[-\frac{1}{5x^5} \right]_{n}^{\infty} = \frac{1}{5n^5}$ 이므로

오차가 0.001보다 작게 하는 n의 값은 3 이상일 때이다.

그러므로 $n \geq 3$일 때, 오차는 $\frac{1}{5 \times 3^5} = \frac{1}{5 \times 243} = \frac{1}{1,215} < 0.001$이 성립한다.

(3) p-급수(p-series) 판정법

① $\sum_{n=1}^{\infty} \frac{1}{n^p} = 1 + \frac{1}{2^p} + \frac{1}{3^p} + \cdots + \frac{1}{n^p} + \cdots$ 에 대해서 수렴 및 발산 조건은 다음과 같다.

- $p > 1$: 수렴

- $0 < p \leq 1$: 발산

② $\int_{1}^{\infty} \frac{1}{x^p} dx \leq \sum_{n=1}^{\infty} \frac{1}{n^p} \leq \int_{1}^{\infty} \frac{1}{x^p} dx + 1$

③ p-급수 판정법의 예

$\sum_{n=1}^{\infty} \frac{1}{n^2}$ 에서 $p = 2$이므로 p급수 판정법에 의하여 수렴하고

$\int_{1}^{\infty} \frac{1}{x^2} dx = 1 \leq \sum_{n=1}^{\infty} \frac{1}{n^2} \leq \int_{1}^{\infty} \frac{1}{x^2} dx + 1 = 2$이므로 급수의 합이 2보다 작다.

개념적용

01

$\sum_{n=1}^{\infty} a_n = 6$ 이고 $b_n = \frac{1}{3}a_n$ 일 때, $S_n = b_1 + b_2 + \cdots + b_n$ 이면 다음 중 옳은 것은?

① $\lim_{n\to\infty} b_n = 2$, $\lim_{n\to\infty} S_n = 0$
② $\lim_{n\to\infty} b_n = 0$, $\lim_{n\to\infty} S_n = 0$
③ $\lim_{n\to\infty} b_n = 0$, $\lim_{n\to\infty} S_n = 2$
④ $\lim_{n\to\infty} b_n = 2$, $\lim_{n\to\infty} S_n = 2$

공략 포인트

수렴급수의 성질
급수 $\sum_{n=1}^{\infty} a_n$ 이 수렴하면
$\lim_{n\to\infty} a_n = 0$

풀이

$\sum_{n=1}^{\infty} a_n = 6$ 으로 수렴하면 $\lim_{n\to\infty} a_n = 0$ 이고, $\lim_{n\to\infty} b_n = 0$ 이다.

$\lim_{n\to\infty} S_n = \lim_{n\to\infty} \sum_{k=1}^{n} b_k = \lim_{n\to\infty} \sum_{k=1}^{n} \frac{1}{3} a_k = \frac{1}{3} \lim_{n\to\infty} \sum_{k=1}^{n} a_k = \frac{1}{3} \sum_{k=1}^{\infty} a_k = \frac{6}{3} = 2$

정답 ③

02

급수 $\sum_{n=2}^{\infty} \frac{1}{n(\ln n)^p}$ 이 수렴하기 위한 p의 범위를 구하시오.

① $p > 1$
② $p > 0$
③ $p < 1$
④ $p < 0$

공략 포인트

적분판정법
함수 $f(x)$가 $1 \le x < \infty$ 상에서 양의 감소함수로서 $f(n) = a_n$ ($n=1, 2, \cdots$)이라면
$\sum_{n=1}^{\infty} a_n$ 이 수렴할 필요충분조건은
$\int_{1}^{\infty} f(x)dx$ 가 수렴할 때이다.

풀이

$a_n = \frac{1}{n(\ln n)^p}$ 이라 하면 $a_n > 0$, 감소수열이다.

따라서 $\sum_{n=2}^{\infty} \frac{1}{n(\ln n)^p}$ 과 $\int_{2}^{\infty} \frac{1}{x(\ln x)^p} dx$는 같은 수렴성을 갖는다.

$\int_{2}^{\infty} \frac{1}{x(\ln x)^p} dx = \int_{\ln 2}^{\infty} \frac{1}{t^p} dt$ 이므로 $p > 1$ 일 때 수렴한다.

($\because \int_{1}^{\infty} \frac{1}{x^p} dx$의 수렴조건 $p > 1$)

다른 풀이

$p \ne 1$이라면 $f(x) = \frac{1}{x(\ln x)^p}$ 은 $[2, \infty)$에서 연속이고 양의 값을 갖는 감소함수이다.

$\left(\because f'(x) = -\frac{p + \ln x}{x^2 (\ln x)^{p+1}} \right)$

만약 $x > e^{-p}$일 때, f는 감소함수이고 적분판정법을 사용할 수 있다.

$\int_{2}^{\infty} \frac{1}{x(\ln x)^p} dx = \lim_{t\to\infty} \left[\frac{(\ln x)^{1-p}}{1-p} \right]_{2}^{t} = \lim_{t\to\infty} \left[\frac{(\ln t)^{1-p}}{1-p} \right] - \frac{(\ln 2)^{1-p}}{1-p}$

정답 ①

03

다음 중 옳지 <u>않은</u> 것은?

① $\sum_{n=1}^{\infty} \frac{1}{\sqrt{n}}$ 은 발산한다.

② $\sum_{n=1}^{\infty} \frac{\ln n}{n}$ 은 발산한다.

③ $\sum_{n=1}^{\infty} \left(\frac{n}{1+n}\right)^n$ 은 발산한다.

④ $\sum_{n=1}^{\infty} \frac{10^{10}}{n\sqrt{n}}$ 은 발산한다.

공략 포인트

적분판정법
함수 $f(x)$가 $1 \leq x < \infty$ 상에서 양의 감소함수로서 $f(n) = a_n$ $(n=1, 2, \cdots)$이라면
$\sum_{n=1}^{\infty} a_n$ 이 발산할 필요충분조건은
$\int_1^{\infty} f(x) dx$ 가 발산할 때이다.

p급수 판정법
$\sum_{n=1}^{\infty} \frac{1}{n^p} = 1 + \frac{1}{2^p} + \frac{1}{3^p} + \cdots + \frac{1}{n^p} + \cdots$
에 대해 발산 조건은 다음과 같다.
$0 < p \leq 1$

풀이

① $\sum_{n=1}^{\infty} \frac{1}{\sqrt{n}}$ 은 $p = \frac{1}{2} < 1$이므로 p급수 판정법에 의하여 발산한다.

② $\sum_{n=1}^{\infty} \frac{\ln n}{n}$ 은 $\int_1^{\infty} \frac{\ln x}{x} dx = \infty$이므로 적분판정법에 의하여 발산한다.

③ $\lim_{n \to \infty} \left(\frac{n}{1+n}\right)^n = \lim_{n \to \infty} \left(1 - \frac{1}{1+n}\right)^n = e^{-1} \neq 0$이므로

급수 $\sum_{n=1}^{\infty} \left(\frac{n}{1+n}\right)^n$ 은 발산판정법에 의하여 발산한다.

④ $\sum_{n=1}^{\infty} \frac{10^{10}}{n\sqrt{n}} = 10^{10} \sum_{n=1}^{\infty} \frac{1}{n\sqrt{n}}$ 이고, 또한 $\sum_{n=1}^{\infty} \frac{1}{n^{\frac{3}{2}}}$ 은 $p = \frac{3}{2} > 1$이므로

p급수 판정법에 의하여 수렴한다.
즉, 다음 중 옳지 않은 것은 ④이다.

정답 ④

04

$p > 1$일 때, $S_p = \sum_{k=1}^{\infty} \frac{1}{k^p}$ 의 값의 범위를 올바르게 나타낸 것은?

① $\frac{1}{p-1} \leq S_p \leq \frac{p}{p-1}$

② $\frac{p}{p-1} \leq S_p \leq \frac{p+1}{p-1}$

③ $\frac{p+1}{p-1} \leq S_p \leq \frac{p+2}{p-1}$

④ $S_p \geq \frac{p+2}{p-1}$

공략 포인트

p급수 판정법
$\int_1^{\infty} \frac{1}{x^p} dx \leq \sum_{n=1}^{\infty} \frac{1}{n^p} \leq \int_1^{\infty} \frac{1}{x^p} dx + 1$

풀이

$a_k = \frac{1}{k^p}$ 이라 하면 $a_k > 0$, 감소수열이다.

따라서 $y = \frac{1}{x^p}$ 이라 하면 $\int_1^{\infty} \frac{1}{x^p} dx \leq \sum_{k=1}^{\infty} \frac{1}{k^p} \leq \int_1^{\infty} \frac{1}{x^p} dx + 1$을 만족한다.

$\int_1^{\infty} \frac{1}{x^p} dx = \frac{1}{1-p} \lim_{t \to \infty} [x^{1-p}]_1^t = \frac{1}{p-1}$ 이고

$\int_1^{\infty} \frac{1}{x^p} dx + 1 = \frac{1}{p-1} + 1 = \frac{p}{p-1}$ 이므로

$\frac{1}{p-1} \leq \sum_{k=1}^{\infty} \frac{1}{k^p} \leq \frac{p}{p-1}$ 가 성립한다.

정답 ①

05

무한급수 $\sum_{n=1}^{\infty} n^{\tan\theta}$ 가 수렴하기 위한 θ의 값으로 옳은 것은?

① $\dfrac{2\pi}{3}$ ② $\dfrac{3\pi}{4}$ ③ $\dfrac{5\pi}{6}$ ④ π

공략 포인트

p급수 판정법
$\sum_{n=1}^{\infty} \dfrac{1}{n^p} = 1 + \dfrac{1}{2^p} + \dfrac{1}{3^p} + \cdots + \dfrac{1}{n^p} + \cdots$
에 대해서 수렴 조건은 다음과 같다.
$p > 1$

풀이

$\sum_{n=1}^{\infty} n^{\tan\theta} = \sum_{n=1}^{\infty} \dfrac{1}{n^{-\tan\theta}}$ 이고 급수 $\sum_{n=1}^{\infty} \dfrac{1}{n^{-\tan\theta}}$ 이 수렴하기 위해서는

p급수 판정법에 의하여 $-\tan\theta$의 값이 1보다 커야 한다.

따라서 보기 중에서 $\theta = \dfrac{2\pi}{3}$ 일 때, $-\tan\theta$의 값이 $\sqrt{3}$ 이므로 급수 $\sum_{n=1}^{\infty} n^{\tan\theta}$ 가 수렴한다.

정답 ①

3 비교판정법과 극한을 이용한 판정법

1. 비교판정법

(1) 비교판정법의 정의

모든 n에 대하여 $0 \leq a_n \leq b_n$일 때, 비교판정법은 다음과 같다.

① $\sum_{n=1}^{\infty} b_n$이 수렴하면 $\sum_{n=1}^{\infty} a_n$도 수렴한다.

② $\sum_{n=1}^{\infty} a_n$이 발산하면 $\sum_{n=1}^{\infty} b_n$도 발산한다.

(2) 비교판정법의 예

① $\sum_{n=1}^{\infty} \frac{\cos^2 n}{n^2+1}$에서 $\frac{\cos^2 n}{n^2+1} \leq \frac{1}{n^2+1} < \frac{1}{n^2}$이고, $\sum_{n=1}^{\infty} \frac{1}{n^2}$은 p급수 판정법에 의하여 수렴하므로 비교판정법에 의해 $\sum_{n=1}^{\infty} \frac{\cos^2 n}{n^2+1}$도 수렴한다.

② $\sum_{n=1}^{\infty} \frac{1}{n \ln(1+n)}$에서 $\frac{1}{n \ln(1+n)} > \frac{1}{(1+n)\ln(1+n)}$이고,

$\sum_{n=1}^{\infty} \frac{1}{(1+n)\ln(1+n)}$을 적분판정법을 이용하여 판별하면 다음과 같다.

$\int_{1}^{\infty} \frac{1}{(1+x)\ln(1+x)} \, dx = \lim_{a \to \infty} \int_{\ln 2}^{a} \frac{1}{t} \, dt \quad (\because \ln(1+x) = t) = \lim_{a \to \infty} [\ln a - \ln(\ln 2)] = \infty$

그러므로 $\sum_{n=1}^{\infty} \frac{1}{(1+n)\ln(1+n)}$은 발산하고 비교판정법에 의하여 $\sum_{n=1}^{\infty} \frac{1}{n \ln(1+n)}$도 발산한다.

(3) 극한 비교판정법 (Limit comparison test)

충분히 큰 자연수 n에 대하여 $a_n > 0$, $b_n > 0$ $(n \geq N)$일 때, 극한 비교판정법은 다음과 같다.

① $\lim_{n \to \infty} \frac{a_n}{b_n} = c > 0$이면 두 급수는 $\sum_{n=1}^{\infty} a_n$과 $\sum_{n=1}^{\infty} b_n$은 동시에 수렴하거나 발산한다.

② $\lim_{n \to \infty} \frac{a_n}{b_n} = 0$이고 $\sum_{n=1}^{\infty} b_n$이 수렴하면 $\sum_{n=1}^{\infty} a_n$도 수렴한다.

③ $\lim_{n \to \infty} \frac{a_n}{b_n} = \infty$이고 $\sum_{n=1}^{\infty} b_n$이 발산하면 $\sum_{n=1}^{\infty} a_n$도 발산한다.

(4) 극한 비교판정법의 예

① $\sum_{n=1}^{\infty} \ln\left(1 + \frac{1}{n}\right)$에서 $a_n = \ln\left(1 + \frac{1}{n}\right)$, $b_n = \frac{1}{n}$이라 하면,

$$\lim_{n\to\infty}\frac{a_n}{b_n}=\lim_{n\to\infty}\frac{\ln\left(1+\frac{1}{n}\right)}{\frac{1}{n}}=\lim_{t\to 0}\frac{\ln(1+t)}{t}=1>0 \text{이고, } \sum_{n=1}^{\infty}\frac{1}{n} \text{은 } p\text{급수 판정법에 의하여 발산하므로}$$

극한 비교판정법에 의해 $\sum_{n=1}^{\infty}\ln\left(1+\frac{1}{n}\right)$은 발산한다.

② $\sum_{n=1}^{\infty}\frac{\ln n}{n^{\frac{3}{2}}}$에서 $a_n=\frac{\ln n}{n^{\frac{3}{2}}}$, $b_n=\frac{1}{n^{\frac{5}{4}}}$이라 하면

$$\lim_{n\to\infty}\frac{a_n}{b_n}=\lim_{n\to\infty}\frac{\ln n}{n^{\frac{1}{4}}}=\lim_{n\to\infty}\frac{\frac{1}{n}}{\frac{1}{4}n^{-\frac{3}{4}}} \text{ (}\because \text{로피탈의 정리)}=\lim_{n\to\infty}\frac{4}{n^{1/4}}=0 \text{이다.}$$

$\sum_{n=1}^{\infty}b_n=\sum_{n=1}^{\infty}\frac{1}{n^{\frac{5}{4}}}$은 p급수$\left(p=\frac{5}{4}>1\right)$ 판정법에 의하여 수렴하므로 극한 비교판정법에 의하여

$\sum_{n=1}^{\infty}\frac{\ln n}{n^{\frac{3}{2}}}$도 수렴한다.

③ $\sum_{n=2}^{\infty}\frac{1}{(\ln n)^2}$에서 $a_n=\frac{1}{(\ln n)^2}$, $b_n=\frac{1}{n}$이라 하면

$$\lim_{n\to\infty}\frac{a_n}{b_n}=\lim_{n\to\infty}\frac{\frac{1}{(\ln n)^2}}{\frac{1}{n}}=\lim_{n\to\infty}\frac{n}{(\ln n)^2}=\lim_{n\to\infty}\frac{n}{2\ln n} \text{ (}\because\text{로피탈의 정리)}=\lim_{n\to\infty}\frac{n}{2}=\infty \text{이다.}$$

$\sum_{n=2}^{\infty}\frac{1}{n}$은 p급수 판정법에 의하여 발산하므로 극한 비교판정법에 의하여 $\sum_{n=2}^{\infty}\frac{1}{(\ln n)^2}$도 발산한다.

2. 비·근·교대급수 판정법

(1) 비(비율, 비례) 판정법 (ratio test)

급수 $\sum_{n=1}^{\infty}a_n$이 양항급수이고 $\lim_{n\to\infty}\frac{a_{n+1}}{a_n}=r$ 일 때,

① $r<1$: $\sum_{n=1}^{\infty}a_n$은 수렴한다.

② $r>1$: $\sum_{n=1}^{\infty}a_n$은 발산한다.

③ $r=1$: $\sum_{n=1}^{\infty}a_n$의 수렴, 발산 여부를 알 수 없다.

(2) 비 판정법의 예

① $\sum_{n=1}^{\infty}\frac{2^n}{n!}$에서 $a_n=\frac{(n!)^2}{(2n)!}$이라 하면

$$\lim_{n\to\infty}\left|\frac{a_{n+1}}{a_n}\right|=\lim_{n\to\infty}\frac{\frac{\{(n+1)!\}^2}{(2n+2)!}}{\frac{(n!)^2}{(2n)!}}=\lim_{n\to\infty}\frac{(n+1)^2}{(2n+1)(2n+2)}=\frac{1}{4}<1 \text{이므로}$$

비 판정법에 의하여 주어진 급수는 수렴한다.

② $\sum_{n=1}^{\infty}\frac{n!}{n^n}$ 에서 $a_n=\frac{n!}{n^n}$ 이라 하면

$$\lim_{n\to\infty}\left|\frac{a_{n+1}}{a_n}\right|=\lim_{n\to\infty}\frac{\frac{(n+1)!}{(n+1)^{n+1}}}{\frac{n!}{n^n}}=\lim_{n\to\infty}\frac{(n+1)n^n}{(n+1)^{n+1}}=\lim_{n\to\infty}\frac{n^n}{(n+1)^n}=\lim_{n\to\infty}\frac{1}{\left(\frac{n+1}{n}\right)^n}=\lim_{n\to\infty}\frac{1}{\left(1+\frac{1}{n}\right)^n}=\frac{1}{e}<1$$

이므로 비 판정법에 의하여 주어진 급수는 수렴한다.

(3) 근 판정법 (root test)

양항급수 $\sum_{n=1}^{\infty}a_n$ 에 대해서 $r=\lim_{n\to\infty}\sqrt[n]{a_n}$ 일 때,

① $r<1$: $\sum_{n=1}^{\infty}a_n$ 은 수렴한다.

② $r>1$: $\sum_{n=1}^{\infty}a_n$ 은 발산한다.

③ $r=1$: $\sum_{n=1}^{\infty}a_n$ 의 수렴, 발산 여부를 알 수 없다.

TIP ▶ 근 판정법에서 $r=1$인 경우에는 주어진 급수의 수렴, 발산을 판정할 수 없다는 것에 주의한다.

예를 들어, 두 급수 $\sum_{n=1}^{\infty}\frac{1}{n}$ 과 $\sum_{n=1}^{\infty}\frac{1}{n^2}$ 은 둘 다 $r=\lim_{n\to\infty}\sqrt[n]{a_n}=1$ 이고 근 판정법으로 수렴, 발산 여부를 알 수 없다.

(4) 근 판정법의 예

① $\sum_{n=1}^{\infty}\left(\frac{n}{n+1}\right)^{n^2}$ 에서 $a_n=\left(\frac{n}{n+1}\right)^{n^2}$ 이라 하면

$$\lim_{n\to\infty}(a_n)^{\frac{1}{n}}=\lim_{n\to\infty}\left(\frac{n}{n+1}\right)^n=\lim_{n\to\infty}\left(1-\frac{1}{n+1}\right)^n=e^{-1}<1 \text{이므로 근 판정법에 의하여 주어진 급수는 수렴한다.}$$

② $\sum_{n=1}^{\infty}\left(\frac{3+5n}{5+3n}\right)^n$ 에서 $a_n=\left(\frac{3+5n}{5+3n}\right)^n$ 이라 하면

$$\lim_{n\to\infty}(a_n)^{\frac{1}{n}}=\lim_{n\to\infty}\frac{3+5n}{5+3n}=\frac{5}{3}>1 \text{이므로 근 판정법에 의하여 주어진 급수는 발산한다.}$$

(5) 교대급수 판정법

교대급수 $\sum_{n=1}^{\infty}(-1)^{n+1}a_n$ 에서 수열 $\{a_n\}$이 양의 감소수열이고 $\lim_{n\to\infty}a_n=0$이면 주어진 교대급수는 수렴한다.

(여기서 교대급수(alternating series)란 주어진 급수 $\sum_{n=1}^{\infty}a_n$ 에서 각 항의 부호가 교대로 양, 음으로 되었을 때의 급수를 말한다.)

(6) 교대급수 판정법의 예

$\sum_{n=1}^{\infty} \frac{(-1)^{n-1}}{\sqrt{n}}$ 에서 $a_n = \frac{1}{\sqrt{n}} > 0$, $\{a_n\}$이 감소수열이고 $\lim_{n \to \infty} a_n = 0$이므로 교대급수 판정법에 의해 주어진 급수는 수렴한다.

TIP ▶ 교대급수 판정 조건을 만족하지 않는 경우에 교대급수 판정법으로는 수렴, 발산 여부를 알 수 없다.

(7) 교대급수의 오차추정 정리 (교대급수 오차의 한계)

교대급수 $\sum_{n=1}^{\infty} (-1)^{n+1} a_n$ 에서 수열 $\{a_n\}$이 양의 감소수열이고 $\lim_{n \to \infty} a_n = 0$이면 다음과 같은 오차의 한계를 갖는다.

$$|S - S_n| \leq a_{n+1}$$

(8) 교대급수 오차추정 정리의 예

무한급수 $\sum_{n=1}^{\infty} \frac{(-1)^n}{n!}$에 대하여 오차가 0.01보다 작아지는 근삿값을 구하면 다음과 같다.

$S_n = \sum_{k=1}^{n} \frac{(-1)^k}{k!}$ 라 하면 $|S - S_4| \leq \frac{1}{5!} < 0.01$이다. 따라서 네 번째 부분합

$S_4 = -1 + \frac{1}{2!} - \frac{1}{3!} + \frac{1}{4!} = -\frac{5}{8}$는 주어진 급수의 오차의 한계가 0.01보다 작은 근삿값이 된다.

개념적용

01 다음 중 수렴하는 무한급수는 몇 개인가?

ㄱ. $\displaystyle\sum_{n=1}^{\infty} \frac{1}{n2^n}$ ㄴ. $\displaystyle\sum_{n=1}^{\infty} \frac{1}{\sqrt{n}}$

ㄷ. $\displaystyle\sum_{n=1}^{\infty} \frac{n}{\sqrt{n^3 + 2n^2 + 7}}$ ㄹ. $\displaystyle\sum_{n=1}^{\infty} \frac{\sin^2 n}{n^2}$

① 0개   ② 1개   ③ 2개   ④ 3개

공략 포인트

비교판정법
모든 n에 대하여 $0 \leq a_n \leq b_n$ 일 때, 비교판정법은 다음과 같다.

① $\displaystyle\sum_{n=1}^{\infty} b_n$ 이 수렴하면 $\displaystyle\sum_{n=1}^{\infty} a_n$ 도 수렴한다.

② $\displaystyle\sum_{n=1}^{\infty} a_n$ 이 발산하면 $\displaystyle\sum_{n=1}^{\infty} b_n$ 도 발산한다.

p급수 판정법
$\displaystyle\sum_{n=1}^{\infty} \frac{1}{n^p} = 1 + \frac{1}{2^p} + \frac{1}{3^p} + \cdots + \frac{1}{n^p} + \cdots$
에 대해서 수렴 및 발산 조건은 다음과 같다.
- $p > 1$: 수렴
- $0 < p \leq 1$: 발산

풀이

ㄱ. $0 < \displaystyle\sum_{n=1}^{\infty} \frac{1}{n2^n} < \displaystyle\sum_{n=1}^{\infty} \frac{1}{2^n}$ 이고, $\displaystyle\sum_{n=1}^{\infty} \left(\frac{1}{2}\right)^n$ 은 공비가 $\frac{1}{2}$ 인 등비급수이므로 수렴한다.

따라서 비교판정법에 의하여 $\displaystyle\sum_{n=1}^{\infty} \frac{1}{n2^n}$ 도 수렴한다.

ㄴ. $\displaystyle\sum_{n=1}^{\infty} \frac{1}{\sqrt{n}}$ 은 $p = \frac{1}{2}$ 이므로 p급수 판정법에 의하여 발산한다.

ㄷ. $\displaystyle\sum_{n=1}^{\infty} \frac{n}{\sqrt{n^3 + 2n^2 + 7}} > \displaystyle\sum_{n=1}^{\infty} \frac{n}{\sqrt{n^3 + 2n^3 + 7n^3}} = \frac{1}{\sqrt{10}} \displaystyle\sum_{n=1}^{\infty} \frac{1}{n^{\frac{1}{2}}}$ 이고,

$\frac{1}{\sqrt{10}} \displaystyle\sum_{n=1}^{\infty} \frac{1}{n^{\frac{1}{2}}}$ 은 p급수 판정법에 의하여 발산하므로

비교판정법에 의하여 $\displaystyle\sum_{n=1}^{\infty} \frac{n}{\sqrt{n^3 + 2n^2 + 7}}$ 도 발산한다.

ㄹ. $\displaystyle\sum_{n=1}^{\infty} \frac{\sin^2 n}{n^2} < \displaystyle\sum_{n=1}^{\infty} \frac{1}{n^2}$ 이고 $p = 2$ 이므로

p급수 판정법에 의하여 $\displaystyle\sum_{n=1}^{\infty} \frac{1}{n^2}$ 이 수렴한다.

따라서 비교판정법에 의하여 $\displaystyle\sum_{n=1}^{\infty} \frac{\sin^2 n}{n^2}$ 도 수렴한다.

수렴하는 무한급수는 ㄱ, ㄹ로 2개이다.

정답 ③

02

다음 중에서 수렴하는 무한급수는?

① $\sum_{n=2}^{\infty} \dfrac{1}{\ln n}$ ② $\sum_{n=1}^{\infty} \dfrac{2n+1}{3n^2+2}$ ③ $\sum_{n=1}^{\infty} \sin \dfrac{1}{n}$ ④ $\sum_{n=1}^{\infty} \dfrac{1}{n^2}$

공략 포인트

p급수 판정법

$\sum_{n=1}^{\infty} \dfrac{1}{n^p} = 1 + \dfrac{1}{2^p} + \dfrac{1}{3^p} + \cdots + \dfrac{1}{n^p} + \cdots$

에 대해서 수렴 및 발산 조건은 다음과 같다.
· $p > 1$: 수렴
· $0 < p \leq 1$: 발산

극한비교판정법

· $\lim_{n \to \infty} \dfrac{a_n}{b_n} = c > 0$이면 두 급수 $\sum_{n=1}^{\infty} a_n$과 $\sum_{n=1}^{\infty} b_n$은 동시에 수렴하거나 발산한다.

· $\lim_{n \to \infty} \dfrac{a_n}{b_n} = 0$이고 $\sum_{n=1}^{\infty} b_n$이 수렴하면 $\sum_{n=1}^{\infty} a_n$도 수렴한다.

· $\lim_{n \to \infty} \dfrac{a_n}{b_n} = \infty$이고 $\sum_{n=1}^{\infty} b_n$이 발산하면 $\sum_{n=1}^{\infty} a_n$도 발산한다.

풀이

① $a_n = \dfrac{1}{\ln n}$, $b_n = \dfrac{1}{n}$이라 하면

$\lim_{n \to \infty} \dfrac{a_n}{b_n} = \lim_{n \to \infty} \dfrac{\frac{1}{\ln n}}{\frac{1}{n}} = \lim_{n \to \infty} \dfrac{n}{\ln n} = \lim_{n \to \infty} n$ ($\because$ 로피탈 정리)$= \infty$이고,

$\sum_{n=2}^{\infty} \dfrac{1}{n}$은 p급수 판정법에 의하여 발산하므로

극한 비교판정법에 의하여 $\sum_{n=2}^{\infty} \dfrac{1}{\ln n}$도 발산한다.

② $\sum_{n=1}^{\infty} \dfrac{2n+1}{3n^2+2} > \sum_{n=1}^{\infty} \dfrac{2n}{10n^2} > \dfrac{1}{5} \sum_{n=1}^{\infty} \dfrac{1}{n}$이다.

이때, $\dfrac{1}{5} \sum_{n=1}^{\infty} \dfrac{1}{n}$은 $p=1$인 급수이므로 p급수 판정법에 의하여 발산한다.

따라서 비교판정법에 의하여 $\sum_{n=1}^{\infty} \dfrac{2n+1}{3n^2+2}$도 발산한다.

③ $a_n = \sin \dfrac{1}{n}$, $b_n = \dfrac{1}{n}$이라 하면 $\lim_{n \to \infty} \dfrac{a_n}{b_n} = \lim_{n \to \infty} \dfrac{\sin \frac{1}{n}}{\frac{1}{n}} = \lim_{\theta \to 0} \dfrac{\sin \theta}{\theta} = 1 > 0$이고,

$\sum_{n=1}^{\infty} \dfrac{1}{n}$은 p급수 판정법에 의하여 발산하므로

극한 비교판정법에 의해 $\sum_{n=1}^{\infty} \sin \dfrac{1}{n}$도 발산한다.

④ $\sum_{n=1}^{\infty} \dfrac{1}{n^2}$은 $p=2$인 급수이므로 p급수 판정법에 의하여 수렴한다.

정답 ④

03

다음 보기의 무한급수 중 수렴하는 것의 개수는?

--- 보 기 ---

ㄱ. $\sum_{n=1}^{\infty} \dfrac{(-1)^n}{n}$ ㄴ. $\sum_{n=1}^{\infty} \dfrac{(-1)^n}{n^2+n}$

ㄷ. $\sum_{n=1}^{\infty} \dfrac{1}{\sqrt{n}+n}$ ㄹ. $\sum_{n=1}^{\infty} \dfrac{\cos n\pi}{\sqrt{n}}$

① 1개 ② 2개 ③ 3개 ④ 4개

공략 포인트

p급수 판정법

$\sum_{n=1}^{\infty} \dfrac{1}{n^p} = 1 + \dfrac{1}{2^p} + \dfrac{1}{3^p} + \cdots + \dfrac{1}{n^p} + \cdots$
에 대해서 수렴 및 발산 조건은 다음과 같다.
- $p > 1$: 수렴
- $0 < p \leq 1$: 발산

교대급수 판정법

교대급수 $\sum_{n=1}^{\infty}(-1)^{n+1}a_n$ 에서 수열 $\{a_n\}$이 양의 감소수열이고 $\lim_{n\to\infty} a_n = 0$이면 주어진 교대급수는 수렴한다.

풀이

ㄱ. 교대급수 $\sum_{n=1}^{\infty}(-1)^n a_n$에서 $a_n = \dfrac{1}{n} > 0$은 감소수열이고, $\lim_{n\to\infty}\dfrac{1}{n}=0$이므로 수렴한다.

ㄴ. 교대급수 $\sum_{n=1}^{\infty}(-1)^n a_n$에서 $a_n = \dfrac{1}{n^2+n}$은 감소수열이고, $\lim_{n\to\infty}\dfrac{1}{n^2+n}=0$이므로 수렴한다.

ㄷ. $\sum_{n=1}^{\infty} \dfrac{1}{\sqrt{n}+n} > \sum_{n=1}^{\infty} \dfrac{1}{2n}$ 이고

$\sum_{n=1}^{\infty} \dfrac{1}{2n} = \dfrac{1}{2}\sum_{n=1}^{\infty}\dfrac{1}{n}$ 은 $p=1$이므로 p급수 판정법에 의하여 발산한다.

그러므로 비교판정법에 의하여 $\sum_{n=1}^{\infty}\dfrac{1}{\sqrt{n}+n}$도 발산한다.

ㄹ. $\sum_{n=1}^{\infty}\dfrac{\cos n\pi}{\sqrt{n}} = \sum_{n=1}^{\infty}\dfrac{(-1)^n}{\sqrt{n}}$이고 $b_n = \dfrac{1}{n^{\frac{1}{2}}} > 0$이라 하면 $\{b_n\}$은 감소수열이고,

$\lim_{n\to\infty} b_n = \lim_{n\to\infty}\dfrac{1}{n^{\frac{1}{2}}} = 0$이므로 교대급수 판정법에 의해 $\sum_{n=1}^{\infty}\dfrac{\cos n\pi}{\sqrt{n}}$는 수렴한다.

즉, 보기의 무한급수 중 수렴하는 것의 개수는 3개다.

정답 ③

4 절대수렴과 조건부수렴

1. 절대수렴

(1) 절대수렴(absolute convergence)의 정의

급수 $\sum_{n=1}^{\infty} a_n$에 대해서 $\sum_{n=1}^{\infty} |a_n|$이 수렴할 때, $\sum_{n=1}^{\infty} a_n$이 절대수렴한다고 한다.

(2) 절대수렴의 예

급수 $\sum_{n=1}^{\infty} \frac{\cos nx}{n^2}$에서 $\left|\frac{\cos nx}{n^2}\right| \leq \frac{1}{n^2}$이므로 비교판정법에 의해서 주어진 급수는 절대수렴한다.

2. 조건부수렴

(1) 조건부수렴(conditional convergence)의 정의

$\sum_{n=1}^{\infty} a_n$은 수렴하나 $\sum_{n=1}^{\infty} |a_n|$은 발산할 때, 급수 $\sum_{n=1}^{\infty} a_n$은 조건부수렴한다고 한다.

(2) 성질

① 절대수렴하는 급수는 수렴한다.

② 비율 판정법과 근 판정법으로 수렴하면 절대수렴한다.

③ $\sum_{n=1}^{\infty} a_n$이 절대수렴하면 수열 $\{a_n\}$의 재배열수열 $\{b_n\}$의 급수 $\sum_{n=1}^{\infty} b_n$도 수렴하고 $\sum_{n=1}^{\infty} a_n = \sum_{n=1}^{\infty} b_n$이다.

개념적용

01 다음 중 조건부수렴하는 급수의 개수는?

ㄱ. $\sum_{n=1}^{\infty} \dfrac{(-1)^n}{3n-1}$ ㄴ. $\sum_{n=1}^{\infty} \dfrac{(-1)^n n^3}{2^n}$

ㄷ. $\sum_{n=1}^{\infty} \dfrac{(-1)^n 2^{2n}}{3^{n+8}}$ ㄹ. $\sum_{n=1}^{\infty} \dfrac{(-1)^n \sqrt[n]{2}}{\ln n}$

① 1   ② 2   ③ 3   ④ 4

공략 포인트

조건부수렴

$\sum_{n=1}^{\infty} a_n$은 수렴하나 $\sum_{n=1}^{\infty} |a_n|$은 발산할 때, 급수 $\sum_{n=1}^{\infty} a_n$은 조건부수렴한다고 한다.

풀이

ㄱ. $a_n = \dfrac{1}{3n-1} > 0$이고, $\{a_n\}$은 감소수열이며 $\lim_{n \to \infty} \dfrac{1}{3n-1} = 0$이므로

교대급수 판정법에 의하여 급수 $\sum_{n=1}^{\infty} \dfrac{(-1)^n}{3n-1}$은 수렴한다.

또한, $\sum_{n=1}^{\infty} \left| \dfrac{(-1)^n}{3n-1} \right| = \sum_{n=1}^{\infty} \dfrac{1}{3n-1}$은 발산하므로

급수 $\sum_{n=1}^{\infty} \dfrac{(-1)^n}{3n-1}$은 조건부수렴한다.

ㄴ. $\sum_{n=1}^{\infty} \left| \dfrac{(-1)^n n^3}{2^n} \right| = \sum_{n=1}^{\infty} \dfrac{n^3}{2^n}$에서 $\lim_{n \to \infty} \dfrac{a_{n+1}}{a_n} = \dfrac{1}{2}$이므로 비율 판정법에 의하여 수렴한다.

따라서 급수 $\sum_{n=1}^{\infty} \dfrac{(-1)^n n^3}{2^n}$은 절대수렴한다.

ㄷ. $\sum_{n=1}^{\infty} \dfrac{(-1)^n 2^{2n}}{3^{n+8}} = \sum_{n=1}^{\infty} \dfrac{1}{3^8} \left(-\dfrac{4}{3} \right)^n$은 공비 $-\dfrac{4}{3}$인 등비급수이다.

따라서 발산한다.

ㄹ. $\lim_{n \to \infty} \dfrac{\sqrt[n]{2}}{\ln n} = \lim_{n \to \infty} \dfrac{2^{\frac{1}{n}}}{\ln n} = 0$이므로 교대급수 판정법에 의하여

급수 $\sum_{n=1}^{\infty} \dfrac{(-1)^n \sqrt[n]{2}}{\ln n}$는 수렴한다.

또한, $\sum_{n=1}^{\infty} \left| \dfrac{(-1)^n \sqrt[n]{2}}{\ln n} \right| = \sum_{n=1}^{\infty} \dfrac{\sqrt[n]{2}}{\ln n} > \sum_{n=1}^{\infty} \dfrac{1}{\ln n}$이고 $\sum_{n=1}^{\infty} \dfrac{1}{\ln n}$은 발산하므로

비교판정법에 의하여 $\sum_{n=1}^{\infty} \dfrac{\sqrt[n]{2}}{\ln n}$도 발산한다.

따라서 급수 $\sum_{n=1}^{\infty} \dfrac{(-1)^n \sqrt[n]{2}}{\ln n}$는 조건부수렴한다.

즉, 조건부 수렴하는 급수는 ㄱ, ㄹ로 2개다.

다른 풀이

ㄷ. $\lim_{n \to \infty} \dfrac{2^{2n}}{3^{n+8}} = \lim_{n \to \infty} \dfrac{4^n}{3^n \times 3^8} = \infty$이므로 교대급수 판정법에 의하여

$\sum_{n=1}^{\infty} \dfrac{(-1)^n 2^{2n}}{3^{n+8}}$은 발산한다. 따라서 급수 $\sum_{n=1}^{\infty} \dfrac{(-1)^n 2^{2n}}{3^{n+8}}$은 발산한다.

정답 ②

02

급수 $\sum_{n=1}^{\infty} (-1)^n \dfrac{\tan^{-1} n}{2+n^2}$ 의 설명으로 옳은 것은?

① 주어진 급수는 조건부수렴한다.
② 주어진 급수는 절대수렴한다.
③ $\lim_{n \to \infty} (-1)^n \dfrac{\tan^{-1} n}{2+n^2} = 0$ 이지만, 주어진 급수는 발산한다.
④ 주어진 급수는 비급수판정법에 의해 발산한다.

공략 포인트

조건부수렴
$\sum_{n=1}^{\infty} a_n$은 수렴하나 $\sum_{n=1}^{\infty} |a_n|$은 발산할 때, 급수 $\sum_{n=1}^{\infty} a_n$은 조건부수렴한다고 한다.

절대수렴
급수 $\sum_{n=1}^{\infty} a_n$에 대해서 $\sum_{n=1}^{\infty} |a_n|$이 수렴할 때, $\sum_{n=1}^{\infty} a_n$이 절대수렴한다고 한다.

풀이

$\sum_{n=1}^{\infty} \left| (-1)^n \dfrac{\tan^{-1} n}{2+n^2} \right| = \sum_{n=1}^{\infty} \dfrac{\tan^{-1} n}{2+n^2} < \sum_{n=1}^{\infty} \dfrac{\pi}{2} \cdot \dfrac{1}{2+n^2} < \sum_{n=1}^{\infty} \dfrac{\pi}{2} \cdot \dfrac{1}{n^2}$ 이고,

$\sum_{n=1}^{\infty} \dfrac{1}{n^2}$ 에서 $p=2$ 이므로 p급수 판정법에 의하여 수렴한다.

따라서 비교판정법에 의하여 $\sum_{n=1}^{\infty} \dfrac{\tan^{-1} n}{2+n^2}$ 은 수렴하고

$\sum_{n=1}^{\infty} (-1)^n \dfrac{\tan^{-1} n}{2+n^2}$ 은 절대수렴한다.

정답 ②

03

급수 $\sum_{n=1}^{\infty} |a_n|$ 이 수렴할 때, 다음 중 수렴하는 급수의 개수는?

ㄱ. $\sum_{n=1}^{\infty} a_n$

ㄴ. $\sum_{n=1}^{\infty} (|a_n| - a_n)$

ㄷ. $\sum_{n=1}^{\infty} (a_n)^2$

ㄹ. $\sum_{n=1}^{\infty} (-1)^n a_n$

ㅁ. $\sum_{n=1}^{\infty} \sin(a_n)$

① 5   ② 4   ③ 3   ④ 2

공략 포인트

절대수렴

급수 $\sum_{n=1}^{\infty} a_n$ 에 대해서 $\sum_{n=1}^{\infty} |a_n|$ 이 수렴할 때, $\sum_{n=1}^{\infty} a_n$ 이 절대수렴한다고 한다.

풀이

ㄱ. $\sum_{n=1}^{\infty} |a_n|$ 이 수렴하면 절대수렴 판정법에 의하여 $\sum a_n$ 도 수렴한다.

ㄴ. $\sum |a_n|$ 과 $\sum a_n$ 이 모두 수렴하므로 $\sum_{n=1}^{\infty} (|a_n| - a_n) = \sum |a_n| - \sum a_n$ 도 수렴한다.

ㄷ. 적당한 자연수 N이 존재해서 $n \geq N$이면, $0 < (a_n)^2 \leq |a_n|^2 < |a_n| < 1$이고 $\sum |a_n|$ 이 수렴하므로 비교판정법에 의하여 $\sum (a_n)^2$ 도 수렴한다.

ㄹ. $\sum_{n=1}^{\infty} |(-1)^n a_n| = \sum_{n=1}^{\infty} |a_n|$ 이 수렴하므로 절대수렴 판정법에 의하여 수렴한다.

ㅁ. $\lim_{n \to \infty} \frac{\sin(a_n)}{a_n} = 1$이므로 극한 비교판정법에 의하여 수렴한다.

정답 ①

5 무한급수

대표출제유형

> 출제경향 분석
> # 부분합을 이용한 무한급수의 합을 계산하는 문제가 출제됩니다.
> # 무한급수의 수렴, 발산을 판정하는 문제는 빈출되므로 판정법을 암기하고 적용할 수 있어야 합니다.

01 무한급수

🔍 개념 1. 무한급수와 부분합

무한급수 $\sum_{n=1}^{\infty}\left[\tan^{-1}(n+1)-\tan^{-1}(n-1)\right]$ 의 합은?

① 0 ② $\dfrac{\pi}{4}$ ③ $\dfrac{\pi}{2}$ ④ $\dfrac{3}{4}\pi$

풀이

STEP A 급수를 전개하여 나타내기

$$\sum_{n=1}^{\infty}\left[\tan^{-1}(n+1)-\tan^{-1}(n-1)\right]$$
$$=\lim_{n\to\infty}\{\tan^{-1}2-\tan^{-1}0\}+\{\tan^{-1}3-\tan^{-1}1\}$$
$$+\{\tan^{-1}4-\tan^{-1}2\}+\cdots+\{\tan^{-1}(n+1)-\tan^{-1}(n-1)\}$$
$$=\lim_{n\to\infty}\{-\tan^{-1}0-\tan^{-1}1+\tan^{-1}(n)+\tan^{-1}(n+1)\}$$
$$=-\dfrac{\pi}{4}+\dfrac{\pi}{2}+\dfrac{\pi}{2}=\dfrac{3}{4}\pi$$

정답 ④

02 무한급수의 수렴

🔍 개념 3. 비교판정법과 극한을 이용한 판정법

무한급수 $\sum_{n=1}^{\infty} n^k \sin \dfrac{1}{\sqrt{n^3}}$ 이 수렴하기 위한 실수 k의 필요충분조건을 구하면?

① $k < 2$ ② $k < \dfrac{3}{2}$ ③ $k < 1$ ④ $k < \dfrac{1}{2}$

풀이

STEP A 극한 비교판정법을 이용하여 주어진 무한급수의 수렴 조건 파악하기

$$\lim_{n \to \infty} \dfrac{n^k \sin \dfrac{1}{\sqrt{n^3}}}{n^k \dfrac{1}{\sqrt{n^3}}} = 1 > 0$$ 이므로 극한 비교판정법에 의하여

$\sum_{n=1}^{\infty} n^k \sin \dfrac{1}{\sqrt{n^3}}$ 과 $\sum_{n=1}^{\infty} n^k \dfrac{1}{\sqrt{n^3}}$ 은 동시에 수렴하거나 발산한다.

STEP B $\sum_{n=1}^{\infty} n^k \dfrac{1}{\sqrt{n^3}}$ 의 수렴 조건 확인하기

$\sum_{n=1}^{\infty} n^k \dfrac{1}{\sqrt{n^3}} = \sum_{n=1}^{\infty} \dfrac{1}{n^{\frac{3}{2} - k}}$ 이므로 $\dfrac{3}{2} - k > 1$ 일 때 수렴한다.

즉, $k < \dfrac{1}{2}$ 일 때 주어진 무한급수 $\sum_{n=1}^{\infty} n^k \sin \dfrac{1}{\sqrt{n^3}}$ 도 수렴한다.

정답 ④

03 무한급수의 수렴

🔍 개념 3. 비교판정법과 극한을 이용한 판정법

다음 중 수렴하는 급수의 개수는?

ㄱ. $\displaystyle\sum_{n=1}^{\infty} \sin\left(\frac{1}{n}\right)$　　　　ㄴ. $\displaystyle\sum_{n=4}^{\infty} \frac{2n}{n^2-3n}$

ㄷ. $\displaystyle\sum_{n=1}^{\infty} \frac{1}{1+\frac{1}{n}}$　　　　ㄹ. $\displaystyle\sum_{n=1}^{\infty} \frac{n!}{(n+1)^n}$

① 1　　　② 2　　　③ 3　　　④ 4

풀이

STEP A 각 판정법을 이용하여 급수의 수렴 여부 판별하기

ㄱ. (발산)

$\displaystyle\lim_{n \to \infty} \frac{\sin\left(\frac{1}{n}\right)}{\frac{1}{n}} = 1$이고 $\displaystyle\sum \frac{1}{n}$이 발산하므로 극한 비교판정법에 의하여 $\displaystyle\sum_{n=1}^{\infty} \sin\left(\frac{1}{n}\right)$도 발산한다.

ㄴ. (발산)

$\displaystyle\frac{2n}{n^2-3n} > \frac{2n}{n^2+n^2} = \frac{1}{n}$이고, $\displaystyle\sum_{n=1}^{\infty} \frac{1}{n} = \infty$이므로 p급수 판정법에 의하여 발산한다.

ㄷ. (발산)

$\displaystyle\lim_{n \to \infty} \frac{\frac{1}{1+\frac{1}{n}}}{\frac{1}{n}} = \lim_{n \to \infty} \frac{\left(\frac{1}{n}\right)\left(\frac{1}{n}\right)^{\frac{1}{n}}}{\frac{1}{n}} = \lim_{n \to \infty} \left(\frac{1}{n}\right)^{\frac{1}{n}} = \lim_{t \to 0^+} t^t = \lim_{t \to 0^+} e^{t \ln t} = 1$이고

$\displaystyle\sum \frac{1}{n}$이 발산하므로 극한 비교판정법에 의하여 $\displaystyle\sum_{n=1}^{\infty} \frac{1}{1+\frac{1}{n}}$도 발산한다.

ㄹ. (수렴)

$\displaystyle\sum_{n=1}^{\infty} \frac{n!}{(n+1)^n} < \sum \frac{n!}{n^n}$이고 $\displaystyle\sum \frac{n!}{n^n}$은 $\displaystyle\lim_{n \to \infty} \frac{a_{n+1}}{a_n} = \frac{1}{e}$이므로 비율 판정법에 의하여 수렴한다.

따라서 $\displaystyle\sum \frac{n!}{n^n}$보다 작은 $\displaystyle\sum_{n=1}^{\infty} \frac{n!}{(n+1)^n}$은 비교판정법에 의하여 수렴한다.

정답 ①

04 무한급수의 수렴

🔍 개념 3. 비교판정법과 극한을 이용한 판정법

수열 $\left\{a_n = (-1)^n \dfrac{1}{(\ln(n+1))^{1/3}}\right\}$ 에 대하여 아래 보기에서 수렴하는 것은 모두 몇 개인가?

――― | 보 기 | ―――

ㄱ. $\displaystyle\sum_{n=1}^{\infty} a_n$ ㄴ. $\displaystyle\sum_{n=1}^{\infty} a_n^{\,2}$

ㄷ. $\displaystyle\sum_{n=1}^{\infty} n a_n^{\,3}$ ㄹ. $\displaystyle\sum_{n=1}^{\infty} (-1)^n a_n^{\,2021}$

① 0개 ② 1개 ③ 2개 ④ 3개

풀이

STEP A 각 판정법을 이용하여 급수의 수렴 여부 판별하기

ㄱ. (수렴)

$\displaystyle\sum_{n=1}^{\infty} a_n = \sum_{n=1}^{\infty} (-1)^n \dfrac{1}{(\ln(n+1))^{\frac{1}{3}}}$ 이고 $\displaystyle\lim_{n\to\infty} \dfrac{1}{(\ln(n+1))^{\frac{1}{3}}} = 0$ 이므로

교대급수 판정법에 의하여 $\displaystyle\sum_{n=1}^{\infty} a_n = \sum_{n=1}^{\infty} (-1)^n \dfrac{1}{(\ln(n+1))^{\frac{1}{3}}}$ 은 수렴한다.

ㄴ. (발산)

$\displaystyle\sum_{n=1}^{\infty} a_n^{\,2} = \sum_{n=1}^{\infty} \dfrac{1}{(\ln(n+1))^{\frac{2}{3}}} \geq \sum_{n=1}^{\infty} \dfrac{1}{(n+1)^{\frac{1}{4}}}$ 이므로 발산한다.

ㄷ. (발산)

$\displaystyle\sum_{n=1}^{\infty} n a_n^{\,3} = \sum_{n=1}^{\infty} (-1)^n \dfrac{n}{(\ln(n+1))}$ 은 $\displaystyle\lim_{n\to\infty} \dfrac{n}{\ln(n+1)} = \infty \neq 0$ 이므로

발산 판정법에 의하여 발산한다.

ㄹ. (발산)

$\displaystyle\sum_{n=1}^{\infty} (-1)^n a_n^{\,2021} = \sum_{n=1}^{\infty} \dfrac{1}{(\ln(n+1))^{\frac{2021}{3}}} \geq \sum_{n=1}^{\infty} \dfrac{1}{(n+1)^{\frac{1}{4}}}$ 이므로 발산한다.

정답 ②

05 절대수렴과 조건부수렴

🔍 개념 4. 절대수렴과 조건부수렴

보기에서 절대수렴하는 급수의 개수를 a, 조건수렴하는 급수의 개수를 b, 발산하는 급수의 개수를 c라 할 때, $a+b-c$의 값은?

| 보 기 |

ㄱ. $\sum_{n=1}^{\infty} (-1)^n \dfrac{\ln n}{\sqrt{n}}$ 　　　　　ㄴ. $\sum_{n=1}^{\infty} \tan\left(\dfrac{1}{n}\right)$

ㄷ. $\sum_{n=1}^{\infty} \dfrac{\sqrt[3]{n}-1}{n(\sqrt{n}+1)}$ 　　　　　ㄹ. $\sum_{n=1}^{\infty} (-1)^n \dfrac{(2n+1)^n}{n^{2n}}$

ㅁ. $\sum_{n=1}^{\infty} (-1)^n \dfrac{10^n n^2}{n!}$

① 1　　　　② 2　　　　③ 3　　　　④ 4

풀이

STEP A 각 판정법을 이용하여 급수의 수렴, 발산 여부 판정하기

ㄱ. $\lim\limits_{n\to\infty} \dfrac{\ln n}{\sqrt{n}} = 0$ 이므로 교대급수 판정법에 의하여 급수 $\sum_{n=1}^{\infty} (-1)^n \dfrac{\ln n}{\sqrt{n}}$ 은 수렴하고,

$\sum_{n=1}^{\infty} \left|(-1)^n \dfrac{\ln n}{\sqrt{n}}\right| = \sum_{n=1}^{\infty} \dfrac{\ln n}{n}$ 은 적분 판정법에 의하여 발산한다.

따라서 급수 $\sum_{n=1}^{\infty} (-1)^n \dfrac{\ln n}{\sqrt{n}}$ 은 조건수렴한다.

ㄴ. $\lim\limits_{n\to\infty} \dfrac{\tan\frac{1}{n}}{\frac{1}{n}} = 1$ 이고, $\sum_{n=1}^{\infty} \dfrac{1}{n}$ 은 p급수 판정법에 의하여 발산한다.

따라서 극한 비교판정법에 의하여 발산한다.

ㄷ. $\dfrac{\sqrt[3]{n}-1}{n(\sqrt{n}+1)} > \dfrac{\sqrt[3]{n}-\frac{1}{2}\sqrt[3]{n^3}}{n(\sqrt{n}+\sqrt{n})} = \dfrac{1}{2n^{\frac{7}{6}}}$ 이고, $\sum_{n=1}^{\infty} \dfrac{1}{n^{\frac{7}{6}}}$ 은 p급수 판정법에 의하여

수렴한다. 따라서 $\sum_{n=1}^{\infty} \dfrac{\sqrt[3]{n}-1}{n(\sqrt{n}+1)}$ 은 절대수렴한다.

ㄹ. $\lim\limits_{n\to\infty} \left|\dfrac{(2n+1)^n}{n^{2n}}\right|^{\frac{1}{n}} = \lim\limits_{n\to\infty} \dfrac{2n+1}{n^2} = 0 < 1$ 이므로 n승근 판정법에 의하여 수렴한다.

따라서 급수 $\sum_{n=1}^{\infty} (-1)^n \dfrac{(2n+1)^n}{n^{2n}}$ 은 절대수렴한다.

ㅁ. $a_n = (-1)^n \dfrac{10^n n^2}{n!}$ 이라 할 때, $\lim\limits_{n\to\infty} \left|\dfrac{a_{n+1}}{a_n}\right| = \lim\limits_{n\to\infty} \dfrac{10(n+1)^2}{(n+1)n^2} = 0 < 1$ 이므로

비율 판정법에 의하여 수렴한다. 따라서 급수 $\sum_{n=1}^{\infty} (-1)^n \dfrac{10^n n^2}{n!}$ 은 절대수렴한다.

따라서 $a=3$, $b=1$, $c=1$ 이므로 $a+b-c=3$ 이다.

정답 ③

6 무한급수

실전문제

정답 및 풀이 p.299

01 무한급수 $\frac{1}{1^2}+\frac{1}{2^2}+\frac{1}{3^2}+\cdots+\frac{1}{n^2}$ 의 값이 X일 때, $\frac{1}{1^2}+\frac{1}{3^2}+\frac{1}{5^2}+\cdots+\frac{1}{(2n-1)^2}$ 의 값은?

① $\frac{X}{2}$ ② $\frac{3}{4}X$ ③ $\frac{\sqrt{X(X+1)}}{2}$ ④ $\sqrt{X(X-1)}$

02 무한합 $\sum_{n=1}^{\infty} \frac{1}{2^n} \tan \frac{1}{2^{n-1}}$ 의 값은? (단, 임의의 실수 x에 대하여 $\tan\left(\frac{x}{2}\right) = \cot\left(\frac{x}{2}\right) - 2\cot x$이다.)

① $1 - \cot 2$ ② $-1 - \cot 2$ ③ $\frac{1}{2} - \cot 2$ ④ $-\cot 2$

03 $\sum_{n=2}^{\infty}(1+c)^{-n} = 2$를 만족하는 c값을 구하시오.

① $\frac{-\sqrt{3}-1}{2}$ ② $\frac{\sqrt{3}-1}{2}$ ③ $\sqrt{3}-1$ ④ $-\sqrt{3}-1$

04 다음 중 수렴하는 급수는?

ㄱ. $1 + \frac{2}{3} + \frac{3}{5} + \frac{4}{7} + \cdots$

ㄴ. $1 + \frac{1}{5} + \frac{1}{9} + \frac{1}{13} + \cdots$

ㄷ. $\frac{1}{e} - \frac{2}{e^2} + \frac{3}{e^3} - \frac{4}{e^4} + \cdots$

ㄹ. $3 + (-3) + 3 + \cdots + (-1)^{(n-1)} \cdot 3 + \cdots$

① ㄱ, ㄴ ② ㄴ, ㄷ ③ ㄷ ④ ㄹ

05 2 이상의 자연수 n 에 대하여 $a_n = \frac{1}{n \ln n}$, $b_n = \frac{\tan^{-1}\frac{1}{n}}{\ln n}$ 일 때, 보기에서 옳은 것만을 있는 대로 고른 것은?

| 보 기 |

ㄱ. $\lim_{n \to \infty} \frac{b_n}{a_n} = 1$

ㄴ. $\sum_{n=2}^{\infty} a_n$ 은 발산한다.

ㄷ. $\sum_{n=2}^{\infty} b_n$ 은 수렴한다.

① ㄱ ② ㄴ ③ ㄱ, ㄴ ④ ㄱ, ㄷ

06 다음의 급수들 중 수렴하는 것을 모두 찾으시오.

ㄱ. $\sum_{n=8}^{\infty} \frac{1}{n \cdot \ln n \cdot (\ln(\ln n))^2}$

ㄴ. $\sum_{n=1}^{\infty} \left(\sqrt{n + \frac{1}{n}} - \sqrt{n} \right)$

ㄷ. $\sum_{n=1}^{\infty} \frac{(n+1)^n}{n^{n+1}}$

ㄹ. $\sum_{n=1}^{\infty} (-1)^n n \tan\left(\frac{1}{n}\right)$

① ㄱ, ㄴ ② ㄱ, ㄷ ③ ㄴ, ㄷ ④ ㄴ, ㄹ

07 급수 $\sum_{n=1}^{\infty} \sqrt{4n+n^2} \tan\left(\dfrac{1}{n^p}\right)$ 이 수렴하는 양의 실수 p 의 범위는?

① $p > \dfrac{1}{2}$ ② $p > 1$ ③ $p > \dfrac{3}{2}$ ④ $p > 2$

08 다음 중 수렴하는 급수는?

① $\sum_{n=1}^{\infty} \dfrac{1}{\sqrt{n}}$ ② $\sum_{n=2}^{\infty} \dfrac{1}{n(\ln n)^2}$ ③ $\sum_{n=1}^{\infty} n^{\frac{2}{n}-1}$ ④ $\sum_{n=1}^{\infty} \sin\left(\dfrac{1}{n}\right)$

09 다음 급수 중 수렴하는 것을 모두 고르면?

ㄱ. $\sum_{n=1}^{\infty} \dfrac{\ln n}{n}$ ㄴ. $\sum_{n=1}^{\infty} \dfrac{1}{n}\sin\left(\dfrac{1}{n}\right)$ ㄷ. $\sum_{n=1}^{\infty} \dfrac{1}{n}\sin\left(\arctan\left(\dfrac{1}{n}\right)\right)$

① ㄱ ② ㄴ ③ ㄴ, ㄷ ④ ㄱ, ㄷ

10 다음 급수 중 수렴하는 것은?

① $\sum_{n=1}^{\infty} \dfrac{\sin\frac{e}{n}}{\sqrt{n^3}}$ ② $\sum_{n=1}^{\infty} \dfrac{n+1}{n(n+2)}$ ③ $\sum_{n=1}^{\infty} \left(\sqrt{2+n^2}-n\right)$ ④ $\sum_{n=1}^{\infty} \dfrac{(2n)!}{(n!)^2}$

11 다음 중 수렴하는 급수의 개수는?

| 보기 |

ㄱ. $\sum_{n=1}^{\infty} \dfrac{n^2+2n}{\sqrt{3+n^5}}$ ㄴ. $\sum_{n=1}^{\infty} \dfrac{n^n}{n!}$ ㄷ. $\sum_{n=1}^{\infty} \dfrac{(-1)^n 2n}{3n-1}$

ㄹ. $\sum_{n=1}^{\infty} \dfrac{\ln\sqrt{n}}{n}$ ㅁ. $\sum_{n=1}^{\infty} \dfrac{1}{\sqrt{n^2+n}}$

① 0 ② 1 ③ 2 ④ 3

12 3 이상의 자연수 n에 대하여 $a_n = \dfrac{1}{n\ln n}$, $b_n = \dfrac{1}{n(\ln n)^2}$, $c_n = \dfrac{1}{\ln(n!)}$일 때, 보기에서 옳은 것만을 있는 대로 고른 것은?

| 보 기 |

ㄱ. $b_n \leq a_n \leq c_n$ ㄴ. $\sum_{n=3}^{\infty} b_n$은 발산한다.

ㄷ. $\sum_{n=3}^{\infty} c_n$은 발산한다.

① ㄱ ② ㄴ ③ ㄱ, ㄴ ④ ㄱ, ㄷ

13 다음 보기의 급수 중에서 수렴하는 것만을 있는 대로 고른 것은?

| 보 기 |

ㄱ. $\displaystyle\sum_{n=2}^{\infty}\left(\dfrac{n}{n-1}\right)^{n^2}$　　　　　　ㄴ. $\displaystyle\sum_{n=1}^{\infty}\dfrac{1}{n}\sin\dfrac{1}{\sqrt{n}}$

ㄷ. $\displaystyle\sum_{n=1}^{\infty}(-1)^n\dfrac{\ln n}{n}$

① ㄱ　　　　② ㄷ　　　　③ ㄱ, ㄷ　　　　④ ㄴ, ㄷ

14 다음 보기 중 옳은 것을 모두 고르면?

| 보 기 |

ㄱ. 모든 n에 대하여 $a_n \geq 0$일 때, 급수 $\displaystyle\sum_{n=1}^{\infty}a_n$이 수렴하면 급수 $\displaystyle\sum_{n=1}^{\infty}\sqrt{a_n}$도 수렴한다.

ㄴ. 모든 n에 대하여 $a_n \geq 0$일 때, 급수 $\displaystyle\sum_{n=1}^{\infty}na_n$이 수렴하면 급수 $\displaystyle\sum_{n=1}^{\infty}a_n$도 수렴한다.

ㄷ. 모든 n에 대하여 $a_n \geq 0$이고 $a_{n+1} \leq a_n$일 때, 급수 $\displaystyle\sum_{n=1}^{\infty}a_n^{2022}$가 수렴하면 급수 $\displaystyle\sum_{n=1}^{\infty}(-1)^n a_n$도 수렴한다.

① ㄱ, ㄴ　　　　② ㄱ, ㄷ　　　　③ ㄴ　　　　④ ㄴ, ㄷ

15 다음 급수 중 수렴하는 것을 있는 대로 고르면?

ㄱ. $\displaystyle\sum_{n=1}^{\infty}\dfrac{\sqrt{n+1}-\sqrt{n-1}}{n}$　　　　ㄴ. $\displaystyle\sum_{n=1}^{\infty}\ln\left(\dfrac{n}{2n+1}\right)$

ㄷ. $\displaystyle\sum_{n=1}^{\infty}\dfrac{(-1)^n}{\sqrt{n+1}}$　　　　　　　　ㄹ. $\displaystyle\sum_{n=2}^{\infty}\dfrac{1}{n\sqrt{\ln n}}$

① ㄱ, ㄴ　　　　② ㄱ, ㄷ　　　　③ ㄱ, ㄹ　　　　④ ㄴ, ㄷ

16 다음 중 발산하는 급수를 모두 고른 것은?

ㄱ. $\sum_{n=1}^{\infty} \dfrac{4}{\pi^n}$

ㄴ. $\sum_{n=1}^{\infty} \dfrac{2}{4+e^{-n}}$

ㄷ. $\sum_{n=1}^{\infty} \dfrac{1+\cos\dfrac{n\pi}{2}}{e^n}$

ㄹ. $\sum_{n=1}^{\infty} \dfrac{e^n}{n^2}$

① ㄱ, ㄴ   ② ㄴ, ㄹ   ③ ㄷ, ㄹ   ④ ㄹ

17 다음 중 수렴하는 급수는?

① $\sum_{n=2}^{\infty} \dfrac{(-1)^n}{\sqrt{n\ln n}}$ ② $\sum_{n=2}^{\infty} \dfrac{2^n}{n(\ln n)^2}$ ③ $\sum_{n=1}^{\infty} \dfrac{n}{n^2+1}$ ④ $\sum_{n=1}^{\infty} \cos(2^{-n})$

18 실수로 이루어진 수열 $\{a_n\}$에 대한 보기의 내용 중 옳은 것은 모두 몇 개인가?

| 보 기 |

ㄱ. 무한급수 $\sum_{n=1}^{\infty} a_n$이 수렴하면 $\sum_{n=1}^{\infty} a_n^{\,2}$은 수렴한다.

ㄴ. 무한급수 $\sum_{n=1}^{\infty} a_n^{\,2}$이 수렴하면 $\sum_{n=1}^{\infty} a_n^{\,3}$은 수렴한다.

ㄷ. 무한급수 $\sum_{n=1}^{\infty} a_n$이 수렴하면 $\sum_{n=1}^{\infty} (-1)^n \dfrac{a_n}{\sqrt{n}}$은 수렴한다.

ㄹ. 무한급수 $\sum_{n=1}^{\infty} \dfrac{a_n}{\sqrt{n}}$이 수렴하면 $\sum_{n=1}^{\infty} (-1)^n a_n$은 수렴한다.

① 4개   ② 3개   ③ 2개   ④ 1개

19 수열 $\left\{a_n = \dfrac{1}{n^{1/3}(\ln n)^{2/5}} : n = 2, 3, 4, \cdots\right\}$에 대하여 보기에서 수렴하는 것은 모두 몇 개인가?

| 보 기 |

ㄱ. $\displaystyle\sum_{n=2}^{\infty} a_n$ ㄴ. $\displaystyle\sum_{n=2}^{\infty} a_n^2$

ㄷ. $\displaystyle\sum_{n=2}^{\infty} a_n^3$ ㄹ. $\displaystyle\sum_{n=2}^{\infty} a_n^4$

① 4개 ② 3개 ③ 2개 ④ 1개

20 다음의 급수들 중 수렴하는 것을 모두 고르시오.

| 보 기 |

ㄱ. $\displaystyle\sum_{n=8}^{\infty} \dfrac{1}{n \cdot \ln n \cdot \ln(\ln n)}$ ㄴ. $\displaystyle\sum_{n=2}^{\infty} 2^{-n} n^{\ln n}$

ㄷ. $\displaystyle\sum_{n=1}^{\infty} \dfrac{n!}{n^n}$ ㄹ. $\displaystyle\sum_{n=1}^{\infty} \dfrac{1 \cdot 3 \cdots (2n-1)}{2 \cdot 4 \cdot 6 \cdots (2n)}$

① ㄱ, ㄴ ② ㄱ, ㄷ ③ ㄴ, ㄷ ④ ㄴ, ㄹ

21 다음 보기의 급수 중에서 수렴하는 것의 개수는?

| 보 기 |

ㄱ. $\displaystyle\sum_{n=2}^{\infty} \dfrac{1}{n(\ln n)^2}$ ㄴ. $\displaystyle\sum_{n=1}^{\infty} \left(\dfrac{2n+3}{3n+2}\right)^n$

ㄷ. $\displaystyle\sum_{n=1}^{\infty} (-1)^n \dfrac{\sqrt{n}\ln(1+n)}{n+1}$ ㄹ. $\displaystyle\sum_{n=1}^{\infty} \sin\left(\dfrac{1}{n}\right)$

① 1 ② 2 ③ 3 ④ 4

22 다음 보기의 급수 중에서 수렴하는 것의 개수는?

| 보 기 |

ㄱ. $\sum_{n=3}^{\infty} \ln\left(1 + \frac{1}{n^2-1}\right)$ ㄴ. $\sum_{n=1}^{\infty} \frac{1}{n\left(1 + \frac{1}{\sqrt{2}} + \cdots + \frac{1}{\sqrt{n}}\right)}$

ㄷ. $\sum_{n=1}^{\infty} \frac{1}{\sqrt{n}} \ln\left(\frac{n+1}{n}\right)$ ㄹ. $\sum_{n=1}^{\infty} \sin\left(\frac{1}{n}\right)$

① 1   ② 2   ③ 3   ④ 4

23 다음 3개의 무한급수 중 수렴하는 급수의 개수를 구하시오.

ㄱ. $\sum_{n=1}^{\infty} \left(\frac{n}{n+1}\right)^n$ ㄴ. $\sum_{n=2}^{\infty} \left(\frac{\ln n}{n^2} + \frac{1}{n(\ln n)^2}\right)$ ㄷ. $\sum_{n=1}^{\infty} \left(\frac{(-1)^n}{\cosh n} + \frac{\sin n}{n\sqrt{n}}\right)$

① 0   ② 1   ③ 2   ④ 3

24 실수 수열(sequence of real numbers) $\{x_n\}$, $\{y_n\}$에 대하여, 다음 급수에 대한 설명 중 옳은 것을 모두 찾으시오.

ㄱ. $x_n \geq 0$에 대하여, $\sum_{n=1}^{\infty} x_n$이 수렴하면 $\sum_{n=1}^{\infty} \sqrt{x_n}$도 수렴한다.

ㄴ. $x_n \geq 0$에 대하여, $\sum_{n=1}^{\infty} x_n$이 수렴하면 $\sum_{n=1}^{\infty} \sqrt{x_n x_{n+1}}$도 수렴한다.

ㄷ. $\sum_{n=1}^{\infty} n x_n$이 수렴하면 $\sum_{n=1}^{\infty} x_n$도 수렴한다.

ㄹ. $\sum_{n=1}^{\infty} x_n$과 $\sum_{n=1}^{\infty} y_n$이 각각 수렴하면 $\sum_{n=1}^{\infty} x_n y_n$도 수렴한다.

① ㄱ, ㄷ   ② ㄱ, ㄴ   ③ ㄷ, ㄹ   ④ ㄴ, ㄷ

25 실수로 이루어진 수열 $\{a_n\}$에 대한 보기의 내용 중 옳은 것은 모두 몇 개인가?

─────────── | 보 기 | ───────────

ㄱ. 수열 $\{a_n\}$이 단조감소(monotone decreasing)이고, 무한급수 $\sum_{n=1}^{\infty} a_n^2$이 수렴하면 무한급수 $\sum_{n=1}^{\infty} (-1)^n a_n$은 수렴한다.

ㄴ. 무한급수 $\sum_{n=1}^{\infty} a_n^2$이 발산하면 무한급수 $\sum_{n=1}^{\infty} a_n^4$은 발산한다.

ㄷ. 무한급수 $\sum_{n=1}^{\infty} a_n^2$이 발산하면 무한급수 $\sum_{n=1}^{\infty} a_n$은 발산한다.

ㄹ. 무한급수 $\sum_{n=1}^{\infty} (a_n + |a_n|)$이 수렴하면 무한급수 $\sum_{n=1}^{\infty} a_n^2$은 수렴한다.

① 0개　　　② 1개　　　③ 2개　　　④ 3개

08 멱급수

출제 비중 & 빈출 키워드 리포트

단원	출제 비중	합계 3%	빈출 키워드
1. 멱급수 2. 매클로린 급수를 이용한 무한급수의 합		3%	· 수렴반경 · 수렴구간 · 멱급수의 수렴과 발산

1 멱급수

1. 멱급수의 수렴반경과 구간

(1) $x=a$를 중심으로 하는 멱급수 (power series)

$c_0, c_1, c_2, \cdots$이 상수이고 x가 변수일 때, 다음 형태의 급수를 $x=a$를 중심으로 하는 멱급수라 한다.

$$\sum_{n=0}^{\infty} c_n(x-a)^n = c_0 + c_1(x-a) + c_2(x-a)^2 + \cdots + c_n(x-a)^n + \cdots$$

(2) 멱급수의 수렴과 발산

멱급수 $\sum_{n=0}^{\infty} c_n(x-a)^n$에서 $\lim_{n \to \infty} \left| \dfrac{c_{n+1}}{c_n} \right| = r$일 때, 주어진 멱급수의 수렴과 발산 기준

① 절대수렴: $r|x-a|<1$인 x

② 발산: $r|x-a|>1$인 x

(3) 멱급수 $\sum_{n=0}^{\infty} c_n x^n$에 대해서 α가 0이 아닌 상수일 때, 주어진 멱급수의 수렴과 발산 기준

① 절대수렴: $x=\alpha$에서 수렴하면 $|x|<|\alpha|$인 모든 x

② 발산: $x=\alpha$에서 발산하면 $|x|>|\alpha|$인 모든 x

(4) 수렴반경 (radius of convergence)

① 수렴반경이란 멱급수의 중심 $x=a$에서 수렴하는 x까지의 최대 거리를 의미한다.

② 멱급수 $\sum_{n=0}^{\infty} c_n(x-a)^n$에 대해서 $|x-a|<R$일 때 멱급수가 수렴하고, $|x-a|>R$일 때 멱급수가 발산한다면 R을 주어진 멱급수의 수렴반경이라 한다.

③ 멱급수 $\sum_{n=0}^{\infty} c_n(x-a)^n$에서 $\lim_{n \to \infty} \left| \dfrac{c_{n+1}}{c_n} \right| = r$일 때,
$r=0$이면 수렴반경 $R=\infty$, $r=\infty$이면 수렴반경 $R=0$이 된다.

(5) 멱급수의 합에 대한 수렴반경

① $\sum c_n$이 수렴하고 $\sum d_n$이 발산하면 $\sum (c_n + d_n)$은 발산한다.

② $\sum c_n x^n$의 수렴반경을 R_1, $\sum d_n x^n$의 수렴반경을 R_2라 하면 $\sum (c_n + d_n)x^n$의 수렴반경은 R_1과 R_2 중 작은 값이다.

(6) 수렴구간 (interval of convergence)

① 주어진 멱급수가 수렴하는 모든 x들의 집합을 수렴구간이라고 한다.

② 수렴반경 $R=0$이면 $x=a$에서만 수렴하므로 수렴구간은 $\{a\}$이다.

수렴반경 $R=\infty$이면 모든 실수 x에 대해서 수렴하므로 수렴구간은 실수 전체이다.

(7) 수렴반경과 구간을 구하는 방법

① 방법

비율 판정법 또는 근 판정법을 이용하여 수렴반경을 구하고, 부등식의 경계점을 주어진 급수에 대입하여 수렴, 발산을 판정한 후에 수렴구간을 결정한다.

② 단계

- step 1: $\sum_{n=0}^{\infty} c_n (x-a)^n$에 비율 판정법을 적용한다.

$$\lim_{n \to \infty} \left| \frac{c_{n+1}(x-a)^{n+1}}{c_n (x-a)^n} \right| = \lim_{n \to \infty} \left| \frac{c_{n+1}}{c_n}(x-a) \right| = \lim_{n \to \infty} \left| \frac{c_{n+1}}{c_n} \right| |x-a| 에서$$

$\lim_{n \to \infty} \left| \frac{c_{n+1}}{c_n} \right| = r \, (\neq 0)$이라 하면 $r|x-a|<1$이어야 수렴하므로 수렴반경은 $R=\frac{1}{r}$이다.

- step 2: $x-a = \pm R$을 주어진 급수에 대입하여 수렴, 발산을 판정한 후에 수렴구간을 결정한다.

③ 예시

급수 $\sum_{n=1}^{\infty}(-1)^{n+1}\frac{x^n}{n}$에 대하여 $a_n = (-1)^{n+1}\frac{x^n}{n}$이라 하고 비율 판정법을 적용하면

$$\lim_{n \to \infty} \frac{|a_{n+1}|}{|a_n|} = \lim_{n \to \infty} \left| \frac{(-1)^{n+2}\frac{x^{n+1}}{n+1}}{(-1)^{n+1}\frac{x^n}{n}} \right| = |x| \cdot \lim_{n \to \infty} \frac{n}{n+1} = |x|$$

이므로 $|x|<1 \Leftrightarrow -1<x<1$에서 수렴한다.

즉, 수렴반경은 1이다. 또한,

- $x=-1$을 원급수에 대입하면 $\sum_{n=1}^{\infty}(-1)^{n+1}\frac{(-1)^n}{n} = -\sum_{n=1}^{\infty}\frac{1}{n}$이고, 이 급수는 p 급수 판정법에 의해 발산한다.

- $x=1$을 원급수에 대입하면 $\sum_{n=1}^{\infty}\frac{(-1)^{n+1}}{n}$이고, 이 급수는 교대급수로

$a_n = \frac{1}{n} > a_{n+1} = \frac{1}{n+1}$, $\lim_{n \to \infty}\frac{1}{n} = 0$이므로 수렴한다.

따라서 수렴구간은 $-1 < x \leq 1 \Leftrightarrow (-1,\,1]$이다.

2. 멱급수의 미분과 적분

(1) $f(x) = \sum_{n=0}^{\infty} c_n x^n$의 수렴반경이 R일 때, $|x|<R$인 모든 x에 대해서

① $f'(x) = \sum_{n=0}^{\infty} n c_n x^{n-1}$일 때, $f'(x)$의 수렴반경은 R이다.

② $\int_0^x f(t)dt = \sum_{n=0}^{\infty} c_n \frac{x^{n+1}}{n+1}$일 때, $\int_0^x f(t)dt$의 수렴반경은 R이다.

(2) 예시

① $\sin x = x - \dfrac{x^3}{3!} + \dfrac{x^5}{5!} - \dfrac{x^7}{7!} + \cdots \quad (-\infty < x < \infty)$ 에서

$\cos x = (\sin x)' = 1 - \dfrac{x^2}{2!} + \dfrac{x^4}{4!} - \dfrac{x^6}{6!} + \cdots \quad (-\infty < x < \infty)$

② $\dfrac{1}{1+x} = 1 - x + x^2 - x^3 + \cdots \quad (|x|<1)$ 이므로

$\ln(1+x) = \displaystyle\int_0^x \dfrac{1}{1+t} dt = \int_0^x dt - \int_0^x t\, dt + \int_0^x t^2 dt - \int_0^x t^3 dt + \cdots = x - \dfrac{1}{2}x^2 + \dfrac{1}{3}x^3 - \dfrac{1}{4}x^4 + \cdots$

개념적용

01

다음 급수 중 수렴반경이 가장 큰 것은?

① $\displaystyle\sum_{n=1}^{\infty} \dfrac{x^n}{e^n}$ ② $\displaystyle\sum_{n=1}^{\infty} \dfrac{(x-1)^n}{n!}$ ③ $\displaystyle\sum_{n=1}^{\infty} \dfrac{(x+2)^n}{n^3}$ ④ $\displaystyle\sum_{n=1}^{\infty} \dfrac{x^n}{2n(n+1)}$

공략 포인트

수렴반경 R

멱급수 $\displaystyle\sum_{n=0}^{\infty} c_n(x-a)^n$ 에서

1) $|x-a|<R$ 일 때 멱급수가 수렴: R

2) $\displaystyle\lim_{n\to\infty}\left|\dfrac{c_{n+1}}{c_n}\right|=r$ 일 때,
$r=0:R=\infty$

3) $\displaystyle\lim_{n\to\infty}\left|\dfrac{c_{n+1}}{c_n}\right|=r$ 일 때,
$r=\infty:R=0$

풀이

① $\displaystyle\sum_{n=1}^{\infty}\dfrac{x^n}{e^n} = \sum_{n=1}^{\infty}\left(\dfrac{x}{e}\right)^n$ 이므로 등비급수의 수렴성에 의하여 $\left|\dfrac{x}{e}\right|<1$

즉, $|x|<e$이다. 따라서 수렴반경은 e이다.

② $a_n = \dfrac{(x-1)^n}{n!}$ 이라 하면 비율 판정법에 의하여

$\displaystyle\lim_{n\to\infty}\left|\dfrac{a_{n+1}}{a_n}\right| = \lim_{n\to\infty}\dfrac{1}{n+1}|x-1|=0$ 이므로 수렴반경은 ∞이다.

③ $a_n = \dfrac{(x+2)^n}{n^3}$ 이라 하면 비율 판정법에 의하여

$\displaystyle\lim_{n\to\infty}\left|\dfrac{a_{n+1}}{a_n}\right| = \lim_{n\to\infty}\dfrac{n^3}{(n+1)^3}|x+2|=|x+2|<1$ 일 때 수렴한다.

따라서 수렴반경은 1이다.

④ $a_n = \dfrac{x^n}{2n(n+1)}$ 이라 하면 비율 판정법에 의하여

$\displaystyle\lim_{n\to\infty}\left|\dfrac{a_{n+1}}{a_n}\right| = \lim_{n\to\infty}\dfrac{2n(n+1)}{2(n+1)(n+2)}|x|=|x|<1$ 일 때 수렴한다.

따라서 수렴반경은 1이다.

정답 ②

02

멱급수 $\sum_{n=1}^{\infty} \dfrac{(-1)^n x^{n-1}}{\sqrt{n}}$ 의 수렴구간은?

① $-1 < x < 1$ ② $-1 \leq x < 1$ ③ $-1 < x \leq 1$ ④ $-1 \leq x \leq 1$

공략 포인트

수렴구간을 구하는 방법
1) 비율 판정법 또는 근 판정법을 이용하여 수렴반경을 구한다.
2) 부등식의 경계점을 주어진 급수에 대입하여 수렴, 발산을 판정한 후에 수렴구간을 결정한다.

풀이

$a_n = \dfrac{(-1)^n x^{n-1}}{\sqrt{n}}$ 이라 하고 비율 판정법을 이용하면

$\lim\limits_{n\to\infty} \left| \dfrac{a_{n+1}}{a_n} \right| = \lim\limits_{n\to\infty} \dfrac{\sqrt{n}}{\sqrt{n+1}} |x| = |x| < 1$ 일 때 수렴한다.

따라서 $-1 < x < 1$ 에서

(i) $x = -1$ 일 때, $\sum_{n=1}^{\infty} \dfrac{-1}{\sqrt{n}}$ 은 p급수 판정법에 의하여 발산한다.

(ii) $x = 1$ 일 때, $\sum_{n=1}^{\infty} \dfrac{(-1)^n}{\sqrt{n}}$ 에서 $a_n = \dfrac{1}{\sqrt{n}} > 0$ 이고 감소수열이며

$\lim\limits_{n\to\infty} \dfrac{1}{\sqrt{n}} = 0$ 이므로 교대급수 판정법에 의하여 수렴한다.

따라서 수렴구간은 $-1 < x \leq 1$ 이다.

정답 ③

03

멱급수 $\sum_{n=0}^{\infty} n! x^n$ 의 수렴반경과 수렴구간을 구하시오.

공략 포인트

수렴구간을 구하는 방법
1) 비율 판정법 또는 근 판정법을 이용하여 수렴반경을 구한다.
2) 부등식의 경계점을 주어진 급수에 대입하여 수렴, 발산을 판정한 후에 수렴구간을 결정한다.

수렴반경 R

멱급수 $\sum_{n=0}^{\infty} c_n (x-a)^n$ 에서

$\lim\limits_{n\to\infty} \left| \dfrac{c_{n+1}}{c_n} \right| = r$ 일 때,
$r = \infty : R = 0$

수렴구간

수렴반경 $R = 0$ 이면 $x = a$ 에서 수렴하므로 수렴구간은 $\{a\}$ 이다.

풀이

$x = 0$ 이면 $\sum_{n=0}^{\infty} n! x^n = 1$ 이므로 수렴한다.

$r = \lim\limits_{n\to\infty} \left| \dfrac{a_{n+1}}{a_n} \right| = \lim\limits_{n\to\infty} \left| \dfrac{(n+1)!}{n!} \right| = \lim\limits_{n\to\infty} (n+1) = \infty$ 이므로

수렴반경 $R = 0$ 이다. 따라서 수렴구간은 $\{0\}$ 이다.

정답 풀이 참조

2 매클로린 급수를 이용한 무한급수의 합

1. 중요한 매클로린 급수의 수렴 반경과 구간

	함수	급수전개	급수표현	수렴반경/수렴구간
①	$\sin x$	$x - \dfrac{x^3}{3!} + \dfrac{x^5}{5!} - \dfrac{x^7}{7!} + \cdots$	$\displaystyle\sum_{n=0}^{\infty} (-1)^n \dfrac{x^{2n+1}}{(2n+1)!}$	$R = \infty$, $(-\infty, \infty)$
②	$\cos x$	$1 - \dfrac{x^2}{2!} + \dfrac{x^4}{4!} - \dfrac{x^6}{6!} + \cdots$	$\displaystyle\sum_{n=0}^{\infty} (-1)^n \dfrac{x^{2n}}{(2n)!}$	$R = \infty$, $(-\infty, \infty)$
③	e^x	$1 + x + \dfrac{x^2}{2!} + \dfrac{x^3}{3!} + \cdots$	$\displaystyle\sum_{n=0}^{\infty} \dfrac{x^n}{n!}$	$R = \infty$, $(-\infty, \infty)$
④	$\dfrac{1}{1-x}$	$1 + x + x^2 + x^3 + \cdots$	$\displaystyle\sum_{n=0}^{\infty} x^n$	$R = 1$, $(-1, 1)$
	$\dfrac{1}{1+x}$	$1 - x + x^2 - x^3 + \cdots$	$\displaystyle\sum_{n=0}^{\infty} (-1)^n x^n$	$R = 1$, $(-1, 1)$
⑤	$\ln(1+x)$	$x - \dfrac{x^2}{2} + \dfrac{x^3}{3} - \cdots$	$\displaystyle\sum_{n=0}^{\infty} (-1)^n \dfrac{x^{n+1}}{n+1}$	$R = 1$, $(-1, 1]$
	$-\ln(1-x)$	$x + \dfrac{x^2}{2} + \dfrac{x^3}{3} + \cdots$	$\displaystyle\sum_{n=0}^{\infty} \dfrac{x^{n+1}}{n+1} = \sum_{n=1}^{\infty} \dfrac{x^n}{n}$	$R = 1$, $[-1, 1)$
⑥	$\tan^{-1} x$	$x - \dfrac{x^3}{3} + \dfrac{x^5}{5} - \cdots$	$\displaystyle\sum_{n=0}^{\infty} (-1)^n \dfrac{x^{2n+1}}{2n+1}$	$R = 1$, $[-1, 1]$
⑦	$(1+x)^p$	$1 + px + \dfrac{p(p-1)}{2!} x^2 + \dfrac{p(p-1)(p-2)}{3!} x^3 + \cdots$	$\displaystyle\sum_{n=0}^{\infty} \binom{p}{n} x^n$, $\binom{p}{n} = \dfrac{p(p-1)(p-2)\cdots(p-n+1)}{n!}$	$R = 1$, $(-1, 1)$
⑧	$\sinh x$	$x + \dfrac{x^3}{3!} + \dfrac{x^5}{5!} + \cdots$	$\displaystyle\sum_{n=0}^{\infty} \dfrac{x^{2n+1}}{(2n+1)!}$	$R = \infty$, $(-\infty, \infty)$
⑨	$\cosh x$	$1 + \dfrac{x^2}{2!} + \dfrac{x^4}{4!} + \cdots$	$\displaystyle\sum_{n=0}^{\infty} \dfrac{x^{2n}}{(2n)!}$	$R = \infty$, $(-\infty, \infty)$
⑩	$\tanh^{-1} x$	$x + \dfrac{1}{3} x^3 + \dfrac{1}{5} x^5 + \cdots$	$\displaystyle\sum_{n=0}^{\infty} \dfrac{x^{2n+1}}{2n+1}$	$R = 1$, $(-1, 1)$
⑪	$\tan x$	$x + \dfrac{1}{3} x^3 + \dfrac{2}{15} x^5 + \cdots$	$\dfrac{\sin x}{\cos x} = x + \dfrac{1}{3} x^3 + \dfrac{2}{15} x^5 + \cdots$	$R = \dfrac{\pi}{2}$, $\left(-\dfrac{\pi}{2}, \dfrac{\pi}{2}\right)$
⑫	$\sin^{-1} x$	$x + \dfrac{1}{2} \dfrac{x^3}{3} + \dfrac{1 \cdot 3}{2 \cdot 4} \dfrac{x^5}{5} + \dfrac{1 \cdot 3 \cdot 5}{2 \cdot 4 \cdot 6} \dfrac{x^7}{7} + \cdots$	$x + \displaystyle\sum_{n=1}^{\infty} \dfrac{1 \cdot 3 \cdot 5 \cdots (2n-1)}{2 \cdot 4 \cdot 6 \cdots (2n)} \dfrac{x^{2n+1}}{2n+1}$	$R = 1$, $(-1, 1)$
	$\cos^{-1} x$	$\dfrac{\pi}{2} - \left(x + \dfrac{1}{2} \dfrac{x^3}{3} + \dfrac{1 \cdot 3}{2 \cdot 4} \dfrac{x^5}{5} + \dfrac{1 \cdot 3 \cdot 5}{2 \cdot 4 \cdot 6} \dfrac{x^7}{7} + \cdots \right)$	$\dfrac{\pi}{2} - x - \displaystyle\sum_{n=1}^{\infty} \dfrac{1 \cdot 3 \cdot 5 \cdots (2n-1)}{2 \cdot 4 \cdot 6 \cdots (2n)} \dfrac{x^{2n+1}}{2n+1}$	$R = 1$, $(-1, 1)$
⑬	$\sinh^{-1} x$	$x - \dfrac{1}{2} \dfrac{x^3}{3} + \dfrac{1 \cdot 3}{2 \cdot 4} \dfrac{x^5}{5} - \dfrac{1 \cdot 3 \cdot 5}{2 \cdot 4 \cdot 6} \dfrac{x^7}{7} + \cdots$	$x + \displaystyle\sum_{n=1}^{\infty} (-1)^n \dfrac{1 \cdot 3 \cdot 5 \cdots (2n-1)}{2 \cdot 4 \cdot 6 \cdots (2n)} \dfrac{x^{2n+1}}{2n+1}$	$R = 1$, $(-1, 1)$

TIP▶ 미분법에서 소개한 매클로린 급수를 이용하여 무한급수의 합을 구할 수 있다.

개념적용

01

다음 급수들의 합을 계산하시오.

(1) $\sum_{n=0}^{\infty}(-1)^n\dfrac{x^{4n}}{n!}$

(2) $\sum_{n=0}^{\infty}\dfrac{(-1)^n\pi^{2n}}{6^{2n}(2n)!}$

(3) $3+\dfrac{9}{2!}+\dfrac{27}{3!}+\cdots$

(4) $\sum_{n=1}^{\infty}\dfrac{(-3)^{n-1}}{2^{3n}}$

공략 포인트

매클로린 급수를 이용한 무한급수의 합

$e^x = \sum_{n=0}^{\infty}\dfrac{x^n}{n!}$

$\cos x = \sum_{n=0}^{\infty}(-1)^n\dfrac{x^{2n}}{(2n)!}$

$\dfrac{1}{1-x} = \sum_{n=0}^{\infty}x^n$

풀이

(1) $\sum_{n=0}^{\infty}(-1)^n\dfrac{x^{4n}}{n!} = \sum_{n=0}^{\infty}\dfrac{(-x^4)^n}{n!} = e^{-x^4}$

(2) $\sum_{n=0}^{\infty}\dfrac{(-1)^n\pi^{2n}}{6^{2n}(2n)!} = \sum_{n=0}^{\infty}(-1)^n\dfrac{\left(\dfrac{\pi}{6}\right)^{2n}}{(2n)!} = \cos\dfrac{\pi}{6} = \dfrac{\sqrt{3}}{2}$

(3) $3+\dfrac{9}{2!}+\dfrac{27}{3!}+\cdots = \dfrac{3^1}{1!}+\dfrac{3^2}{2!}+\dfrac{3^3}{3!}+\cdots = \sum_{n=1}^{\infty}\dfrac{3^n}{n!} = \sum_{n=0}^{\infty}\dfrac{n^3}{n!}-1 = e^3 - 1$

(4) $\sum_{n=1}^{\infty}\dfrac{(-3)^{n-1}}{2^{3n}} = \sum_{n=1}^{\infty}\dfrac{(-3)^{n-1}}{(2^3)^n} = \dfrac{1}{8}\sum_{n=1}^{\infty}\dfrac{(-3)^{n-1}}{8^{n-1}} = \dfrac{1}{8}\sum_{n=1}^{\infty}\left(-\dfrac{3}{8}\right)^{n-1} = \dfrac{1}{8}\left(\dfrac{1}{1-(-3/8)}\right) = \dfrac{1}{11}$

정답 풀이 참조

02

급수 $\sum_{n=1}^{\infty}\dfrac{1}{n3^n}$ 의 합은?

① $\ln\dfrac{3}{2}$ ② $\ln\dfrac{5}{3}$ ③ $\ln 3$ ④ $2\ln 3$

공략 포인트

매클로린 급수를 이용한 무한급수의 합

$-\ln(1-x) = \sum_{n=1}^{\infty}\dfrac{x^n}{n}$

풀이

$\sum_{n=1}^{\infty}\dfrac{1}{n}x^n = -\ln(1-x)$ 이므로

$x = \dfrac{1}{3}$ 을 대입하면 $-\ln\left(\dfrac{2}{3}\right) = \ln\dfrac{3}{2}$ 이다.

정답 ①

03

무한급수 $\sum_{n=0}^{\infty} \dfrac{(-1)^n}{2n+1} \dfrac{1}{3^n}$ 의 값을 구하면?

① $\dfrac{\sqrt{3}}{3}\pi$ ② $\dfrac{\sqrt{3}}{4}\pi$ ③ $\dfrac{\sqrt{3}}{5}\pi$ ④ $\dfrac{\sqrt{3}}{6}\pi$

공략 포인트

매클로린 급수를 이용한 무한급수의 합

$\tan^{-1}x = \sum_{n=0}^{\infty}(-1)^n \dfrac{x^{2n+1}}{2n+1}$

풀이

$$\sum_{n=0}^{\infty} \dfrac{(-1)^n}{2n+1} \dfrac{1}{3^n} = \sum_{n=0}^{\infty} \dfrac{(-1)^n}{2n+1}\left(\dfrac{1}{\sqrt{3}}\right)^{2n} \cdot \left(\dfrac{1}{\sqrt{3}}\right) \cdot \sqrt{3}$$

$$= \sqrt{3}\sum_{n=0}^{\infty} \dfrac{(-1)^n}{2n+1}\left(\dfrac{1}{\sqrt{3}}\right)^{2n+1}$$

$$= \sqrt{3}\tan^{-1}\left(\dfrac{1}{\sqrt{3}}\right) = \dfrac{\sqrt{3}}{6}\pi$$

정답 ④

04

무한급수 $\sum_{k=1}^{\infty} \dfrac{k}{2^k}$ 의 값은?

① 1 ② 2 ③ 4 ④ 8

공략 포인트

매클로린 급수를 이용한 무한급수의 합

$\dfrac{1}{1-x} = \sum_{n=0}^{\infty} x^n$

풀이

$$\sum_{k=0}^{\infty} x^k = \dfrac{1}{1-x}(-1 < x < 1)$$

$$\Rightarrow \sum_{k=1}^{\infty} kx^{k-1} = \dfrac{1}{(1-x)^2}$$

$$\Rightarrow \sum_{k=1}^{\infty} kx^k = \dfrac{x}{(1-x)^2} \cdots (*)$$

$(*)$에 $x=\dfrac{1}{2}$ 을 대입하면 다음과 같다.

$$\sum_{k=1}^{\infty} \dfrac{k}{2^k} = 2$$

정답 ②

05

급수 $\sum_{n=1}^{\infty} \dfrac{n^2}{3^n}$ 의 값을 계산하시오.

① $\dfrac{3}{2}$ ② $\dfrac{5}{3}$ ③ $\ln 3$ ④ $2\ln 3$

공략 포인트

매클로린 급수를 이용한 무한급수의 합

$$\dfrac{1}{1-x} = \sum_{n=0}^{\infty} x^n$$

풀이

$\dfrac{1}{1-x} = \sum_{n=0}^{\infty} x^n$ 에서 양변을 x로 미분하면

$\dfrac{1}{(1-x)^2} = \sum_{n=1}^{\infty} nx^{n-1}$ 이다. 여기서 양변에 x를 곱하면

$\dfrac{x}{(1-x)^2} = \sum_{n=1}^{\infty} nx^n$ 이다. 여기서 양변을 x로 미분하면

$\dfrac{(1-x)^2 + x\,2(1-x)}{(1-x)^4} = \sum_{n=1}^{\infty} n^2 x^{n-1} \Leftrightarrow \dfrac{1+x}{(1-x)^3} = \sum n^2 x^{n-1}$ 이다.

양변에 x를 곱하면 다음과 같다.

$$\dfrac{x(1+x)}{(1-x)^3} = \sum_{n=1}^{\infty} n^2 x^n$$

$\sum_{n=1}^{\infty} n^2 x^n = \dfrac{x(x+1)}{(1-x)^3}$ 에 $x = \dfrac{1}{3}$ 을 대입하면

$\sum_{n=1}^{\infty} \dfrac{n^2}{3^n} = \dfrac{\dfrac{1}{3} \cdot \dfrac{4}{3}}{\left(\dfrac{2}{3}\right)^3} = \dfrac{\dfrac{4}{9}}{\dfrac{8}{27}} = \dfrac{3}{2}$ 이다.

정답 ①

3 멱급수

대표출제유형

출제경향 분석
비율 판정법과 근 판정법을 이용한 멱급수의 수렴반경과 수렴구간을 구하는 문제가 출제됩니다.
매클로린 급수를 이용한 무한급수의 합을 구하는 문제가 자주 출제되므로 매클로린 급수는 반드시 암기하여야 합니다.

01 멱급수의 수렴반경

개념 1. 멱급수

다음 중 수렴반경이 제일 큰 멱급수는?

① $\sum_{n=0}^{\infty} 2^n x^n$

② $\sum_{n=0}^{\infty} n! x^n$

③ $\sum_{n=1}^{\infty} \left(1+\frac{1}{n}\right)^n x^n$

④ $\sum_{n=1}^{\infty} \left(1+\frac{1}{n}\right)^{n^2} x^n$

풀이

STEP A 비율 판정법 또는 근 판정법을 이용하여 수렴반경 구하기

① $a_n = 2^n x^n$ 이라 하면 $\lim_{n \to \infty} \left| \frac{a_{n+1}}{a_n} \right| = |2x| < 1$ 이므로 $|x| < \frac{1}{2}$ 이다.

따라서 수렴반경은 $R = \frac{1}{2}$ 이다.

② $a_n = n! x^n$ 이라 하면 $\lim_{n \to \infty} \left| \frac{a_{n+1}}{a_n} \right| = \lim_{n \to \infty} (n+1)|x|$ 이므로 수렴반경은 $R = 0$ 이다.

③ $a_n = \left(1+\frac{1}{n}\right)^n x^n$ 이라 하면 $\lim_{n \to \infty} |a_n|^{\frac{1}{n}} = |x| < 1$ 이므로 수렴반경은 $R = 1$ 이다.

④ $a_n = \left(1+\frac{1}{n}\right)^{n^2} x^n$ 이라 하면 $\lim_{n \to \infty} |a_n|^{\frac{1}{n}} = \lim_{n \to \infty} \left(1+\frac{1}{n}\right)^n |x| = e|x| < 1$ 이므로

$|x| < \frac{1}{e}$ 이다. 따라서 수렴반경은 $R = \frac{1}{e}$ 이다.

그러므로 수렴반경이 가장 큰 멱급수는 ③이다.

정답 ③

02 멱급수의 수렴구간

🔍 개념 1. 멱급수

멱급수 $\sum_{n=1}^{\infty} \dfrac{(x+1)^n \ln n}{n 3^n}$ 이 수렴하게 되는 모든 정수 x의 개수는?

① 4개 ② 5개 ③ 6개 ④ 7개

풀이

STEP A 비율 판정법을 이용하여 수렴반경 구하기

$a_n = \dfrac{(x+1)^n \ln n}{n 3^n}$ 이라 할 때, $\lim\limits_{n \to \infty} \left| \dfrac{a_{n+1}}{a_n} \right| = \lim\limits_{n \to \infty} \dfrac{1}{3} |x+1|$ 이므로

비율 판정법에 의하여 $|x+1| < 3 \Leftrightarrow -4 < x < 2$ 일 때 수렴한다.

STEP B 부등식의 경계점을 주어진 급수에 대입하여 수렴, 발산을 판정하기

(i) $x = 2$일 때, $\sum_{n=1}^{\infty} \dfrac{\ln n}{n}$ 은 적분 판정법에 의하여 발산한다.

(ii) $x = -4$일 때, $\sum_{n=1}^{\infty} \dfrac{(-1)^n \ln n}{n}$ 에서 $\lim\limits_{n \to \infty} \dfrac{\ln n}{n} = 0$ 은 교대급수 판정법에 의하여 수렴한다.

STEP C 수렴구간 결정하기

따라서 수렴구간은 $-4 \leq x < 2$이다.
그러므로 수렴하게 되는 모든 정수의 개수는 6개다.

정답 ③

03 무한급수의 합

🔍 개념 2. 매클로린 급수를 이용한 무한급수의 합

함수 $f(x) = \sum_{n=1}^{\infty} \dfrac{x^n}{n}$ 에 대하여 $f\left(\dfrac{1}{2}\right)$ 의 값은?

① $\ln \dfrac{3}{2}$ ② $\ln 2$ ③ $\ln \dfrac{5}{2}$ ④ $\ln 3$

풀이

STEP A 매클로린 급수표현을 이용하여 식 전개하기

$\ln(1+x) = x - \dfrac{x^2}{2} + \dfrac{x^3}{3} - \dfrac{x^4}{4} + \cdots$ 이므로 x대신 $-x$를 대입하면

$\ln(1-x) = -x - \dfrac{x^2}{2} - \dfrac{x^3}{3} - \dfrac{x^4}{4} - \cdots$ 이다.

$\therefore -\ln(1-x) = x + \dfrac{x^2}{2} + \dfrac{x^3}{3} + \dfrac{x^4}{4} + \cdots = \sum_{n=1}^{\infty} \dfrac{x^n}{n}$ 이다.

STEP B 함숫값 대입하기

그러므로 함숫값은 $f\left(\dfrac{1}{2}\right) = -\ln\left(1 - \dfrac{1}{2}\right) = \ln 2$ 이다.

다른 풀이

STEP A 매클로린 급수표현을 바로 적용하기

$-\ln(1-x) = x + \dfrac{x^2}{2} + \dfrac{x^3}{3} + \dfrac{x^4}{4} + \cdots = \sum_{n=1}^{\infty} \dfrac{x^n}{n}$ 이므로

함숫값을 구하면 $f\left(\dfrac{1}{2}\right) = -\ln\left(1 - \dfrac{1}{2}\right) = \ln 2$ 이다.

정답 ②

04 무한급수의 합

🔍 개념 2. 매클로린 급수를 이용한 무한급수의 합

급수 $\sum_{n=1}^{\infty} \dfrac{n(n+1)}{2^n}$ 의 값을 구하면?

① 7　　　　② 8　　　　③ 9　　　　④ 10

풀이

STEP A 매클로린 급수표현을 이용하여 식 전개하기

$\dfrac{1}{1-x} = \sum_{n=0}^{\infty} x^n$ 이므로 양변에 x를 곱하면

$\dfrac{x}{1-x} = \sum_{n=0}^{\infty} x^{n+1}$ 이다. 여기서 양변을 미분하면

$\dfrac{1}{(1-x)^2} = \sum_{n=0}^{\infty} (n+1)x^n$ 이다. 여기서 양변을 다시 미분하면

$\dfrac{2}{(1-x)^3} = \sum_{n=1}^{\infty} n(n+1)x^{n-1}$ 이고 양변에 x를 곱하면

$\dfrac{2x}{(1-x)^3} = \sum_{n=1}^{\infty} n(n+1)x^n$ 이다. 여기에 $x = \dfrac{1}{2}$를 대입하면

$\dfrac{1}{\frac{1}{8}} = \sum_{n=1}^{\infty} \dfrac{(n+1)n}{2^n} = 8$ 이다.

정답 ②

4 멱급수

실전문제

01 멱급수(거듭제곱급수) $\sum_{n=0}^{\infty} \dfrac{(-4)^n x^n}{\sqrt{n+1}}$의 수렴반지름은?

① 1 ② $\dfrac{1}{2}$ ③ $\dfrac{1}{3}$ ④ $\dfrac{1}{4}$

02 급수 $\sum_{n=1}^{\infty} (-1)^n n x^n$, $\sum_{n=1}^{\infty} \dfrac{(-1)^n x^n}{\sqrt[3]{n}}$, $\sum_{n=0}^{\infty} \dfrac{n(x+2)^n}{5^{n+1}}$, $\sum_{n=1}^{\infty} \dfrac{n!\, x^n}{1\cdot 3\cdot 5\cdot \cdots \cdot (2n-1)}$의 수렴반지름을 각각 α, β, γ, δ라 할 때, $\alpha+\beta+\gamma+\delta$의 값은?

① 6 ② 7 ③ 8 ④ 9

03 다음 급수 중 수렴반지름이 가장 작은 것은?

① $\sum_{n=1}^{\infty} \dfrac{x^{n+2}}{n+1}$ ② $\sum_{n=1}^{\infty} \dfrac{(-\sqrt{2}\,x)^n}{\sqrt{n+1}}$ ③ $\sum_{n=1}^{\infty} \dfrac{x^{2n}}{n^n}$ ④ $\sum_{n=1}^{\infty} \dfrac{(x+1)^n}{3^n}$

04 다음 조건을 만족시키는 함수 $f(x)$의 $x=4$에서 테일러 급수의 수렴반지름을 구하면?

$$f^{(n)}(4) = \frac{(-2)^n n!}{3^n(n+1)}$$

① $\frac{1}{2}$ ② $\frac{2}{3}$ ③ 1 ④ $\frac{3}{2}$

05 두 급수 $\sum_{n=1}^{\infty} c_n x^n$ 과 $\sum_{n=1}^{\infty} d_n x^n$ 의 수렴반경이 각각 2와 3일 때, 급수 $\sum_{n=1}^{\infty}\left(\frac{c_n}{5^n}+\frac{d_n}{4^n}\right)x^n$ 의 수렴반경은?

① 10 ② 20 ③ 25 ④ 50

06 $y(x) = \sum_{n=0}^{\infty} a_n(x-1)^n$ 이 미분방정식 $(x+2)(x^2+4)y'' + (x+20)y' + (x^2+23)y = 0$ 의 멱급수해(power series solution)일 때, 이 해의 수렴반경은?

① $\frac{1}{2}$ ② $\sqrt{3}$ ③ 2 ④ $\sqrt{5}$

07 멱급수 $\sum_{n=1}^{\infty} \dfrac{(-1)^n}{3^n \sqrt{3n-1}}(x-2)^n$ 의 수렴구간은?

① $(-1, 5)$ ② $(-1, 5]$ ③ $(-\infty, \infty)$ ④ $\left(\dfrac{5}{3}, \dfrac{7}{3}\right)$

08 멱급수 $\sum_{n=1}^{\infty} (-1)^n \dfrac{(x+3)^n}{n3^n}$ 이 수렴하는 모든 정수 x의 개수는?

① 3 ② 4 ③ 5 ④ 6

09 멱급수 $\sum_{n=1}^{\infty} \dfrac{(x-2)^n}{n3^n}$ 의 수렴구간에 속하는 모든 정수 x의 합은?

① 9 ② 10 ③ 14 ④ 15

10 멱급수 $\sum_{n=0}^{\infty} a_n(x-2)^n$ 이 $x=5$에서 수렴하고 $x=-2$에서 발산한다. 다음 중 항상 참인 것을 모두 구하시오.

ㄱ. $\sum_{n=0}^{\infty}(-3)^n a_n$은 발산한다.   ㄴ. $\sum_{n=0}^{\infty} a_n$은 수렴한다.   ㄷ. $\sum_{n=0}^{\infty} 5^n a_n$은 발산한다.

① ㄱ, ㄴ   ② ㄴ, ㄷ   ③ ㄱ, ㄷ   ④ ㄱ, ㄴ, ㄷ

11 다음 급수의 값은?

$$\sum_{k=0}^{\infty} \frac{1}{2^k(k+1)}$$

① 0 ② $\ln 2$ ③ $2\ln 2$ ④ $1+\ln 2$

12 함수 f 가 $f(x) = \sum_{n=1}^{\infty}(-1)^{n-1}\frac{x^{2n}}{n}$ 로 주어질 때, $f\left(\frac{1}{2}\right)$의 값은?

① $\sin\frac{1}{2}$ ② $\cos\frac{1}{2}$ ③ $\sqrt{e}$ ④ $\ln\frac{5}{4}$

13 급수 $\sum_{n=2}^{\infty} \dfrac{(\ln 7)^n}{n!}$ 의 값은?

① $6 - \ln 7$ ② 6 ③ $7 - \ln 7$ ④ 7

14 급수 $\sum_{n=0}^{\infty} \dfrac{(-1)^n}{3^{2n}(2n+1)!} \pi^{2n+1}$ 의 값은?

① $\dfrac{3\sqrt{3}}{2}$ ② 1 ③ $\dfrac{\sqrt{3}}{2}$ ④ $\dfrac{1}{2}$

15 $f(x) = \cos(2x^3)$을 멱급수(거듭제곱급수)로 나타내면 다음과 같다.
$$f(x) = a_0 + a_1 x + a_2 x^2 + a_3 x^3 + \cdots = \sum_{k=0}^{\infty} a_k x^k$$
이때, $\sum_{k=0}^{15} a_k$의 값은?

① $\dfrac{11}{3}$ ② 13 ③ $-\dfrac{1}{4}$ ④ $-\dfrac{1}{3}$

16 등식 $\lim\limits_{x \to 0} \dfrac{x\left(\sum\limits_{k=1}^{n} e^{2kx}\cos k\pi x - n\right)}{\{\ln(x+1)\}^2} = 12$를 만족시키는 자연수 n을 구하면?

① 1　　　　　② 2　　　　　③ 3　　　　　④ 4

17 멱급수(거듭제곱급수) 표현 $\dfrac{1}{1-x} = \sum\limits_{n=0}^{\infty} x^n$ (단, $|x| < 1$)을 이용하여 급수 $\sum\limits_{n=0}^{\infty} \dfrac{1}{(2n+1)9^n}$의 값을 구하면?

① $\dfrac{1}{2}\ln 2$　　② $\ln 2$　　③ $\dfrac{3}{2}\ln 2$　　④ $2\ln 2$

18 $\dfrac{1}{(2+x)^3}$의 매클로린 급수는?

① $\sum\limits_{n=0}^{\infty} \dfrac{(-1)^n(n+1)(n+2)}{2^{n+4}} x^n$　　　② $\sum\limits_{n=0}^{\infty} \dfrac{(-1)^n(n+1)}{2^{n+3}} x^n$

③ $\sum\limits_{n=0}^{\infty} \dfrac{(n+1)(n+2)}{2^{n+4}} x^n$　　　④ $\sum\limits_{n=0}^{\infty} \dfrac{(n+1)}{2^{n+3}} x^n$

19 함수 $f(x) = \dfrac{x^2+x}{(1-x)^3}$ 의 거듭제곱급수 표현이 $\displaystyle\sum_{n=1}^{\infty}(an+b)^c x^n$ 이면, $a+b+c$는?

① 1　　　② 2　　　③ 3　　　④ 4

20 $n = 0, 1, 2, 3, \cdots$ 에 대하여 $a_n = \dfrac{3^n}{n!}$, $b_n = \dfrac{n^2}{e^3}$ 일 때, $\displaystyle\sum_{n=0}^{\infty} a_n b_n$ 의 값은?

① 6　　　② 8　　　③ 9　　　④ 12

21 멱급수 $\displaystyle\sum_{n=1}^{\infty} a_n x^n$ 이 $x=3$ 일 때 수렴하고, $x=-5$ 일 때 발산한다. 다음 설명 중 옳은 것의 개수는?

ㄱ. $\displaystyle\sum_{n=1}^{\infty} a_n$ 은 수렴한다.　　ㄴ. $\displaystyle\sum_{n=1}^{\infty} a_n 6^n$ 은 발산한다.

ㄷ. $\displaystyle\sum_{n=1}^{\infty} a_n^2$ 은 수렴한다.　　ㄹ. $\displaystyle\sum_{n=1}^{\infty} a_n (x-2)^n$ 의 수렴반경이 될 수 있는 최댓값과 최솟값의 합은 8이다.

① 1　　　② 2　　　③ 3　　　④ 4

22 함수 $f(x) = \dfrac{1}{1+x^2}$ 의 매클로린 급수를 $\displaystyle\sum_{n=0}^{\infty} a_n x^n$ 이라고 하자. 함수 $g(x)$, $h(x)$의 매클로린 급수가 각각 $\displaystyle\sum_{n=3}^{\infty} a_n x^n$, $\displaystyle\sum_{n=5}^{\infty} a_n x^n$ 과 같이 표현된다고 할 때, $g'(1) + h'(1)$의 값을 구하면?
(단, $g(x)$, $h(x)$는 해석함수이다.)

① -2 ② $-\dfrac{3}{2}$ ③ -1 ④ $-\dfrac{1}{2}$

23 멱급수(power series) $f(x) = \displaystyle\sum_{k=0}^{\infty} \dfrac{x^k}{(2k+1)!} = 1 + \dfrac{x}{3!} + \dfrac{x^2}{5!} + \dfrac{x^3}{7!} + \cdots$는 모든 실수 x에 대하여 수렴한다.
방정식 $f(x) = 0$의 해집합은?

① $\{-(n\pi)^2 \mid n = 1, 2, 3, \cdots\}$ ② $\{-(2n\pi)^2 \mid n = 1, 2, 3, \cdots\}$
③ $\{-n\pi \mid n = 1, 2, 3, \cdots\}$ ④ $\{-2n\pi \mid n = 1, 2, 3, \cdots\}$

24 다음에 대하여 옳은 것을 모두 나열한 것은?

ㄱ. 모든 실수 x에 대하여 $\sin x = \dfrac{\sqrt{3}}{2}\displaystyle\sum_{n=0}^{\infty}\dfrac{(-1)^n}{(2n)!}\left(x-\dfrac{\pi}{3}\right)^{2n} + \dfrac{1}{2}\displaystyle\sum_{n=0}^{\infty}\dfrac{(-1)^n}{(2n+1)!}\left(x-\dfrac{\pi}{3}\right)^{2n+1}$

ㄴ. $|x|<1$인 실수 x에 대하여 $\arcsin x = \displaystyle\int_0^x \left[\sum_{n=0}^{\infty}(-1)^n \binom{-1/2}{n} t^{2n}\right] dt$

ㄷ. $0<x<4$인 실수 x에 대하여 $\dfrac{1}{4-x} = \displaystyle\sum_{n=0}^{\infty}\dfrac{1}{2^{n+1}}(x-2)^n$

① ㄴ   ② ㄴ, ㄷ   ③ ㄱ, ㄷ   ④ ㄱ, ㄴ, ㄷ

25 멱급수로 표현되는 함수 $f(x) = \sum_{n=0}^{\infty} c_n x^n$의 수렴반경이 2이고, 다음을 만족한다.

> (가) $f(0) = 0$, $f'(0) = 1$, $f''(0) = 2$
>
> (나) $n \geq 3$인 모든 정수 n에 대하여 $f^{(n)}(0) \leq \dfrac{n!}{n^2 - 3n + 2}$

이때, $f(1) \leq m$을 만족하는 실수 m의 최솟값은?

① 2　　　　　② $\dfrac{5}{2}$　　　　　③ 3　　　　　④ $\dfrac{13}{3}$

09 벡터함수의 연산

출제 비중 & 빈출 키워드 리포트

단원	출제 비중	합계 3%	빈출 키워드
1. 스칼라함수와 벡터함수			· 미분연산자
2. 벡터장의 발산과 회전	▶	3%	· 라플라시안
			· 발산
			· 회전

1 스칼라함수와 벡터함수

1. 정의와 연산

(1) 정의

① 스칼라 함수: 정의역이 실수 집합이고, 치역이 스칼라의 집합인 함수

② 벡터 함수: 정의역이 실수의 집합이고, 치역이 벡터의 집합인 함수

③ 스칼라장: 스칼라함수가 정의되어 있는 공간

④ 벡터장: 벡터함수가 정의되어 있는 공간

(2) 벡터함수의 연산

$u(t)$, $v(t)$를 t에 대해 미분가능한 벡터함수, C를 상수벡터, c를 스칼라, f를 t의 미분가능한 스칼라함수라 하면 다음이 성립한다.

① $\dfrac{d}{dt}C = \vec{0}$

② $\dfrac{d}{dt}\{cu(t)\} = cu'(t)$, $\dfrac{d}{dt}\{f(t)u(t)\} = f'(t)u(t) + f(t)u'(t)$

③ $\dfrac{d}{dt}\{u(t) \pm v(t)\} = u'(t) \pm v'(t)$

④ $\dfrac{d}{dt}\{u(t) \cdot v(t)\} = u'(t) \cdot v(t) + u(t) \cdot v'(t)$

⑤ $\dfrac{d}{dt}\{u(t) \times v(t)\} = u'(t) \times v(t) + u(t) \times v'(t)$

⑥ $\dfrac{d}{dt}u(f(t)) = u'(f(t))f'(t)$

⑦ $\dfrac{d}{dt}\|u(t)\| = \dfrac{u(t) \cdot u'(t)}{\|u(t)\|}$

⑧ $\dfrac{d}{dt}f(t)u(t) = f'(t)u(t) + f(t)u'(t)$

개념적용

01 다음을 증명하시오.

(1) $\dfrac{d}{dt}\{u(t)+v(t)\}=u'(t)+v'(t)$

(2) $\dfrac{d}{dt}f(t)u(t)=f'(t)u(t)+f(t)u'(t)$

공략 포인트

벡터함수의 연산
$\dfrac{d}{dt}\{u(t)\pm v(t)\}=u'(t)\pm v'(t)$
$\dfrac{d}{dt}\{u(t)\cdot v(t)\}$
$=u'(t)\cdot v(t)+u(t)\cdot v'(t)$

풀이

(1) $\dfrac{d}{dt}[u(t)+v(t)] = \dfrac{d}{dt}\langle u_1(t)+v_1(t),\, u_2(t)+v_2(t),\, u_3(t)+v_3(t)\rangle$

$\qquad = \left\langle \dfrac{d}{dt}[u_1(t)+v_1(t)],\, \dfrac{d}{dt}[u_2(t)+v_2(t)],\, \dfrac{d}{dt}[u_3(t)+v_3(t)] \right\rangle$

$\qquad = \langle u_1'(t)+v_1'(t),\, u_2'(t)+v_2'(t),\, u_3'(t)+v_3'(t)\rangle$

$\qquad = \langle u_1'(t),\, u_2'(t),\, u_3'(t)\rangle + \langle v_1'(t),\, v_2'(t),\, v_3'(t)\rangle = u'(t)+v'(t)$

(2) $\dfrac{d}{dt}[f(t)u(t)] = \dfrac{d}{dt}\langle f(t)u_1(t),\, f(t)u_2(t),\, f(t)u_3(t)\rangle$

$\qquad = \left\langle \dfrac{d}{dt}[f(t)u_1(t)],\, \dfrac{d}{dt}[f(t)u_2(t)],\, \dfrac{d}{dt}[f(t)u_3(t)] \right\rangle$

$\qquad = \langle f'(t)u_1(t)+f(t)u_1'(t),\, f'(t)u_2(t)+f(t)u_2'(t),\, f'(t)u_3(t)+f(t)u_3'(t)\rangle$

$\qquad = f'(t)\langle u_1(t),\, u_2(t),\, u_3(t)\rangle + f(t)\langle u_1'(t),\, u_2'(t),\, u_3'(t)\rangle$

$\qquad = f'(t)u(t)+f(t)u'(t)$

정답 풀이 참조

02

두 벡터함수 $u(t)$, $v(t)$가 다음 조건을 만족시킨다.

| (가) $u(1)=(1, 2, -1)$, $u'(1)=(1, 0, 2)$ (나) $v(1)=(1, 1, 1)$, $v'(1)=(1, 2, 3)$ |

함수 $f(t)=u(t) \cdot v(t)$, $g(t)=u(t) \times v(t)$에 대하여 다음을 구하시오.

(1) $f'(1)$

(2) $g'(1)$

공략 포인트

벡터함수의 연산
$\dfrac{d}{dt}\{u(t) \cdot v(t)\}$
$= u'(t) \cdot v(t) + u(t) \cdot v'(t)$

풀이

(1) $f'(t) = u'(t) \cdot v(t) + u(t) \cdot v'(t)$이므로 $t=1$을 대입하면 다음과 같다.
$f'(1) = u'(1) \cdot v(1) + u(1) \cdot v'(1) = (1, 0, 2) \cdot (1, 1, 1) + (1, 2, -1) \cdot (1, 2, 3) = 3+2=5$

(2) $g'(t) = u'(t) \times v(t) + u(t) \times v'(t)$이므로 $t=1$을 대입하면 다음과 같다.
$g'(1) = u'(1) \times v(1) + u(1) \times v'(1) = (1, 0, 2) \times (1, 1, 1) + (1, 2, -1) \times (1, 2, 3)$
$= (-2, 1, 1) + (8, -4, 0) = (6, -3, 1)$

정답 풀이 참조

2. 벡터장의 발산과 회전

1. 미분연산자 ∇

(1) ∇(del, gradient)의 정의

$\nabla = \left(\dfrac{\partial}{\partial x}, \dfrac{\partial}{\partial y}\right)$ 또는 $\left(\dfrac{\partial}{\partial x}, \dfrac{\partial}{\partial y}, \dfrac{\partial}{\partial z}\right)$ 이고 미분가능한 스칼라함수 $f(x,y,z)$에 대하여

기울기 벡터장은 기울기 벡터 $\nabla f = \dfrac{\partial f}{\partial x}\vec{i} + \dfrac{\partial f}{\partial y}\vec{j} + \dfrac{\partial f}{\partial z}\vec{k} = <f_x, f_y, f_z>$ 로 이루어진 벡터장이다.

(2) 라플라시안(Laplacian) ∇^2의 정의

$\nabla^2 = \nabla \cdot \nabla = \left(\dfrac{\partial^2}{\partial x^2}, \dfrac{\partial^2}{\partial y^2}, \dfrac{\partial^2}{\partial z^2}\right)$ 이고 두 번 미분가능한 스칼라함수 $f(x,y,z)$에 대하여

$\nabla^2 f = \dfrac{\partial^2 f}{\partial x^2}\vec{i} + \dfrac{\partial^2 f}{\partial y^2}\vec{j} + \dfrac{\partial^2 f}{\partial z^2}\vec{k} = <f_{xx}, f_{yy}, f_{zz}>$ 로 이루어진 벡터장이다.

2. 벡터장의 발산

(1) 정의

$\mathbb{R}^3$상의 벡터장 $\mathrm{F}(x,y,z) = P(x,y,z)\vec{i} + Q(x,y,z)\vec{j} + R(x,y,z)\vec{k}$ 의 성분함수 P, Q, R의 편도함수들이 모두 존재할 때, 벡터장 F의 발산(divergence)은 다음과 같다.

$$\mathrm{div}\,\mathrm{F} = \nabla \cdot F = \dfrac{\partial P}{\partial x} + \dfrac{\partial Q}{\partial y} + \dfrac{\partial R}{\partial z}$$

(2) 의미

발산은 2차원 또는 3차원에서의 물리량으로 해석한다. F가 유체의 속도벡터장이면
점 (x, y, z)에서 F의 발산은 점 (x, y, z)에서 유체의 단위 부피당 유출 또는 유출밀도이다.

(3) 비압축적

한 점 P에서 $\mathrm{div}\,\mathrm{F} = 0$일 때, F는 점 P에서 비압축적이라 한다.

3. 벡터장의 회전

(1) 정의

$\mathbb{R}^3$상의 벡터장 $F(x,y,z) = P(x,y,z)\vec{i} + Q(x,y,z)\vec{j} + R(x,y,z)\vec{k}$의 성분함수 P, Q, R의 편도함수들이 모두 존재할 때, 벡터장 F의 회전(curl, rotation)은 다음과 같다.

$$\operatorname{curl} F = \nabla \times F = \begin{vmatrix} \vec{i} & \vec{j} & \vec{k} \\ \frac{\partial}{\partial x} & \frac{\partial}{\partial y} & \frac{\partial}{\partial z} \\ P & Q & R \end{vmatrix}$$

(2) 의미

① 3차원 평면 위 한 점 P에서의 회전은 하나의 벡터로 나타나는데, 이 벡터는 회전평면에 수직이고 우수계의 방향을 갖는다.

② 이 벡터의 크기는 유체의 회전비율을 나타낸다.

③ 이 회전비율은 점 P에서 회전평면이 기울어짐에 따라 변화한다.

④ 속도벡터장 F를 가지는 유동에서 가장 큰 회전을 지닌 벡터가 $\operatorname{curl} F$이다.

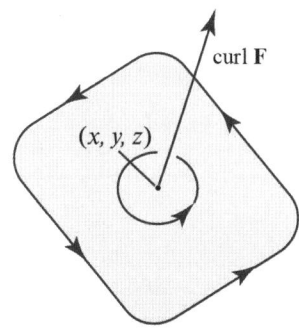

(3) 비회전적

한 점 P에서 $\operatorname{curl} F = \vec{0}$이면 F를 점 P에서 비회전적이라 한다.

(4) 참고사항

$\mathbb{R}^3$상의 벡터장 F의 성분함수들이 연속인 편도함수를 가지고 $\operatorname{curl} F = \vec{0}$이면 F는 보존적 벡터장이다.

4. 기본공식

스칼라장 f, g와 벡터장 F, G에 대하여 일, 이계편도함수가 존재하고 연속일 때, 다음이 성립한다.

① $\operatorname{div}(F+G) = \operatorname{div}(F) + \operatorname{div}(G)$

② $\operatorname{curl}(F+G) = \operatorname{curl}(F) + \operatorname{curl}(G)$

③ $\operatorname{curl}(fF) = f\operatorname{curl}(F) + \nabla f \times F$

④ $\operatorname{curl}(\nabla f) = \vec{0}$

⑤ $\operatorname{div}(F \times G) = G \cdot \operatorname{curl} F - F \cdot \operatorname{curl} G$

⑥ $\operatorname{div}(\nabla f \times \nabla g) = 0$

⑦ $\nabla \times (\nabla \times F) = \nabla(\nabla \cdot F) - \nabla^2 F$

(여기서 $\nabla^2 F = \left(\dfrac{\partial^2}{\partial x^2} + \dfrac{\partial^2}{\partial y^2} + \dfrac{\partial^2}{\partial z^2}\right)F$)

⑧ $\nabla \cdot (fF) = \nabla f \cdot F + f(\nabla \cdot F)$

⑨ $\text{div}(\text{curl}\,F) = \nabla \cdot (\nabla \times F) = 0$

⑩ $\nabla \times [\nabla f \times (\nabla \times F)] = \nabla \times (\nabla \times F)$

⑪ $\nabla \cdot (\nabla f) = \nabla^2 f$

⑫ $\nabla^2(fg) = f\nabla^2 g + 2\nabla f \cdot \nabla g + g\nabla^2 f$

개념적용

01 벡터장 $F(x,y,z) = xz^3\vec{i} + 2x^2yz\vec{j} - 2yz^4\vec{k}$에 대하여

$\text{div} F(1,1,1) = a$, $\text{curl} F(1,1,1) = <b, c, d>$라 할 때, $a+b+c+d$를 구하면?

① -3 ② -2 ③ 3 ④ 5

공략 포인트

벡터장의 발산
$\text{div} F$
$= \nabla \cdot F = \dfrac{\partial P}{\partial x} + \dfrac{\partial Q}{\partial y} + \dfrac{\partial R}{\partial z}$

벡터장의 회전
$\text{curl} F = \nabla \times F$
$= \begin{vmatrix} \vec{i} & \vec{j} & \vec{k} \\ \dfrac{\partial}{\partial x} & \dfrac{\partial}{\partial y} & \dfrac{\partial}{\partial z} \\ P & Q & R \end{vmatrix}$

풀이

벡터장 $F(x,y,z) = xz^3\vec{i} + 2x^2yz\vec{j} - 2yz^4\vec{k}$에 대하여

(i) $\text{div} F = z^3 + 2x^2z - 8yz^3$에서 $\text{div} F(1,1,1) = -5$이다.

(ii) $\text{curl} F = (-2z^4 - 2x^2y, 3xz^2, 4xyz)$에서 $\text{curl} F(1,1,1) = (-4, 3, 4)$이다.

그러므로 구하고자 하는 값은 $a+b+c+d = -2$이다.

정답 ②

02

스칼라 함수 f, g와 벡터함수 $\vec{F}$에 대해 다음 중 옳은 것은?

① $\text{div}(f\vec{F}) = f\text{div}\vec{F} + \vec{F}\nabla f$
② $\text{div}(f\nabla g) = f\nabla^2 g + g\nabla^2 f$
③ $\text{curl}(f\vec{F}) = \nabla f \times \vec{F} + f\text{curl}\vec{F}$
④ $\nabla^2 f = f(\nabla f)$

공략 포인트

벡터장의 발산
$\text{div}\vec{F}$
$= \nabla \cdot \vec{F} = \dfrac{\partial P}{\partial x} + \dfrac{\partial Q}{\partial y} + \dfrac{\partial R}{\partial z}$

벡터장의 회전
$\text{curl}\vec{F} = \nabla \times \vec{F}$
$= \begin{vmatrix} \vec{i} & \vec{j} & \vec{k} \\ \frac{\partial}{\partial x} & \frac{\partial}{\partial y} & \frac{\partial}{\partial z} \\ P & Q & R \end{vmatrix}$

라플라시안
$\nabla^2 = \nabla \cdot \nabla$
$= \left(\dfrac{\partial^2}{\partial x^2}, \dfrac{\partial^2}{\partial y^2}, \dfrac{\partial^2}{\partial z^2} \right)$

풀이

① (거짓)
$\text{div}(f\vec{F}) = \nabla \cdot (f\vec{F}) = \nabla f \cdot \vec{F} + f(\nabla \cdot \vec{F}) = \nabla f \cdot \vec{F} + f(\text{div}\vec{F})$

② (거짓)
$\text{div}(f\nabla g) = \nabla \cdot (f\nabla g) = \nabla f \cdot \nabla g + f(\nabla \cdot \nabla g) = \nabla f \cdot \nabla g + f(\nabla^2 g)$

③ (참)
$\text{curl}(f\vec{F}) = \nabla \times (f\vec{F}) = \nabla f \times \vec{F} + f(\nabla \times \vec{F}) = \nabla f \times \vec{F} + f(\text{curl}\vec{F})$

④ (거짓)
$\nabla^2 f = \nabla \cdot \nabla f$

다른 풀이

③ $\vec{F} = (P, Q, R)$이라 할 때,

$\text{curl}(f\vec{F}) = \nabla \times (f\vec{F}) = \begin{vmatrix} \vec{i} & \vec{j} & \vec{k} \\ \frac{\partial}{\partial x} & \frac{\partial}{\partial y} & \frac{\partial}{\partial z} \\ fP & fQ & fR \end{vmatrix}$

$= \vec{i}\left(\dfrac{\partial(fR)}{\partial y} - \dfrac{\partial(fQ)}{\partial z} \right) - \vec{j}\left(\dfrac{\partial(fR)}{\partial x} - \dfrac{\partial(fP)}{\partial z} \right) + \vec{k}\left(\dfrac{\partial(fQ)}{\partial x} - \dfrac{\partial(fP)}{\partial y} \right)$

$= \vec{i}(f_y R + fR_y - f_z Q - fQ_z) - \vec{j}(f_x R + fR_x - f_z P - fP_z) + \vec{k}(f_x Q + fQ_x - f_y P - fP_y)$

$= \vec{i}(f_y R - f_z Q) + \vec{i}(fR_y - fQ_z) - \vec{j}(f_x R - f_z P) - \vec{j}(fR_x - fP_z) + \vec{k}(f_x Q - f_y P) + \vec{k}(fQ_x - fP_y)$

$= \vec{i}(f_y R - f_z Q) - \vec{j}(f_x R - f_z P) + \vec{k}(f_x Q - f_y P) + \vec{i}(fR_y - fQ_z) - \vec{j}(fR_x - fP_z) + \vec{k}(fQ_x - fP_y)$

$= \vec{i}(f_y R - f_z Q) - \vec{j}(f_x R - f_z P) + \vec{k}(f_x Q - f_y P) + f\{\vec{i}(R_y - Q_z) - \vec{j}(R_x - P_z) + \vec{k}(Q_x - P_y)\}$

$= \begin{vmatrix} \vec{i} & \vec{j} & \vec{k} \\ f_x & f_y & f_z \\ P & Q & R \end{vmatrix} + f \begin{vmatrix} \vec{i} & \vec{j} & \vec{k} \\ \frac{\partial}{\partial x} & \frac{\partial}{\partial y} & \frac{\partial}{\partial z} \\ P & Q & R \end{vmatrix}$

$= \nabla f \times \vec{F} + f\text{curl}\vec{F}$

정답 ③

3 벡터함수의 연산

대표출제유형

출제경향 분석
\# 벡터함수의 연산에 대한 성질이 출제되므로 암기가 필요합니다.
\# 회전과 발산에 대한 기본적인 계산문제가 출제됩니다.

01 벡터함수

🔍 개념 1. 스칼라함수와 벡터함수

벡터함수 $r(t)$가 $|r(t)| = c$(상수)를 만족할 때, 옳은 것은?

① $r'(t)$와 $r(t)$의 사잇각은 예각이다.
② $r'(t)$와 $r(t)$의 사잇각은 둔각이다.
③ $r'(t)$와 $r(t)$는 평행이다.
④ $r'(t)$와 $r(t)$는 직교한다.

풀이

STEP A 벡터함수의 연산을 응용하여 함수의 관계 구하기

주어진 식의 양변을 미분하면

$$\frac{d}{dt}|r(t)| = \frac{r'(t) \cdot r(t)}{|r(t)|} = 0$$이다.

그러므로 $r(t)$와 $r'(t)$는 수직(직교)이다.

정답 ④

02 벡터함수의 연산

🔍 개념 1. 스칼라함수와 벡터함수

공간상의 곡선에 대한 보기의 설명 중 옳은 것의 개수는?

| 보 기 |

ㄱ. $r(t) = t\vec{i} + a\vec{j} + (a^2 - t^2)\vec{k}$는 $t = a$에서 연속이다.
 (단, a는 상수이다.)

ㄴ. $\dfrac{d}{dt}(r(t) \cdot u(t)) = r'(t) \cdot u(t) + r(t) \cdot u'(t)$

ㄷ. $\dfrac{d}{dt} \| r(t) \| = \| r'(t) \|$

ㄹ. $r(t) = (e^t \sin t)\vec{i} + (e^t \cos t)\vec{j}$일 때, $r(t)$와 $r''(t)$는 항상 서로 수직이다.

① 1   ② 2   ③ 3   ④ 4

풀이

STEP A 벡터함수의 연산을 응용하여 참, 거짓 판별하기

ㄱ. (참)
 $r(t) = t\vec{i} + a\vec{j} + (a^2 - t^2)\vec{k}$는 $x(t) = t$, $y(t) = a$, $z(t) = a^2 - t^2$에서
 x, y, z가 모두 연속이므로 $r(t)$도 연속이다.

ㄴ. (참)
 내적의 성질에 의하여
 $\dfrac{d}{dt}(r(t) \cdot u(t)) = r'(t) \cdot u(t) + r(t) \cdot u'(t)$이 성립한다.

ㄷ. (거짓)
 $\dfrac{d}{dt} \| r(t) \| = \dfrac{r(t) \cdot r'(t)}{\| r(t) \|}$

ㄹ. (참)
 $r(t) = (e^t \sin t)\vec{i} + (e^t \cos t)\vec{j}$일 때,
 $r'(t) = (e^t \sin t + e^t \cos t)\vec{i} + (e^t \cos t - e^t \sin t)\vec{j}$이고
 $r''(t) = (e^t \sin t + e^t \cos t + e^t \cos t - e^t \sin t)\vec{i} + (e^t \cos t - e^t \sin t - e^t \sin t - e^t \cos t)\vec{j}$
  $= (2e^t \cos t)\vec{i} - (2e^t \sin t)\vec{j}$이므로
 $r(t) \cdot r''(t) = (e^t \sin t, e^t \cos t) \cdot (2e^t \cos t, -2e^t \sin t) = 0$이다.
 따라서 $r(t)$와 $r''(t)$는 항상 서로 수직이다.
즉, 보기 중 옳은 것은 ㄱ, ㄴ, ㄹ이다.

정답 ③

03 벡터장의 회전

🔍 개념 2. 벡터장의 발산과 회전

오른 직교좌표계 x, y, z를 갖는 벡터 $v = (yz, 3zx, z)$에 대하여 점 $P(1, 1, 1)$에서 v의 회전(curl)은?

① $(3, -1, 2)$ ② $(3, 1, -2)$ ③ $(-3, -1, 2)$ ④ $(-3, 1, 2)$

풀이

STEP A 벡터장의 회전 공식에 대입하기

$$\mathrm{curl}(v) = \begin{vmatrix} \vec{i} & \vec{j} & \vec{k} \\ \dfrac{\partial}{\partial x} & \dfrac{\partial}{\partial y} & \dfrac{\partial}{\partial z} \\ yz & 3zx & z \end{vmatrix} = (-3x, y, 2z) \text{이다.}$$

점 $P(1, 1, 1)$에서 $\mathrm{curl}(v) = (-3, 1, 2)$이다.

정답 ④

4 벡터함수의 연산

실전문제

01 다음 중 옳지 않은 것의 개수는?

> ㄱ. 매개방정식 $\begin{cases} x = 2\tan\theta \\ y = 3\sec\theta \end{cases} \left(-\dfrac{\pi}{2} < \theta < \dfrac{\pi}{2}\right)$ 은 타원의 일부분을 나타낸다.
> ㄴ. 곡선 $\vec{r}(t)$에 대해서 $|\vec{r}(t)| = 1$이면 $\vec{r}(t)$와 $\vec{r}\,'(t)$는 직교한다.
> ㄷ. $|\vec{u} \times \vec{v}|^2 = |\vec{u}|^2|\vec{v}|^2 - (\vec{u} \cdot \vec{v})^2$
> ㄹ. $\text{div}\,(\text{curl}\,\vec{F}) = 0$

① 1   ② 2   ③ 3   ④ 4

02 벡터장 $\mathbf{F} : \mathbb{R}^3 \to \mathbb{R}^3$에 대하여 $\nabla \times \mathbf{F} = \langle P, Q, R \rangle$라 하고 점 (x_0, y_0, z_0)에서

$$\begin{pmatrix} P_x & P_y & P_z \\ Q_x & Q_y & Q_z \\ R_x & R_y & R_z \end{pmatrix} = \begin{pmatrix} -3 & a & 0 \\ 1 & 0 & b \\ 2 & 5 & c \end{pmatrix}$$

일 때, 실수 c의 값은?

① 1   ② 2   ③ 3   ④ 4

정답 및 풀이

01. 다변수함수의 극한과 편미분

🔍 문제 p.35

| 01 ④ | 02 ④ | 03 ① | 04 ④ | 05 ② | 06 ④ | 07 ② | 08 ④ | 09 ② | 10 ③ |
| 11 ④ | 12 ④ | 13 ② | 14 ③ | 15 ④ | 16 ④ | | | | |

01 ④

① (i) x축을 따라 접근: $\lim\limits_{x \to 0} \dfrac{x^2}{x^2} = 1$

   (ii) y축을 따라 접근: $\lim\limits_{y \to 0} \dfrac{-y^2}{y^2} = -1$

   (i) $\ne$ (ii)이므로 극한값 $\lim\limits_{(x,y) \to (0,0)} \dfrac{x^2 - y^2}{x^2 + y^2}$ 은 존재하지 않는다.

② (i) x축을 따라 접근: $\lim\limits_{x \to 0} \dfrac{0}{x^2} = 0$

   (ii) y축을 따라 접근: $\lim\limits_{y \to 0} \dfrac{0}{y^2} = 0$

   (iii) $y = x$를 따라 접근: $\lim\limits_{x \to 0} \dfrac{x^2}{x^2 + x^2} = \dfrac{1}{2}$

   (i) = (ii) $\ne$ (iii)이므로 극한값

   $\lim\limits_{(x,y) \to (0,0)} \dfrac{xy}{x^2 + y^2}$ 는 존재하지 않는다.

③ (i) x축을 따라 접근: $\lim\limits_{x \to 0} \dfrac{0}{x^2} = 0$

   (ii) y축을 따라 접근: $\lim\limits_{y \to 0} \dfrac{0}{y^2} = 0$

   (iii) $x = y^2$을 따라 접근: $\lim\limits_{x \to 0} \dfrac{y^4}{y^4 + y^4} = \dfrac{1}{2}$

   (i) = (ii) $\ne$ (iii)이므로 극한값

   $\lim\limits_{(x,y) \to (0,0)} \dfrac{xy^2}{x^2 + y^4}$ 은 존재하지 않는다.

④ (i) x축을 따라 접근: $\lim\limits_{x \to 0} \dfrac{0}{x^2} = 0$

   (ii) y축을 따라 접근: $\lim\limits_{y \to 0} \dfrac{0}{y^2} = 0$

   (iii) $y = mx$를 따라 접근: $\lim\limits_{x \to 0} \dfrac{3x^3}{x^2 + m^2 x^2} = 0$

   (i) = (ii) = (iii)이므로 극한값

   $\lim\limits_{(x,y) \to (0,0)} \dfrac{3x^2 y}{x^2 + y^2} = 0$ 으로 수렴한다.

02 ④

함수 $f(x, y) = x \arctan(xy)$에 대하여 편미분하면

$f_x = \tan^{-1} xy + x \dfrac{y}{1 + (xy)^2}$ 이다.

$\therefore f_x(1, -1) = -\dfrac{\pi}{4} - \dfrac{1}{2}$ 이다.

03 ①

함수 $g(x, y) = \sqrt{x^2 + 2y^2 + f(x, y)}$ 에서

$g_x(x, y) = \dfrac{2x + f_x(x, y)}{2\sqrt{x^2 + 2y^2 + f(x, y)}}$

$g_y(x, y) = \dfrac{4y + f_y(x, y)}{2\sqrt{x^2 + 2y^2 + f(x, y)}}$ 이므로

$g_x(1, 1) = \dfrac{2 + f_x(1, 1)}{2\sqrt{1 + 2 + f(1, 1)}} = \dfrac{8}{4} = 2$

$g_y(1, 1) = \dfrac{4 + f_y(1, 1)}{2\sqrt{1 + 2 + f(1, 1)}} = \dfrac{12}{4} = 3$ 이다.

따라서 $g_x(1, 1) + g_y(1, 1) = 2 + 3 = 5$ 이다.

04 ④

함수 $f(x, y) = \int_{xy}^{x^2 + y^2} e^{t^2} dt$ 에서

$f_x(x, y) = e^{(x^2 + y^2)^2} 2x - e^{(xy)^2} y$ 이므로

$f_x(1, 1) = 2e^4 - e$ 이다.

05 ②

$f(x, y) = \dfrac{x}{(x^2 + y^2)^{\frac{3}{2}}}$ 일 때,

$\dfrac{\partial f}{\partial x} = \dfrac{(x^2 + y^2)^{\frac{3}{2}} - x \dfrac{3}{2}(x^2 + y^2)^{\frac{1}{2}} 2x}{(x^2 + y^2)^3}$

$= \dfrac{(x^2 + y^2)^{\frac{1}{2}}(x^2 + y^2 - 3x^2)}{(x^2 + y^2)^3} = \dfrac{-2x^2 + y^2}{(x^2 + y^2)^{\frac{5}{2}}}$ 이고,

$\dfrac{\partial f}{\partial y} = \dfrac{-x \dfrac{3}{2}(x^2 + y^2)^{\frac{1}{2}} 2y}{(x^2 + y^2)^3} = \dfrac{-3xy}{(x^2 + y^2)^{\frac{5}{2}}}$ 이다.

직선 $y = kx$ 위의 점 $(1, k)$를 대입하면

$\dfrac{\partial f}{\partial x}(1, k) = \dfrac{-2 + (k)^2}{(1^2 + (k)^2)^{\frac{5}{2}}}$, $\dfrac{\partial f}{\partial y}(1, k) = -\dfrac{3(k)}{(1^2 + (k)^2)^{\frac{5}{2}}}$ 이므로

$-2 + k^2 = -3k \Leftrightarrow k^2 + 3k - 2 = 0$

$\Leftrightarrow k = \dfrac{-3 \pm \sqrt{9 + 8}}{2} = \dfrac{\sqrt{17} - 3}{2}$ ($\because k > 0$)일 때,

직선 $y = kx$ 위의 모든 점에서

$\dfrac{\partial f}{\partial x}$ 와 $\dfrac{\partial f}{\partial y}$ 의 값이 같아진다.

06 ④

$f(x, y) = x^2(2y+1)^3$에 대하여

$\dfrac{\partial f}{\partial y} = 3x^2(2y+1)^2 \times 2 = 6x^2(2y+1)^2$ 이고

$\dfrac{\partial^2 f}{\partial x \partial y} = 12x(2y+1)^2$ 이므로

점 $(2, 1)$에서 $\dfrac{\partial^2 f}{\partial x \partial y}$의 값은 $24 \times 9 = 216$이다.

07 ②

$x = u + 2v^2 + 2$, $y = u^2 - 4v + 1$이라고 치환하면
$(u, v) = (-1, 0)$일 때, $(x, y) = (1, 2)$이다.

또한, $\dfrac{\partial w}{\partial u} = f_x \cdot x_u + f_y \cdot y_u = f_x \cdot (1) + f_y \cdot (2u)$이므로
구하고자 하는 값은 다음과 같다.

$\left.\dfrac{\partial w}{\partial u}\right|_{(-1, 0)} = f_x(1, 2) - 2f_y(1, 2) = 6 - 2 \times 4 = -2$

08 ②

$\dfrac{\partial z}{\partial t} = \dfrac{\partial z}{\partial x}\dfrac{\partial x}{\partial t} + \dfrac{\partial z}{\partial y}\dfrac{\partial y}{\partial t}$

$= [-e^{-x}\sin(x+2y) + e^{-x}\cos(x+2y)] \cdot 2$
$+ [2e^{-x}\cos(x+2y)] \cdot (-1)$
$= -2e^{-x}\sin(x+2y)$

$s = \dfrac{\pi}{2}$, $t = \dfrac{\pi}{4}$일 때, $x = \pi$, $y = \dfrac{\pi}{4}$이므로

$\left.\dfrac{\partial z}{\partial t}\right|_{s=\frac{\pi}{2}, t=\frac{\pi}{4}} = -2e^{-\pi}\sin\left(\dfrac{3\pi}{2}\right) = 2e^{-\pi}$ 이다.

09 ②

$x = 1$, $y = 0$일 때, $u = 1$, $v = 0$, $w = 1$이다. 따라서

$\dfrac{\partial P}{\partial x} = \dfrac{\partial P}{\partial u}\dfrac{\partial u}{\partial x} + \dfrac{\partial P}{\partial v}\dfrac{\partial v}{\partial x} + \dfrac{\partial P}{\partial w}\dfrac{\partial w}{\partial x}$

$= \dfrac{2u}{2\sqrt{u^2+v^2+w^2}}e^y + \dfrac{2v}{2\sqrt{u^2+v^2+w^2}}ye^x$

$\quad + \dfrac{2w}{2\sqrt{u^2+v^2+w^2}}ye^{xy}$

$= \dfrac{1}{\sqrt{2}}$

10 ③

③ $u = 2x^2 + 3y^3$일 때, $u_{xx} = 4$, $u_{yy} = 18y$이므로
$u_{xx} + u_{yy} = 4 + 18y \neq 0$이다.
즉, $u = 2x^2 + 3y^3$은 조화함수가 아니다.

11 ④

$\dfrac{\partial z}{\partial u} = \dfrac{\partial z}{\partial x}\dfrac{\partial x}{\partial u} + \dfrac{\partial z}{\partial y}\dfrac{\partial y}{\partial u} = \dfrac{\partial z}{\partial x}(-2u) + \dfrac{\partial z}{\partial y}(v)$ 이고

$\dfrac{\partial^2 z}{\partial u^2} = \left[\dfrac{\partial^2 z}{\partial x^2}\dfrac{\partial x}{\partial u} + \dfrac{\partial^2 z}{\partial y \partial x}\dfrac{\partial y}{\partial u}\right](-2u)$

$\quad + \dfrac{\partial z}{\partial x}(-2) + \left[\dfrac{\partial^2 z}{\partial x \partial y}\dfrac{\partial x}{\partial u} + \dfrac{\partial^2 z}{\partial y^2}\dfrac{\partial y}{\partial u}\right](v)$

$= \left[\dfrac{\partial^2 z}{\partial x^2}(-2u) + \dfrac{\partial^2 z}{\partial y \partial x}(v)\right](-2u)$

$\quad + \dfrac{\partial z}{\partial x}(-2) + \left[\dfrac{\partial^2 z}{\partial x \partial y}(-2u) + \dfrac{\partial^2 z}{\partial y^2}(v)\right](v)$

$= 4u^2\dfrac{\partial^2 z}{\partial x^2} - 2uv\dfrac{\partial^2 z}{\partial y \partial x} - 2\dfrac{\partial z}{\partial x} - 2uv\dfrac{\partial^2 z}{\partial x \partial y} + v^2\dfrac{\partial^2 z}{\partial y^2}$

$= 4u^2\dfrac{\partial^2 z}{\partial x^2} + v^2\dfrac{\partial^2 z}{\partial y^2} - 4uv\dfrac{\partial^2 z}{\partial y \partial x} - 2\dfrac{\partial z}{\partial x}$ 이다.

12 ④

$x - y = t$라고 할 때, $u(t, y) = yf(t)$이므로

(ⅰ) $u_x = y\dfrac{df}{dt}\dfrac{\partial t}{\partial x} = y\dfrac{df}{dt}$이고 $u_{xx} = y\dfrac{d^2f}{dt^2}$이다.

(ⅱ) $u_y = f(t) + y\dfrac{df}{dt}\dfrac{dt}{dy} = f(t) - y\dfrac{df}{dt}$이고

$u_{yy} = \dfrac{df}{dt}\dfrac{dt}{dy} - \dfrac{df}{dt} - y\dfrac{d^2f}{dt^2}\dfrac{dt}{dy}$

$= -\dfrac{df}{dt} - \dfrac{df}{dt} + y\dfrac{d^2f}{dt^2} = -2\dfrac{df}{dt} + y\dfrac{d^2f}{dt^2}$ 이다.

(ⅰ)과 (ⅱ)에 의하여

$u_{xx}(1, 1) - u_{yy}(1, 1) = \dfrac{d^2f(0)}{dt^2} + 2\dfrac{df(0)}{dt} - \dfrac{d^2f(0)}{dt^2} = 2f'(0) = 6$

13 ②

ㄱ. (참)

$\lim_{(x, y) \to (0, 0)} (x^2 + y^2)\sin\dfrac{1}{\sqrt{x^2+y^2}}$

$= \lim_{r \to 0} r^2 \sin\dfrac{1}{|r|} = 0 = f(0, 0)$이므로 $(0, 0)$에서 연속이다.

ㄴ. (거짓)

$\lim_{(x, y) \to (0, 0)} f_x(x, y)$

$= \lim_{(x, y) \to (0, 0)} 2x\sin\left(\dfrac{1}{\sqrt{x^2+y^2}}\right) - \dfrac{x\cos\left(\dfrac{1}{\sqrt{x^2+y^2}}\right)}{\sqrt{x^2+y^2}}$ 에서

$\lim_{x \to 0} f_x(x, 0) = \lim_{x \to 0}\left(2x\sin\dfrac{1}{|x|} - \dfrac{x}{|x|}\cos\dfrac{1}{|x|}\right)$은 존재하지 않는다.

ㄷ. (거짓)

ㄴ에 의해서 f_x는 $(0, 0)$에서 불연속이다.

ㄹ. (참)

$f_x(0, 0) = \lim_{h \to 0}\dfrac{f(h, 0) - f(0, 0)}{h}$

$= \lim_{h \to 0}\dfrac{h^2\sin\left(\dfrac{1}{|h|}\right)}{h} = 0$

$$f_y(0,0) = \lim_{h \to 0} \frac{f(0,h) - f(0,0)}{h}$$

$$= \lim_{h \to 0} \frac{h^2 \sin\left(\frac{1}{|h|}\right)}{h} = 0 \text{이고}$$

$$\lim_{(h,k) \to (0,0)} \frac{f(h,k) - f(0,0) - hf_x(0,0) - kf_y(0,0)}{\sqrt{h^2 + k^2}}$$

$$= \lim_{(h,k) \to (0,0)} \sqrt{h^2 + k^2} \sin \frac{1}{\sqrt{h^2 + k^2}}$$

$$= \lim_{r \to 0} |r| \sin \frac{1}{|r|} = 0 \text{이므로}$$

f는 $(0,0)$에서 미분가능하다.

14 ③

다변수함수의 연쇄법칙을 이용해서 계산하면

$$\frac{\partial z}{\partial s} = \nabla f \cdot \left\langle \frac{\partial x}{\partial s}, \frac{\partial y}{\partial s} \right\rangle$$

$$= \left\langle \frac{\partial z}{\partial x}, \frac{\partial z}{\partial y} \right\rangle \cdot \langle 2s, t \rangle = 2s \frac{\partial z}{\partial x} + t \frac{\partial z}{\partial y}$$

를 얻는다. 따라서

$$\frac{\partial z}{\partial s} = 2s \frac{\partial z}{\partial x} + t \frac{\partial z}{\partial y} \quad \cdots (\text{i}) \text{이다}.$$

식 (i)에 다변수함수의 연쇄법칙을 다시 적용하면 다음과 같다.

$$\frac{\partial^2 z}{\partial s^2} = \frac{\partial}{\partial s}\left[\frac{\partial z}{\partial s}\right]$$

$$= \frac{\partial}{\partial s}\left[2s \frac{\partial z}{\partial x} + t \frac{\partial z}{\partial y}\right]$$

$$= 2\frac{\partial z}{\partial x} + 2s \frac{\partial}{\partial s}\left[\frac{\partial z}{\partial x}\right] + t \frac{\partial}{\partial s}\left[\frac{\partial z}{\partial y}\right]$$

$$= 2\frac{\partial z}{\partial x} + 2s \left\langle \frac{\partial^2 z}{\partial x^2}, \frac{\partial^2 z}{\partial y \partial x} \right\rangle \cdot \left\langle \frac{\partial x}{\partial s}, \frac{\partial y}{\partial s} \right\rangle$$

$$+ t \left\langle \frac{\partial^2 z}{\partial x \partial y}, \frac{\partial^2 z}{\partial y^2} \right\rangle \cdot \left\langle \frac{\partial x}{\partial s}, \frac{\partial y}{\partial s} \right\rangle$$

$$= 2\frac{\partial z}{\partial x} + 4s^2 \frac{\partial^2 z}{\partial x^2} + 2st \frac{\partial^2 z}{\partial y \partial x} + 2st \frac{\partial^2 z}{\partial x \partial y} + t^2 \frac{\partial^2 z}{\partial y^2} \quad \cdots (\text{ii})$$

을 얻는다. 여기서 함수 f는 2계 편도함수가 연속이므로 클레로 정리에 의해서 $\frac{\partial^2 z}{\partial y \partial x} = \frac{\partial^2 z}{\partial x \partial y}$ 이므로 식 (ii)는

$$\frac{\partial^2 z}{\partial s^2} = 2\frac{\partial z}{\partial x} + 4s^2 \frac{\partial^2 z}{\partial x^2} + 4st \frac{\partial^2 z}{\partial x \partial y} + t^2 \frac{\partial^2 z}{\partial y^2} \text{이 된다}.$$

∴ (가) $= 2$, (나) $= 4s^2$, (다) $= 4st$, (라) $= t^2$

15 ④

(i) $f_y(x,y)$ 구하기

$$f_y(0,0) = \lim_{h \to 0} \frac{f(0, 0+h) - f(0,0)}{h} = 0$$

$$f_y(x,y) = \begin{cases} \dfrac{2x^3(x^2+y^2) - 2x^3 y \times 2y}{(x^2+y^2)^2} & (x,y) \neq (0,0) \\ 0 & (x,y) = (0,0) \end{cases}$$

(ii) $f_{yx}(0,0) = \lim_{h \to 0} \dfrac{f_y(0+h, 0) - f_y(0,0)}{h} = \lim_{h \to 0} \dfrac{\frac{2h^5}{h^4}}{h} = 2$

16 ④

원불의 체적 $V = \dfrac{1}{3}\pi r^2 h$ 에서

$dV = \dfrac{2}{3}\pi r h \, dr + \dfrac{1}{3}\pi r^2 \, dh$ 이다.

이때 $r = 2, \, h = 3, \, dr = 0.1, \, dh = 0.1$ 이므로

$$V = \frac{1}{3}\pi \times 4 \times 3 = 4\pi$$

$$dV = \frac{2}{3}\pi \cdot 2 \cdot 3(0.1) + \frac{1}{3}\pi \cdot (2)^2 \cdot (0.1) = \frac{1.6}{3}\pi$$

$$\therefore \frac{dV}{V} \times 100 = \frac{\frac{1.6}{3}\pi}{4\pi} \times 100 = \frac{1.6}{12} \times 100 = \frac{160}{12} = \frac{40}{3}$$

02. 음함수와 방향도함수

🔍 문제 p.59

| 01 ① | 02 ① | 03 ① | 04 ① | 05 ③ | 06 ③ | 07 ① | 08 ③ | 09 ④ | 10 ③ |
| 11 ④ | 12 ④ | 13 ① | 14 ② | 15 ③ | 16 ③ | 17 ③ | | | |

01 ①

$f(x, y) = x\ln y + y^3 - 2xy + 2x^2 - 5$ 라고 할 때,
음함수 미분법에 의하여
$$\frac{dy}{dx} = -\frac{f_x}{f_y} = -\frac{\ln y - 2y + 4x}{\frac{x}{y} + 3y^2 - 2x}$$ 이므로

점 $(2, 1)$에서 접선의 기울기는
$$\frac{dy}{dx}\Big|_{(2,1)} = -\frac{-2+8}{2+3-4} = -\frac{6}{1} = -6$$ 이다.

02 ①

$(x, y) = (0, e)$일 때,
$ez = z^2 \Leftrightarrow z(z-e) = 0$이므로 $z = e$이다.
$f(x, y, z) = yz + x\ln y - z^2$이라 할 때,
음함수 미분법에 의하여
$$\frac{\partial z}{\partial y} = -\frac{f_y}{f_z} = -\frac{z + \frac{x}{y}}{y - 2z}$$
$$\Rightarrow \frac{\partial z}{\partial y}\Big|_{(0,e,e)} = -\frac{e}{e-2e} = 1$$ 이다.

03 ①

$f(x, y, z) = x^3 + y^3 + z^3 + xyz$라고 할 때,
음함수 미분법에 의하여
$$\frac{\partial z}{\partial x} = -\frac{f_x}{f_z} = -\frac{3x^2 + yz}{3z^2 + xy}$$ 이므로
$$\frac{\partial z}{\partial x}(1, -1, 1) = -\frac{3-1}{3-1} = -1$$ 이다.

04 ①

$f = x^2yz^2 - y - 2z$라 하면
$$\frac{\partial x}{\partial z} = -\frac{f_z}{f_x} = -\frac{2x^2yz - 2}{2xyz^2} = \frac{1 - x^2yz}{xyz^2}$$ 이고,
$$\frac{\partial x}{\partial z}\frac{\partial z}{\partial y}\frac{\partial y}{\partial x} = \left(-\frac{f_z}{f_x}\right)\left(-\frac{f_y}{f_z}\right)\left(-\frac{f_x}{f_y}\right) = -1$$ 이다.

05 ③

$\nabla f(x, y) = \left(e^{x^2+y^2}\sin(y^2) + 2x^2 e^{x^2+y^2}\sin(y^2),\right.$
$\left. 2xy e^{x^2+y^2}\sin(y^2) + 2xy e^{x^2+y^2}\cos(y^2)\right)$ 이므로
$\nabla f_{(1,1)} = (e^2\sin 1 + 2e^2\sin 1, 2e^2\sin 1 + 2e^2\cos 1)$

$\therefore \frac{b}{a} = \frac{2e^2(\sin 1 + \cos 1)}{e^2(\sin 1 + 2\sin 1)} = \frac{2(\sin 1 + \cos 1)}{\sin 1 + 2\sin 1} = \frac{2}{3}(1 + \cot 1)$

06 ③

편도함수의 정의를 이용하면
$$f_x(0, 0) = \lim_{h \to 0}\frac{f(0+h, 0) - f(0, 0)}{h}$$
$$= \lim_{h \to 0}\frac{f(h, 0)}{h}$$
$$= \lim_{h \to 0}\frac{h^2 - h}{h}$$
$$= \lim_{h \to 0}h - 1 = -1$$ 이고,

$$f_y(0, 0) = \lim_{h \to 0}\frac{f(0, 0+h) - f(0, 0)}{h}$$
$$= \lim_{h \to 0}\frac{f(0, h)}{h}$$
$$= \lim_{h \to 0}\frac{h}{h} = 1$$ 이다.

그러므로 $\nabla f(0, 0) = (-1, 1)$이다.
즉, $\alpha + \beta = 0$이다.

07 ①

$\nabla f(x, y) = \left(2xy, x^2 + \frac{1}{2\sqrt{y}}\right)$
$\Rightarrow \nabla f(2, 1) = \left(4, 4 + \frac{1}{2}\right) = \left(4, \frac{9}{2}\right)$ 이므로
점 $(2, 1)$에서 함수 $f(x, y) = x^2y + \sqrt{y}$의 변화율의 최댓값은 다음과 같다.
$$\sqrt{16 + \frac{81}{4}} = \frac{\sqrt{64+81}}{2} = \frac{\sqrt{145}}{2}$$

08 ③

$\nabla f(x, y) = (y3^{xy}\ln 3, x3^{xy}\ln 3)$
$\Rightarrow \nabla f(1, 1) = (3\ln 3, 3\ln 3)$이고
벡터 $\vec{v} = (2, 3)$ 방향으로의 단위벡터를 $\vec{u}$라고 할 때,
$\vec{u} = \frac{1}{\sqrt{13}}\langle 2, 3\rangle$이다.
즉, 점 $(1, 1)$에서 함수 $f(x, y) = 3^{xy}$의 벡터 $\vec{v} = <2, 3>$ 방향으로의 방향도함수는
$$D_{\vec{u}}f(1, 1) = (3\ln 3, 3\ln 3) \cdot \frac{1}{\sqrt{13}}(2, 3)$$
$$= \frac{3\ln 3}{\sqrt{13}}(2+3) = \frac{15\ln 3}{\sqrt{13}}$$ 이다.

02. 음함수와 방향도함수 **281**

09 ④

$f(x, y) = x^2y - kx^2 + 2y$일 때,
$\nabla f(x, y) = (2xy - 2kx, x^2 + 2) \Rightarrow \nabla f(1, 1) = (2 - 2k, 3)$와
$\langle -4, 6 \rangle$이 같은 방향일 때 가장 빨리 증가하게 된다.
따라서 $\lambda \langle 2 - 2k, 3 \rangle = \langle -4, 6 \rangle$ (단, $\lambda > 0$)을 만족해야 한다.
그러므로 $\lambda = 2$이고 $k = 2$일 때, 벡터 $v = \langle -4, 6 \rangle$의 방향으로 가장 빨리 증가한다.

10 ③

$f(x, y) = x^2 - xy + y$일 때,
$\nabla f(x, y) = (2x - y, -x + 1) \Rightarrow \nabla f(1, 1) = (1, 0)$ 방향 단위벡터 $\vec{u}$를 $\langle a, b \rangle$라 할 때, $\vec{u}$ 방향으로의 방향도함수는
$D_{\vec{u}} f(1, 1) = (1, 0) \cdot (a, b) = a$이므로 $a = \dfrac{1}{\sqrt{2}}$이다.

또한, $\vec{u} = (a, b)$가 단위벡터이므로
$a^2 + b^2 = 1$이다.
따라서 $a = \dfrac{1}{\sqrt{2}}$일 때, $b = \dfrac{1}{\sqrt{2}}$ ($\because b > 0$)이므로
$a + b = \dfrac{1}{\sqrt{2}} + \dfrac{1}{\sqrt{2}} = \sqrt{2}$이다.

11 ④

$\nabla f(x, y, z) = (f_x, f_y, f_z) = (a, b, c)$라고 하면
가장 빨리 증가하는 방향이 $\langle 1, 2, 1 \rangle$이므로
$(a, b, c) = \lambda(1, 2, 1)$ (단, $\lambda > 0$)
$\Leftrightarrow a = \lambda, b = 2\lambda, c = \lambda$이다.

또한, $D_{\vec{u}} f(P) = (a, b, c) \cdot \dfrac{1}{\sqrt{2}}(1, 0, 1) = \dfrac{1}{\sqrt{2}}(a + c) = \sqrt{6}$
$\Leftrightarrow a + c = \sqrt{12}$이므로
$a + c = \lambda + \lambda = 2\lambda = \sqrt{12}$에서 $\lambda = \sqrt{3}$이다.
그러므로 $\nabla f(P) = (\sqrt{3}, 2\sqrt{3}, \sqrt{3})$이고
$|\nabla f(P)| = \sqrt{3}\sqrt{1 + 4 + 1} = \sqrt{18} = 3\sqrt{2}$이다.

12 ④

$g(x, y) = f(xy, x + y)$에서
$xy = u$, $x + y = v$라고 치환하면
$\nabla g(x, y) = \left(\dfrac{\partial f}{\partial u} \dfrac{\partial u}{\partial x} + \dfrac{\partial f}{\partial v} \dfrac{\partial v}{\partial x}, \dfrac{\partial f}{\partial u} \dfrac{\partial u}{\partial y} + \dfrac{\partial f}{\partial v} \dfrac{\partial v}{\partial y} \right)$
$= \left(y \dfrac{\partial f}{\partial u} + \dfrac{\partial f}{\partial v}, x \dfrac{\partial f}{\partial u} + \dfrac{\partial f}{\partial v} \right)$이고
$(x, y) = (1, 2)$일 때, $(u, v) = (2, 3)$이므로
$2 \dfrac{\partial f}{\partial u}(2, 3) + \dfrac{\partial f}{\partial v}(2, 3) = 2$
$\Leftrightarrow \dfrac{\partial f}{\partial u}(2, 3) + \dfrac{\partial f}{\partial v}(2, 3) = 3$을 만족한다.
따라서 $\dfrac{\partial f}{\partial u}(2, 3) = -1$, $\dfrac{\partial f}{\partial v}(2, 3) = 4$이고
$|\nabla f(2, 3)| = |(-1, 4)| = \sqrt{17}$이다.

13 ①

$\nabla f(x, y, z) = \left\langle \sin(yz), zx\cos(yz) + \dfrac{z}{1 + y^2z^2}, xy\cos(yz) + \dfrac{y}{1 + y^2z^2} \right\rangle$
이므로 $\nabla f(1, 3, 0) = \langle 0, 0, 6 \rangle$이다.
따라서 $\dfrac{1}{\sqrt{6}} \langle 1, 2, -1 \rangle$ 방향으로의 방향도함수는
$\langle 0, 0, 6 \rangle \cdot \dfrac{1}{\sqrt{6}} \langle 1, 2, -1 \rangle = -\sqrt{6}$이다.

14 ②

$g(x, y) = u$, $xy = v$라고 할 때,
$(x, y) = (1, 2)$이고 $(u, v) = (2, 2)$이며
$F(x, y) = f(u, v)$이므로
$\nabla F(P) = \left(\dfrac{\partial f}{\partial u} \dfrac{\partial u}{\partial x} + \dfrac{\partial f}{\partial v} \dfrac{\partial v}{\partial x}, \dfrac{\partial f}{\partial u} \dfrac{\partial u}{\partial y} + \dfrac{\partial f}{\partial v} \dfrac{\partial v}{\partial y} \right)$
$= (f_u(u, v) g_x(x, y) + f_v(u, v) y,$
$\quad f_u(u, v) g_y(x, y) + f_v(u, v) x)$
$= (f_u(2, 2) g_x(1, 2) + f_v(2, 2) \times 2,$
$\quad f_u(2, 2) g_y(1, 2) + f_v(2, 2))$
$= (-(-3) + (-2) \times 2, (-1) \times 2 + (-2))$
$= (3 - 4, -2 - 2) = (-1, -4)$이다.
$F(x, y) = f(g(x, y), xy)$가 가장 빨리 증가하는 방향의 단위벡터를 $\vec{v}$라 할 때, $\vec{v}$의 방향도함수 $D_{\vec{v}} F(P)$의 값은
$D_{\vec{v}} F(P) = |\nabla F(P)| = \sqrt{1 + 16} = \sqrt{17}$이다.

15 ③

$\nabla f(0, 0) = (f_x(0, 0), f_y(0, 0)) = (a, b)$이므로
$a = f_x(0, 0) = \lim_{h \to 0} \dfrac{f(h, 0) - f(0, 0)}{h} = \lim_{h \to 0} \dfrac{\frac{h^3}{|h|}}{h} = 0$
$b = f_y(0, 0) = \lim_{h \to 0} \dfrac{f(0, h) - f(0, 0)}{h} = \lim_{h \to 0} \dfrac{\frac{h|h|}{|h|}}{h} = 1$
$c = D_{\vec{u}} f(0, 0) = \lim_{h \to 0} \dfrac{f\left(\frac{h}{\sqrt{2}}, \frac{h}{\sqrt{2}} \right) - f(0, 0)}{h}$
$= \lim_{h \to 0} \dfrac{\frac{\frac{h}{\sqrt{2}} \left(\frac{h^2}{2} + \frac{|h|}{\sqrt{2}} \right)}{|h|}}{h}$
$= \lim_{h \to 0} \dfrac{1}{\sqrt{2}} \left(\dfrac{\frac{h^2}{2} + \frac{|h|}{\sqrt{2}}}{|h|} \right) = \dfrac{1}{2}$이다.
$\therefore a + b + c = \dfrac{3}{2}$

16 ③

$\nabla f(x,y,z) = \langle 2x+4y, 4x+8y-ze^{yz}, -1-ye^{yz} \rangle$ 이므로
$\nabla f(1, 0, 2) = (2, 2, -1)$ 이다.
점 P(1, 0, 2)에서 f의 방향도함수 $D_{\vec{u}}f$가 최소가 되도록 하는
단위벡터 $\vec{u}$는 $-\nabla f(1, 0, 2) = \langle -2, -2, 1 \rangle$ 와 평행하고
크기가 1인 벡터이므로 다음과 같다.
$\vec{u} = \left\langle -\dfrac{2}{3}, -\dfrac{2}{3}, \dfrac{1}{3} \right\rangle$

17 ③

$f_x(x, y) = e^y + ye^x$, $f_y(x, y) = xe^y + e^x$ 이므로
$\nabla f(1, 0) = \langle f_x(1,0), f_y(1,0) \rangle = \langle 1, e+1 \rangle$
$\vec{v}$ 방향의 단위벡터는 $\vec{u} = \dfrac{1}{5}\langle 3, -4 \rangle$ 이므로
$\begin{aligned} D_{\vec{u}}f(1, 0) &= \nabla f(1, 0) \cdot \vec{u} \\ &= \dfrac{1}{5}(3 - 4e - 4) \\ &= -\dfrac{4e+1}{5} \end{aligned}$

03. 3차원곡선과 곡면

| 01 ③ | 02 ② | 03 ④ | 04 ④ | 05 ① | 06 ③ | 07 ② | 08 ④ | 09 ② | 10 ② |
| 11 ③ | 12 ③ | 13 ③ | 14 ④ | 15 ③ | 16 ① | 17 ② | 18 ③ | 19 ④ | 20 ④ |

01 ③

$x' = e^t \sin t + e^t \cos t$,
$y' = e^t \cos t - e^t \sin t$,
$z' = e^t$ 이고
$(x')^2 + (y')^2 + (z')^2 = 3e^{2t}$ 이다.
그러므로 곡선의 길이는 다음과 같다.
$L = \int_0^\beta \sqrt{3e^{2t}}\, dt = \sqrt{3}\int_0^\beta e^t\, dt = \sqrt{3}(e^\beta - 1)$

02 ②

$r'(t) = \left\langle 2t,\, 2,\, \dfrac{1}{t}\right\rangle$ 이므로
구하는 곡선의 호의 길이를 L이라 하면
$L = \int_1^e |r'(t)|\, dt = \int_1^e \sqrt{4t^2 + 4 + \dfrac{1}{t^2}}\, dt$
$= \int_1^e \sqrt{\left(2t + \dfrac{1}{t}\right)^2}\, dt = \int_1^e \left(2t + \dfrac{1}{t}\right) dt$
$= \left[t^2 + \ln t\right]_1^e = e^2$ 이다.

03 ④

두 공간곡선 $r_1(t) = (t,\, t^2,\, t^3)$, $r_2(s) = (1+2s,\, 1+6s,\, 1+14s)$ 에 대해 $t = 1+2s$, $t^2 = 1+6s$, $t^3 = 1+14s$를 만족할 때 교차한다.
(i) $t = 1$, $s = 0$일 때, P(1, 1, 1)
(ii) $t = 2$, $s = \dfrac{1}{2}$일 때, Q(2, 4, 8)
$\therefore \overrightarrow{OP} \cdot \overrightarrow{OQ} = 2 + 4 + 8 = 14$

04 ④

$x = \cos t$, $y = \sin t$, $z = t$일 때,
$x^2 + y^2 = \cos^2 t + \sin^2 t = 1$이므로 주어진 공간곡선은 곡면 $x^2 + y^2 = 1$ 위의 곡선이다.
또한, 곡선의 길이 L은 다음과 같다.
$L = \int_0^{2\pi} \sqrt{\left(\dfrac{dx}{dt}\right)^2 + \left(\dfrac{dy}{dt}\right)^2 + \left(\dfrac{dz}{dt}\right)^2}\, dt$
$= \int_0^{2\pi} \sqrt{(-\sin t)^2 + (\cos t)^2 + 1^2}\, dt$
$= \int_0^{2\pi} \sqrt{2}\, dt = 2\sqrt{2}\pi$

05 ①

$t = 1$ 일 때, 공간곡선
$C : r(t) = \langle \ln t,\, 2t,\, t^2 \rangle$의 접선벡터
$r'(1) = \left\langle \dfrac{1}{t},\, 2,\, 2t\right\rangle\bigg|_{t=1} = \langle 1,\, 2,\, 2\rangle$는 법평면의
법선벡터이다.
따라서 점 (0, 2, 1)을 포함하는 법평면은 $x + 2y + 2z - 6 = 0$ 이고, 법평면과 점 (22, 12, 27)과의 거리는
$D = \dfrac{|22 + 24 + 54 - 6|}{\sqrt{4 + 4 + 1}} = \dfrac{94}{3}$ 이다.

06 ③

접선의 방향벡터는 $r'(t) = (-\sin t,\, \cos t,\, 2t)$와 평행이다.
평면 $x + \sqrt{3}y = 2$와 평행하기 위해서는 평면의 법선 $(1, \sqrt{3}, 0)$에 수직이므로
$(-\sin t,\, \cos t,\, 2t) \cdot (1,\, \sqrt{3},\, 0) = 0$
$\Leftrightarrow -\sin t + \sqrt{3}\cos t = 0 \Leftrightarrow 2\cos\left(t + \dfrac{\pi}{6}\right) = 0$
$\therefore t = \dfrac{\pi}{3}$ 이다.
그러므로 점 P의 좌표는 $r\left(\dfrac{\pi}{3}\right) = \left(\dfrac{1}{2},\, \dfrac{\sqrt{3}}{2},\, \dfrac{\pi^2}{9}\right)$ 이다.

07 ②

벡터 $(f_x,\, f_y,\, -1) = (3,\, 2,\, -1)$은 그래프 위의 점 $(0, 0, 1)$에서 그래프에 수직이므로 접평면의 방정식은 $3x + 2y - (z-1) = 0$이다.
따라서 주어진 점 중에서 이 방정식을 만족하는 점은 ②이다.

08 ④

$f(x, y, z) = 2x^2 + 3y^2 - z$라고 할 때,
$\nabla f(x, y, z) = (4x,\, 6y,\, -1) \Rightarrow$
$\nabla f(1, 1, 5) = (4,\, 6,\, -1)$이고
접평면의 법선벡터는 $\nabla f(1, 1, 5) = (4,\, 6,\, -1)$에 평행하며
점 (1, 1, 5)를 지나므로 접평면의 방정식은
$4x + 6y - z = 5 \Leftrightarrow \dfrac{4}{5}x + \dfrac{6}{5} - \dfrac{1}{5}z = 1$이다.
그러므로 $a + b + c = \dfrac{4}{5} + \dfrac{6}{5} - \dfrac{1}{5} = \dfrac{9}{5}$ 이다.

09 ②

$f(x, y, z) = x^2 - xyz + z^3$이라 할 때,
$\nabla f(x, y, z) = (2x - yz, -xz, -xy + 3z^2)$
$\Rightarrow \nabla f(1, 1, 1) = (1, -1, 2)$이고
점 $(1, 1, 1)$을 지나므로 접평면의 방정식은
$x - y + 2z = 2$이다.
따라서 접평면 $x - y + 2z = 2$와 z축의 교점은 $(0, 0, 1)$이다.

10 ②

$f(x, y, z) = x^2 + 2y^2 + 3z^2 - 6$이라 할 때,
$\nabla f(x, y, z) = (2x, 4y, 6z)$
$\Rightarrow \nabla f(1, 1, 1) = (2, 4, 6) // (1, 2, 3)$과
접평면의 법선이 평행하고
xy평면의 법선이 $(0, 0, 1)$과 평행하므로
$\cos\theta = \dfrac{(1, 2, 3) \cdot (0, 0, 1)}{|(1, 2, 3)||(0, 0, 1)|} = \dfrac{3}{\sqrt{1+4+9}} = \dfrac{3}{\sqrt{14}} = \dfrac{3\sqrt{14}}{14}$ 이다.

11 ③

두 곡면의 교선의 접선은
곡면 $f(x, y, z) = z - x^2 - y^2$, $g(x, y, z) = z - \sqrt{9 - 4x^2 - y^2}$ 의
경도벡터와 수직이다.
$\nabla f(-1, 1, 2) = <-2x, -2y, 1>|_{(-1,1,2)} = <2, -2, 1>$
$\nabla g(-1, 1, 2) = \left\langle \dfrac{-8x}{2\sqrt{9-4x^2-y^2}}, \dfrac{-2y}{2\sqrt{9-4x^2-y^2}}, 1 \right\rangle \bigg|_{(-1,1,2)}$
$= \left\langle -2, \dfrac{1}{2}, 1 \right\rangle // <-4, 1, 2>$이므로
교선의 방향벡터는 다음과 같다.
$\vec{d} = \nabla f \times \nabla g = <-5, -8, -6> // <5, 8, 6>$
따라서 교선에 대한 접선의 매개방정식은 $t \in \mathbb{R}$에 대해
$x = -1 + 5t$, $y = 1 + 8t$, $z = 2 + 6t$이므로
$t = 1$일 때, $(4, 9, 8)$을 지난다.

12 ③

$f : z - x^2 - y^2 = 0$, $g : z - \sqrt{9 - 4x^2 - y^2} = 0$ 이라 하면
곡선 C의 방향벡터 $\vec{d}$는 각 곡면의 경도벡터와 수직이다.
$\nabla f(-1, 1, 2) = (-2x, -2y, 1)|_{(-1,1,2)} = (2, -2, 1)$,
$\nabla g(-1, 1, 2) = \left(\dfrac{8x}{2\sqrt{9-4x^2-y^2}}, \dfrac{2y}{2\sqrt{9-4x^2-y^2}}, 1 \right) \bigg|_{(-1,1,2)}$
$= \left(-2, \dfrac{1}{2}, 1 \right) // (-4, 1, 2)$이므로
$\vec{d} = \nabla f \times \nabla g = (-5, -8, -6) // (5, 8, 6)$ 이고,
점 $Q(-1, 1, 2)$를 지나므로
곡선 C : $\dfrac{x+1}{5} = \dfrac{y-1}{8} = \dfrac{z-2}{6}$ 이다.

13 ③

$z = \dfrac{y^2}{2}$의 곡률을 구하면 된다.
$\dfrac{dz}{dy} = y$, $\dfrac{d^2z}{dy^2} = 1$이므로 곡률은
$k = \dfrac{1}{\sqrt{1 + \left(\dfrac{dz}{dy}\right)^2}^3} = \dfrac{1}{2\sqrt{2}}$이다.

14 ④

주어진 곡선 $\vec{r}(\theta) = \sin\theta \vec{i} + \sin^2\theta \vec{j} + 2\sin^2\theta \vec{k}$에서 $\sin\theta = t$로 치환하면
$r(t) = (t, t^2, 2t^2)(0 \leq t \leq 1)$이고
$r'(t) = (1, 2t, 4t)$, $r''(t) = (0, 2, 4)$이다.
즉, 곡률은 다음과 같다.
$k(t) = \dfrac{|r'(t) \times r''(t)|}{|r'(t)|^3} = \dfrac{|(0, -4, 2)|}{(1+4t^2+16t^2)^{\frac{3}{2}}} = \dfrac{\sqrt{16+4}}{(1+4t^2+16t^2)^{\frac{3}{2}}}$
$= \dfrac{\sqrt{20}}{(1+20t^2)^{\frac{3}{2}}}$
따라서 곡률의 최댓값은 $\sqrt{20} = 2\sqrt{5}$이다.

15 ③

$X = x - \dfrac{y'\{1+(y')^2\}}{y''} = x - \dfrac{3x^2(1+9x^4)}{6x}$,
$Y = y + \dfrac{1+(y')^2}{y''} = x^3 + \dfrac{1+9x^4}{6x}$이므로
$x = 1$를 대입하면 곡률원의 중심의 좌표는 $\left(-4, \dfrac{8}{3}\right)$이다.

16 ①

$y = e^x$에서 $y' = e^x$, $y'' = e^x$이다.
곡률 $\kappa(x) = \dfrac{|y''(x)|}{[1+y'(x)^2]^{3/2}}$이므로
점 $(0, 1)$에서 곡률은
$\kappa(0) = \dfrac{1}{2^{3/2}} = \dfrac{1}{2\sqrt{2}}$ 이다.
즉, 곡률원의 반지름은 $\dfrac{1}{\kappa(0)} = 2\sqrt{2}$ 이다.

17 ②

접촉원은 그 점에서의 곡률의 역수를 반지름으로 하고 곡선의 안쪽에 위치한 원을 말한다.
$(0, 2)$에서 $y = \dfrac{x^2}{4} + 2$의 곡률은 $\dfrac{1}{2}$이므로 접촉원은 반지름 2이고
점 $(0, 2)$를 지나며 중심이 y축의 양의 방향에 있는 원이다.
즉, $x^2 + (y-4)^2 = 4 \Rightarrow x^2 + y^2 - 8y + 16 = 4$ 이므로
$a = 0$, $b = -8$, $c = 12$ 이다.
$\therefore a + b + c = 4$

18 ③

$\begin{cases} x(t) = -1+2t \\ y(t) = 2t-2t^2 \end{cases}$ 에서 $t = \frac{1}{2}(x+1)$을 $y(t)$에 대입하면

$y = \frac{1}{2} - \frac{1}{2}x^2$ 이므로 주어진 곡선은 포물선이다.

$r\left(\frac{1}{2}\right) \Rightarrow \left(x(0), y\left(\frac{1}{2}\right)\right) = \left(0, \frac{1}{2}\right)$ 이고,

$x = 0$에서의 곡률은

$\kappa = \dfrac{|y''|}{|1+(y')^2|^{\frac{3}{2}}} = \left.\dfrac{1}{(1+x^2)^{\frac{3}{2}}}\right|_{x=0} = 1$ 이므로

접촉원의 반지름은 $r = \dfrac{1}{\kappa} = 1$이다.

이때, 접촉원의 중심은

$x = 0$, $Y = y + \left.\dfrac{1+(y')^2}{y''}\right|_{x=0} = -\dfrac{1}{2}$ 이므로

원의 방정식은 $x^2 + \left(y+\dfrac{1}{2}\right)^2 = 1$이다.

$\therefore a+b+c = 0 - \dfrac{1}{2} + 1 = \dfrac{1}{2}$

19 ④

공간직선 $l : z = x+1$, $y = 1$을 z축 중심으로 회전시킨 곡면을 S라 할 때, 공간직선 l 위의 임의의 점 $(x, y, z) = (x, 1, z)$를 회전하면 회전반경은 다음과 같다.

$r = \sqrt{x^2+1}$

$\Rightarrow r^2 = x^2 + 1 = (z-1)^2 + 1$ $(\because z = x+1)$ 이므로

곡면 S의 음함수 표현은

$S : x^2 + y^2 = r^2 \Rightarrow S : x^2 + y^2 = (z-1)^2 + 1$이다.

그러므로 $F(x, y, z) = x^2 + y^2 - (z-1)^2 - 1$이라 하면

$\nabla F(2, 1, 3) = [\langle 2x, 2y, -2(z-1) \rangle]_{(2,1,3)}$
$\qquad\qquad\quad = 2\langle 2, 1, -2 \rangle$ 이다.

곡면 S 위의 점 $(2, 1, 3)$에서 접평면의 방정식은 다음과 같다.

$\Rightarrow \nabla F(2, 1, 3) \cdot \langle x-2, y-1, z-3 \rangle = 0$
$\Rightarrow 2(x-1) + (y-1) - 2(z-3) = 0$
$\therefore 2x + y - 2z + 1 = 0$

20 ④

곡면을 매개화 하면

$r(\phi, \theta) = \langle (2+\cos\phi)\cos\theta, (2+\cos\phi)\sin\theta, \sin\phi \rangle, (0 < \phi, \theta < 2\pi)$ 이다.

$(x, y, z) = \left(\dfrac{5\sqrt{3}}{4}, \dfrac{5}{4}, \dfrac{\sqrt{3}}{2}\right)$ 일 때, $\phi = \dfrac{\pi}{3}$, $\theta = \dfrac{\pi}{6}$ 이다.

$r_\phi = \langle -\sin\phi\cos\theta, -\sin\phi\sin\theta, \cos\phi \rangle \Big|_{(\phi,\theta) = \left(\frac{\pi}{3}, \frac{\pi}{6}\right)}$

$\quad = \left\langle -\dfrac{3}{4}, -\dfrac{\sqrt{3}}{4}, \dfrac{1}{2} \right\rangle$

$r_\theta = \langle (2+\cos\phi)(-\sin\theta), (2+\cos\phi)\cos\theta, 0 \rangle \Big|_{(\phi,\theta) = \left(\frac{\pi}{3}, \frac{\pi}{6}\right)}$

$\quad = \left\langle -\dfrac{5}{4}, \dfrac{5\sqrt{3}}{4}, 0 \right\rangle$ 이므로 법선벡터는 다음과 같다.

$r_\phi \times r_\theta = \left\langle -\dfrac{5\sqrt{3}}{8}, -\dfrac{5}{8}, -\dfrac{5\sqrt{3}}{4} \right\rangle // \left\langle -\dfrac{\sqrt{3}}{4}, -\dfrac{1}{4}, -\dfrac{\sqrt{3}}{2} \right\rangle$

따라서 $|2a+b-c| = \dfrac{1}{4}$ 이다.

04. 다변수함수의 극대, 극소

🔍 문제 p.115

01 ②	02 ③	03 ①	04 ③	05 ③	06 ③	07 ④	08 ④	09 ③	10 ③
11 ③	12 ①	13 ③	14 ①	15 ②	16 ③	17 ④	18 ④	19 ④	20 ①
21 ①	22 ②	23 ③							

01 ②

$\begin{cases} f_x = 6xy - 12x \\ f_y = 3y^2 + 3x^2 - 12y \end{cases}$, $\begin{cases} f_{xx} = 6y - 12 \\ f_{yy} = 6y - 12 \\ f_{xy} = 6x \end{cases}$ 이고,

임계점은 $f_x = 0$, $f_y = 0$에서
$(0, 0)$, $(0, 4)$, $(2, 2)$, $(-2, 2)$이다.
헤세 판정법 $\triangle = f_{xx}f_{yy} - (f_{xy})^2$에 대입하면
$(0, 0)$에서 $f_{xx} < 0$, $\triangle(0, 0) > 0$이므로 극대,
$(0, 4)$에서 $f_{xx} > 0$, $\triangle(0, 4) > 0$이므로 극소,
$(2, 2)$에서 $\triangle(2, 2) < 0$이므로 안장점,
$(-2, 2)$에서 $\triangle(-2, 2) < 0$이므로 안장점이다.

02 ③

$f_x(x, y) = 12x^2 + 4xy$, $f_y(x, y) = 2x^2 + 2y + 4$이므로
$(0, -2)$, $(1, -3)$, $(2, -6)$에서 임계점을 갖는다.
또한,
$f_{xx}(x, y) = 24x + 4y$, $f_{yy}(x, y) = 2$, $f_{xy}(x, y) = 4x$이고
(i) $\triangle(0, -2) = -8 \times 2 - (0)^2 < 0$이므로
    $(0, -2)$에서 안장점을 갖는다.
(ii) $\triangle(1, -3) = 12 \times 2 - 4^2 > 0$이므로
    $(1, -3)$에서 극솟값을 갖는다.
(iii) $\triangle(2, -6) = 24 \times 2 - 8^2 < 0$이므로
    $(2, -6)$에서 안장점을 갖는다.
즉, 안장점은 $(0, -2)$, $(2, -6)$이다.

03 ①

$f_x(x, y) = 24x^2 - 12y = 12(2x^2 - y)$,
$f_y(x, y) = -12x + 3y^2 = 3(-4x + y^2)$이므로
임계점은 $(0, 0)$, $(1, 2)$이다.
또한, $f_{xx}(x, y) = 48x$, $f_{yy}(x, y) = 6y$, $f_{xy}(x, y) = -12$이므로
(i) $\triangle(0, 0) = f_{xx}(0, 0)f_{yy}(0, 0) - \{f_{xy}(0, 0)\}^2 = -(-12)^2 < 0$이므로
    안장점이며, 함숫값은 $f(0, 0) = 0$이다.
(ii) $\triangle(1, 2) = f_{xx}(1, 2)f_{yy}(1, 2) - \{f_{xy}(1, 2)\}^2$
    $= 48 \times 12 - (-12)^2 > 0$이므로
    극솟값 $f(1, 2) = 8 - 24 + 8 = -8$을 갖는다.
(i), (ii)에 의하여 $a = 0$, $b = -8$, $c = 0$이다.
$\therefore a + 2b + 3c = -16$

04 ③

$f(x, y) = x^2 + 2y^2$, $g(x, y) = x^2 + y^2 - r^2$이라 하면
라그랑주 승수법에 의하여 $\nabla f // \nabla g$를 만족할 때,
$f(x, y)$가 최댓값 또는 최솟값을 갖는다.
$(2x, 4y) // (2x, 2y) \Rightarrow (x, 2y) = \lambda(x, y)$이므로
(i) $\lambda = 1$일 때, $y = 0$이고 $x = \pm r$이므로 $f(\pm r, 0) = r^2$이다.
(ii) $\lambda = 2$일 때, $x = 0$이고 $y = \pm r$이므로 $f(0, \pm r) = 2r^2$이다.
(i)과 (ii)에 의하여 $f(x, y) = x^2 + 2y^2$의 최댓값 $M = 2r^2$,
최솟값 $m = r^2$이다.
따라서 $M + m = 2r^2 + r^2 = 3r^2 = 12$이므로 $r = 2$이다.

05 ③

a, b, c의 평균이 $\dfrac{13}{12}$이므로
$\dfrac{a+b+c}{3} = \dfrac{13}{12} \leftrightarrow a+b+c = \dfrac{13}{4}$이다.
$f = 8a^4 + 27b^4 + 64c^4$, $g = a + b + c - \dfrac{13}{4}$이라 하면
$\nabla f = (4 \cdot 8a^3, 4 \cdot 27b^3, 4 \cdot 64c^3)$, $\nabla g = (1, 1, 1)$이고,
라그랑주 승수법에 의하여 $\nabla f = \lambda \nabla g$에 대입하면
$(4 \cdot 8a^3, 4 \cdot 27b^3, 4 \cdot 64c^3) = \lambda(1, 1, 1)$에서
$(8a^3, 27b^3, 64c^3) = t(1, 1, 1)$이므로
$a = \dfrac{t^{\frac{1}{3}}}{2}$, $b = \dfrac{t^{\frac{1}{3}}}{3}$, $c = \dfrac{t^{\frac{1}{3}}}{4}$이다.
이를 $a + b + c = \dfrac{13}{4}$에 대입하면 $t^{\frac{1}{3}} = 3$이다.
$\therefore t = 27$
그러므로 $a = \dfrac{3}{2}$, $b = 1$, $c = \dfrac{3}{4}$이고,
$8a^4 + 27b^4 + 64c^4 = \dfrac{351}{4}$이다.

06 ③

원점에서의 거리의 제곱을
$d^2 = f(x, y, z) = x^2 + y^2 + z^2$이라 하고
제약조건을 $g(x, y, z) = x + y + z - 1 = 0$,
$h(x, y, z) = 2x^2 + 2y^2 - z^2 = 0$이라 하면
라그랑주 승수법에 의해 다음과 같다.
$\nabla f = a \nabla g + b \nabla h$
$\Rightarrow (2x, 2y, 2z) = a(1, 1, 1) + b(4x, 4y, -2z)$

$\Rightarrow \begin{cases} 2x = a + 4bx \\ 2y = a + 4by \\ 2z = a - 2bz \end{cases}$ 에서 $x = y = \frac{1}{2}z$이므로

$x + y + z = 1$에 대입하면

$x = \frac{1}{4}, y = \frac{1}{4}, z = \frac{1}{2}$이다.

따라서 $d^2 = \frac{1}{16} + \frac{1}{16} + \frac{1}{2} = \frac{3}{8}$이다.

07 ④

두 제약조건

$g(x, y, z) = x + 2y + 2z = 5$, $h(x, y, z) = x^2 + y^2 - z = 0$에서

$f(x, y, z) = x^2 + y^2 + z^2$의 최솟값을 구하면 된다.

$\nabla f = \lambda \nabla g + \mu \nabla h$에서 다음을 얻는다.

$\begin{cases} 2x = \lambda + 2x\mu & \cdots ㉠ \\ 2y = 2\lambda + 2y\mu & \cdots ㉡ \\ 2z = 2\lambda - \mu & \cdots ㉢ \\ x + 2y + 2z = 5 & \cdots ㉣ \\ x^2 + y^2 - z = 0 & \cdots ㉤ \end{cases}$

㉠에서 $\lambda = 2x(1 - \mu)$

㉡에서 $\lambda = y(1 - \mu)$이므로 $2x(1 - \mu) = y(1 - \mu)$에서 $y = 2x$이다.

㉣, ㉤에 대입하면 $\begin{cases} 5x + 2z = 5 \\ 5x^2 - z = 0 \end{cases}$에서 z를 소거하면

$2x^2 + x - 1 = 0 \Rightarrow x = -1, \frac{1}{2}$이다.

두 점 $(-1, -2, 5)$, $\left(\frac{1}{2}, 1, \frac{5}{4}\right)$ 중 원점에 더 가까운 점은

$\left(\frac{1}{2}, 1, \frac{5}{4}\right)$이다.

$\therefore a + b + c = \frac{11}{4}$

08 ④

직육면체 상자의 가로를 x, 세로를 y, 높이를 z라 하고

$f(x, y, z) = xyz$, $g(x, y, z) = xy + 2xz + 2yz - 18$

이라 하면 라그랑주 승수법을 이용하여 다음과 같다.

$\begin{cases} \nabla f = \lambda \nabla g \\ g(x, y, z) = 0 \end{cases}$에 대하여

$\nabla f = \lambda \nabla g$

$\Leftrightarrow (yz, xz, xy) = \lambda(y + 2z, x + 2z, 2x + 2y)$

$\Leftrightarrow x = y, z = \frac{x}{2}$이므로

$g\left(x, x, \frac{x}{2}\right) = 0 \Rightarrow x = y = \sqrt{6}, z = \frac{\sqrt{6}}{2}$ 이다.

따라서 상자 부피의 최댓값은 $3\sqrt{6}$ 이다.

09 ③

코시-슈바르츠 부등식에 의하면 모든 실수에 대하여

$(ax + by + cz)^2 \le (a^2 + b^2 + c^2)(x^2 + y^2 + z^2)$이 성립한다.

$(ax + by + cz)^2 \le (a^2 + b^2 + c^2)(x^2 + y^2 + z^2)$

$x = \sqrt{2}x, y = \sqrt{2}y, z = z$를 대입하면

$\Rightarrow (\sqrt{2}ax + \sqrt{2}by + cz)^2 \le (a^2 + b^2 + c^2)(2x^2 + 2y^2 + z^2)$

$a = \frac{1}{\sqrt{2}}, b = 2\sqrt{2}, c = -2$를 대입하면

$\Rightarrow (x + 4y - 2z)^2 \le \left(\frac{1}{2} + 8 + 4\right)(2x^2 + 2y^2 + z^2)$

$\Leftrightarrow 25^2 \le \frac{25}{2}(2x^2 + 2y^2 + z^2)$

$\Leftrightarrow 50 \le 2x^2 + 2y^2 + z^2$이므로

$2x^2 + 2y^2 + z^2$의 최솟값은 50이다.

10 ③

모든 양의 실수에서 $xyz = 1$을 만족하는

x, y, z에 대하여 산술기하평균에 의하여

$x + 2y + 4z \ge 3(x \times 2y \times 4z)^{\frac{1}{3}}$

$\Leftrightarrow x + 2y + 4z \ge 3(8xyz)^{\frac{1}{3}}$

$\Leftrightarrow x + 2y + 4z \ge 3 \times 8^{\frac{1}{3}}$

$\Leftrightarrow x + 2y + 4z \ge 6$이 성립한다.

따라서 $x + 2y + 4z$의 최솟값은 6이다.

11 ③

(i) 영역 D에서 $f_x = 2 - y$, $f_y = 3 - x$이므로 $(x, y) = (3, 2)$에서 임계점을 가지고, 영역 내부의 임계점은 없다.

(ii) $y = 0$, $0 \le x \le 6$에서 $f(x) = 2x$이고 $f(0) = 0$, $f(6) = 12$이다.

(iii) $x = 0$, $0 \le y \le 3$에서 $f(y) = 3y$이고 $f(0) = 0$, $f(3) = 9$이다.

(iv) $y = -\frac{1}{2}x + 3$, $0 \le x \le 6$에서

$f(x) = 2x + 3\left(-\frac{1}{2}x + 3\right) - x\left(-\frac{1}{2}x + 3\right) = \frac{1}{2}x^2 - \frac{5}{2}x + 9$이고

$f'(x) = x - \frac{5}{2}$이므로 $x = \frac{5}{2}$에서 임계점을 갖는다.

$\therefore f\left(\frac{5}{2}\right) = \frac{1}{2} \times \frac{25}{4} - \frac{5}{2} \times \frac{5}{2} + 9 = -\frac{25}{8} + 9 = \frac{47}{8}$, $f(0) = 9$, $f(6) = 12$이다.

(i)~(iv)에 의하여 최솟값은 0, 최댓값은 12이므로

$\alpha + \beta = 12$이다.

12 ①

(i) $x^2 + 4y^2 < 1$일 때,

$f_x(x, y) = -ye^{-xy}$, $f_y(x, y) = -xe^{-xy}$이므로

$(x, y) = (0, 0)$에서 임계점을 가지고 $f(0, 0) = 1$이다.

(ii) $x^2 + 4y^2 = 1$일 때,

$h(x, y) = x^2 + 4y^2 - 1$이라 하면 라그랑주 승수법을 이용하여 다음과 같다.

$\nabla f // \nabla h \Leftrightarrow (-ye^{-xy}, -xe^{-xy}) // (2x, 8y)$

$\Rightarrow (y, x) = \lambda(x, 4y)$

$\Leftrightarrow x^2 = 4y^2$일 때, 최댓값 또는 최솟값을 갖는다.

$x^2 + 4y^2 = 1 \Rightarrow x^2 + x^2 = 1$

$\Leftrightarrow x^2 = \frac{1}{2}, y^2 = \frac{1}{8}$이므로

최솟값은 $f\left(\pm \frac{1}{\sqrt{2}}, \pm \frac{1}{\sqrt{8}}\right) = e^{-\frac{1}{4}}$이고

최댓값은 $f\left(\pm \frac{1}{\sqrt{2}}, \mp \frac{1}{\sqrt{8}}\right) = e^{\frac{1}{4}}$이다.

(i)과 (ii)에 의하여 최솟값은 $e^{-\frac{1}{4}}$, 최댓값은 $e^{\frac{1}{4}}$이므로 최댓값과 최솟값의 곱은 1이다.

다른 풀이

산술기하평균에 의해

$\frac{x^2+4y^2}{2} \geq \sqrt{x^2 \cdot 4y^2} = 2|xy|$

$\Rightarrow |xy| \leq \frac{1}{4} (\because x^2+4y^2=1)$

$\Rightarrow -\frac{1}{4} \leq xy \leq \frac{1}{4}$ 이므로

$f(x, y) = e^{-xy}$의 최댓값은 $e^{\frac{1}{4}}$, 최솟값은 $e^{-\frac{1}{4}}$이다. 따라서 최댓값과 최솟값의 곱은 1이다.

13 ③

(i) 영역 안에서

$f_x(x, y) = 2x - 2y$, $f_y(x, y) = -2x + 3$이므로

$(x, y) = \left(\frac{3}{2}, \frac{3}{2}\right)$에서 임계점을 갖는다.

$f_{xx} = 2$, $f_{xy} = -2$, $x_{yy} = 0$이므로

$D\left(\frac{3}{2}, \frac{3}{2}\right) = -4 < 0$이다.

따라서 $f\left(\frac{3}{2}, \frac{3}{2}\right) = \frac{9}{4}$는 극값이 아니다.

(ii) 테두리에서

- $x = 0$, $-1 \leq y \leq 2$일 때,
  $f(y) = 3y$이고 $f'(y) = 3 \geq 0$이므로
  $f(-1) = -3$, $f(2) = 6$이다.

- $y = -1$, $0 \leq x \leq 3$일 때,
  $f(x) = x^2 + 2x - 3$이고 $f'(x) = 2x + 2 \geq 0$이므로
  $f(0) = -3$, $f(3) = 9$이다.

- $x = 3$, $-1 \leq y \leq 2$일 때,
  $f(y) = 9 - 6y + 3y = 9 - 3y$이고
  $f'(y) = -3 \leq 0$이므로 $f(-1) = 12$, $f(2) = 3$이다.

- $y = 2$, $0 \leq x \leq 3$일 때,
  $f(x) = x^2 - 4x + 6$이고 $f'(x) = 2x - 4$이므로
  $f(2) = 2$, $f(0) = 6$, $f(3) = 3$이다.

(i)과 (ii)에 의하여 최댓값은 12이고 최솟값은 -3이므로 최댓값과 최솟값의 합은 9이다.

14 ①

(i) 영역 안에서

$f_x(x, y) = 2x - 2$, $f_y(x, y) = -2y$이므로

$(1, 0)$에서 임계점을 가지며 $f(1, 0) = 1 - 0 - 2 = -1$이다.

(ii) 테두리에서

- $x = 0$, $-2 \leq y \leq 2$일 때, $f(y) = -y^2$이므로
  $f(0) = 0$, $f(-2) = f(2) = -4$이다.

- $x^2 + y^2 = 4$, $0 \leq x \leq 2$일 때,
  라그랑주 승수법을 이용하면
  $(2x, 2y) // (2x - 2, -2y) \Rightarrow \lambda(x, y) = (x - 1, -y)$
  $\Leftrightarrow \lambda x = x - 1$, $\lambda y = -y$에서 $-\lambda = -1$일 때,

$x = \frac{1}{2}$, $y^2 = \frac{15}{4}$이므로

$f\left(\frac{1}{2}, \pm\frac{\sqrt{15}}{2}\right) = \frac{1}{4} - \frac{15}{4} - 1 = -\frac{9}{2}$이다.

$-\lambda = a$(단, $a \neq -1$)일 때,

$y = 0$, $x = 2$이므로 $f(2, 0) = 4 - 0 - 4 = 0$이다.

(i)과 (ii)에 의하여 최댓값은 0, 최솟값은 $-\frac{9}{2}$이다. 즉, 최댓값과 최솟값의 합은 $-\frac{9}{2}$이다.

15 ②

ㄱ. (참)

$f_x(x, y) = 2x - 2xy = 2x(1 - y)$, $f_y(x, y) = 2y - x^2$

이므로 영역 안의 임계점은 $(0, 0)$이다. 또한,

$f_{xx}(x, y) = 2 - 2y$, $f_{yy}(x, y) = 2$, $f_{xy}(x, y) = -2x$이고

$\triangle(0, 0) = 2 \times 2 - 0^2 > 0$, $f_{xx}(0, 0) > 0$이므로

$(x, y) = (0, 0)$에서 극솟값 4를 갖는다.

ㄴ. (거짓)

$\nabla f\left(\frac{1}{2}, \frac{1}{2}\right) = (2x - 2xy, 2y - x^2) \Big|_{\left(\frac{1}{2}, \frac{1}{2}\right)}$

$= \left(1 - \frac{1}{2}, 1 - \frac{1}{4}\right) = \left(\frac{1}{2}, \frac{3}{4}\right) \neq 0$

ㄷ. (참)

(i) $x = 1$, $-1 \leq y \leq 1$일 때,
  $f(y) = y^2 - y + 5$이고 $f'(y) = 2y - 1$이므로
  극솟값 $f\left(\frac{1}{2}\right) = \frac{1}{4} - \frac{1}{2} + 5 = \frac{19}{4}$를 갖으며
  $f(-1) = 7$, $f(1) = 5$이다.

(ii) $y = 1$, $-1 \leq x \leq 1$일 때,
  $f(x) = 5$이므로 $f(x) = 5$이다.

(iii) $x = -1$, $-1 \leq y \leq 1$일 때,
  $f(y) = y^2 - y + 5$이고 $f'(y) = 2y - 1$이므로
  극솟값 $f\left(\frac{1}{2}\right) = \frac{1}{4} - \frac{1}{2} + 5 = \frac{19}{4}$를 갖으며
  $f(-1) = 7$, $f(1) = 5$이다.

(iv) $y = -1$, $-1 \leq x \leq 1$일 때,
  $f(x) = 2x^2 + 5$이고 $f'(x) = 4x$이므로
  극솟값 $f(0) = 5$를 갖으며 $f(1) = 7$, $f(-1) = 7$이다.
  따라서 최댓값은 7이다.

ㄹ. (거짓)

ㄱ과 ㄷ에 의해 최솟값은 4이다.

즉, 옳은 것의 개수는 2개다.

16 ③

(i) $x^2+y^2+z^2<10$일 때,
$f_x(x,y,z)=0$, $f_y(x,y,z)=1$, $f_z(x,y,z)=2$이므로 임계점이 존재하지 않는다.

(ii) $x^2+y^2+z^2=10$일 때, 코시-슈바르츠 부등식을 이용하여 최댓값과 최솟값을 구하면
$(ax+by+cz)^2 \leq (a^2+b^2+c^2)(x^2+y^2+z^2)$이다.
여기에 $a=0$, $b=1$, $c=2$를 대입하면 다음과 같다.
$(y+2z)^2 \leq (0^2+1^2+4^2)(x^2+y^2+z^2)$
$\Leftrightarrow (y+2z)^2 \leq 5 \times 10$
$\Leftrightarrow -\sqrt{50} \leq y+2z \leq \sqrt{50}$
$\Leftrightarrow -5\sqrt{2} \leq y+2z \leq 5\sqrt{2}$ 이므로
최댓값은 $5\sqrt{2}$, 최솟값은 $-5\sqrt{2}$이다.

17 ④

$f(x,y,z)=x+3y^2+z^4-5$ 라 하면
$\nabla f_{(1,1,1)} = <1, 6y, 4z^3>|_{(1,1,1)} = <1, 6, 4>$
이므로 접평면의 방정식은
$(x-1)+6(y-1)+4(z-1)=0 \Rightarrow x+6y+4z=11$이다.
$-2+6a+4b=11 \Rightarrow 6a+4b=13$에서
$g(a,b)=6a+4b-13$ 이라 하면
제약조건 $g(a,b)$ 하에서
$f(a,b)=a^2+b^2$ 의 최솟값을 구하면 된다.
$\nabla f=\lambda\nabla g$ 에서 $<2a, 2b> = \lambda<6, 4>$이므로 $\lambda = \dfrac{a}{3}=\dfrac{b}{2}$이다.
$2a=3b$ 이므로 $6a+4b=13$에 대입하면
$b=1$, $a=\dfrac{3}{2}$이다.
$\therefore a^2+b^2 = \dfrac{9}{4}+1 = \dfrac{13}{4}$

다른 풀이

코시-슈바르츠 정리에 의하여
$(ax+by)^2 \leq (a^2+b^2)(x^2+y^2)$에서
$x=6$, $y=4$를 대입하면
$\Rightarrow (6a+4b)^2 \leq (a^2+b^2)(6^2+4^2)$
$\Leftrightarrow (6a+4b)^2 \leq 52(a^2+b^2)$
$\Leftrightarrow \dfrac{13^2}{52} \leq a^2+b^2$
$\Leftrightarrow \dfrac{13}{4} \leq a^2+b^2$이므로
a^2+b^2 의 최솟값은 $\dfrac{13}{4}$ 이다.

18 ④

구 $S: x^2+y^2+z^2=2$ 위의 점 $P(x,y,z)$와 점 $(2,3,-4)$를 지나는 직선의 방향벡터는
$\vec{d} = <x-2, y-3, z+4>$이고, 이 직선이 구 S에 접하므로
$\overrightarrow{OP}\cdot\vec{d}=0$
$\Leftrightarrow <x,y,z>\cdot<x-2, y-3, z+4> = 0$

$\Leftrightarrow x(x-2)+y(y-3)+z(z+4)=0$
$\Rightarrow 2x+3y-4z=2$ ($\because x^2+y^2+z^2=2$)가 성립한다.
구 $S: x^2+y^2+z^2=2$와 $2x+3y-4z=2$를 만족하는 (x,y,z)에 대해서 함수 $f(x,y,z)=y$라 하면
$g(x,y,z)=x^2+y^2+z^2$, $h(x,y,z)=2x+3y-4z$ 라 하고
라그랑주 승수법을 사용하면 연립방정식은 다음과 같다.
$\begin{cases} \nabla f(x,y,z)=\lambda\nabla g(x,y,z)+\mu\nabla h(x,y,z) \\ g(x,y,z)=0 \\ h(x,y,z)=1 \end{cases}$

$\Leftrightarrow \begin{cases} 0=2\lambda x+2\mu & \cdots ㄱ \\ 1=2\lambda y+3\mu & \cdots ㄴ \\ 0=2\lambda z-4\mu & \cdots ㄷ \\ x^2+y^2+z^2=2 & \cdots ㄹ \\ 2x+3y-4z=2 & \cdots ㅁ \end{cases}$

식 ㄱ과 ㄷ을 풀면
$\begin{cases} 2\lambda x+2\mu=0 \\ \lambda z-2\mu=0 \end{cases} \Rightarrow \lambda(z+2x)=0 \Rightarrow \lambda=0, z=-2x$

(i) $\lambda=0$일 때,
ㄱ, ㄴ에 대입하면 $\mu=0$, $\mu=\dfrac{1}{3}$이므로 모순이다.
($\because \mu=0$이면서 $\mu=\dfrac{1}{3}$ 일 수 없으므로)

(ii) $z=-2x$일 때,
$z=-2x$를 식 ㅁ에 대입하면
$2x+3y-4(-2x)=2 \Rightarrow y=\dfrac{2}{3}(1-5x) \cdots$ ㅂ이다.
또한, $z=-2x$와 $y=\dfrac{2}{3}(1-5x)$을 식 ㄹ에 대입하면 다음과 같다.
$\Rightarrow x^2+\left\{\dfrac{2}{3}(1-5x)\right\}^2+(-2x)^2=2$
$\Rightarrow x^2+\dfrac{4}{9}(1-5x)^2+4x^2=2$
$\Rightarrow 145x^2-40x-14=0$
$\Rightarrow x=\dfrac{20\pm\sqrt{10\times 223}}{145}$
그러므로 이것을 식 ㅂ에 대입하면
$y=\dfrac{2}{3}\left(1-5\times\dfrac{20\pm\sqrt{10\times 223}}{145}\right)=\dfrac{2}{3}\times\dfrac{9\mp\sqrt{10\times 223}}{29}$ 이다.
따라서 P의 y좌표의 최댓값과 최솟값의 합은
$\dfrac{2}{3}\times\dfrac{9+\sqrt{10\times 223}}{29}+\dfrac{2}{3}\times\dfrac{9-\sqrt{10\times 223}}{29}=\dfrac{12}{29}$ 이다.

19 ④

$f_x(x,y)=2x+2$, $f_y(x,y)=2y+4$이므로
영역 $|x|+|y| \leq 1$ 안에 임계점은 존재하지 않는다.
(i) $x+y=1(0 \leq x \leq 1)$일 때,
$f(x)=x^2+(1-x)^2+2x+4(1-x)$
$=x^2+x^2-2x+1+2x+4-4x$
$=2x^2-4x+5$이고 $f'(x)=4x-4$이므로
최댓값은 $f(0)=5$, 최솟값은 $f(1)=3$이다.

(ii) $-x+y=1(-1 \leq x \leq 0)$일 때,
$f(x)=x^2+(1+x)^2+2x+4(1+x)$
$=x^2+x^2+2x+1+2x+4+4x$
$=2x^2+8x+5$이고 $f'(x)=4x+8$이므로

최댓값은 $f(0)=5$, 최솟값은 $f(-1)=-1$이다.

(iii) $-x-y=1(-1 \leq x \leq 0)$일 때,
$$f(x)=x^2+(-x-1)^2+2x+4(-x-1)$$
$$=x^2+x^2+2x+1+2x-4x-4$$
$$=2x^2-3이고$$
$f'(x)=4x$이므로
최댓값은 $f(-1)=-1$, 최솟값은 $f(0)=-3$이다.

(iv) $x-y=1(0 \leq x \leq 1)$일 때,
$$f(x)=x^2+(x-1)^2+2x+4(x-1)$$
$$=x^2+x^2-2x+1+2x+4x-4$$
$$=2x^2+4x-3이고 \ f'(x)=4x+4이므로$$
최댓값은 $f(1)=3$, 최솟값은 $f(0)=-3$이다.

(i)~(iv)에 의하여 최댓값은 5, 최솟값은 -3이다. 즉, 최댓값과 최솟값의 합은 $5+(-3)=2$이다.

20 ①

세 벡터 $(0, 1, 1)$, $(-1, 1, 2)$, $(x, y, 1)$로 이루어진 평행육면체의 부피는
$$\begin{vmatrix} 0 & 1 & 1 \\ -1 & 1 & 2 \\ x & y & 1 \end{vmatrix} = \begin{vmatrix} 0 & 0 & 1 \\ -1 & -1 & 2 \\ x & y-1 & 1 \end{vmatrix} = x-y+1$$이다.

또한, 벡터 $(x, y, 1)$의 길이는
$\sqrt{x^2+y^2+1} = \sqrt{2} \Leftrightarrow x^2+y^2=1$이므로
코시-슈바르츠 부등식에 의하여
$(x-y)^2 \leq (1+1)(x^2+y^2) \Leftrightarrow (x-y)^2 \leq 2$가 성립한다.
따라서 평행육면체의 부피 $x-y+1$의 최댓값은 $\sqrt{2}+1$이다.

21 ①

주어진 문제는 $\dfrac{a^2}{4}+b^2+c^2=1$을 만족하는 양수 a, b, c 중 $8abc$의 최댓값을 찾는 문제이다. 산술기하평균에 의해
$$\dfrac{a^2}{4}+b^2+c^2 \geq 3\sqrt[3]{\dfrac{a^2}{4}b^2c^2}$$
$$\Leftrightarrow \sqrt[3]{\dfrac{a^2}{4}b^2c^2} \leq \dfrac{1}{3}$$
$$\Leftrightarrow \dfrac{a^2}{4}b^2c^2 \leq \dfrac{1}{27}$$
$$\Leftrightarrow a^2b^2c^2 \leq \dfrac{4}{27} \Leftrightarrow abc \leq \dfrac{2}{3\sqrt{3}}$$
$$\therefore 8abc \leq \dfrac{16}{3\sqrt{3}}$$

따라서 직육면체 부피의 최댓값은 $\dfrac{16}{3\sqrt{3}}$이다.

22 ②

점 $(1, e)$에서 이변수함수
$f(x, y)=x^3(\ln y)^2=2x^3\ln y$의 선형근사함수를
$L(x, y)$라고 할 때,
$f_x(x, y)=6x^2\ln y \Rightarrow f_x(1, e)=6$이고
$f_y(x, y)=\dfrac{2x^3}{y} \Rightarrow f_y(1, e)=\dfrac{2}{e}$이다.

$$\therefore L(x, y)=f(1, e)+f_x(1, e)(x-1)+f_y(1, e)(y-e)$$
$$=2+6(x-1)+\dfrac{2}{e}(y-e)$$
$$\therefore L(0.9, 3)=2-6 \cdot 0.1+\dfrac{2}{e}(3-e)=\dfrac{6}{e}-\dfrac{3}{5}$$

23 ③

① (참)
$f(x, y)=x+y$이므로
$\nabla f=<f_x, f_y>=<1, 1>$, $g(x, y)=xy$이므로
$\nabla g=<g_x, g_y>=<y, x>$이다.

② (참)
$\lambda<1, 1>=<y, x>$에서
$x=\lambda, y=\lambda$가 성립하므로 $x=y$이다.
$xy=16$에 대입하면 $(x, y)=(\pm 4, \pm 4)$이다.
즉 $\lambda=4$일 때, $(x, y)=(4, 4)$이고
$\lambda=-4$일 때, $(x, y)=(-4, -4)$이다.

③ (거짓)
$x=1,000$, $y=\dfrac{16}{1,000}$이면 $x+y=1,000+\dfrac{16}{1,000} \geq 8$이다.
따라서 8은 최댓값이 아니다.

④ (참)
$x+y=k \Rightarrow y=-x+k$라 하면
$f(x, y)=k$는 기울기 -1인 직선의 y절편이다.
이때, $x \to -\infty$이고 $y \to 0$이면 $f(x, y) \to -\infty$이다.
따라서 옳지 않은 것은 ③이다.

05. 이중적분

01 ③	02 ④	03 ②	04 ④	05 ①	06 ①	07 ②	08 ④	09 ②	10 ③
11 ②	12 ③	13 ①	14 ②	15 ①	16 ①	17 ②	18 ①	19 ②	20 ④
21 ④	22 ③	23 ④							

01 ③

$$\int_0^4 \int_{\sqrt{x}}^2 \sqrt{y^3+1}\,dydx = \int_0^2 \int_0^{y^2} \sqrt{y^3+1}\,dxdy$$
$$= \int_0^2 y^2\sqrt{y^3+1}\,dy$$
$$= \left[\frac{1}{3}\cdot\frac{2}{3}(y^3+1)\sqrt{y^3+1}\right]_0^2$$
$$= \frac{52}{9}$$

∴ $a+b=61$

02 ④

영역 D의 적분 영역을 부등식으로 나타내면
$0 \leq x \leq \sqrt{\pi}$, $0 \leq y \leq x^2$이므로
이중적분의 값은 다음과 같다.

$$\iint_D x\sin y\,dxdy = \int_0^{\sqrt{\pi}}\int_0^{x^2} x\sin y\,dydx = \int_0^{\sqrt{\pi}} -x[\cos y]_0^{x^2}dx$$
$$= -\int_0^{\sqrt{\pi}} x(\cos x^2-1)dx$$
$$= \int_0^{\sqrt{\pi}} x-x\cos(x^2)dx = \left[\frac{1}{2}x^2-\frac{1}{2}\sin(x^2)\right]_0^{\sqrt{\pi}}$$
$$= \frac{\pi}{2}$$

03 ②

$$\iint_\Omega f(x,y)dxdy = \int_a^b \int_c^d F_{yx}(x,y)dydx$$
$$= \int_a^b [F_x(x,y)]_c^d dx$$
$$= \int_a^b F_x(x,d)-F_x(x,c)dx$$
$$= [F(x,d)-F(x,c)]_a^b$$
$$= F(b,d)-F(b,c)-\{F(a,d)-F(a,c)\}$$
$$= F(b,d)-F(b,c)-F(a,d)+F(a,c)$$

04 ④

$0 \leq y \leq t$, $\sqrt{y} \leq x \leq \sqrt{t}$ ⇔
$0 \leq x \leq \sqrt{t}$, $0 \leq y \leq x^2$이므로
$$f(t) = \int_0^t \int_{\sqrt{y}}^{\sqrt{t}} (2x+\cos(x^2))dxdy$$
$$= \int_0^{\sqrt{t}} \int_0^{x^2} (2x+\cos(x^2))dydx$$
$$= \int_0^{\sqrt{t}} (2x^3+x^2\cos(x^2))dx \text{이다.}$$

$f'(t) = (2t\sqrt{t}+t\cos t)\frac{1}{2\sqrt{t}} = t+\frac{\sqrt{t}\cos t}{2}$ 이므로

$f'\left(\frac{\pi}{2}\right) = \frac{\pi}{2}+0 = \frac{\pi}{2}$ 이다.

05 ①

영역 $1 \leq x \leq 2$, $0 \leq y \leq x$를 극좌표로 나타내면
$0 \leq \theta \leq \frac{\pi}{4}$, $\sec\theta \leq r \leq 2\sec\theta$이므로

$$\int_1^2 \int_0^x \frac{1}{x^2+y^2}dydx = \int_0^{\frac{\pi}{4}} \int_{\sec\theta}^{2\sec\theta} \frac{r}{r^2}drd\theta$$
$$= \int_0^{\frac{\pi}{4}} \int_{\sec\theta}^{2\sec\theta} \frac{1}{r}drd\theta$$
$$= \int_0^{\frac{\pi}{4}} [\ln r]_{\sec\theta}^{2\sec\theta}d\theta$$
$$= \int_0^{\frac{\pi}{4}} \{\ln(2\sec\theta)-\ln(\sec\theta)\}d\theta$$
$$= \int_0^{\frac{\pi}{4}} \ln 2\,d\theta = \frac{\pi}{4}\ln 2 \text{이다.}$$

06 ①

주어진 반복적분을 이중적분으로 나타내면
$\iint_D x\,dA$ 이고 영역 D는 다음과 같다.

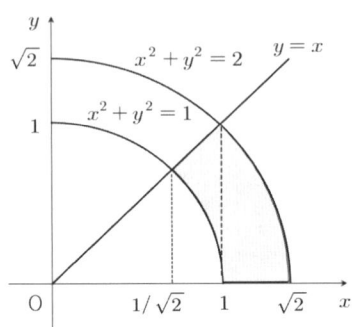

$D = \{(x,y) \mid 1 \leq x^2+y^2 \leq 2, y \geq 0, y \leq x\}$
$x = r\cos\theta$, $y = r\sin\theta$ 로 치환하여 반복적분으로 나타내면 다음과 같다.

$$\iint_D x\,dA = \int_0^{\pi/4} \int_1^{\sqrt{2}} r\cos\theta \cdot r\,drd\theta$$

$$= \int_0^{\pi/4} \cos\theta \, d\theta \int_1^{\sqrt{2}} r^2 \, dr$$
$$= [\sin\theta]_0^{\pi/4} \left[\frac{1}{3}r^3\right]_1^{\sqrt{2}}$$
$$= \frac{\sqrt{2}}{2} \cdot \frac{2\sqrt{2}-1}{3} = \frac{4-\sqrt{2}}{6}$$

07 ②

영역 $0 \leq y \leq 2$, $0 \leq x \leq \sqrt{2y-y^2}$을 극형식으로 나타내면
$0 \leq \theta \leq \frac{\pi}{2}$, $0 \leq r \leq 2\sin\theta$이므로

$$\int_0^2 \int_0^{\sqrt{2y-y^2}} \frac{x+y}{x^2+y^2} dx dy = \int_0^{\frac{\pi}{2}} \int_0^{2\sin\theta} \frac{r\cos\theta + r\sin\theta}{r^2} r \, dr \, d\theta$$
$$= \int_0^{\frac{\pi}{2}} \int_0^{2\sin\theta} \cos\theta + \sin\theta \, dr \, d\theta$$
$$= \int_0^{\frac{\pi}{2}} 2\sin\theta\cos\theta + 2\sin^2\theta \, d\theta$$
$$= [\sin^2\theta]_0^{\frac{\pi}{2}} + 2 \times \frac{1}{2} \times \frac{\pi}{2} = 1 + \frac{\pi}{2} \text{이다.}$$

08 ④

영역 D는 y축에 대칭이고 $(-x)^2+y^2 = x^2+y^2$이므로
$\frac{1}{\sqrt{x^2+y^2}}$도 y축 대칭이다.
또한, $r = 3+2\sin\theta$과 $r = 2$을 연립하면
$\theta = \frac{7}{6}\pi$, $\theta = \frac{11}{6}\pi$이므로 영역 D 중 $x \leq 0$에 해당하는 영역을
R이라 할 때,
$\iint_D \frac{1}{\sqrt{x^2+y^2}} dxdy = 2\iint_R \frac{1}{\sqrt{x^2+y^2}} dA$가 성립한다.
따라서 극좌표계를 이용하면
$$\iint_D \frac{1}{\sqrt{x^2+y^2}} dxdy$$
$$= 2\iint_R \frac{1}{\sqrt{x^2+y^2}} dA$$
$$= 2\int_{\frac{\pi}{2}}^{\frac{7}{6}\pi} \int_2^{3+2\sin\theta} \frac{1}{\sqrt{r^2}} r dr d\theta = 2\int_{\frac{\pi}{2}}^{\frac{7}{6}\pi} \int_2^{3+2\sin\theta} 1 dr d\theta$$
$$= 2\int_{\frac{\pi}{2}}^{\frac{7}{6}\pi} (1+2\sin\theta) d\theta = 2[\theta - 2\cos\theta]_{\frac{\pi}{2}}^{\frac{7}{6}\pi} = 2\left\{\left(\frac{7}{6}\pi + \sqrt{3}\right) - \left(\frac{\pi}{2}\right)\right\}$$
$$= 2\left\{\frac{2}{3}\pi + \sqrt{3}\right\} = \frac{4}{3}\pi + 2\sqrt{3} \text{이다.}$$

09 ②

$\frac{d}{dy}(\tan^{-1}(xy)) = \frac{x}{1+(xy)^2}$이므로
$$x\int_1^{2023} \frac{1}{1+(xy)^2} dy = \tan^{-1}(xy)\Big|_1^{2023}$$
$$= \tan^{-1}(2023x) - \tan^{-1}(x)$$
$$\therefore \int_0^\infty \frac{1}{2x}\left(\tan^{-1}(2023x) - \tan^{-1}(x)\right) dx$$

$$= \frac{1}{2}\int_0^\infty \int_1^{2023} \frac{1}{1+(xy)^2} dy dx$$
$$= \frac{1}{2}\int_1^{2023} \int_0^\infty \frac{1}{1+(xy)^2} dx dy$$
$$= \frac{1}{2}\int_1^{2023} \left[\frac{1}{y}\tan^{-1}(xy)\right]_0^\infty dy$$
$$= \frac{\pi}{4}\int_1^{2023} \frac{1}{y} dy = \frac{\pi \ln 2023}{4}$$

10 ③

원기둥면 $y^2 = x - x^2$과 곡면 $z^2 = 4x$로 둘러싸인 입체의 부피를
V라고 할 때,
$$V = \iint_D 2\sqrt{x} - (-2\sqrt{x}) dA$$
$(0 \leq x \leq 1, -\sqrt{x-x^2} \leq y \leq \sqrt{x-x^2})$
$$= \int_0^1 \int_{-\sqrt{x-x^2}}^{\sqrt{x-x^2}} 4\sqrt{x} \, dA$$
$$= 4\int_0^1 2\sqrt{x-x^2} \sqrt{x} dx$$
$$= 8\int_0^1 (1-t^2) t \, 2t \, dt \ (\because \sqrt{1-x} = t \text{라고 치환})$$
$$= 16\int_0^1 (t^2 - t^4) dt$$
$$= 16\left(\frac{1}{3} - \frac{1}{5}\right) = \frac{32}{15} \text{이다.}$$

11 ②

구하고자 하는 입체의 부피를 V라고 할 때,
$$V = \iint_D (x^2+y^2+1) dA$$
$$= \int_0^1 \int_0^{1-x} (x^2+y^2+1) dy dx$$
$$= \int_0^1 \left[x^2 y + \frac{1}{3}y^3 + y\right]_0^{1-x} dx$$
$$= \int_0^1 \left\{x^2(1-x) + \frac{1}{3}(1-x)^3 + (1-x)\right\} dx$$
$$= \int_0^1 \left(x^2 - x^3 + \frac{1}{3}(1-3x+3x^2-x^3) + 1 - x\right) dx$$
$$= \frac{1}{3}\int_0^1 (6x^2 - 4x^3 - 6x + 4) dx$$
$$= \frac{1}{3}[2x^3 - x^4 - 3x^2 + 4x]_0^1$$
$$= \frac{1}{3}(2-1-3+4) = \frac{2}{3} \text{이다.}$$

12 ③

원뿔면 $z = \sqrt{x^2+y^2}$과 포물면 $z = 2-(x^2+y^2)$을 연립하면
$\sqrt{x^2+y^2} = 2 - (x^2+y^2)$
$\Leftrightarrow (\sqrt{x^2+y^2} + 2)(\sqrt{x^2+y^2} - 1) = 0$이므로
영역 D를 $x^2+y^2 \leq 1$이라 할 때,
구하고자 하는 영역의 부피는 다음과 같다.
$$V = \iint_D \{2 - (x^2+y^2) - \sqrt{x^2+y^2}\} dA$$

05. 이중적분

$$= \int_0^{2\pi} \int_0^1 (2-r^2-r) r\, dr\, d\theta$$
$$= \int_0^{2\pi} \int_0^1 (2r-r^3-r^2) dr\, d\theta$$
$$= 2\pi \left[r^2 - \frac{1}{4} r^4 - \frac{1}{3} r^3 \right]_0^1$$
$$= 2\pi \left(1 - \frac{1}{4} - \frac{1}{3} \right)$$
$$= 2\pi \frac{12-3-4}{12} = \frac{5}{6}\pi$$

13 ①

구하고자 하는 곡면의 넓이를 S라고 할 때,
$$S = \iint_D |(-2x, -2y, 1)| dA \ (단, D: x^2+y^2 \leq 9)$$
$$= \iint_D \sqrt{1+4x^2+4y^2}\, dA$$
$$= \int_0^{2\pi} \int_0^3 r\sqrt{1+4r^2}\, dr\, d\theta$$
$$= 2\pi \left[\frac{1}{8} \cdot \frac{2}{3} (1+4r^2)^{\frac{3}{2}} \right]_0^3 = \frac{1}{6}\pi(37\sqrt{37}-1) \text{이다.}$$

14 ②

세 점 $O(0,0)$, $A(1,0)$, $B(1,1)$를 꼭짓점으로 하는 삼각형의 내부영역을 D, 영역 D 위에서 정의된 곡면 $z=x^2+2y$의 겉넓이를 S라고 할 때,
$$S = \iint_D |(-2x, -2, 1)| dA$$
(단, $0 \leq x \leq 1$, $0 \leq y \leq x$)
$$= \iint_D \sqrt{4x^2+4+1}\, dA$$
$$= \int_0^1 \int_0^x \sqrt{5+4x^2}\, dy\, dx = \int_0^1 x\sqrt{5+4x^2}\, dx = \frac{1}{8} \left[\frac{2}{3}(5+4x^2)^{\frac{3}{2}} \right]_0^1$$
$$= \frac{1}{12} [27 - 5\sqrt{5}] = \frac{9}{4} - \frac{5}{12}\sqrt{5} \text{이다.}$$

15 ①

S_1을 윗면, S_2를 아랫면이라 하면
$$S_1 = 8 \iint_D \sqrt{1+(f_x)^2+(f_y)^2}\, dx\, dy$$
($\because D = \{(x,y) | 0 \leq y \leq x, 0 \leq x \leq 1\}$, $f(x,y) = 1-x^2$)
$$= 8 \iint_D \sqrt{1+0+4x^2}\, dy\, dx$$
$$= 8 \int_0^1 \int_0^x \sqrt{1+4x^2}\, dy\, dx$$
$$= \int_0^1 8x\sqrt{1+4x^2}\, dx$$
$$= \frac{2}{3} \left[(\sqrt{1+4x^2})^3 \right]_0^1$$
$$= \frac{2}{3}(5\sqrt{5}-1) \text{이고, } S_2 = 2 \times 2 = 4 \text{이다.}$$
$$\therefore S_1 + S_2 = \frac{10\sqrt{5}}{3} - \frac{2}{3} + 4 = \frac{10}{3}(\sqrt{5}+1)$$

16 ①

원 $x^2 + \left(y - \frac{1}{2}\right)^2 = \frac{1}{4}$의 내부영역을 D, 곡면의 넓이를 S라 하면
$$S = \iint_D \frac{1}{\sqrt{1-x^2-y^2}}\, dA$$
$$= \int_{-\frac{\pi}{2}}^{\frac{\pi}{2}} \int_0^{\sin\theta} \frac{r}{\sqrt{1-r^2}}\, dr\, d\theta$$
$$= \int_{-\frac{\pi}{2}}^{\frac{\pi}{2}} -\frac{1}{2} \left[2(1-r^2)^{\frac{1}{2}} \right]_0^{\sin\theta} d\theta$$
$$= \int_{-\frac{\pi}{2}}^{\frac{\pi}{2}} -(\cos\theta - 1)\, d\theta$$
$$= 2 \int_0^{\frac{\pi}{2}} (1-\cos\theta)\, d\theta$$
$$= 2\left(\frac{\pi}{2} - 1\right) = \pi - 2 \text{이다.}$$

17 ②

$z \geq x^2+y^2$이므로 $z^2+z-2 \geq 0$에서 $z \geq 1$이다.
즉, xy평면의 원판 $x^2+y^2 \leq 1$ 내부에 있는
구 $x^2+y^2+z^2 = 2$의 곡면적을 구하면 된다.
$z = \sqrt{2-x^2-y^2}$에서
$$z_x = -\frac{x}{\sqrt{2-x^2-y^2}}, \ z_y = -\frac{y}{\sqrt{2-x^2-y^2}} \text{이고}$$
면적소는 $\sqrt{\frac{2}{2-x^2-y^2}}\, dA = \sqrt{\frac{2}{2-r^2}}\, r\, dr\, d\theta$ 이다.
$$\therefore S = \sqrt{2} \int_0^{2\pi} \int_0^1 \frac{r}{\sqrt{2-r^2}}\, dr\, d\theta$$
$$= 2\sqrt{2}\, \pi \left[-\frac{1}{2} \cdot 2\sqrt{2-r^2} \right]_0^1$$
$$= 2\sqrt{2}\, \pi(-1+\sqrt{2}) = (4-2\sqrt{2})\pi$$

18 ①

$\vec{r}(u,v) = \langle uv, u+v, u-v \rangle$ 일 때,
$\vec{r}_u = \langle v, 1, 1 \rangle$, $\vec{r}_v = \langle u, 1, -1 \rangle$ 이므로
$\vec{r}_u \times \vec{r}_v = \langle -2, u+v, v-u \rangle$ 이다.
따라서 곡면의 넓이는 다음과 같다.
$$S = \iint_D |\vec{r}_u \times \vec{r}_v|\, du\, dv \ (D: u^2+v^2 \leq 1)$$
$$= \iint_D \sqrt{4+2u^2+2v^2}\, du\, dv$$
$$= \int_0^{2\pi} \int_0^1 r\sqrt{4+2r^2}\, dr\, d\theta \ (\because 극좌표 변환)$$
$$= 2\pi \left[\frac{1}{6}(4+2r^2)^{\frac{3}{2}} \right]_0^1 = \pi\left(2\sqrt{6} - \frac{8}{3}\right)$$

19 ②

$\left|\dfrac{\partial(x,y)}{\partial(r,\theta)}\right| = \begin{vmatrix} 2\cos\theta & -2r\sin\theta \\ 3\sin\theta & 3r\cos\theta \end{vmatrix} = 6r\cos^2\theta + 6r\sin^2\theta = 6r$

20 ④

$u = 2x+y,\ v = 2x-y$로 치환하면

$|J| = \dfrac{1}{\left|\begin{vmatrix} 2 & 1 \\ 2 & -1 \end{vmatrix}\right|} = \dfrac{1}{4}$이고

$0 \leq x \leq 3,\ 0 \leq y \leq 2x$
$\Rightarrow 0 \leq v \leq 6,\ v \leq u \leq 12-v$이므로

$\displaystyle\int_0^3\int_0^{2x} 4e^{4x^2-y^2} dy dx = \int_0^6 \int_v^{12-v} 4e^{uv} \dfrac{1}{4} du dv$
$\displaystyle \qquad\qquad\qquad\qquad\qquad = \int_0^6 \int_v^{12-v} e^{uv} du dv$이다.

그러므로 $\alpha+\beta+\gamma = 6+12-v+1 = 19-v$이다.

21 ④

$\displaystyle\iint_D (x^2+3y)dA$에서 $(x = \dfrac{1}{3}u,\ y = \dfrac{1}{2}v$라고 치환)하면

$\Leftrightarrow \displaystyle\iint_{D'} \left(\dfrac{1}{9}u^2 + \dfrac{3}{2}v\right)\dfrac{1}{6} du dv$ (단, $D': u^2+v^2 \leq a$)

$= \dfrac{1}{6}\displaystyle\int_0^{2\pi}\int_0^{\sqrt{a}} \left(\dfrac{1}{9}r^2\cos^2\theta + \dfrac{3}{2}r\sin\theta\right) r dr d\theta$

$= \dfrac{1}{6}\displaystyle\int_0^{2\pi} \left[\dfrac{1}{36}r^4\cos^2\theta + \dfrac{1}{2}r^3\sin\theta\right]_0^{\sqrt{a}} d\theta$

$= \dfrac{1}{6}\displaystyle\int_0^{2\pi}\left(\dfrac{a^2}{36}\cos^2\theta + \dfrac{a\sqrt{a}}{2}\sin\theta\right)d\theta = \dfrac{1}{6}\int_0^{2\pi}\left(\dfrac{a^2}{36}\cos^2\theta\right)d\theta$

$(\because \displaystyle\int_0^{2\pi}\sin\theta d\theta = 0)$

$= \dfrac{a^2}{216}\times 4 \times \dfrac{\pi}{4} = \dfrac{a^2}{216}\pi$이므로

$a = 8$일 때, $\displaystyle\iint_D (x^2+3y)dA = \dfrac{8}{27}\pi$를 만족한다.

22 ③

$xy = u,\ \dfrac{y}{x} = v$라고 치환하면

$|J| = \dfrac{1}{\left|\begin{vmatrix} y & x \\ -\dfrac{y}{x^2} & \dfrac{1}{x} \end{vmatrix}\right|} = \dfrac{1}{2\dfrac{y}{x}} = \dfrac{1}{2v}$이고

영역 R이 $R': 1 \leq u \leq 7,\ 1 \leq v \leq e$으로 변경되므로

$\displaystyle\iint_R xy\, dxdy = \int_1^7 \int_1^e u\dfrac{1}{2v} dv du$

$\displaystyle \qquad\qquad\qquad = \dfrac{1}{2}\left[\dfrac{1}{2}u^2\right]_1^7 [\ln v]_1^e$

$\displaystyle \qquad\qquad\qquad = \dfrac{1}{4} \times 48 = 12$이다.

23 ④

$2x+y = u,\ x-y = v$라고 치환하면

$D' = \{(u,v)\mid 4 \leq u \leq 7,\ -1 \leq v \leq 2\}$이고

$|J| = \dfrac{1}{\left|\begin{vmatrix} 2 & 1 \\ 1 & -1 \end{vmatrix}\right|} = \dfrac{1}{3}$이므로

$\displaystyle\iint_D (6x^2-3xy-3y^2)e^{3x}dA = \iint_{D'} 3uv e^{(u+v)}\dfrac{1}{3}du dv$가 성립한다.

$\displaystyle\iint_D (6x^2-3xy-3y^2)e^{3x}dA = \int_{-1}^2 \int_4^7 ue^u ve^v du dv$
$\displaystyle \qquad\qquad\qquad\qquad\qquad\qquad = \left[(u-1)e^u\right]_4^7 \left[(v-1)e^v\right]_{-1}^2$
$\displaystyle \qquad\qquad\qquad\qquad\qquad\qquad = 6e^9 + 9e^6 - 6e^3$이다.

06. 삼중적분

🔍 문제 p.198

| 01 ③ | 02 ④ | 03 ① | 04 ② | 05 ④ | 06 ① | 07 ④ | 08 ③ | 09 ① | 10 ④ |
| 11 ① | 12 ② | 13 ④ | 14 ③ | 15 ④ | 16 ④ | 17 ② | 18 ③ | 19 ④ | 20 ④ |

01 ③

$0 \leq z \leq 1-y$, $0 \leq y \leq \sqrt[3]{x}$, $0 \leq x \leq 1$ 은
$y^3 \leq x \leq 1$, $0 \leq y \leq -z+1$, $0 \leq z \leq 1$ 이므로
$a = 0$, $b = -z+1$, $c = y^3$, $d = 1$ 이다.
따라서 $a+b+c = y^3-z+2$ 이다.

02 ④

주어진 네 평면으로 둘러싸인 입체를 E라 하면
$E = \{(x, y, z) \mid 0 \leq x \leq \dfrac{a}{2},\ \dfrac{x}{2} \leq y \leq \dfrac{a}{2} - \dfrac{x}{2},$
$0 \leq z \leq a-x-2y\}$이므로
부피 $V(E)$는 다음과 같다.

$V(E) = \int_0^{\frac{a}{2}} \int_{\frac{x}{2}}^{\frac{a}{2}-\frac{x}{2}} \int_0^{a-x-2y} dz\,dy\,dx$

$= \int_0^{\frac{a}{2}} \int_{\frac{x}{2}}^{\frac{a}{2}-\frac{x}{2}} (a-x-2y)\,dy\,dx$

$= \int_0^{\frac{a}{2}} \left(\dfrac{1}{4}a^2 - ax + x^2\right) dx = \dfrac{1}{24}a^3$

여기서 $\dfrac{1}{24}a^3 = \dfrac{8}{3}$이므로 $a = 4$이다.

다른 풀이

xy평면에서의 삼각형을 밑면으로 하고 높이를 z축과 평행하게
생각하면 둘러싸인 입체(사면체)의 높이는 a이다.
그리고 xy평면에서 $x+2y=a$, $x=2y$, $x=0$으로 둘러싸인 영역(삼각형)을 부등식으로 나타내면 $0 \leq x \leq \dfrac{a}{2}$, $\dfrac{x}{2} \leq y \leq \dfrac{1}{2}(a-x)$
이므로 삼각형의 넓이는 $\dfrac{a}{2} \times \dfrac{a}{2} \times \dfrac{1}{2} = \dfrac{a^2}{8}$이다.
따라서 입체의 부피는 $\dfrac{a^2}{8} \times a \times \dfrac{1}{3} = \dfrac{a^3}{24}$이다.
즉, $\dfrac{a^3}{24} = \dfrac{8}{3} \Leftrightarrow a^3 = 8^2 \Leftrightarrow a = 4$일 때, 부피는 $\dfrac{8}{3}$이 된다.

03 ①

포물기둥면 $z=1-y^2$과 평면 $y=x$, $x=2$, $y=0$, $z=0$으로
둘러싸인 영역 중 제1 팔분공간에 있는 영역 E는
$0 \leq z \leq 1-y^2$, $0 \leq y \leq 1$, $y \leq x \leq 2$이므로

$\iiint_E 30x\,dV = \int_0^1 \int_y^2 \int_0^{1-y^2} 30x\,dz\,dx\,dy$

$= \int_0^1 \int_y^2 30x(1-y^2)\,dx\,dy$

$= \int_0^1 15[x^2]_y^2 (1-y^2)\,dy$

$= \int_0^1 15(4-y^2)(1-y^2)\,dy$

$= 15\int_0^1 (y^4 - 5y^2 + 4)\,dy$

$= 15\left\{\dfrac{1}{5} - \dfrac{5}{3} + 4\right\}$

$= 3 - 25 + 60 = 38$

TIP ▶ xy-평면상의 사영된 영역이
$0 \leq y \leq 1$, $y \leq x \leq 2$임에 주의한다.

04 ②

$\int_0^2 \int_0^{\sqrt{4-x^2}} \int_0^{\sqrt{4-x^2-y^2}} \dfrac{1}{\sqrt{x^2+y^2+z^2}}\,dz\,dy\,dx$

$= \int_0^{\frac{\pi}{2}} \int_0^{\frac{\pi}{2}} \int_0^2 \dfrac{1}{\rho} \cdot \rho^2 \sin\phi\,d\rho\,d\phi\,d\theta$

$= \dfrac{\pi}{2} \cdot \int_0^{\frac{\pi}{2}} \sin\phi\,d\phi \cdot \int_0^2 \rho\,d\rho$

$= \dfrac{\pi}{2} \cdot 1 \cdot 2 = \pi$

05 ④

$T = \{(x, y, z) \mid x^2+y^2+z^2 \leq b^2,\ x^2+y^2 \leq 3z^2\}$의 부피를
구면좌표계를 이용하여 구하면 다음과 같다.

$V = \iiint_T 1\,dV$

$= \int_0^{2\pi} \int_0^{\frac{\pi}{3}} \int_0^b \rho^2 \sin\phi\,d\rho\,d\phi\,d\theta \times 2$

$= 2 \times 2\pi \times [-\cos\phi]_0^{\frac{\pi}{3}} \cdot \dfrac{1}{3}[\rho^3]_0^b$

$= \dfrac{4}{3}\pi\left(-\dfrac{1}{2}+1\right)b^3 = \dfrac{2}{3}\pi b^3$

06 ①

두 평면 $z=2y$, $z=0$과 곡면 $y=2x-x^2$에 둘러싸인
부분을 부등식으로 나타내면
$0 \leq x \leq 2$, $0 \leq y \leq 2x-x^2$, $0 \leq z \leq 2y$이므로

$\iiint_S x\,dV = \int_0^2 \int_0^{2x-x^2} \int_0^{2y} x\,dz\,dy\,dx$

$= \int_0^2 \int_0^{2x-x^2} 2xy\,dy\,dx$

$$= \int_0^2 x[y^2]_0^{2x-x^2} dx$$
$$= \int_0^2 x(4x^2 - 4x^3 + x^4)dx$$
$$= \int_0^2 (4x^3 - 4x^4 + x^5)dx$$
$$= \left[x^4 - \frac{4}{5}x^5 + \frac{1}{6}x^6\right]_0^2 = \frac{16}{15}$$

07 ④

주어진 주면좌표계를 직교좌표계로 바꾸면
$x = r\cos\theta = 2e^t\cos t$, $y = r\sin\theta = 2e^t\sin t$, $z = e^t$이다.
매개변수곡선을 구하면 다음과 같다.

$$l = \int_0^1 \sqrt{[(2e^t\cos t)']^2 + [(2e^t\sin t)']^2 + [(e^t)']^2}\, dt$$
$$= \int_0^1 \sqrt{(2e^t\cos t - 2e^t\sin t)^2 + (2e^t\sin t + 2e^t\cos t)^2 + (e^t)^2}\, dt$$
$$= \int_0^1 \sqrt{2(4e^{2t}\cos^2 t + 4e^{2t}\sin^2 t) + e^{2t}}\, dt$$
$$= \int_0^1 \sqrt{8e^{2t}(\cos^2 t + \sin^2 t) + e^{2t}}\, dt$$
$$= \int_0^1 \sqrt{8e^{2t} + e^{2t}}\, dt$$
$$= \int_0^1 \sqrt{9e^{2t}}\, dt$$
$$= \int_0^1 3e^t dt = 3(e-1) = 3e - 3$$

08 ③

주어진 구면좌표계의 점을 직교좌표계로 바꾸면 다음과 같다.

(i) $\left(6, \frac{\pi}{4}, \frac{\pi}{4}\right) \Rightarrow$
$$x = 6\sin\frac{\pi}{4}\cos\frac{\pi}{4} = 6 \times \frac{1}{2} = 3,$$
$$y = 6\sin\frac{\pi}{4}\sin\frac{\pi}{4} = 6 \times \frac{1}{2} = 3,$$
$$z = 6\cos\left(\frac{\pi}{4}\right) = 3\sqrt{2}$$ 이므로
직교좌표점은 $(3, 3, 3\sqrt{2})$이다.

(ii) $\left(2, \frac{3}{4}\pi, \frac{3}{4}\pi\right) \Rightarrow$
$$x = 2\sin\frac{3}{4}\pi\cos\frac{3}{4}\pi = 2\frac{\sqrt{2}}{2}\left(-\frac{\sqrt{2}}{2}\right) = -1,$$
$$y = 2\sin\frac{3}{4}\pi\sin\frac{3}{4}\pi = 2 \times \frac{\sqrt{2}}{2} \times \frac{\sqrt{2}}{2} = 1,$$
$$z = 2\cos\left(\frac{3}{4}\pi\right) = -\sqrt{2}$$ 이므로 직교좌표점은 $(-1, 1, -\sqrt{2})$이다.

따라서 두 점 사이의 거리는
$$\sqrt{\{(3-(-1))^2 + (3-1)^2 + (\{3\sqrt{2}-(-\sqrt{2})\})^2} = \sqrt{16+4+32}$$
$= \sqrt{52}$ 이다.

09 ①

$x = \rho\sin\phi\cos\theta$, $y = \rho\sin\phi\sin\theta$, $z = \rho\cos\phi$에서
$\rho = \sqrt{x^2 + y^2 + z^2}$, $\sin\phi\sin\theta = \frac{y}{\rho} = \frac{y}{\sqrt{x^2+y^2+z^2}}$ 이다.

따라서
$\rho = \sin\theta\sin\phi \Leftrightarrow$
$\sqrt{x^2+y^2+z^2} = \frac{y}{\sqrt{x^2+y^2+z^2}} \Leftrightarrow x^2+y^2+z^2 = y$이다.

즉, 주어진 곡선 위에 있지 않은 직교좌표는 ① $\left(\frac{1}{2}, 0, 0\right)$이다.

10 ④

$$\int_0^1 \int_0^{\frac{x}{\sqrt{3}}} \int_x^1 \frac{x}{x^2+y^2} dz\,dy\,dx = \int_0^1 \int_0^{\frac{x}{\sqrt{3}}} \frac{x(1-x)}{x^2+y^2} dy\,dx$$
$$= \int_0^{\frac{\pi}{6}} \int_0^{\sec\theta} \frac{r\cos\theta(1-r\cos\theta)}{r^2} r\,dr\,d\theta$$
($\because$ 극좌표계에서의 적분)
$$= \int_0^{\frac{\pi}{6}} \left[r\cos\theta - \frac{1}{2}r^2\cos^2\theta\right]_0^{\sec\theta} d\theta$$
$$= \int_0^{\frac{\pi}{6}} \left(\cos\theta\sec\theta - \frac{1}{2}\sec^2\theta\cos^2\theta\right) d\theta$$
$$= \int_0^{\frac{\pi}{6}} \left(1 - \frac{1}{2}\right) d\theta = \frac{\pi}{12}$$

11 ①

영역은 다음과 같다.
$R = \left\{(x,y,z) | 0 \le z \le 2 - \frac{1}{2}x^2, y \le x \le 2, 0 \le y \le 2\right\}$
그러므로 삼중적분을 구하면
$$\iiint_R 2xyz\,dV = \int_0^2 \int_y^2 \int_0^{2-\frac{1}{2}x^2} 2xyz\,dz\,dx\,dy$$
$$= \int_0^2 \int_y^2 xy\left(2 - \frac{1}{2}x^2\right)^2 dx\,dy$$
$$= \int_0^2 \left(-2y^3 + \frac{1}{2}y^5 + \frac{8}{3}y - \frac{1}{24}y^7\right) dy = \frac{4}{3}$$ 이다.

12 ②

구면 $x^2+y^2+z^2 = 2$의 안쪽과 포물면 $z = x^2+y^2$
위쪽으로 둘러싸인 영역 R은
$R = \{(x,y,z) | x^2+y^2 \le z \le \sqrt{2-x^2-y^2},$
$-\sqrt{1-x^2} \le y \le \sqrt{1-x^2}, -1 \le x \le 1\}$이다.
$$V = \iiint_R dx\,dy\,dz$$
$$= \iint_D \{\sqrt{2-x^2-y^2} - (x^2+y^2)\} dy\,dx\, (D = \{(x,y) | x^2+y^2 \le 1\})$$
$$= \int_0^{2\pi} \int_0^1 (\sqrt{2-r^2} - r^2)r\,dr\,d\theta \ (\because \text{극좌표 변환})$$
$$= 2\pi \left[\frac{2}{3}(2-r^2)^{\frac{3}{2}}\left(-\frac{1}{2}\right) - \frac{1}{4}r^4\right]_0^1 = \frac{(8\sqrt{2}-7)}{6}\pi$$

13 ④

해당하는 직교좌표계의 입체 영역을 구면좌표 (ρ, θ, ϕ)로 나타내면 다음과 같다.

$0 \leq \rho \leq 2,\ 0 \leq \phi \leq \dfrac{3}{4}\pi,\ 0 \leq \theta \leq 2\pi$

14 ③

주어진 영역을 구면좌표계로 나타내면

$0 \leq \rho \leq 1,\ 0 \leq \phi \leq \dfrac{\pi}{3},\ 0 \leq \theta \leq 2\pi$이다.

$$\iiint_Q \sqrt{x^2+y^2+z^2}\,dV = \int_0^{2\pi}\int_0^{\frac{\pi}{3}}\int_0^1 \rho \cdot \rho^2 \sin\phi\, d\rho\, d\phi\, d\theta$$

$$= \int_0^{2\pi} 1\, d\theta \int_0^{\frac{\pi}{3}} \sin\phi\, d\phi \int_0^1 \rho^3\, d\rho$$

$$= 2\pi \cdot [-\cos\phi]_0^{\frac{\pi}{3}} \cdot \left[\dfrac{\rho^4}{4}\right]_0^1$$

$$= 2\pi\left(\dfrac{1}{2}\right)\cdot\left(\dfrac{1}{4}\right) = \dfrac{\pi}{4}$$

15 ④

$\iiint_R (4x^2+4xy+2y^2+z^2)^2\,dV = \iiint_R \{(2x+y)^2+y^2+z^2\}^2\,dV$ 에서

$2x+y=u,\ y=v,\ z=w$라고 치환하면

$|J| = \dfrac{1}{\begin{vmatrix}2&1&0\\0&1&0\\0&0&1\end{vmatrix}} = \dfrac{1}{2}$ 이고 $R': u^2+v^2+w^2 \leq 1$이다.

$\therefore \iiint_{R'} (u^2+v^2+w^2)^2 \dfrac{1}{2}\,du\,dv\,dw$

$= \dfrac{1}{2}\int_0^{2\pi}\int_0^\pi \int_0^1 (\rho^2)^2 \rho^2 \sin\phi\, d\rho\, d\phi\, d\theta$

$= \dfrac{1}{2} \times \dfrac{1}{7} \times 2 \times 2\pi = \dfrac{2}{7}\pi$ 이다.

16 ④

$\iiint_T (36-x^2-9y^2-4z^2)\,dx\,dy\,dz$가 최댓값을 갖기 위한 T의 영역은 $36-x^2-9y^2-4z^2 \geq 0$일 때이다. 따라서 최댓값은
$\iiint_T (36-x^2-9y^2-4z^2)\,dx\,dy\,dz$이다.
(단, $T: 36-x^2-9y^2-4z^2 \geq 0$)
이때 $x^2+9y^2+4z^2 \leq 36$이므로
$x=6u,\ y=2v,\ z=3w$라고 치환하여 구면좌표계를 이용하면
$\iiint_T (36-x^2-9y^2-4z^2)\,dx\,dy\,dz$
$= \iiint_{T'} (36-36u^2-36v^2-36w^2)36\,du\,dv\,dw$
(단, $T': u^2+v^2+w^2 \leq 1$)
$= \int_0^{2\pi}\int_0^\pi \int_0^1 36^2(1-\rho^2)\rho^2 \sin\phi\, d\rho\, d\phi\, d\theta$
$= 36^2 \times 2\pi \times 2 \times \left(\dfrac{1}{3}-\dfrac{1}{5}\right) = \dfrac{2^7 \times 3^3}{5}\pi$ 이므로

$\iiint_T (36-x^2-9y^2-4z^2)\,dx\,dy\,dz$의 최댓값은 $\dfrac{2^7 \times 3^3}{5}\pi$ 이다.

17 ②

구면좌표계로 변환하면 3차원 공간의 전체 영역은
$E = \{(x,y,z) \mid 0 \leq \rho < \infty,\ 0 \leq \phi \leq \pi,\ 0 \leq \theta \leq 2\pi\}$이므로

$\int_{-\infty}^\infty \int_{-\infty}^\infty \int_{-\infty}^\infty \sqrt{x^2+y^2+z^2}\, e^{-(x^2+y^2+z^2)}\,dx\,dy\,dz$

$= \int_0^{2\pi}\int_0^\pi \int_0^\infty \rho e^{-\rho^2} \rho^2 \sin\phi\, d\rho\, d\phi\, d\theta$

$= \int_0^{2\pi} d\theta \cdot \int_0^\pi \sin\phi\, d\phi \cdot \int_0^\infty \rho^3 e^{-\rho^2}\, d\rho$

$= 4\pi \int_0^\infty \dfrac{1}{2} t e^{-t}\, dt$ ($\because \rho^2 = t$로 치환)

$= 2\pi\left[-te^{-t} - e^{-t}\right]_0^\infty = 2\pi$

18 ③

주어진 적분에서 $x=\dfrac{1}{3}u,\ y=\dfrac{1}{2}v,\ z=w$라고 치환하면 다음과 같다.

$\iiint_R (9x^2+4y^2+z^2)^2\,dx\,dy\,dz = \iiint_{R'} (u^2+v^2+w^2)^2 \dfrac{1}{6}\,du\,dv\,dw$

(단, $R': u^2+v^2+w^2 \leq 1$)

$= \dfrac{1}{6}\int_0^{2\pi}\int_0^\pi \int_0^1 (\rho^2)^2 \rho^2 \sin\phi\, d\rho\, d\phi\, d\theta = \dfrac{2}{21}\pi$

19 ④

E의 xy-평면으로의 정사영을 D라고 할 때,

$\dfrac{16}{5}\pi = \iiint_E (x^2+y^2)\,dV$

$= \iint_D \left[\int_{\sqrt{x^2+y^2}}^a (x^2+y^2)\,dz\right]dA$

$= \iint_D (x^2+y^2)(a-\sqrt{x^2+y^2})\,dA$

$= \int_0^{2\pi}\int_0^a r^3(a-r)\,dr\,d\theta = \dfrac{a^5}{10}\pi$ 이다.

그러므로 $a^5 = 32$에서 $a = 2$이다.

20 ④

영역 $D_1: x^2+y^2 \leq 4$, $D_2: (x-1)^2+y^2 \leq 1$, $D: D_1 - D_2$라고 할 때,
D_1 중심의 x좌표는 $x=0$이고 넓이는 4π이다.

그러므로 $\iint_{D_1} x\,dA = 0 \times 4\pi = 0$이다.

D_2 중심의 x좌표는 $x=1$이고 넓이는 π이다.

그러므로 $\iint_{D_2} x\,dA = 1 \times \pi = \pi$이다.

따라서 무게중심의 x좌표는 다음과 같다.

$\bar{x} = \dfrac{\iint_D x\,dA}{(D\text{의 넓이})} = \dfrac{\iint_{D_1} x\,dA - \iint_{D_2} x\,dA}{4\pi - \pi} = \dfrac{-\pi}{3\pi} = -\dfrac{1}{3}$

07. 무한급수

문제 p.231

01 ②	02 ③	03 ②	04 ③	05 ③	06 ①	07 ④	08 ②	09 ③	10 ①
11 ①	12 ④	13 ④	14 ④	15 ②	16 ②	17 ①	18 ④	19 ③	20 ③
21 ③	22 ②	23 ③	24 ④	25 ②					

01 ②

$\frac{1}{1^2}+\frac{1}{2^2}+\frac{1}{3^2}+\cdots+\frac{1}{n^2}+\cdots=X$라 하면

$\frac{1}{4}\left(\frac{1}{1^2}+\frac{1}{2^2}+\frac{1}{3^2}+\cdots+\frac{1}{n^2}+\cdots\right)=\frac{1}{4}X$이므로

$X-\frac{1}{4}X$를 계산하면 주어진 식이 된다.

$\therefore \frac{1}{1^2}+\frac{1}{3^2}+\frac{1}{5^2}+\cdots+\frac{1}{(2n-1)^2}+\cdots=X-\frac{1}{4}X=\frac{3}{4}X$

02 ③

$\sum_{n=1}^{\infty}\frac{1}{2^n}\tan\frac{1}{2^{n-1}}=\lim_{n\to\infty}\left(\frac{1}{2}\tan 1+\frac{1}{2^2}\tan\frac{1}{2}+\cdots+\frac{1}{2^n}\tan\frac{1}{2^{n-1}}\right)$

$=\lim_{n\to\infty}\left\{\frac{1}{2}(\cot 1-2\cot 2)+\frac{1}{2^2}\left(\cot\frac{1}{2}-2\cot 1\right)\right.$
$\left.+\cdots+\frac{1}{2^n}\left(\cot\frac{1}{2^{n-1}}-2\cot\frac{1}{2^{n-2}}\right)\right\}$

$=-\cot 2+\lim_{n\to\infty}\frac{1}{2^n}\cot\frac{1}{2^{n-1}}$

여기서 $\frac{1}{2^n}=t$로 치환하면

$\lim_{n\to\infty}\frac{1}{2^n}\cot\frac{1}{2^{n-1}}=\lim_{t\to 0}\frac{t}{\tan 2t}=\frac{1}{2}$이므로

구하고자 하는 무한합의 값은 $\frac{1}{2}-\cot 2$이다.

03 ②

$\sum_{n=2}^{\infty}(1+c)^{-n}$은 첫째항이 $a=(1+c)^{-2}$,

공비는 $r=(1+c)^{-1}$인 등비급수이므로

$|(1+c)^{-1}|<1$
$\Leftrightarrow |(1+c)|>1$
$\Leftrightarrow 1+c>1$ 또는 $1+c<-1$
$\Leftrightarrow c>0$ 또는 $c<-2$일 때 수렴한다.

또한, 급수합 $\frac{(1+c)^{-2}}{1-(1+c)^{-1}}=2$
$\Leftrightarrow 2c^2+2c-1=0$
$\Leftrightarrow c=\frac{\pm\sqrt{3}-1}{2}$

그러나 $c=\frac{-\sqrt{3}-1}{2}$는

$-2<\frac{-\sqrt{3}-1}{2}<0$이므로 수렴 조건을 만족시키지 못한다.

$\therefore c=\frac{\sqrt{3}-1}{2}$

04 ③

ㄱ. (발산)

$1+\frac{2}{3}+\frac{3}{5}+\frac{4}{7}+\cdots=\sum_{n=1}^{\infty}\frac{n}{2n-1}$에서

$\lim_{n\to\infty}\frac{n}{2n-1}=\frac{1}{2}\neq 0$이므로 발산정리에 의하여 발산한다.

ㄴ. (발산)

$1+\frac{1}{5}+\frac{1}{9}+\frac{1}{13}+\cdots=\sum_{n=1}^{\infty}\frac{1}{4n-3}$은 양항급수이고

감소수열이므로 적분 판정법을 사용하면

$\int_{1}^{\infty}\frac{1}{4x-3}dx=\frac{1}{4}[\ln(4x-3)]_{1}^{\infty}=\infty$로 발산한다.

ㄷ. (수렴)

$\frac{1}{e}-\frac{2}{e^2}+\frac{3}{e^3}-\frac{4}{e^4}+\cdots=\sum_{n=1}^{\infty}\frac{(-1)^{n+1}n}{e^n}$에서

$\lim_{n\to\infty}\frac{n}{e^n}=0$이므로 교대급수 판정법에 의하여 수렴한다.

ㄹ. (발산)

$3+(-3)+3+\cdots+(-1)^{(n-1)}\cdot 3+\cdots=\sum_{n=1}^{\infty}(-1)^{n-1}3$에서

$\lim_{n\to\infty}3=3\neq 0$이므로 교대급수 판정법에 의하여 발산한다.

즉, 수렴하는 급수는 ㄷ이다.

05 ③

ㄱ. (참)

$\lim_{n\to\infty}\frac{b_n}{a_n}=\lim_{n\to\infty}\frac{n}{\tan^{-1}\frac{1}{n}}$

$=\lim_{n\to\infty}\frac{1}{\frac{\tan^{-1}\frac{1}{n}}{\frac{1}{n}}}$

$=\lim_{t\to 0}\frac{1}{\frac{\tan^{-1}t}{t}}=1$

07. 무한급수 **299**

ㄴ. (참)

$f(x) = \dfrac{1}{x \ln x}$ 이라 하면

$\displaystyle\int_2^\infty \dfrac{1}{x\ln x}dx = \int_{\ln 2}^\infty \dfrac{1}{t}dt$ ($\because \ln x = t$ 치환)

$= \ln t \big]_{\ln 2}^\infty = \infty$

ㄷ. (거짓)

$\displaystyle\lim_{n\to\infty}\dfrac{b_n}{a_n} = 1$ 이고, $\displaystyle\sum_{n=2}^\infty a_n$ 이 발산하므로 극한 비교판정법에 의해

$\displaystyle\sum_{n=2}^\infty b_n$ 도 발산한다.

즉, 보기 중 옳은 것은 ㄱ, ㄴ이다.

06 ①

ㄱ. (수렴)

$f(x) = \dfrac{1}{x\ln x\,(\ln(\ln x))^2}$ 이라 할 때,

$\displaystyle\int_8^\infty f(x)\,dx = \int_8^\infty \dfrac{1}{x\ln x(\ln(\ln x))^2}dx$

$= \displaystyle\int_{\ln(\ln 8)}^\infty \dfrac{1}{t^2}dt$ ($\because \ln(\ln x)=t$로 치환) 이므로 p-판정법에 의해

$\displaystyle\int_8^\infty f(x)\,dx$ 는 수렴한다. 따라서 적분판정법에 의해

$\displaystyle\sum_{n=8}^\infty \dfrac{1}{n\cdot\ln n\cdot(\ln(\ln n))^2}$ 은 수렴한다.

ㄴ. (수렴)

$\displaystyle\sum_{n=1}^\infty\left(\sqrt{n+\dfrac{1}{n}}-\sqrt{n}\right)\times\dfrac{\sqrt{n+\dfrac{1}{n}}+\sqrt{n}}{\sqrt{n+\dfrac{1}{n}}+\sqrt{n}}$

$= \displaystyle\sum_{n=1}^\infty \dfrac{n+\dfrac{1}{n}-n}{\sqrt{n+\dfrac{1}{n}}+\sqrt{n}}$

$= \displaystyle\sum_{n=1}^\infty \dfrac{\dfrac{1}{n}}{\sqrt{n+\dfrac{1}{n}}+\sqrt{n}} < \dfrac{1}{2}\sum_{n=1}^\infty \dfrac{1}{n\sqrt{n}}$ 이고

$p = \dfrac{3}{2}$ 이므로 p급수 판정법에 의하여 수렴한다.

따라서 비교판정법에 의하여 $\displaystyle\sum_{n=1}^\infty\left(\sqrt{n+\dfrac{1}{n}}-\sqrt{n}\right)$도 수렴한다.

ㄷ. (발산)

$\displaystyle\sum_{n=1}^\infty \dfrac{(n+1)^n}{n^{n+1}} > \sum_{n=1}^\infty \dfrac{n^n}{n^{n+1}} = \sum_{n=1}^\infty \dfrac{1}{n}$ 이고

$\displaystyle\sum_{n=1}^\infty \dfrac{1}{n}$ 에서 $p=1$이므로 p-급수 판정법에 의하여 발산한다.

따라서 비교판정법에 의하여 $\displaystyle\sum_{n=1}^\infty \dfrac{(n+1)^n}{n^{n+1}}$ 은 발산한다.

ㄹ. (발산)

$a_n = (-1)^n n\tan\left(\dfrac{1}{n}\right)$ 이라 하면

$\displaystyle\lim_{n\to\infty}|a_n| = \lim_{n\to\infty}n\tan\left(\dfrac{1}{n}\right)$

$= \displaystyle\lim_{n\to\infty}\dfrac{\tan\left(\dfrac{1}{n}\right)}{\dfrac{1}{n}}$

$= \displaystyle\lim_{t\to 0}\dfrac{\tan t}{t} = 1 \neq 0$이므로

교대급수 판정법에 의해 $\displaystyle\sum_{n=1}^\infty a_n$ 은 발산한다.

즉, 수렴하는 급수는 ㄱ, ㄴ이다.

07 ④

$\displaystyle\lim_{n\to\infty}\dfrac{\sqrt{4n+n^2}\tan\left(\dfrac{1}{n^p}\right)}{\dfrac{1}{n^{p-1}}} = \lim_{n\to\infty}\dfrac{\sqrt{4n+n^2}}{n}\cdot\dfrac{\tan\left(\dfrac{1}{n^p}\right)}{\dfrac{1}{n^p}}$

$= \displaystyle\lim_{n\to\infty}\dfrac{\tan\left(\dfrac{1}{n^p}\right)}{\dfrac{1}{n^p}}$

$= \displaystyle\lim_{t\to 0}\dfrac{\tan t}{t}$

$= \displaystyle\lim_{t\to 0}\sec^2 t = 1$이므로

극한 비교판정법에 의해

$\displaystyle\sum_{n=1}^\infty \sqrt{4n+n^2}\tan\left(\dfrac{1}{n^p}\right)$ 과 $\displaystyle\sum_{n=1}^\infty\dfrac{1}{n^{p-1}}$ 은 수렴성을 같이 한다.

p-판정법에 의해 $p-1 > 1$ 즉, $p > 2$ 일 때 $\displaystyle\sum_{n=1}^\infty\dfrac{1}{n^{p-1}}$ 는 수렴한다.

그러므로 주어진 급수가 수렴하는 범위는 $p > 2$ 일 때이다.

08 ②

① $\displaystyle\sum_{n=1}^\infty\dfrac{1}{\sqrt{n}}$ 에서 $p = \dfrac{1}{2} < 1$이므로 p급수 판정법에 의하여 발산한다.

② 주어진 적분에서 $\ln n = x$라고 치환하면

$\displaystyle\int_2^\infty \dfrac{1}{n(\ln n)^2}dn = \int_{\ln 2}^\infty\dfrac{1}{x^2}dx = \left[-\dfrac{1}{x}\right]_{\ln 2}^\infty = \dfrac{1}{\ln 2}$ 이므로 수렴한다.

따라서 적분판정법에 의하여 $\displaystyle\sum_{n=2}^\infty \dfrac{1}{n(\ln n)^2}$ 은 수렴한다.

③ $\displaystyle\lim_{n\to\infty}\dfrac{n^{\frac{2}{n}-1}}{\dfrac{1}{n}} = \lim_{n\to\infty}\dfrac{n^{\frac{2}{n}}\dfrac{1}{n}}{\dfrac{1}{n}} = \lim_{n\to\infty}n^{\frac{2}{n}} = \lim_{n\to\infty}e^{\frac{2\ln n}{n}} = \lim_{n\to\infty}e^{\frac{2\frac{1}{n}}{1}}$

$= e^0 = 1$이고 급수 $\displaystyle\sum_{n=1}^\infty\dfrac{1}{n}$ 에서 $p=1$이므로 p급수 판정법에 의하여

발산한다. 그러므로 극한 비교판정법에 의하여 $\displaystyle\sum_{n=1}^\infty n^{\frac{2}{n}-1}$ 은 발산한다.

④ 주어진 적분에서 $\dfrac{1}{n}=x$라고 치환하면

$\displaystyle\lim_{n\to\infty}\dfrac{\sin\left(\dfrac{1}{n}\right)}{\dfrac{1}{n}} = \lim_{x\to 0}\dfrac{\sin x}{x}\left(\dfrac{0}{0}\right) = \lim_{x\to 0}\dfrac{\cos x}{1} = 1$이고

급수 $\displaystyle\sum_{n=1}^\infty\dfrac{1}{n}$ 이 $p=1$이므로 p급수 판정법에 의하여 발산한다.

그러므로 극한 비교판정법에 의하여 $\sum_{n=1}^{\infty} \sin\left(\frac{1}{n}\right)$은 발산한다.

09 ③

ㄱ. (발산)

$\int_{1}^{\infty} \frac{\ln n}{n} dn = \frac{1}{2}\left[(\ln n)^2\right]_1^{\infty} = \infty$ 이므로

적분판정법에 의하여 $\sum_{n=1}^{\infty} \frac{\ln n}{n}$ 은 발산한다.

ㄴ. (수렴)

$\sum_{n=1}^{\infty} \frac{1}{n}\sin\left(\frac{1}{n}\right) < \sum_{n=1}^{\infty} \frac{1}{n^2}$ 이고 $\sum_{n=1}^{\infty} \frac{1}{n^2}$ 은 $p=2>1$ 이므로

p급수 판정법에 의하여 수렴한다. 따라서 비교판정법에 의하여

$\sum_{n=1}^{\infty} \frac{1}{n}\sin\left(\frac{1}{n}\right)$ 은 수렴한다.

ㄷ. (수렴)

$\sum_{n=1}^{\infty} \frac{1}{n}\tan^{-1}\left(\frac{1}{n}\right) < \sum_{n=1}^{\infty} \frac{1}{n^2}$ 이고 $\sum_{n=1}^{\infty} \frac{1}{n^2}$ 에서

$p=2>1$ 이므로 p급수 판정법에 의하여

$\sum_{n=1}^{\infty} \frac{1}{n^2}$ 이 수렴한다. 또한,

$\lim_{n \to \infty} \frac{\frac{1}{n}\sin\left(\tan^{-1}\frac{1}{n}\right)}{\frac{\tan^{-1}\frac{1}{n}}{n}} = \lim_{n \to \infty} \frac{\sin\left(\tan^{-1}\frac{1}{n}\right)}{\tan^{-1}\frac{1}{n}}$

$= \lim_{x \to 0} \frac{\sin x}{x}$ ($\because \tan^{-1}\left(\frac{1}{n}\right) = x$라고 치환) $=1$ 이므로

극한 비교판정법에 의하여 $\sum_{n=1}^{\infty} \frac{1}{n}\sin\left(\arctan\left(\frac{1}{n}\right)\right)$ 은 수렴한다.

즉, 수렴하는 급수는 ㄴ, ㄷ이다.

10 ①

① $\sum_{n=1}^{\infty} \frac{\sin\frac{e}{n}}{\sqrt{n^3}} < \sum_{n=1}^{\infty} \frac{1}{\sqrt{n^3}} = \sum_{n=1}^{\infty} \frac{1}{n^{\frac{3}{2}}}$ 이고

$\sum_{n=1}^{\infty} \frac{1}{n^{\frac{3}{2}}}$ 는 p급수 판정법에 의하여 수렴한다.

그러므로 비교판정법에 의하여 $\sum_{n=1}^{\infty} \frac{\sin\frac{e}{n}}{\sqrt{n^3}}$ 는 수렴한다.

② $\sum_{n=1}^{\infty} \frac{n+1}{n(n+2)} = \frac{1}{2}\sum_{n=1}^{\infty} \left(\frac{1}{n} + \frac{1}{n+2}\right)$ 이므로

p급수 판정법에 의해 발산한다.

③ $\sum_{n=1}^{\infty} \left(\sqrt{2+n^2} - n\right) \times \frac{\sqrt{2+n^2}+n}{\sqrt{2+n^2}+n}$

$= \sum_{n=1}^{\infty} \frac{2}{\sqrt{2+n^2}+n} > \sum_{n=1}^{\infty} \frac{2}{2n} = \sum_{n=1}^{\infty} \frac{1}{n}$ 이고 $\sum_{n=1}^{\infty} \frac{1}{n}$ 은

p급수 판정법에 의하여 발산한다. 그러므로 비교판정법에 의하여

$\sum_{n=1}^{\infty} \left(\sqrt{2+n^2}-n\right)$ 은 발산한다.

④ $a_n = \frac{(2n)!}{(n!)^2}$ 이라 할 때,

$\lim_{n \to \infty} \frac{a_{n+1}}{a_n} = \lim_{n \to \infty} \frac{(2n+2)(2n+1)}{(n+1)^2} = 4 > 1$ 이므로

비율 판정법에 의하여 $\sum_{n=1}^{\infty} \frac{(2n)!}{(n!)^2}$ 은 발산한다.

11 ①

ㄱ. (발산)

$a_n = \frac{n^2+2n}{\sqrt{3+n^5}}$, $b_n = \frac{n^2}{n^{\frac{5}{2}}} = \frac{1}{n^{\frac{1}{2}}}$ 이라 하면

$\lim_{n \to \infty} \frac{a_n}{n_n} = \lim_{n \to \infty} \frac{n^{\frac{5}{2}}+2n^{\frac{3}{2}}}{\sqrt{3+n^5}} = 1$ 이고

$\sum_{n=1}^{\infty} b_n = \sum_{n=1}^{\infty} \frac{1}{n^{\frac{1}{2}}}$ 은 발산하므로 극한 비교판정법에 의해

$\sum_{n=1}^{\infty} a_n$ 도 발산한다.

ㄴ. (발산)

$a_n = \frac{n^n}{n!}$ 이라 할 때, $\lim_{n \to \infty} \frac{a_{n+1}}{a_n} = e > 1$ 이므로

비(율) 판정법에 의하여 $\sum_{n=1}^{\infty} \frac{n^n}{n!}$ 은 발산한다.

ㄷ. (발산)

$\lim_{n \to \infty} \frac{2n}{3n-1} = \frac{2}{3} \neq 0$ 이므로 교대급수 판정법에 의하여

$\sum \frac{(-1)^n 2n}{3n-1}$ 은 발산한다.

ㄹ. (발산)

$\sum_{n=1}^{\infty} \frac{\ln\sqrt{n}}{n} = \frac{1}{2}\sum_{n=1}^{\infty} \frac{\ln n}{n}$ 이고

$\frac{1}{2}\int_2^{\infty} \frac{\ln n}{n} dn = \frac{1}{2}\left[\frac{1}{2}(\ln n)^2\right]_{\ln 2}^{\infty} = \infty$ 이므로 발산한다.

따라서 적분판정법에 의하여 $\sum_{n=1}^{\infty} \frac{\ln\sqrt{n}}{n}$ 은 발산한다.

ㅁ. (발산)

$\sum_{n=1}^{\infty} \frac{1}{\sqrt{n^2+n}} > \sum_{n=1}^{\infty} \frac{1}{\sqrt{2n^2}} = \frac{1}{\sqrt{2}}\sum_{n=1}^{\infty} \frac{1}{n}$ 이고 $p=1$ 이므로

p급수 판정법에 의하여 발산한다. 따라서 비교판정법에 의하여

$\sum \frac{1}{\sqrt{n^2+n}}$ 은 발산한다.

즉, 수렴하는 급수의 개수는 0개다.

12 ④

ㄱ. (참)

$n\ln n < n(\ln n)^2 \Leftrightarrow \frac{1}{n\ln n} > \frac{1}{n(\ln n)^2}$ 이고

$\ln(n!) = \ln 1 + \ln 2 + \cdots + \ln n < \ln n + \ln n + \cdots + \ln n = n\ln n$

$\Leftrightarrow \frac{1}{\ln(n!)} > \frac{1}{n\ln n}$ 이다.

따라서 $n \geq 3$ 일 때, $\ln(n!) < n\ln n < n(\ln n)^2$ 이고

$\frac{1}{\ln(n!)} > \frac{1}{n\ln n} > \frac{1}{n(\ln n)^2} \Leftrightarrow b_n \leq a_n \leq c_n$ 이 성립한다.

07. 무한급수 **301**

ㄴ. (거짓)

$$\int_3^\infty \frac{1}{n(\ln n)^2} dn = \int_{\ln 3}^\infty \frac{1}{x^2} dx = -\left[\frac{1}{x}\right]_{\ln 3}^\infty = \frac{1}{\ln 3}$$ 이므로

($\because \ln n = x$ 라고 치환)

적분판정법에 의하여 $\sum_{n=3}^\infty b_n = \sum_{n=3}^\infty \frac{1}{n(\ln n)^2}$ 은 수렴한다.

ㄷ. (참)

$\int_3^\infty \frac{1}{n \ln n} dn$ 에서 $\ln n = x$ 라고 치환하면

$\int_3^\infty \frac{1}{n \ln n} dn = [\ln(\ln n)]_3^\infty = \infty$ 이므로

$\sum_{n=3}^\infty \frac{1}{n \ln n}$ 은 발산한다. 그러므로 비교판정법에 의하여

$\sum_{n=3}^\infty \frac{1}{\ln(n!)}$ 은 발산한다.

즉, 보기에서 옳은 것은 ㄱ, ㄷ이다.

13 ④

ㄱ. (발산)

$$\lim_{n\to\infty}\left\{\left(\frac{n}{n-1}\right)^{n^2}\right\}^{\frac{1}{n}} = \lim_{n\to\infty}\left(1+\frac{1}{n-1}\right)^n = \lim_{n\to\infty} e^{\frac{n}{n-1}} = e > 1$$

이므로 n승근 판정법에 의하여 $\sum_{n=2}^\infty \left(\frac{n}{n-1}\right)^{n^2}$ 은 발산한다.

ㄴ. (수렴)

$$\sum_{n=1}^\infty \frac{1}{n}\sin\frac{1}{\sqrt{n}} < \sum_{n=1}^\infty \frac{1}{n\sqrt{n}} = \sum_{n=1}^\infty \frac{1}{n^{\frac{3}{2}}}$$ 이고 $p = \frac{3}{2} > 1$ 이므로

p급수 판정법에 의하여 $\sum_{n=1}^\infty \frac{1}{n\sqrt{n}}$ 은 수렴한다.

그러므로 비교판정법에 의하여 $\sum_{n=1}^\infty \frac{1}{n}\sin\frac{1}{\sqrt{n}}$ 은 수렴한다.

ㄷ. (수렴)

$\lim_{n\to\infty}\frac{\ln n}{n} = 0$ 이므로 교대급수 판정법에 의하여

$\sum_{n=1}^\infty (-1)^n \frac{\ln n}{n}$ 이 수렴한다.

즉, 보기에서 수렴하는 급수는 ㄴ, ㄷ이다.

14 ④

ㄱ. (거짓)

$a_n = \frac{1}{n^2}$ 이라 하면 $\sum_{n=1}^\infty a_n = \sum_{n=1}^\infty \frac{1}{n^2}$ 은 수렴하지만

$\sum_{n=1}^\infty \sqrt{a_n} = \sum_{n=1}^\infty \frac{1}{n}$ 은 발산한다.

ㄴ. (참)

$a_n \geq 0$ 일 때, $\lim_{n\to\infty}\frac{a_n}{na_n} = \lim_{n\to\infty}\frac{1}{n} = 0$ 이고

$\sum_{n=1}^\infty na_n$ 이 수렴하므로 극한 비교판정법에 의하여

$\sum_{n=1}^\infty a_n$ 은 수렴한다.

ㄷ. (참)

$a_n \geq 0$ 이고 $a_{n+1} \leq a_n$ 이므로 a_n 은 감소하는 양항급수이고

$\sum_{n=1}^\infty a_n^{2022}$ 이 수렴하면 발산정리에 의하여 $\lim_{n\to\infty} a_n^{2022} = 0$ 이다.

그러므로 $\lim_{n\to\infty} a_n = 0$ 이고 교대급수 판정법에 의하여

$\sum_{n=1}^\infty (-1)^n a_n$ 은 수렴한다.

즉, 보기에서 옳은 것은 ㄴ, ㄷ이다.

15 ②

ㄱ. (수렴)

$$\sum_{n=1}^\infty \frac{\sqrt{n+1}-\sqrt{n-1}}{n}$$

$$= \sum_{n=1}^\infty \frac{\sqrt{n+1}-\sqrt{n-1}}{n} \times \frac{\sqrt{n+1}+\sqrt{n-1}}{\sqrt{n+1}+\sqrt{n-1}}$$

$$= \sum_{n=1}^\infty \frac{2}{n(\sqrt{n+1}+\sqrt{n-1})} < \sum_{n=1}^\infty \frac{1}{n\sqrt{n}}$$ 이고

$\sum_{n=1}^\infty \frac{1}{n\sqrt{n}}$ 은 $p = \frac{3}{2} > 1$ 이므로 p급수 판정법에 의하여 수렴한다.

따라서 비교판정법에 의하여 $\sum_{n=1}^\infty \frac{\sqrt{n+1}-\sqrt{n-1}}{n}$ 은 수렴한다.

ㄴ. (발산)

$\lim_{n\to\infty}\ln\left(\frac{n}{2n+1}\right) = \ln\left(\frac{1}{2}\right) \neq 0$ 이므로 발산정리에 의하여

$\sum_{n=1}^\infty \ln\left(\frac{n}{2n+1}\right)$ 이 발산한다. 따라서 $\sum_{n=1}^\infty \ln\left(\frac{n}{2n+1}\right)$ 도 발산한다.

ㄷ. (수렴)

$\lim_{n\to\infty}\frac{1}{\sqrt{n+1}} = 0$ 이므로 교대급수 판정법에 의하여

$\sum_{n=1}^\infty \frac{(-1)^n}{\sqrt{n+1}}$ 은 수렴한다.

ㄹ. (발산)

$\int_2^\infty \frac{1}{n\sqrt{\ln n}} dn = [2\sqrt{\ln n}]_2^\infty = \infty$ 이므로 적분판정법에 의하여

$\sum_{n=2}^\infty \frac{1}{n\sqrt{\ln n}}$ 은 발산한다.

즉, 수렴하는 것은 ㄱ, ㄷ이다.

16 ②

ㄱ. (수렴)

$a_n = \frac{4}{\pi^n}$ 라 하면 $\lim_{n\to\infty}\frac{a_{n+1}}{a_n} = \frac{1}{\pi} < 1$ 이므로

$\sum_{n=1}^\infty \frac{4}{\pi^n}$ 는 양항급수의 비 판정법에 의해 수렴한다.

ㄴ. (발산)

$a_n = \frac{2}{4+e^{-n}}$ 에 대하여 $\lim_{n\to\infty}\frac{2}{4+e^{-n}} = \frac{1}{2} \neq 0$ 이므로

발산정리에 의하여 $\sum_{n=1}^\infty \frac{2}{4+e^{-n}}$ 는 발산한다.

ㄷ. (수렴)

$a_n = \frac{1+\cos\frac{n\pi}{2}}{e^n}$ 라 하면 $a_n = \frac{1}{e}, \frac{0}{e^2}, \frac{1}{e^3}, \frac{2}{e^4}, \cdots$ 이므로

0인 항을 제외한 나머지 항들의 수열을 b_n 이라 할 때,

$0 < b_n \leq \dfrac{2}{e^n}$ 이고 $\sum_{n=1}^{\infty} \dfrac{2}{e^n}$ 은 양항급수의 비율판정법에 의해

수렴하므로 $\sum_{n=1}^{\infty} \dfrac{1+\cos\dfrac{n\pi}{2}}{e^n}$ 은 비교판정법에 의해 수렴한다.

ㄹ. (발산)

$a_n = \dfrac{e^n}{n^2}$ 에 대하여 $\lim_{n \to \infty} \left| \dfrac{a_{n+1}}{a_n} \right| = e > 1$ 이므로

비율 판정법에 의하여 $\sum_{n=1}^{\infty} \dfrac{e^n}{n^2}$ 은 발산한다.

즉, 발산하는 급수는 ㄴ, ㄹ이다.

17 ①

① $\dfrac{1}{\sqrt{n \ln n}}$ 은 감소수열이고 $\lim_{n \to \infty} \dfrac{1}{\sqrt{n \ln n}} = 0$ 이므로

$\sum_{n=2}^{\infty} \dfrac{(-1)^n}{\sqrt{n \ln n}}$ 은 교대급수 판정법에 의해 수렴한다.

② $\lim_{n \to \infty} \dfrac{\dfrac{2^{n+1}}{(n+1)(\ln(n+1))^2}}{\dfrac{2^n}{n(\ln n)^2}} = \lim_{n \to \infty} \dfrac{2n(\ln n)^2}{(n+1)(\ln(n+1))^2} = 2 > 1$

이므로 비율 판정법에 의해 발산한다.

③ $f(x) = \dfrac{x}{x^2+1}$ 로 놓으면 $f(x)$는 $x \geq 1$에서 양의 값을 갖는

연속함수이고 감소함수이다. 적분판정법을 사용하면

$\int_1^{\infty} \dfrac{x}{x^2+1} dx = \left[\dfrac{1}{2} \ln(x^2+1) \right]_1^{\infty} = \infty$ 이므로 발산한다.

④ $\lim_{n \to \infty} \cos(2^{-n}) = 1$ 이므로 $\sum_{n=1}^{\infty} \cos(2^{-n})$ 은 발산한다.

18 ④

ㄱ. (거짓)

$a_n = (-1)^n \dfrac{1}{\sqrt{n}}$ 이라 할 때,

무한급수 $\sum_{n=1}^{\infty} a_n = \sum_{n=1}^{\infty} (-1)^n \dfrac{1}{\sqrt{n}}$ 은 수렴하지만

$\sum_{n=1}^{\infty} a_n^2 = \sum_{n=1}^{\infty} \dfrac{1}{n}$ 은 발산한다.

ㄴ. (참)

무한급수 $\sum_{n=1}^{\infty} a_n^2$ 이 수렴하면

$\lim_{n \to \infty} a_n^2 = 0 \Rightarrow \lim_{n \to \infty} a_n = 0$ 이고

$\lim_{n \to \infty} \dfrac{|a_n^3|}{a_n^2} = \lim_{n \to \infty} \dfrac{|a_n||a_n^2|}{a_n^2} = \lim_{n \to \infty} |a_n| = 0$ 이므로

극한 비교판정법에 의하여

$\sum_{n=1}^{\infty} a_n^2$ 이 수렴하면 $\sum_{n=1}^{\infty} |a_n^3|$ 이 수렴한다.

그러므로 $\sum_{n=1}^{\infty} a_n^3$ 은 수렴한다.

ㄷ. (거짓)

$a_n = (-1)^n \dfrac{1}{\sqrt{n}}$ 이라 할 때,

무한급수 $\sum_{n=1}^{\infty} a_n = \sum_{n=1}^{\infty} (-1)^n \dfrac{1}{\sqrt{n}}$ 은 수렴하지만

$\sum_{n=1}^{\infty} (-1)^n \dfrac{a_n}{\sqrt{n}} = \sum_{n=1}^{\infty} \dfrac{1}{n}$ 은 발산한다.

ㄹ. (거짓)

$a_n = (-1)^n \dfrac{1}{\sqrt{n}}$ 이라 할 때,

무한급수 $\sum_{n=1}^{\infty} \dfrac{a_n}{\sqrt{n}} = \sum_{n=1}^{\infty} \dfrac{(-1)^n}{n}$ 은 수렴하지만

$\sum_{n=1}^{\infty} (-1)^n a_n = \sum_{n=1}^{\infty} \dfrac{1}{\sqrt{n}}$ 은 발산한다.

즉, 보기 중 옳은 것의 개수는 1개다.

19 ③

ㄱ. (발산)

$\sum_{n=2}^{\infty} a_n = \sum_{n=2}^{\infty} \dfrac{1}{n^{\frac{1}{3}}(\ln n)^{\frac{2}{5}}} > \sum_{n=2}^{\infty} \dfrac{1}{n(\ln n)}$ 이고

$\sum_{n=2}^{\infty} \dfrac{1}{n(\ln n)}$ 은 적분판정법에 의하여 발산한다. 그러므로

비교판정법에 의하여 $\sum_{n=2}^{\infty} a_n = \sum_{n=2}^{\infty} \dfrac{1}{n^{\frac{1}{3}}(\ln n)^{\frac{2}{5}}}$ 은 발산한다.

ㄴ. (발산)

$\sum_{n=2}^{\infty} a_n^2 = \sum_{n=2}^{\infty} \dfrac{1}{n^{\frac{2}{3}}(\ln n)^{\frac{4}{5}}} > \sum_{n=2}^{\infty} \dfrac{1}{n(\ln n)}$ 이고

$\sum_{n=2}^{\infty} \dfrac{1}{n(\ln n)}$ 은 적분판정법에 의하여 발산한다. 그러므로

비교판정법에 의하여 $\sum_{n=2}^{\infty} a_n^2 = \sum_{n=2}^{\infty} \dfrac{1}{n^{\frac{2}{3}}(\ln n)^{\frac{4}{5}}}$ 은 발산한다.

ㄷ. (수렴)

$\sum_{n=2}^{\infty} a_n^3 = \sum_{n=2}^{\infty} \dfrac{1}{n(\ln n)^{\frac{6}{5}}}$ 이고 $\int_2^{\infty} \dfrac{1}{n(\ln n)^{\frac{6}{5}}} dn = \int_{\ln 2}^{\infty} \dfrac{1}{x^{\frac{6}{5}}} dx$ 에서

($\because \ln n = x$ 라고 치환)

$x = \infty$ 일 때, $p = \dfrac{6}{5} > 1$ 이므로

$\int_{\ln 2}^{\infty} \dfrac{1}{x^{\frac{6}{5}}} dx$ 는 수렴한다. 그러므로 적분판정법에 의하여

$\sum_{n=2}^{\infty} a_n^3 = \sum_{n=2}^{\infty} \dfrac{1}{n(\ln n)^{\frac{6}{5}}}$ 은 수렴한다.

ㄹ. (수렴)

$\sum_{n=2}^{\infty} a_n^4 = \sum_{n=2}^{\infty} \dfrac{1}{n^{\frac{4}{3}}(\ln n)^{\frac{8}{5}}} < \sum_{n=2}^{\infty} \dfrac{1}{n(\ln n)^{\frac{6}{5}}}$ 이고

$\sum_{n=2}^{\infty} \dfrac{1}{n(\ln n)^{\frac{6}{5}}}$ 은 적분판정법에 의하여 수렴한다.

그러므로 비교판정법에 의하여

$\sum_{n=2}^{\infty} a_n^4 = \sum_{n=2}^{\infty} \dfrac{1}{n^{\frac{4}{3}}(\ln n)^{\frac{8}{5}}}$ 은 수렴한다.

즉, 보기에서 수렴하는 것은 2개다.

20 ③

ㄱ. (발산)

$f(x) = \dfrac{1}{x \ln x (\ln(\ln x))}$ 이라고 하면

$\int_8^\infty f(x)\,dx = \int_8^\infty \dfrac{1}{x \ln x (\ln(\ln x))}\,dx = \int_{\ln(\ln 8)}^\infty \dfrac{1}{t}\,dt$ 이므로

(∵ $t = \ln(\ln x)$ 치환)

p-판정법에 의해 $\int_8^\infty f(x)\,dx$ 는 발산한다.

따라서 적분판정법에 의해

$\sum_{n=8}^\infty \dfrac{1}{n \cdot \ln n \cdot (\ln(\ln n))^2}$ 은 발산한다.

ㄴ. (수렴)

$a_n = 2^{-n} n^{\ln n}$ 이라 하면

$\lim_{n \to \infty} |a_n|^{\frac{1}{n}} = \lim_{n \to \infty} 2^{-1} \cdot n^{\frac{\ln n}{n}} = \dfrac{1}{2} \lim_{n \to \infty} n^{\frac{\ln n}{n}} = \dfrac{1}{2} < 1$ 이므로

n승근 판정법에 의하여 수렴한다.

(∵ $\lim_{n \to \infty} \dfrac{\ln n}{n} \left(\dfrac{\infty}{\infty}\right) = \lim_{n \to \infty} \dfrac{1}{n} = 0$)

ㄷ. (수렴)

$a_n = \dfrac{n!}{n^n}$ 이라 하면

$\lim_{n \to \infty} \left| \dfrac{a_{n+1}}{a_n} \right| = \lim_{n \to \infty} \dfrac{\frac{(n+1)!}{(n+1)^{n+1}}}{\frac{n!}{n^n}}$

$= \lim_{n \to \infty} \dfrac{(n+1) n^n}{(n+1)^{n+1}}$

$= \lim_{n \to \infty} \dfrac{n^n}{(n+1)^n}$

$= \lim_{n \to \infty} \dfrac{1}{\left(\frac{n+1}{n}\right)^n}$

$= \lim_{n \to \infty} \dfrac{1}{\left(1 + \frac{1}{n}\right)^n} = \dfrac{1}{e} < 1$

이므로 비율 판정법에 의하여 급수는 수렴한다.

ㄹ. (발산)

$\dfrac{1 \cdot 3 \cdot \cdots \cdot (2n-1)}{2 \cdot 4 \cdot \cdots \cdot 2n}$

$= 1 \cdot \dfrac{3}{2} \cdot \dfrac{5}{4} \cdot \cdots \cdot \dfrac{2n-1}{2n-2} \cdot \dfrac{1}{2n} > \dfrac{1}{2n}$ 이고

$\sum_{n=1}^\infty \dfrac{1}{2n}$ 은 발산하므로 비교판정법에 의하여 발산한다.

즉, 수렴하는 급수는 ㄴ, ㄷ이다.

21 ③

ㄱ. (수렴)

양수항이고 감소수열이므로 적분판정법

$\int_2^\infty \dfrac{dx}{x(\ln x)^2} = \dfrac{1}{\ln 2}$ 에 의해 수렴한다.

ㄴ. (수렴)

양수항 급수이므로 n승근 판정법

$\lim_{n \to \infty} \dfrac{2n+3}{3n+2} = \dfrac{2}{3} < 1$ 에 의해 수렴한다.

ㄷ. (수렴)

$\lim_{n \to \infty} \dfrac{\sqrt{n} \ln(1+n)}{n+1} = 0$ 이므로

교대급수 판정법에 의해 수렴한다.

ㄹ. (발산)

$a_n = \sin \dfrac{1}{n}$, $b_n = \dfrac{1}{n}$ 이라 하면 $\{a_n\}$, $\{b_n\}$은

양항급수이므로 $\lim_{n \to \infty} \dfrac{a_n}{b_n} = 1$ 이고 $\sum_{n=1}^\infty b_n$ 은 발산한다.

따라서 극한비교 판정법에 의해 발산한다.

즉, 보기 중 수렴하는 급수의 개수는 3개다.

22 ③

ㄱ. (수렴)

$\lim_{n \to \infty} \dfrac{\ln\left(1 + \frac{1}{n^2-1}\right)}{\frac{1}{n^2-1}} = 1$ 이고 $\sum_{n=3}^\infty \dfrac{1}{n^2-1}$ 은 수렴하므로

극한 비교판정법에 의하여 수렴한다.

ㄴ. (수렴)

$0 < \dfrac{1}{n\left(1 + \frac{1}{\sqrt{2}} + \cdots + \frac{1}{\sqrt{n}}\right)} \leq \dfrac{1}{n\left(\frac{1}{\sqrt{n}} + \frac{1}{\sqrt{n}} + \cdots + \frac{1}{\sqrt{n}}\right)}$

$= \dfrac{1}{n^{\frac{3}{2}}}$ 이고 $\sum_{n=1}^\infty \dfrac{1}{n^{\frac{3}{2}}}$ 은 수렴하므로 비교판정법에 의하여 수렴한다.

ㄷ. (수렴)

$\lim_{n \to \infty} \dfrac{\frac{1}{\sqrt{n}} \ln\left(1 + \frac{1}{n}\right)}{\frac{1}{\sqrt{n}} \cdot \frac{1}{n}} = 1$ 이고 $\sum_{n=1}^\infty \dfrac{1}{n\sqrt{n}}$ 은 수렴하므로

극한 비교판정법에 의하여 수렴한다.

ㄹ. (발산)

$\lim_{n \to \infty} \dfrac{\sin \frac{1}{n}}{\frac{1}{n}} = 1$ 이고 $\sum_{n=1}^\infty \dfrac{1}{n}$ 은 발산하므로 극한 비교판정법에

의하여 발산한다.

즉, 수렴하는 급수는 3개다.

23 ③

ㄱ. (발산)

$\sum_{n=1}^\infty \left(\dfrac{n}{n+1}\right)^n = \sum_{n=1}^\infty \left(1 - \dfrac{1}{n+1}\right)^{-(n+1) \cdot \left(-\frac{n}{n+1}\right)} = \sum_{n=1}^\infty e^{-\frac{n}{n+1}}$

$\lim\limits_{n \to \infty} e^{-\frac{n}{n+1}} = \frac{1}{e} \neq 0$이므로 발산정리에 의해 발산한다.

ㄴ. (수렴)

(ⅰ) $n \geq 2$에 대하여 $\sqrt{n} \geq \ln n$이므로

$$\sum_{n=2}^{\infty} \frac{\ln n}{n^2} \leq \sum_{n=2}^{\infty} \frac{\sqrt{n}}{n^2} = \sum_{n=2}^{\infty} \frac{1}{n^{\frac{3}{2}}}$$

이고 p급수 판정법에 의해

$\sum_{n=2}^{\infty} \frac{1}{n^{\frac{3}{2}}}$ 이 수렴하므로 비교판정법에 의해

$\sum_{n=2}^{\infty} \frac{\ln n}{n^2}$ 은 수렴한다.

(ⅱ) $n \geq 2$일 때, $\frac{1}{n(\ln n)^2}$ 은 양의 값을 갖는 감소함수이므로 적분판정법을 사용할 수 있다. 즉,

$$\int_2^{\infty} \frac{1}{x(\ln x)^2} dx = \int_{\ln 2}^{\infty} \frac{1}{u^2} du = \left[-\frac{1}{u}\right]_{\ln 2}^{\infty} = \frac{1}{\ln 2}$$ 이므로

$\left(\because \ln x = u, \frac{1}{x} dx = du\right)$

$\sum_{n=2}^{\infty} \frac{1}{n(\ln n)^2}$ 은 수렴한다.

(ⅰ), (ⅱ)에 의해 주어진 급수는 수렴한다.

ㄷ. (수렴)

(ⅰ) $n \geq 1$일 때, $\frac{1}{\cosh n}$ 은 감소수열이므로 $\sum_{n=1}^{\infty} \frac{(-1)^n}{\cosh n}$ 은 교대급수 판정법에 의해 수렴한다.

(ⅱ) $\sum_{n=1}^{\infty} \left|\frac{\sin n}{n\sqrt{n}}\right| \leq \sum_{n=1}^{\infty} \left|\frac{1}{n\sqrt{n}}\right|$ 이고

$\sum_{n=1}^{\infty} \left|\frac{1}{n\sqrt{n}}\right|$ 은 p급수 판정법에 의해 수렴하므로

비교판정법에 의해 $\sum_{n=1}^{\infty} \left|\frac{\sin n}{n\sqrt{n}}\right|$ 은 수렴하고, $\sum_{n=1}^{\infty} \frac{\sin n}{n\sqrt{n}}$ 은 절대수렴한다.

즉, 수렴하는 급수의 개수는 2개다.

24 ④

ㄱ. (거짓)

[반례] $x_n = \frac{1}{n^2}$

ㄴ. (참)

산술기하평균에 의해

$\frac{1}{2} \sum_{n=1}^{\infty} (x_n + x_{n+1}) \geq \sum_{n=1}^{\infty} \sqrt{x_n x_{n+1}}$ 이고,

$\frac{1}{2}\left(\sum_{n=1}^{\infty} x_n + \sum_{n=1}^{\infty} x_{n+1}\right)$ 이 수렴하므로 비교판정법에 의해

$\sum_{n=1}^{\infty} \sqrt{x_n x_{n+1}}$ 도 수렴한다.

ㄷ. (참)

$\sum_{n=1}^{\infty} x_n = \sum_{n=1}^{\infty} \frac{1}{n} \cdot nx_n$ 에 대해 수열 $\left(\frac{1}{n}\right)$ 은 감소하는 유계 수열

이고 $\sum_{n=1}^{\infty} nx_n$ 은 수렴하므로 아벨판정법에 의해 $\sum_{n=1}^{\infty} x_n$ 은 수렴한다.

ㄹ. (거짓)

[반례] $x_n = (-1)^n \frac{1}{\sqrt{n}}$, $y_n = (-1)^n \frac{1}{\sqrt{n}}$

즉, 옳은 것은 ㄴ, ㄷ이다.

25 ②

ㄱ. (참)

수열 $\{a_n\}$이 단조감소이면서 무한급수 $\sum_{n=1}^{\infty} a_n^2$ 이 수렴하면

$a_n > 0$이고 $\lim\limits_{n \to \infty} a_n^2 = 0$이므로 $\lim\limits_{n \to \infty} a_n = 0$이다. 그러므로

교대급수 판정법에 의하여 교대급수 $\sum_{n=1}^{\infty} (-1)^n a_n$은 수렴한다.

ㄴ. (거짓)

[반례] $a_n = \frac{1}{\sqrt{n}}$ 이라 하면 $\sum_{n=1}^{\infty} a_n^2 = \sum_{n=1}^{\infty} \frac{1}{n}$ 은 발산하지만

$\sum_{n=1}^{\infty} a_n^4 = \sum_{n=1}^{\infty} \frac{1}{n^2}$ 은 p급수 판정법에 의하여 수렴한다.

ㄷ. (거짓)

[반례] $a_n = (-1)^n \frac{1}{\sqrt{n}}$ 이라 하면

$\sum_{n=1}^{\infty} a_n^2 = \sum_{n=1}^{\infty} \frac{1}{n}$ 은 발산하지만

$\sum_{n=1}^{\infty} a_n = \sum_{n=1}^{\infty} (-1)^n \frac{1}{\sqrt{n}}$ 은 $\lim\limits_{n \to \infty} \frac{1}{\sqrt{n}} = 0$이므로

교대급수 판정법에 의하여 수렴한다.

ㄹ. (거짓)

$a_n = \begin{cases} \dfrac{1}{n^2} & n : 짝수 \\ -\dfrac{1}{\sqrt{n}} & n : 홀수 \end{cases}$ 라고 하면

$a_n + |a_n| = \begin{cases} \dfrac{2}{n^2} & n : 짝수 \\ 0 & n : 홀수 \end{cases} = \dfrac{2}{2^2} + \dfrac{2}{4^2} + \dfrac{2}{6^2} + \cdots$ 이므로

$\sum_{n=1}^{\infty} (a_n + |a_n|) = 2\sum_{n=1}^{\infty} \frac{1}{(2n)^2} = \sum_{n=1}^{\infty} \frac{1}{2n^2}$ 은 적분판정법에 의하여

수렴한다. 하지만 $a_n^2 = \begin{cases} \dfrac{1}{n^4} & n : 짝수 \\ \dfrac{1}{n} & n : 홀수 \end{cases}$ 이므로

$\sum_{n=1}^{\infty} a_n^2 = \sum_{n=1}^{\infty} \left(\frac{1}{n} + \frac{1}{n^4}\right)$은 발산한다.

즉, 옳은 것은 1개다.

08. 멱급수

01 ④	02 ④	03 ②	04 ④	05 ①	06 ④	07 ②	08 ④	09 ①	10 ②
11 ③	12 ④	13 ①	14 ①	15 ④	16 ③	17 ③	18 ①	19 ③	20 ④
21 ④	22 ③	23 ①	24 ④	25 ③					

01 ④

$a_n = \dfrac{(-4)^n x^n}{\sqrt{n+1}}$ 이라 할 때,

$\lim_{n \to \infty} \left| \dfrac{a_{n+1}}{a_n} \right| = |4x|$ 이다. 비율 판정법에 의하여

$|4x| < 1 \Leftrightarrow |x| < \dfrac{1}{4}$ 일 때 수렴한다.

그러므로 $\sum_{n=0}^{\infty} \dfrac{(-4)^n x^n}{\sqrt{n+1}}$ 의 수렴 반지름은 $\dfrac{1}{4}$ 이다.

02 ④

(i) $a_n = (-1)^n n x^n$ 이라 할 때,

$\lim_{n \to \infty} \left| \dfrac{a_{n+1}}{a_n} \right| = |x|$ 이므로 비율 판정법에 의하여

$|x| < 1$ 일 때 수렴한다. 따라서 $\sum_{n=1}^{\infty} (-1)^n n x^n$ 의 수렴반경은

$1 = \alpha$ 이다.

(ii) $b_n = \dfrac{(-1)^n x^n}{\sqrt[3]{n}}$ 이라 할 때,

$\lim_{n \to \infty} \left| \dfrac{b_{n+1}}{b_n} \right| = |x|$ 이므로 비율 판정법에 의하여

$|x| < 1$ 일 때 수렴한다. 따라서

$\sum_{n=1}^{\infty} \dfrac{(-1)^n x^n}{\sqrt[3]{n}}$ 의 수렴반경은 $1 = \beta$ 이다.

(iii) $c_n = \dfrac{n(x+2)^n}{5^{n+1}}$ 이라 할 때,

$\lim_{n \to \infty} \left| \dfrac{c_{n+1}}{c_n} \right| = \dfrac{1}{5}|x+2|$ 이므로 비율 판정법에 의하여

$\dfrac{1}{5}|x+2| < 1 \Leftrightarrow |x+2| < 5$ 일 때 수렴한다.

그러므로 $\sum_{n=0}^{\infty} \dfrac{n(x+2)^n}{5^{n+1}}$ 의 수렴반경은 $5 = \gamma$ 이다.

(iv) $d_n = \dfrac{n! x^n}{1 \cdot 3 \cdot 5 \cdots (2n-1)}$ 이라 할 때,

$\lim_{n \to \infty} \left| \dfrac{d_{n+1}}{d_n} \right| = \dfrac{1}{2}|x|$ 이므로 비율 판정법에 의하여

$\dfrac{1}{2}|x| < 1 \Leftrightarrow |x| < 2$ 일 때 수렴한다.

그러므로 $\sum_{n=1}^{\infty} \dfrac{n! x^n}{1 \cdot 3 \cdot 5 \cdots (2n-1)}$ 의 수렴반경은 $2 = \delta$ 이다.

(i)~(iv)에 의하여 $\alpha + \beta + \gamma + \delta = 1 + 1 + 5 + 2 = 9$ 이다.

03 ②

① $a_n = \dfrac{x^{n+2}}{n+1}$ 라 할 때, $\lim_{n \to \infty} \left| \dfrac{a_{n+1}}{a_n} \right| = |x|$ 이므로 비율 판정법에 의

하여 $|x| < 1$ 일 때 수렴한다. 그러므로 $\sum_{n=1}^{\infty} \dfrac{x^{n+2}}{n+1}$ 의 수렴반경은 1

이다.

② $a_n = \dfrac{(-\sqrt{2}x)^n}{\sqrt{n+1}}$ 이라 할 때, $\lim_{n \to \infty} \left| \dfrac{a_{n+1}}{a_n} \right| = |\sqrt{2}x|$ 이므로 비율

판정법에 의하여 $|\sqrt{2}x| < 1 \Leftrightarrow |x| < \dfrac{1}{\sqrt{2}}$ 일 때 수렴한다.

그러므로 $\sum_{n=1}^{\infty} \dfrac{(-\sqrt{2}x)^n}{\sqrt{n+1}}$ 의 수렴반경은 $\dfrac{1}{\sqrt{2}}$ 이다.

③ $a_n = \dfrac{x^{2n}}{n^n}$ 이라 할 때, $\lim_{n \to \infty} \left| \dfrac{a_{n+1}}{a_n} \right| = 0|x^2|$ 이므로

$|x^2| < \infty \Leftrightarrow |x| < \infty$ 일 때 수렴한다.

그러므로 $\sum_{n=1}^{\infty} \dfrac{x^{2n}}{n^n}$ 의 수렴반경은 ∞ 이다.

④ $a_n = \dfrac{(x+1)^n}{3^n}$ 이라 할 때, $\lim_{n \to \infty} \left| \dfrac{a_{n+1}}{a_n} \right| = \dfrac{|x+1|}{3}$ 이므로

비율 판정법에 의하여 $\dfrac{|x+1|}{3} < 1 \Leftrightarrow |x+1| < 3$ 일 때 수렴한다.

그러므로 $\sum_{n=1}^{\infty} \dfrac{(x+1)^n}{3^n}$ 의 수렴반경은 3이다.

즉, 주어진 급수 중 수렴반경이 가장 작은 것은 ②이다.

04 ④

$x = 4$ 에서 테일러 급수는

$f(x) = \sum_{n=0}^{\infty} \dfrac{f^{(n)}(4)}{n!}(x-4)^n = \sum_{n=0}^{\infty} \dfrac{(-2)^n}{3^n(n+1)}(x-4)^n$ 이고

$a_n = \dfrac{(-2)^n}{3^n(n+1)}(x-4)^n$ 라고 할 때,

$\lim_{n \to \infty} \left| \dfrac{a_{n+1}}{a_n} \right| = \dfrac{2}{3}|x-4|$ 이므로 $|x-4| < \dfrac{3}{2}$ 에서 수렴한다. 따라서

함수 $f(x)$의 $x = 4$에서 테일러 급수의 수렴반지름은 $\dfrac{3}{2}$ 이다.

05 ①

$\sum_{n=1}^{\infty} c_n x^n$ 과 $\sum_{n=1}^{\infty} d_n x^n$ 의 수렴반경이 각각 2와 3이므로

$\lim_{n \to \infty} \dfrac{c_n}{c_{n+1}} = 2$, $\lim_{n \to \infty} \dfrac{d_n}{d_{n+1}} = 3$ 이다.

$\sum_{n=1}^{\infty}\left(\dfrac{c_n}{5^n}+\dfrac{d_n}{4^n}\right)x^n$ 의 수렴반경은

$\sum_{n=1}^{\infty}\dfrac{c_n}{5^n}x^n$ 과 $\sum_{n=1}^{\infty}\dfrac{d_n}{4^n}x^n$ 의 공통 수렴반경 중 작은 것과 같다.

$\lim_{n\to\infty}\dfrac{\frac{c_n}{5^n}}{\frac{c_{n+1}}{5^{n+1}}}=5\lim_{n\to\infty}\dfrac{c_n}{c_{n+1}}=5\cdot 2=10,$

$\lim_{n\to\infty}\dfrac{\frac{d_n}{4^n}}{\frac{d_{n+1}}{4^{n+1}}}=4\lim_{n\to\infty}\dfrac{d_n}{d_{n+1}}=12$ 이므로

$\sum_{n=1}^{\infty}\left(\dfrac{c_n}{5^n}+\dfrac{d_n}{4^n}\right)x^n$ 의 수렴반경은 둘 중 작은 값인 10이다.

06 ④

급수해 $y(x)=\sum_{n=0}^{\infty}a_n(x-1)^n$ 의 중심은 $x=1$ 이고

$(x+2)(x^2+4)=0$ 이 되는 값(특이점)은

$x=-2$, $x=2i$ 와 $x=-2i$ 이다.

(i) $x=1$ 과 $x=-2$ 사이의 거리는 3 이다.

(ii) $x=1$ 과 $x=2i$ 사이의 거리는 $\sqrt{5}$ 이다.

(iii) $x=1$ 과 $x=-2i$ 사이의 거리는 $\sqrt{5}$ 이다.

따라서 멱급수해의 수렴반경은 $\sqrt{5}$ 이다.

07 ②

$a_n=\dfrac{(-1)^n}{3^n\sqrt{3n-1}}(x-2)^n$ 이라 하면

$\lim_{n\to\infty}\left|\dfrac{a_{n+1}}{a_n}\right|=\dfrac{|x-2|}{3}$ 이므로 비율 판정법에 의하여

$-1<x<5$ 에서 수렴한다.

(i) $x=5$ 일 때,

$\sum_{n=1}^{\infty}\dfrac{(-1)^n}{\sqrt{3n-1}}$ 이고 $\lim_{n\to\infty}\dfrac{1}{\sqrt{3n-1}}=0$ 이므로

교대급수 판정법에 의하여 $\sum_{n=1}^{\infty}\dfrac{(-1)^n}{\sqrt{3n-1}}$ 은 수렴한다.

(ii) $x=-1$ 일 때,

$\sum_{n=1}^{\infty}\dfrac{1}{\sqrt{3n-1}}>\dfrac{1}{2}\sum_{n=1}^{\infty}\dfrac{1}{n}$ 이고 $p=1$ 이므로 p급수 판정법에

의하여 $\dfrac{1}{2}\sum_{n=1}^{\infty}\dfrac{1}{n}$ 은 발산한다. 즉, 비교판정법에 의하여

$\sum_{n=1}^{\infty}\dfrac{1}{\sqrt{3n-1}}$ 은 발산한다.

그러므로 $\sum_{n=1}^{\infty}\dfrac{(-1)^n}{3^n\sqrt{3n-1}}(x-2)^n$ 의 수렴구간은

$-1<x\leq 5$ 이다. $\Leftrightarrow (-1,5]$

08 ④

$a_n=(-1)^n\dfrac{(x+3)^n}{n3^n}$ 이라 하면

$\lim_{n\to\infty}\left|\dfrac{a_{n+1}}{a_n}\right|=\left|\dfrac{x+3}{3}\right|$ 이므로 비율 판정법에 의하여

$\left|\dfrac{x+3}{3}\right|<1 \Leftrightarrow |x+3|<3 \Leftrightarrow -6<x<0$ 일 때 수렴한다.

(i) $x=0$ 일 때,

$\sum_{n=1}^{\infty}(-1)^n\dfrac{3^n}{n3^n}=\sum_{n=1}^{\infty}\dfrac{(-1)^n}{n}$ 이고

$\lim_{n\to\infty}\dfrac{1}{n}=0$ 이므로 교대급수 판정법에 의하여

$\sum_{n=1}^{\infty}\dfrac{(-1)^n}{n}$ 은 수렴한다.

(ii) $x=-6$ 일 때,

$\sum_{n=1}^{\infty}(-1)^n\dfrac{(-3)^n}{n3^n}=\sum_{n=1}^{\infty}\dfrac{1}{n}$ 이고 $p=1$ 이므로

p급수 판정법에 의하여 $\sum_{n=1}^{\infty}\dfrac{1}{n}$ 은 발산한다.

그러므로 $\sum_{n=1}^{\infty}(-1)^n\dfrac{(x+3)^n}{n3^n}$ 의 수렴구간은 $-6<x\leq 0$ 이다.

따라서 수렴하는 정수의 개수는 6개다.

09 ①

$c_n=\dfrac{(x-2)^n}{n3^n}$ 이라 하면

$\lim_{n\to\infty}\left|\dfrac{c_{n+1}}{c_n}\right||x-2|=\lim_{n\to\infty}\left|\dfrac{n\cdot 3^n}{(n+1)3^{n+1}}\right||x-2|$

$=\dfrac{1}{3}|x-2|<1$ 에서 $-1<x<5$ 이다.

(i) $x=-1$ 일 때,

$\sum_{n=1}^{\infty}\dfrac{(-1)^n}{n}$ 은 교대급수 판정법에 의해 수렴한다.

(ii) $x=5$ 일 때, 조화급수 $\sum_{n=1}^{\infty}\dfrac{1}{n}$ 은 발산한다.

즉, 수렴구간은 $-1\leq x<5$ 이다. 그러므로 수렴구간 내의 정수는

$-1, 0, 1, 2, 3, 4$ 이고 그 합은 9이다.

10 ②

$x=5$ 일 때, $\sum_{n=0}^{\infty}3^n a_n$ 이 수렴하므로 $b_n=3^n a_n$ 이라 하면

$\lim_{n\to\infty}\left|\dfrac{b_{n+1}}{b_n}\right|=\lim_{n\to\infty}3\left|\dfrac{a_{n+1}}{a_n}\right|\leq 1$

$\Leftrightarrow \lim_{n\to\infty}\left|\dfrac{a_{n+1}}{a_n}\right|\leq\dfrac{1}{3}$ 이 성립한다.

$x=-2$ 일 때, $\sum_{n=0}^{\infty}(-4)^n a_n$ 은 발산하므로

$c_n=(-4)^n a_n$ 이라 하면

$\lim_{n\to\infty}\left|\dfrac{c_{n+1}}{c_n}\right|=\lim_{n\to\infty}4\left|\dfrac{a_{n+1}}{a_n}\right|\geq 1$

$\Leftrightarrow \lim_{n\to\infty}\left|\dfrac{a_{n+1}}{a_n}\right|\geq\dfrac{1}{4}$ 이 성립한다.

따라서 $\dfrac{1}{4}\leq\lim_{n\to\infty}\left|\dfrac{a_{n+1}}{a_n}\right|\leq\dfrac{1}{3}$ 이다.

ㄱ. $\sum_{n=0}^{\infty}(-3)^n a_n$ 에서 $d_n=(-3)^n a_n$ 이라 하면

$\lim_{n\to\infty}\left|\dfrac{d_{n+1}}{d_n}\right|=\lim_{n\to\infty}3\left|\dfrac{a_{n+1}}{a_n}\right|$ 에서

$\dfrac{3}{4}\leq\lim_{n\to\infty}\left|\dfrac{d_{n+1}}{d_n}\right|\leq 1$ 이므로

$\lim_{n\to\infty}\left|\dfrac{d_{n+1}}{d_n}\right|=1$ 일 때, 수렴 또는 발산한다.

[반례] $a_n=\dfrac{(-1)^n}{n3^n}$ 이라 하면

$\sum_{n=0}^{\infty}(-3)^n a_n=\sum_{n=0}^{\infty}(-3)^n\dfrac{(-1)^n}{n3^n}=\sum_{n=0}^{\infty}\dfrac{1}{n}$ 에서 $p=1$ 이므로
p급수 판정법에 의하여 발산한다.

ㄴ. $\sum_{n=0}^{\infty}a_n$ 은 $e_n=a_n$ 이라 하면

$\lim_{n\to\infty}\left|\dfrac{e_{n+1}}{e_n}\right|=\lim_{n\to\infty}\left|\dfrac{a_{n+1}}{a_n}\right|$ 이고

$\dfrac{1}{4}\leq\lim_{n\to\infty}\left|\dfrac{d_{n+1}}{d_n}\right|\leq\dfrac{1}{3}$ 이므로 비율 판정법에 의하여 수렴한다.

ㄷ. $\sum_{n=0}^{\infty}5^n a_n$ 은 $f_n=5^n a_n$ 이라 하면

$\lim_{n\to\infty}\left|\dfrac{f_{n+1}}{f_n}\right|=\lim_{n\to\infty}5\left|\dfrac{a_{n+1}}{a_n}\right|$ 이고

$\dfrac{5}{4}\leq\lim_{n\to\infty}\left|\dfrac{f_{n+1}}{f_n}\right|\leq\dfrac{5}{3}$ 이므로 비율 판정법에 의하여 발산한다.

다른 풀이

멱급수 $\sum_{n=0}^{\infty}a_n(x-2)^n$ 의 수렴반경을 R이라 하면 $x-2$를 중심으로 $x=5$에서 수렴하고 $x=-2$에서 발산하므로 $3\leq R\leq 4$ 이다.

ㄱ. $x=-1$일 때, $\sum_{n=0}^{\infty}(-3)^n a_n$ 이다.

$x=-1$은 수렴반경 $R=3$인 경우, 수렴구간의 경계에 해당하여 항상 수렴하므로 발산한다고 판정할 수 없다.

ㄴ. $x=3$일 때, $\sum_{n=0}^{\infty}a_n$ 이다.

$3\in(2-R,2+R)$ 이므로 항상 수렴한다.

ㄷ. $x=7$일 때, $\sum_{n=0}^{\infty}5^n a_n$ 이다.

$7\not\in(2-R,2+R)$ 이므로 항상 발산한다.

즉, 항상 참인 것은 ㄴ, ㄷ 이다.

11 ③

$\ln(1+x)=x-\dfrac{1}{2}x^2+\dfrac{1}{3}x^3+\cdots$

$\Rightarrow \ln(1-x)=-x-\dfrac{1}{2}x^2-\dfrac{1}{3}x^3-\cdots$ ($\because x=-x$ 대입)

$\Rightarrow -\ln(1-x)=x+\dfrac{1}{2}x^2+\dfrac{1}{3}x^3+\cdots$ ($\because$ 양변$\times(-1)$)

$\Rightarrow -\dfrac{\ln(1-x)}{x}=1+\dfrac{1}{2}x+\dfrac{1}{3}x^2+\cdots$ ($\because$ 양변$\div x$)

$\Rightarrow -\dfrac{\ln\left(\dfrac{1}{2}\right)}{\dfrac{1}{2}}=\dfrac{1}{1}\left(\dfrac{1}{2}\right)^0+\dfrac{1}{2}\left(\dfrac{1}{2}\right)^1+\dfrac{1}{3}\left(\dfrac{1}{2}\right)^2+\cdots$ ($\because x=\dfrac{1}{2}$ 대입)

$=\sum_{k=0}^{\infty}\dfrac{1}{2^k(k+1)}\Leftrightarrow\sum_{k=0}^{\infty}\dfrac{1}{2^k(k+1)}=-2\ln\left(\dfrac{1}{2}\right)=2\ln 2$

12 ④

$\ln(1+x)=x-\dfrac{x^2}{2}+\dfrac{x^3}{3}-\dfrac{x^4}{4}+\cdots$ 에서

$\ln(1+x^2)=x^2-\dfrac{x^4}{2}+\dfrac{x^6}{3}-\dfrac{x^8}{4}+\cdots=\sum_{n=1}^{\infty}(-1)^{n-1}\dfrac{x^{2n}}{n}$ 이므로

함숫값 $f\left(\dfrac{1}{2}\right)=\ln\left(1+\dfrac{1}{4}\right)=\ln\dfrac{5}{4}$ 이다.

13 ①

$e^x-x-1=\sum_{n=2}^{\infty}\dfrac{x^n}{n!}$ 이므로

$x=\ln 7$을 대입하면 $\sum_{n=2}^{\infty}\dfrac{(\ln 7)^n}{n!}=6-\ln 7$ 이다.

14 ①

$\sin x=\sum_{n=0}^{\infty}\dfrac{(-1)^n}{(2n+1)!}x^{2n+1}$ 이므로

$\sum_{n=0}^{\infty}\dfrac{(-1)^n}{3^{2n}(2n+1)!}\pi^{2n+1}=3\sum_{n=0}^{\infty}\dfrac{(-1)^n}{(2n+1)!}\left(\dfrac{\pi}{3}\right)^{2n+1}$
$=3\times\sin\left(\dfrac{\pi}{3}\right)=\dfrac{3\sqrt{3}}{2}$

15 ④

$\cos x=1-\dfrac{1}{2!}x^2+\dfrac{1}{4!}x^4-\cdots$ 이므로

$\cos(2x^3)=1-\dfrac{1}{2!}(2x^3)^2+\dfrac{1}{4!}(2x^3)^4-\cdots$

$=1-2x^6+\dfrac{2}{3}x^{12}-\cdots$

$\therefore \sum_{k=0}^{15}a_k=1-2+\dfrac{2}{3}=-\dfrac{1}{3}$

16 ③

매클로린 급수 전개하면

$\sum_{k=1}^{n}e^{2kx}\cos k\pi x$

$=\sum_{k=1}^{n}(1+2kx+\cdots)\left(1-\dfrac{1}{2!}(k\pi x)^2+\cdots\right)$

$=\sum_{k=1}^{n}(1+2kx+\cdots)$

$=n+2\cdot\dfrac{n(n+1)}{2}x+\cdots$ 이므로

$$\lim_{x \to 0} \frac{x\left(\sum_{k=1}^{n} e^{2kx} \cos k\pi x - n\right)}{(\ln(x+1))^2}$$

$$= \lim_{x \to 0} \frac{x(n(n+1)x + \cdots)}{\left(x - \frac{1}{2}x^2 + \cdots\right)^2}$$

$$= \lim_{x \to 0} \frac{x(n(n+1)x + \cdots)}{x^2\left(1 - \frac{1}{2}x + \cdots\right)^2}$$

$$= n(n+1) = 12 \text{이다.}$$

$$\therefore n = 3$$

17 ③

$\tanh^{-1} x = x + \frac{1}{3}x^3 + \frac{1}{5}x^5 + \cdots$ 에서 양변을 x로 나누면

$\Rightarrow \frac{\tanh^{-1} x}{x} = 1 + \frac{1}{3}x^2 + \frac{1}{5}x^4 + \cdots$ 이다. 여기서 $x = \frac{1}{3}$을 대입하면

$\Rightarrow 1 + \frac{1}{3}\left(\frac{1}{3}\right)^2 + \frac{1}{5}\left(\frac{1}{3}\right)^4 + \cdots = \frac{\tanh^{-1}\frac{1}{3}}{\frac{1}{3}}$

$\Leftrightarrow \sum_{n=0}^{\infty} \frac{1}{(2n+1)9^n} = 3\tanh^{-1}\left(\frac{1}{3}\right) = \frac{3}{2}\ln 2$ 이다.

18 ①

$$\frac{1}{(2+x)^3} = \frac{1}{8}\left(1 + \frac{x}{2}\right)^{-3}$$

$$= \frac{1}{8}\left\{1 + (-3)\left(\frac{x}{2}\right) + \frac{(-3)(-4)}{2!}\left(\frac{x}{2}\right)^2 \right.$$

$$\left. + \frac{(-3)(-4)(-5)}{3!}\left(\frac{x}{2}\right)^3 + \cdots\right\}$$

$$= \frac{1}{8}\left\{1 + (-3)\left(\frac{x}{2}\right) + \frac{(-3)(-4)}{2!}\left(\frac{x}{2}\right)^2 \right.$$

$$\left. + \frac{(-3)(-4)(-5)}{3!}\left(\frac{x}{2}\right)^3 + \cdots\right\}$$

$$= \frac{1}{8}\left\{1 - \frac{3}{2}x + \frac{3 \times 4}{2! 2^2}x^2 - \frac{3 \times 4 \times 5}{3! 2^3}x^3 + \cdots\right\}$$

$$= \frac{1}{8}\sum_{n=0}^{\infty} \frac{(-1)^n (n+1)(n+2)}{2^{n+1}} x^n$$

$$= \sum_{n=0}^{\infty} \frac{(-1)^n (n+1)(n+2)}{2^{n+4}} x^n$$

19 ③

$\sum_{n=0}^{\infty} x^n = \frac{1}{1-x} \ (|x| < 1)$

$\Rightarrow \sum_{n=1}^{\infty} nx^{n-1} = \frac{1}{(1-x)^2} \ (\because \text{항별 미분})$

$\Rightarrow \sum_{n=1}^{\infty} nx^n = \frac{x}{(1-x)^2} \ (\because \text{양변에 } x\text{를 곱함})$

$\Rightarrow \sum_{n=1}^{\infty} n^2 x^{n-1} = \frac{1+x}{(1-x)^3} \ (\because \text{항별 미분})$

$\Rightarrow \sum_{n=1}^{\infty} n^2 x^n = \frac{x(1+x)}{(1-x)^3}$

$\therefore a + b + c = 1 + 0 + 2 = 3$

20 ④

$e^x = \sum_{n=0}^{\infty} \frac{x^n}{n!} \Rightarrow (e^x)' = e^x = \sum_{n=1}^{\infty} \frac{nx^{n-1}}{n!}$ 이다.

양변에 x를 곱하면 $xe^x = \sum_{n=0}^{\infty} \frac{nx^n}{n!}$

양변을 미분하면 $(1+x)e^x = \sum_{n=0}^{\infty} \frac{n^2 x^{n-1}}{n!}$

양변에 x를 곱하면 $x(1+x)e^x = \sum_{n=0}^{\infty} \frac{n^2 x^n}{n!}$

$x = 3$을 대입하면 $12e^3 = \sum_{n=0}^{\infty} \frac{n^2 3^n}{n!}$

e^3으로 양변을 나누면 $\sum_{n=0}^{\infty} \frac{n^2 3^n}{e^3 n!} = 12$ 이다.

21 ④

멱급수 $\sum_{n=1}^{\infty} a_n x^n$ 의 수렴반경을 R이라 하면

$R = \lim_{n \to \infty} \left|\frac{a_n}{a_{n+1}}\right|$ 이다.

$\sum_{n=1}^{\infty} a_n x^n$ 은 $x = 3$일 때 수렴하고, $x = -5$일 때 발산하므로 수렴반경은 $3 \leq R \leq 5$ 이다.

ㄱ. (참)

$\sum_{n=1}^{\infty} a_n$ 에 대해 $\lim_{n \to \infty}\left|\frac{a_{n+1}}{a_n}\right| = \frac{1}{R} \leq \frac{1}{3} < 1$ 이므로 비 판정법에

의해 $\sum_{n=1}^{\infty} a_n$ 는 수렴한다.

ㄴ. (참)

$\sum_{n=1}^{\infty} a_n 6^n$ 에 대해

$\lim_{n \to \infty}\left|\frac{a_{n+1} 6^{n+1}}{a_n 6^n}\right| = 6 \lim_{n \to \infty}\left|\frac{a_{n+1}}{a_n}\right| \geq \frac{6}{5} > 1$ 이므로

비 판정법에 의해 $\sum_{n=1}^{\infty} a_n 6^n$ 는 발산한다.

ㄷ. (참)

$\sum_{n=1}^{\infty} a_n^2$ 에 대해 $\lim_{n \to \infty}\left|\frac{a_{n+1}^2}{a_n^2}\right| = \frac{1}{R^2} \leq \frac{1}{9} < 1$ 이므로 비 판정법에

의해 $\sum_{n=1}^{\infty} a_n^2$ 는 수렴한다.

ㄹ. (참)

$\sum_{n=1}^{\infty} a_n(x-2)^n$ 와 $\sum_{n=1}^{\infty} a_n x^n$ 의 수렴반경은 같다.

따라서 수렴반경의 최댓값과 최솟값의 합은 8 이다.

즉, 설명 중 옳은 것은 4개다.

22 ③

$$f(x) = \frac{1}{1+x^2} = \frac{1}{1-(-x^2)}$$
$$= 1 - x^2 + x^4 - x^6 + \cdots$$
$$= \sum_{n=0}^{\infty} (-1)^n x^{2n}$$
$$= \sum_{n=0}^{\infty} \sin\left(\frac{n+1}{2}\right) \pi x^n \text{이므로}$$

$$g(x) + h(x) = \sum_{n=3}^{\infty} \sin\left(\frac{n+1}{2}\right)\pi x^n + \sum_{n=5}^{\infty} \sin\left(\frac{n+1}{2}\right)\pi x^n$$
$$= x^4 - 2x^6 + 2x^8 - 2x^{10} + \cdots$$
$$= 2(x^4 - x^6 + x^8 - x^{10} + \cdots) - x^4$$
$$= 2\frac{x^4}{1+x^2} - x^4 \text{이다. 그러므로}$$

$$g'(x) + h'(x) = 2\frac{4x^3(1+x^2) - x^4 \times 2x}{(1+x^2)^2} - 4x^3 \text{이고}$$
$$g'(1) + h'(1) = 2\frac{8-2}{4} - 4 = 3 - 4 = -1 \text{이다.}$$

23 ①

$$\sin x = x - \frac{1}{3!}x^3 + \frac{1}{5!}x^5 - \frac{1}{7!}x^7 + \cdots$$
$$\Rightarrow \sin(\sqrt{x}) = \sqrt{x} - \frac{(\sqrt{x})^3}{3!} + \frac{(\sqrt{x})^5}{5!} - \cdots$$
$$\Rightarrow \frac{\sin(\sqrt{x})}{\sqrt{x}} = 1 - \frac{1}{3!}x + \frac{1}{5!}x^2 - \frac{1}{7!}x^3 + \cdots$$

$x = -t$로 치환하면
$$\frac{\sin(\sqrt{-t})}{\sqrt{-t}} = 1 + \frac{1}{3!}t + \frac{1}{5!}t^2 + \frac{1}{7!}t^3 + \cdots \text{이고}$$
$$f(-(n\pi)^2) = \frac{\sin(\sqrt{(n\pi)^2})}{\sqrt{(n\pi)^2}} = 0 \text{이다.}$$

따라서 해집합은 ①이다.

24 ④

ㄱ. (참)

$f(x) = \sin x$라고 할 때, $x - \frac{\pi}{3} = t$라고 치환하면
$$f(t) = \sin\left(t + \frac{\pi}{3}\right)$$
$$= \sin t \cos\frac{\pi}{3} + \cos t \sin\frac{\pi}{3}$$
$$= \frac{1}{2}\sin t + \frac{\sqrt{3}}{2}\cos t$$
$$= \frac{1}{2}\sum_{n=0}^{\infty}\frac{(-1)^n}{(2n+1)!}t^{2n+1} + \frac{\sqrt{3}}{2}\sum_{n=0}^{\infty}\frac{(-1)^n}{(2n)!}t^{2n} \text{이므로}$$
$$f(x) = \frac{\sqrt{3}}{2}\sum_{n=0}^{\infty}\frac{(-1)^n}{(2n)!}\left(x - \frac{\pi}{3}\right)^{2n}$$
$$+ \frac{1}{2}\sum_{n=0}^{\infty}\frac{(-1)^n}{(2n+1)!}\left(x - \frac{\pi}{3}\right)^{2n+1}$$

ㄴ. (참)
$$\sin^{-1}x = \int_0^x \frac{1}{\sqrt{1-t^2}}dt$$
$$= \int_0^x \left\{\sum_{n=0}^{\infty}(-1)^n\binom{-\frac{1}{2}}{n}t^{2n}\right\}dt \text{이다.}$$

ㄷ. (참)

$f(x) = \frac{1}{4-x}$라고 할 때, $x-2 = t$라고 치환하면
$$f(t) = \frac{1}{4-(t+2)}$$
$$= \frac{1}{2-t}$$
$$= \frac{1}{2}\frac{1}{1-\frac{t}{2}}$$
$$= \frac{1}{2}\sum_{n=0}^{\infty}\left(\frac{t}{2}\right)^n = \sum_{n=0}^{\infty}\frac{t^n}{2^{n+1}} \text{이므로}$$
$$f(x) = \sum_{n=0}^{\infty}\frac{(x-2)^n}{2^{n+1}} \text{이다.}$$

즉, 옳은 것은 ㄱ, ㄴ, ㄷ이다.

25 ③

(가) 조건 $f(0) = 0$, $f'(0) = 1$, $f''(0) = 2$에서
$$c_0 = f(0) = 0,\ c_1 = \frac{f'(0)}{1!} = 1,\ c_2 = \frac{f''(0)}{2!} = 1 \text{이므로}$$
$$f(x) = x + x^2 + \sum_{n=3}^{\infty}\frac{f^{(n)}(0)}{n!}x^n \text{이 성립한다.}$$

(나) 조건에 의하여
$$f(x) = x + x^2 + \sum_{n=3}^{\infty}\frac{f^{(n)}(0)}{n!}x^n$$
$$\leq x + x^2 + \sum_{n=3}^{\infty}\frac{1}{n!}\frac{n!}{n^2-3n+2}x^n$$
$$= x + x^2 + \sum_{n=3}^{\infty}\frac{1}{n^2-3n+2}x^n \text{이다.}$$

(가)와 (나)에 의하여
$$f(x) \leq x + x^2 + \sum_{n=3}^{\infty}\frac{1}{n^2-3n+2}x^n \text{이고}$$
$$f(1) \leq 1 + 1^2 + \sum_{n=3}^{\infty}\frac{1}{n^2-3n+2} = 2 + \sum_{n=3}^{\infty}\frac{1}{n^2-3n+2} \text{이다. 또한,}$$
$$2 + \sum_{n=3}^{\infty}\frac{1}{n^2-3n+2}$$
$$= 2 + \sum_{n=3}^{\infty}\left\{\frac{1}{n-2} - \frac{1}{n-1}\right\}$$
$$= 2 + \lim_{n\to\infty}\left\{\left(\frac{1}{1} - \frac{1}{2}\right) + \left(\frac{1}{2} - \frac{1}{3}\right) + \cdots + \left(\frac{1}{n-2} - \frac{1}{n-1}\right)\right\}$$
$$= 2 + \lim_{n\to\infty}\left\{1 - \frac{1}{n-1}\right\} = 3 \text{이므로 } f(1) \leq 3 \text{이다.}$$

09. 벡터함수의 연산

| 01 ① | 02 ③ | | | | | | | |

01 ①

ㄱ. (거짓)

$\begin{cases} x = 2\tan\theta \\ y = 3\sec\theta \end{cases}$ 일 때, $1+\tan^2\theta = \sec^2\theta$ 이므로

$1+\left(\dfrac{x}{2}\right)^2 = \left(\dfrac{y}{3}\right)^2 \Leftrightarrow \dfrac{x^2}{4} - \dfrac{y^2}{9} = -1$ 이다.

이는 쌍곡선 함수의 일부를 나타낸다.

ㄴ. (참)

곡선 $\vec{r}(t)$에 대해서 $|\vec{r}(t)|=1$이면

$|\vec{r}(t)|^2 = 1 \Leftrightarrow \vec{r}(t) \cdot \vec{r}(t) = 1$이므로

양변을 미분하면

$\vec{r}\,'(t) \cdot \vec{r}(t) + \vec{r}(t) \cdot \vec{r}\,'(t) = 0$

$\Leftrightarrow 2\vec{r}\,'(t) \cdot \vec{r}(t) = 0$

$\Leftrightarrow \vec{r}\,'(t) \cdot \vec{r}(t) = 0$에서 $\vec{r}(t)$와 $\vec{r}\,'(t)$는 직교한다.

ㄷ. (참)

$|\vec{u} \times \vec{v}|^2 = \{|\vec{u}||\vec{v}|\sin\theta\}^2$

$= |\vec{u}|^2|\vec{v}|^2 (1-\cos^2\theta)$

$= |\vec{u}|^2|\vec{v}|^2 - \{|\vec{u}||\vec{v}|\cos\theta\}^2$

$= |\vec{u}|^2|\vec{v}|^2 - (\vec{u} \cdot \vec{v})^2$

ㄹ. (참)

$\vec{F} = (P, Q, R)$이라 할 때,

$\operatorname{curl}\vec{F} = \begin{vmatrix} \vec{i} & \vec{j} & \vec{k} \\ \dfrac{\partial}{\partial x} & \dfrac{\partial}{\partial y} & \dfrac{\partial}{\partial z} \\ P & Q & R \end{vmatrix}$

$= \left(\dfrac{\partial R}{\partial y} - \dfrac{\partial Q}{\partial z}\right)\vec{i} - \left(\dfrac{\partial R}{\partial x} - \dfrac{\partial P}{\partial z}\right)\vec{j} + \left(\dfrac{\partial Q}{\partial x} - \dfrac{\partial P}{\partial y}\right)\vec{k}$

$= (R_y - Q_z)\vec{i} + (P_z - R_x)\vec{j} + (Q_x - P_y)\vec{k}$이다.

$\therefore \operatorname{div}(\operatorname{curl}\vec{F}) = R_{yx} - Q_{zx} - R_{xy} + P_{zy} + Q_{xz} - P_{yz} = 0$이다.

즉, 옳지 않은 것은 1개다.

02 ③

$0 = \nabla \cdot \nabla \times \vec{F} = P_x + Q_y + R_z = -3 + c$

$\therefore c = 3$

MEMO